ग्रंथमाला के बारे में

हम अपनी ज्ञानात्मक परम्पराओं का विउपनिवेशीकरण कैसे करें? यह हमारे समय के सबसे बड़े सवालों में से एक है। उन्मोचन श्रृंखला का प्रकाशन एक ऐसी महत्त्वपूर्ण घटना है जिससे तत्सम्बन्धित आलोचनात्मक चिन्तन के दायरे में एक नयी ज़मीन हासिल की जा सकती है। यह एक भगीरथ प्रयास है जिसके दो अंग हैं और दोनों की बराबर अहमियत है। एक तरफ़ इसे इतिहास और समाज-विज्ञान के क्षेत्र में उपनिवेशीकृत ज्ञान द्वारा किये जाने वाले सम्प्रभुता के दावों की गहन आलोचना करनी है, और दूसरी तरफ़ एक नयी भाष्यात्मक प्रतिबद्धता के ज़रिये इसे उन ज्ञान-परम्पराओं के आन्तरिक संसाधनों पर प्रकाश डालना है जिन्हें औपनिवेशिक शिक्षा के प्रभुत्व ने गतिहीनता, बिखराव और विनाश का शिकार बना दिया है। साथ ही, इस उद्यम को इंडिक वैचारिकता की कुछ बुनियादी धाराओं, जैसे अहिंसा, का भी अध्ययन-अनुशीलन करना है।

उन्मोचन ग्रंथमाला ज्ञानात्मक विउपनिवेशीकरण के लिए ज़रूरी इन तीनों कार्यभारों का संधान करती है। इसके ग्रंथ औपनिवेशिक ज्ञान-प्रणालियों के अलौकिक साम्राज्य की आलोचनात्मक जाँच करते हैं। उन्होंने भारत के प्राक्-औपनिवेशिक दार्शनिक चिन्तन के अक्षय कोषों की गहराइयों में झाँका है, और कुछ कृतियाँ परम्परा-प्रदत्त बीजविचारों के तात्पर्यनिरूपण का प्रयास हैं। ये यात्राएँ हमारे अपने आत्म की खोज के लिए की गयी हैं। ये हमारी अपनी भाषाओं में से किसी एक में ही हो सकती थीं। इस जटिल और अनिवार्य समस्या से जो जूझना चाहता है उसे औपनिवेशिक ज्ञान की प्रचलित आलोचनाओं को इस उद्यम से मिलने वाली चुनौतियों पर अनुक्रिया करनी ही होगी।

—सुदीप्त कविराज

दक्षिण एशियायी राजनीति और बौद्धिक इतिहास

के विद्वान, कोलम्बिया विश्वविद्यालय

हन्ना आरेंट

हिंसा का स्थापत्य

रज़ा फ़ाउण्डेशन | THE RAZA FOUNDATION®

हन्ना आरेंट

हिंसा का स्थापत्य

अम्बिकादत्त शर्मा

विश्वनाथ मिश्र

वाणी प्रकाशन

प्रकाशन के उत्कृष्टतम 63 वर्ष

ग्रंथमाला

vaniprakashan.com

सजिल्द प्रथम संस्करण : 2026

उन्मोचन ग्रन्थमाला
सम्पादक : अभय कुमार दुबे

वाणी प्रकाशन
4695, 21-ए, दरियागंज, नयी दिल्ली-110 002
फ़ोन : + 91 11 23273167, 23275710
शाखाएँ
अशोक राजपथ, पटना-800 004, बिहार
कॉफ़ी हाउस कैम्पस, महात्मा गांधी मार्ग, प्रयागराज-211 001, उत्तर प्रदेश
महात्मा गांधी अन्तरराष्ट्रीय हिन्दी विश्वविद्यालय, वर्धा-442 001, महाराष्ट्र
sales@vaniprakashan.in
vaniprakashan@gmail.com

Hannah Arendt : Himsa Ka Sthapatya
by Ambikadatta Sharma and Vishwanath Mishra

ISBN : 978-93-7348-103-6
Social Studies

मूल्य : ₹ 595

आर. टेक ऑफ़सेट, दिल्ली-110 032 में मुद्रित

वाणी प्रकाशन का लोगो मक़बूल फ़िदा हुसैन की कूची से

हन्ना आरेंट की
अधूरी कृति 'द लाइफ ऑफ़ द माइन्ड' को ...

अनुक्रम

आमुख x

प्रोचना ■ उन्मोचन की कामना : 'स्व-उपनिवेशन' और 'अधीनस्थता की वांछनीयता' के प्रश्न xiii

भूमिका xxxi

1.

सभ्यता में अन्तर्व्याप्त 1

हिंसा की व्यूह-रचना

2.

मनुष्य की जैविक एवं भौतिक स्थिति 17

अतिक्रमण की सीमाएँ

2.1 मानव : प्रत्येक मनुष्य एक नयी शुरुआत 21

2.2 पृथ्वी पर मानव की दशा : शरीर का श्रम, हाथों का कार्य और भाषा का कर्म 26

2.3 मानव की दशा : विज्ञान, तकनीक एवं आधुनिकता 30

2.4 मानव की यथार्थ स्थिति : मनुष्य और प्रकृति की नश्वरता का भेद 40

3.

राजनीति की गरिमा का अवमूल्यन 45

शक्ति एवं हिंसा

3.1 हिंसा और शक्ति : इतिवृत्तात्मक एवं ज्ञानमीमांसीय सन्दर्भ 49

3.2 मिथकीय इतिहास का भौतिक सत्यापन : शक्ति के स्थान पर हिंसा का महिमामंडन 57

3.3 राजनीति में शक्ति का ह्रास और हिंसा की वृद्धि के वैचारिक आयाम 59
3.4 राजनीति का शास्त्रीय स्वरूप : हिंसारहित राजनीति 65

4.
हिंसा की जनस्वीकृति और राजनीति का अध:पतन 71
सर्वाधिकारवाद
4.1 सर्वाधिकारवाद : सोफ़िस्ट दर्शन की आधुनिक अभिव्यक्ति 75
4.2 सर्वाधिकारवाद : लोक-क्षेत्र और स्वतन्त्रता का अन्त 79
4.3 सर्वाधिकारवाद : विस्तार की भौतिक चेतना 87
4.4 सर्वाधिकारवाद : इतिहास का आर्थिक तर्क और हिंसा की बुभुक्षा 94
4.5 समकालीन सर्वाधिकारवाद 100

5.
तमसो मा ज्योतिर्गमय 103
क्रान्ति का इतिहास-दर्शन
5.1 धार्मिक परम्पराएँ और क्रान्ति की सम्भावना 104
5.2 सभ्यता की वैज्ञानिक दृष्टि और क्रान्ति 107
5.3 क्रान्ति की चेतना और चेतना की क्रान्ति 111
5.4 क्रान्तियों की अन्तर्यात्रा 116
5.5 क्रान्ति : तमसो मा ज्योतिर्गमय 124

6.
हन्ना आरेंट और महात्मा गांधी 127
प्रतिश्रुति के क्षेत्र
6.1 आधुनिकता और हिंसा की ज्ञानमीमांसा 129
6.2 श्रम और कार्य को कर्ममय बनाने की साभ्यतिक चुनौती 136
6.3 आधुनिकता की दुनिया में कर्म *(एक्शन)* 144
6.4 आधुनिकता, राष्ट्रवाद और हिंसा 147
6.5 राजनीति में शक्ति की पुनर्प्रतिष्ठा 152

ग्रन्थमाला 156
अनुक्रमणिका 161

आमुख

भारत में इस समय ज्ञान की स्थिति कई तरह की विडम्बनाओं से घिरी हुई है। सामाजिक-राजनीतिक व्यवस्था में ज्ञान की लगातार अवमानना और अज्ञान का नित्यप्रति महिमा-मण्डन हो रहा है। संकीर्ण और विभाजक राष्ट्रवाद की धुन में भारत की ज्ञान-परम्परा को उद्‌बुद्ध करने की चेष्टा किसी गहरी समझ और अध्यवसाय से नहीं, एक तरह के सतही वैचारिक अनुष्ठान के रूप में की जा रही है। हमारा पारम्परिक ज्ञान, जैसी कि हमारी व्यापक परम्परा भी, एकरूप नहीं रहा है— उसकी बहुलता और जटिलता, उसमें सहमति-असहमति का द्वन्द्व, उसकी अथक प्रश्नाकुलता, उसकी जिज्ञासा का अपरिमित वितान, उसे व्यवस्थित और विन्यस्त करने की अनेक विधियाँ हमारे समय में जिस तरह की बौद्धिक संरचना की माँग करती हैं— वह प्रायः अनुपस्थित है। औपनिवेशिक ज़हनियत, विउपनिवेशीकरण और स्व-उपनिवेशन की अवधारणाएँ प्रचलित तो हैं, पर इन वृत्तियों से सम्भव विश्लेषण को समग्र और समावेशी करने की कोशिश कम नज़र आती है। ज्ञान किसी शून्य में नहीं उपजता, उसकी ऐतिहासिक, सामाजिक और सांस्कृतिक आधार-भूमि होती है जिसे अलक्षित कर ज्ञान को किसी कल्पित या वांछनीय सार्वभौमिकता में नहीं घटाया जा सकता। साहित्य और कलाओं में ही नहीं, ज्ञान में भी देश-काल के आयाम होते हैं।

‘उन्मोचन’ के माध्यम से रज़ा फाउण्डेशन हिन्दी में ऐसी वैचारिक और उत्तेजक सामग्री एकत्र करने की चेष्टा कर रहा है जो हमारे समय में, लगभग ज्ञान-विरोधी समय में, ज्ञान के गंभीर अवगाहन, उसके पुनराविष्कार, उसके वस्तुनिष्ठ आकलन और विश्लेषण को व्यापक वैचारिक आधार उपलब्ध करा सके। यह भी कोशिश है कि ज्ञान को पूजा, अनुष्ठान, प्रशंसा, निन्दा में घटाने के समकालीन माहौल में ज्ञान की मीमांसा गहन हो सके, उसमें अपने नियोजन और दुरुपयोग के प्रति सजगता हो, और उसे निर्भयता और मुनासिब वस्तुनिष्ठता के साथ किया जा सके।

यह भी याद रखना चाहिए कि कहीं भी ज्ञान सिर्फ़ विद्वानों या ज्ञानियों द्वारा ही नहीं रचा जाता। सर्जनात्मक अभिव्यक्ति के अनेक प्रकार, जैसे साहित्य और कलाएँ भी ज्ञान रचने में, उसे संग्रथित करने में और किसी हद तक उसे, एन्द्रिय काया में प्रगट होने में अपना योगदान करते हैं।

‘उन्मोचन’ के रूप में हमारी उम्मीद है कि इस प्रयत्न को हिन्दी जगत् का समर्थन मिलेगा ।

—अशोक वाजपेयी

रज़ा फाउण्डेशन
नयी दिल्ली

प्ररोचना

उन्मोचन की कामना

‘स्व-उपनिवेशन’ और ‘अधीनस्थता की वांछनीयता’ के प्रश्न

रज़ा फ़ाउंडेशन द्वारा प्रायोजित उन्मोचन ग्रन्थमाला के मर्म में दो उद्देश्यगत मान्यताएँ हैं। इनमें पहली विमर्शी, और दूसरी संरचनागत है। दोनों परस्पर पूरक हैं। इन पर निगाह डालने से स्पष्ट होगा कि इनके अल्पकालीन और दीर्घकालीन लक्ष्य और परिप्रेक्ष्य क्या हैं। **विमर्शी मान्यता** का आग्रह है कि औपनिवेशिक शासन के ख़त्म हो जाने के बाद भी भाषा, ज्ञान और संस्कृति के सतत उपनिवेशन की मुख्य प्रवृत्ति दरअसल ‘स्व-उपनिवेशन’ है। हमारा उपनिवेशन हमारे ही हाथ से तभी हो सकता था जब बुद्धिजीवियों के बीच ‘अधीनस्थता की वांछनीयता’ के प्रति एक मौन सहमति होती। राजनीतिक दायरे में भले ही ‘अधीनस्थता की वांछनीयता’ का यह आग्रह प्रभावी न रहा गया हो, लेकिन भाषा, ज्ञान और संस्कृति के दायरे में अधिक प्रभावी और टिकाऊ साबित हुआ है। **संरचनागत मान्यता** ज़ोर देती है कि अगर धर्म, भाषा, इतिहास, संस्कृति, दर्शन, सौन्दर्यशास्त्र के क्षेत्र में बड़े पैमाने पर किसी बौद्धिक रूपान्तरण को अंजाम देना है तो उसके लिए विद्वानों, चिन्तकों, विमर्शकारों, शोधकर्ताओं, वक्ताओं, प्रकाशकों, प्रसारणकर्ताओं और अभिलेखागारों के विस्तृत व टिकाऊ नेटवर्क बनाने पड़ेंगे। इनके लिए अनुकूल, प्रतिबद्ध और दीर्घकालीन संस्थागत समर्थन एक ज़रूरी शर्त है। उन्मोचन ग्रन्थमाला एक इसी तरह के उभरते हुए नेटवर्क की प्रमुख अभिव्यक्ति है।

विमर्शी मान्यता

हाल ही में आचार्य वागीश शुक्ल ने भारतीय पेगन परम्परा के सन्दर्भ में हमारा ध्यान 'स्व-उपनिवेशन' की ओर दिलाया है। सबाल्टर्न इतिहास-लेखन का उद्घाटन करने वाले रणजीत गुहा ने अंग्रेज़ी शिक्षा के सन्दर्भ में जो कहा था, उसका तात्पर्य भी यही था। सुदीप्त कविराज ने संस्कृत का पारम्परिक ज्ञान चलन से बाहर कर दिये जाने के जिन परिणामों की तरफ़ इशारा किया है उनके तहत केवल पश्चिम-प्रदत्त ज्ञान पर निर्भरता इसी तरह के हालात पैदा करती चली जाती है। एस.एन. बालगंगाधर 'औपनिवेशिक चेतना' की संरचना उजागर करते हुए इसी निष्कर्ष तक पहुँचे हैं। आशिस नंदी ने भी उपनिवेशक और उपनिवेशित के बीच पनपी साझा संस्कृति पर उँगली रख कर स्व-उपनिवेशन की सतत प्रक्रिया को ही रेखांकित किया है। पाँच अलग-अलग तरह के विद्वानों द्वारा भिन्न सन्दर्भों और परिप्रेक्ष्यों से निकलने वाले एक ही नतीजे के पीछे कोई न कोई सच्चाई तो ज़रूर ही होगी।

स्व-उपनिवेशकरण का पहला सूत्रीकरण मेरी सीमित निगाह में उस समय आया जब मैं जापानी विमर्शकार हिरोशी योशियोका का लेख 'समुराई ऐंड सेल्फ़-कोलोनाइज़ेशन ऑफ़ जापान' पढ़ रहा था। ज़ाहिर है कि जापान के हालात भारत से काफ़ी अलग हैं। जापानी समाज में ऐसे कई संस्थागत और मनोगत प्रावधान हैं जिनके असर में वहाँ के लोग स्वयं को विदेशियों से कमोबेश असंपृक्त रखते रहे हैं। ऐतिहासिक रूप से जापान कभी पश्चिमी उपनिवेशवाद की जकड़ में भी नहीं रहा। लेकिन, युरोकेन्द्रीयता पर आधारित औपनिवेशिक राज्य की अनुपस्थिति के बावजूद जापान ने आधुनिकीकरण के ज़रिये अपने पारम्परिक समाज का रूपान्तरण इतनी तेज़ी से किया कि वह उपनिवेशक बन कर अपने ही हाथों अपना उपनिवेशन करता चला गया। योशियोका की नज़र में हर जापानी उपनिवेशक है और उपनिवेशित भी। जापान की मिसाल बताती है कि युरोकेन्द्रीयता उपनिवेशित समाजों तक ही सीमित नहीं रह गयी है। लेकिन, क्या यह धारणा भारत पर लागू करना उचित होगा? आख़िरकार भारत 190 वर्ष तक ब्रिटिश उपनिवेशवाद के अधीन रह चुका है, और इस दौरान अंग्रेज़ भारत को युरोप की अनुकृति बनाने की सतत परियोजना चलाते रहे। इस प्रश्न का उत्तर तभी मिल सकता है जब हम विचार करें कि वागीश शुक्ल, गुहा, कविराज, नंदी और बालगंगाधर के विमर्श हमारी 'पोस्टकोलोनियलिटी' को स्व-उपनिवेशन की दिशा में परिभाषित करने की दिशा में क्यों और कैसे ले जा रहे हैं ?

गणित के उस्ताद होने के नाते वागीशजी बताते हैं कि यह स्व-उपनिवेशीकरण हमेशा ख़ुद को संख्यात्मकता पर टिकाता है। वह एक को मूल की तरह स्थापित करते हुए उसमें से दो, तीन, चार और फिर अन्य संख्याओं को प्राप्त करता चला जाता है। वह शून्य को संख्यात्मकता का बुनियादी स्रोत मानने की जानबूझ कर उपेक्षा करता है। शून्य उसके लिए एक गणितीय दृष्टि से उपयोगी है, पर दार्शनिक दृष्टि से नहीं। एक को मूल बना कर ही पश्चिम एक भाषा, एक राष्ट्र, एक संस्कृति, एक नस्ल, एक ईश्वर, एक मज़हब को परिकल्पित करता रहा है। कुल मिला कर वागीशजी की दलील यह है कि बहुपूज्यवाद की जगह एकपूज्यवाद की स्थापना का आग्रह स्व-उपनिवेशीकरण के मूल में है। वे पण्डित देवेन्द्रनाथ ठाकुर और राममोहन राय से लेकर महर्षि दयानन्द, स्वामी विवेकानन्द और महर्षि अरविन्द द्वारा व्याख्यायित वैदिक और औपनिषदिक विमर्श में निहित एकपूज्यवाद को इसका ज़िम्मेदार मानते हैं। रणजीत गुहा अपने विमर्श को भारत में अंग्रेज़ी शिक्षा की संकल्पना पर केंद्रित करते हैं। उनके विचार से इस शिक्षा की डिज़ाइन नौकर को दी जाने वाली तालीम के तौर पर तैयार की गई थी, ताकि नौकर इसके प्रभाव में अपने इतिहास को हमेशा मालिक की निगाह से ही देख सकें। गुहा के अनुसार भारतीयों को उनके इतिहास से काट दिया गया है, और अंग्रेज़ी शिक्षा के नश्तर से उनके मानस की शल्यक्रिया कर दी गई। इसे गुहा ने अपनी भाषा में 'अ स्पिरिचुअल ऑपरेशन ऑन द नेटिव माइंड' कहा है। गुहा ने शल्यक्रिया के जिस रूपक का प्रयोग किया है वह कोलोनियल स्टडीज़ के उस उद्घाटन-क्षण की याद दिला देता है जब ज़ार्ज बेलैंडियर और ई. चैंसेले जैसे फ्रांसीसी विद्वानों ने उपनिवेशीकरण को 'सोशल सर्जरी' करार दिया था।

कविराज ने 'सडन डेथ ऑफ़ संस्कृत नॉलेज' की परिघटना पर रोशनी डालते हुए बताया है कि अंग्रेज़ों ने भारतीय ज्ञान-परम्परा को ख़ारिज करते समय अपनी ही बनायी हुई उन पद्धतियों का अनुप्रयोग नहीं किया जो पश्चिमी परम्परा में ज्ञान के किसी रूप को स्वीकृत या अस्वीकृत करने के लिए इस्तेमाल की जाती रही हैं। बजाय इसके, उन्होंने औपनिवेशिक सत्ता के आदेशों के ज़रिये ऐसा करके मानवीय इतिहास की सबसे बड़ी ज्ञानात्मक विच्छिन्नता को अंजाम दिया। हालाँकि कविराज ने 'नॉलेज जीनोसाइड' जैसे पद का इस्तेमाल नहीं किया है, पर उनकी बातों का स्वाभाविक अर्थ यह निकलता है कि उपनिवेशवाद के इस ज्ञानात्मक पक्षपात / अत्याचार के कारण सहस्राब्दियों से विकसित हो रही संस्कृत ज्ञान-परम्परा बहुत

थोड़े ही समय में चलन से बाहर होने पर मजबूर हो गई। उसकी जगह पश्चिमी सामाजिक सिद्धान्त का राज्य-प्रायोजित अनुप्रयोग होता चला गया। दो तरह की ज्ञान-परम्पराओं के बीच अन्योन्यक्रिया के लिए ज़रूरी सीखने और सिखाने का समीकरण केवल पश्चिम से सीखने तक ही सीमित रह गया। इसने हमें स्व-उपनिवेशीकरण के प्रारब्ध के लिए अभिशप्त कर दिया।

बालगंगाधर के विमर्श में यह स्व-उपनिवेशीकरण 'कोलोनियल कांशसनेस' के सूत्रीकरण में दिखायी पड़ता है जो उनके मुताबिक़ हमारी उत्तर-औपनिवेशिकता के मूल में है। वे बताते हैं कि भारतीय बुद्धिजीवियों की औपनिवेशिक चेतना केवल विदेशी शासकों की साभ्यतिक श्रेष्ठता की दावेदारी को स्वीकार करने का परिणाम नहीं है। इसके लिए उपनिवेशित को एक समूचे सैद्धान्तिक परिप्रेक्ष्य से प्रतिबद्ध किया जाना ज़रूरी था। उपनिवेशित के मानस में एक ऐसी सैद्धान्तिक निष्ठा पैदा होनी थी जो उसे अपने सामाजिक-सांस्कृतिक जगत को उपनिवेशक की तरह देखने-समझने की तरफ़ ले जाए। नतीजा यह निकला कि उपनिवेशित बुद्धिजीवी देशज अनुभव से पूरी तरह कट गया। नंदी ने कहा है कि 'असहमति के आधिकारिक मॉडल' पर आधारित उपनिवेशवाद की आलोचनाएँ 'विजेताओं के लिए श्रद्धांजलि जैसी लगती हैं।' उन्होंने व्याख्या की है कि 'आज आधुनिक विश्व द्वारा सुनिश्चित और प्रोत्साहित शैली में उपनिवेशवाद-विरोधी होना सम्भव है। ऐसे उपनिवेशवाद-विरोध को 'समुचित', स्वस्थचित्त' और 'तर्कपरक' करार दिया जाता है। विरोध में दिखने के बावजूद यह असहमति नियन्त्रित और पूर्वानुमानित होती है।' नंदी ने निष्कर्ष निकाला कि 'पश्चिम ने न केवल आधुनिक उपनिवेशवाद पैदा किया है, वह उपनिवेशवाद की सभी व्याख्याओं में भी व्याप्त है। यहाँ तक कि व्याख्याओं की व्याख्याओं पर भी उसकी छाप है।' यानी, पश्चिम की शैली में पश्चिम की आलोचना स्व-उपनिवेशन से गुज़रना ही है।

पाँचों विद्वानों ने, वागीशजी को छोड़ कर, एक पद के रूप में स्व-उपनिवेशीकरण का इस्तेमाल नहीं किया है। अधीनस्थता की वांछनीयता गुहा की अभिव्यक्ति है। उपनिवेशितों के मानस में अधीनस्थता की घोषित या अघोषित वांछनीयता और उसके कारण होने वाला स्व-उपनिवेशन युरोपीय साम्राज्यिकता को मानवीय इतिहास की दूसरी साम्राज्यिकताओं से अलग कर देती है। अंग्रेज़ जब भारत आये, तो वे स्वयं रोमनों की अधीनस्थता को वांछनीय मानते थे, और स्व-उपनिवेशन के तहत उनके बताये गये रास्ते पर चलते हुए उन्होंने स्वयं अपने हाथ से अपना संस्कृति-अन्तरण किया। 1757 में अंग्रेज़ों ने जब सिराज़ुद्दौला को हरा कर बंगाल की

दीवानी जीती, और जब इस विजय के बाद भारत पर शासन करने की योजना पर सोचना शुरू किया तो उनके पास रोमनों द्वारा किया गया उनके ही उपनिवेशन का अनुभव था। ईसा से 54 वर्ष पहले जूलियस सीज़र ने तत्कालीन बरतानिया को जीत कर उसके उपनिवेशन की शुरुआत की थी। रोमन सेनापति और गवर्नर एग्रीकोला ने बरतानियावासियों को संस्कृति-अन्तरण की एक गहन और अपरिवर्तनीय प्रक्रिया से गुज़ारा। एग्रीकोला के भतीजे रोमन इतिहासकार टेसिटस ने बताया है कि किस तरह तत्कालीन ब्रिटिशपन का रोमनीकरण किया गया :

> क़बीलाई-सरदारों के बेटों ..... में लातिन भाषा के प्रति अरुचि के बजाय उस पर अधिकार करने की गहरी तमन्ना पैदा हो गई। वे हमारी राष्ट्रीय पोशाक को भी पसंद करने लगे। रोमन टोगा हर जगह दिखने लगा। इस प्रक्रिया ने बरतानिया के लोगों को धीरे-धीरे उन सुविधाओं का अभ्यस्त कर दिया जो उन्हें आरकेडों, सामूहिक स्नानागारों और भव्य दावतों में निहित अनैतिकताओं को स्वीकार करने की तरफ़ ले गईं। उनके बीच 'सिविलाइज़ेशन' जैसे नये पदों की चर्चा होने लगी, जो वास्तव में उनकी गुलामी के ही परिचायक थे।

बरतानिया वाले रोमनों की निगाह में बर्बर थे। उनका रोमनीकरण पहले ज़ोर-ज़बरदस्ती से किया गया, और फिर वे स्वयं अपना रोमनीकरण करने लगे। अंग्रेज़ भारत को प्राचीनकाल की श्रेष्ठ, लेकिन वर्तमान की पतित सभ्यता के रूप में देखते थे। इसलिए उन्होंने हमारे संस्कृति-अंतरण के लिए नाना प्रकार की नरम-गरम युक्तियाँ अपनायीं। ज़ोर-ज़बरदस्ती भी की, और अप्रत्यक्ष शासन द्वारा अपने साभ्यतिक प्रोजेक्ट में भारतवासियों के एक हिस्से का विनियोग भी किया। बौद्धिक युक्तियों के ज़रिये 'ट्रैडिशन' का 'मॉडर्नाइज़ेशन' किया गया। कुल मिला कर उनका बुनियादी प्रारूप वही था जो एग्रीकोला ने बरतानिया में अपनाया था। बंगाल में ईस्ट इण्डिया कम्पनी की शिक्षा-व्यवस्था के एक प्रमुख प्रभारी चार्ल्स ट्रेवेलियन (मैकॉले के बहनोई) ने 1838 में इस प्रारूप के बारे में स्पष्ट रूप से लिखा है :

> मुझे उम्मीद है कि जिस तरह हम कभी रोमनों के साथ खड़े थे, उसी तरह भारतीय भी जल्दी ही हमारे साथ खड़े नज़र आयेंगे। टेसिटस ने हमें जानकारी दी है कि जूलियस एग्रीकोला ने बर्तानिया के प्रमुख लोगों की सन्तानों को रोम के साहित्य और विज्ञान की शिक्षा देने और रोमन सभ्यता की नफ़ासत से उनका परिचय कराने की नीति अपनायी थी। हम जानते हैं कि यह योजना कितनी सफल रही।

लातिन की जगह लातिनमय अंग्रेज़ी आ गयी। सिसेरो, एग्रिप्पा, वरजिल और टेसिटस की जगह ग्रीको-रोमन संस्कृति को अपनी प्राचीन विरासत के रूप में हड़पने

वाले युरोपीय पुनर्जागरण और प्रबोधन द्वारा संसाधित पश्चिमी सामाजिक सिद्धान्त आ गया। भारत का उदाहरण बताता है कि युरोपीय उपनिवेशक येनकेनेप्रकारेण अधीनस्थों के सांस्कृतिक और साभ्यतिक प्रारब्ध को अपनी भाषा और ज्ञान के ज़रिये बदल डालने की परियोजना चलाते हैं। राष्ट्रवाद के हाथों उनकी कथित पराजय हो जाने के बाद सत्ता की ताक़त से किया जाने वाला उपनिवेशन स्व-उपनिवेशन के चरण में पहुँच जाता है। स्वतन्त्र हो चुके राष्ट्र के नेताओं, निर्माताओं और बुद्धिजीवियों के मन में अधीनस्थता की वांछनीयता के प्रति कभी मुखर और अक्सर मौन सहमति स्थापित कर दी जाती है। जो लोग कभी उपनिवेशवाद के ख़िलाफ़ सोच रहे थे और कमोबेश सक्रिय भी थे, उनमें से कई आज स्व-उपनिवेशन के अनभिप्रेत अग्रदूत नज़र आते हैं। स्व-उपनिवेशन करते समय उनकी आत्मछवि अपने देश और समाज को प्रगति, एकता और समृद्धि की नयी मंज़िलों की तरफ़ ले जाने वाली होती है। अंग्रेज़ी और पश्चिमी सामाजिक सिद्धान्त के प्रभाव में वे अपने जिस चिन्तन को मौलिक समझने का मुग़ालता पालते हैं, वह अक्सर पश्चिमी विचार श्रेणियों पर आधारित उच्छिष्ट ही निकलता है।

युरोपीय साम्राज्यवाद का ज्ञानात्मक दुष्चक्र अकल्पनीय रूप से जटिल था। गायत्री चक्रवर्ती स्पिवाक ने इसीलिए इसे 'सीक्रेट एजेंट ऑफ़ नॉलेज' की संज्ञा दी है। इसकी पेचीदगियों को समझने और पश्चिमी सामाजिक सिद्धान्त के समान्तर देशज विमर्श की मदद से एक नया विमर्श रचने का कार्यभार बहुत बड़े पैमाने पर एक दीर्घकालीन बौद्धिक रूपान्तरण की माँग करता है। रज़ा फ़ाउंडेशन की उन्मोचक ग्रन्थमाला इसी लक्ष्य की दिशा में उठाये जा रहे कई छोटे-छोटे क़दमों में से एक है।

वागीशजी, गुहा, कविराज, नंदी और बालगंगाधर के अवलोकनों से स्पष्ट है कि वे स्व-उपनिवेशन का उन्मूलन किन-किन दायरों में सम्पन्न करना चाहते हैं। वागीशजी द्वारा प्रवर्तित एकपूज्यवाद और बहुपूज्यवाद का द्विभाजन ग्रीक और रोमन पेगनिज़म के ऊपर स्थापित ऑगस्तीन के इंजीली एकेश्वरवाद पर दूसरी निगाह डालने के अलावा कुछ और भी कहता है। मेरी नज़र में वह पुनर्जागरण और प्रबोधन की सदियों में संसाधित हुई एक ख़ास तरह की युरो-अमेरिकी ईसाइयत को समझने की दावत है। ईसाइयत का यह संस्करण मज़हब बदलने की विवादास्पद मुहिमों को चलाने के झंझट में कम ही पड़ता है। वह रैशनलिटी, सेकुलरवाद, कथित विज्ञानसम्मत चिन्तन, क्रान्ति, समाज-परिवर्तन और वैयक्तीयन के मुलम्मे में छिप

कर आधुनिकता के नाम पर पेगन समाजों का संस्कृति-अन्तरण करने की मुहिम सफलतापूर्वक चला रहा है। यही नहीं, इस मुलम्मे में समानता, भाईचारे और आज़ादी के पश्चिमी संस्करण की चमक भी है। ईसाइयत के मज़हबी इतिहासकार इस बात को खुल कर कहते हैं। उनका दावा तो यहाँ तक है कि सेकुलरवाद के ज़रिये एक न एक दिन 'सनातन' के साथ-साथ वे 'शरियत' का भी अघोषित ईसाईकरण कर देंगे। अंग्रेज़ी और पश्चिमी सोशल थियरी के पैरोकार इसे या तो छिपाते हैं, या फिर इस हक़ीक़त को थोड़ा बहुत स्वीकार करके पतली गली से निकल जाते हैं।

रणजीत गुहा ने अपनी ये बातें गणेश देउस्कर स्मृति व्याख्यान देते हुए कही थीं। देउस्कर को उनकी विख्यात रचना *देश की बात* (देशेर कथा) के लिए जाना जाता है जो 'नॉन-एकैडेमिक 'इतिहास-लेखन का चमकदार उदाहरण है। ऐसे उदाहरण और भी हैं। पण्डित सुन्दर लाल की विख्यात रचना *भारत में अंग्रेज़ी राज* इसका दूसरा प्रख्यात उदाहरण है। रामविलास शर्मा और भगवान सिंह का इतिहास-लेखन भी इसी श्रेणी में आता है। गुहा के विमर्श से सन्देश निकलता है कि भारतीय भाषाओं में ग़ैर-युरोकेन्द्रित दृष्टि से नया इतिहास लिखा जाये और भाषा और ज्ञानोत्पादन की जोड़ी को एक ग़ैर-पश्चिमी ढाँचा दिया जाये। भले ही रिसर्च इंस्टीट्यूटों और विश्वविद्यालयों में बैठे हुए मठाधीश उसे इतिहास न माने।

कविराज का विमर्श संस्कृत की विपुल ज्ञानराशि की नियोजित और संस्थागत वापिसी के लिए रास्ता खोलता है। अपनी एक अन्य रचना में उन्होंने इस वापिसी के एक बौद्धिक प्रोटोकोल की नक़्शानवीसी करने का प्रयास किया है। मेरी समझ यह है कि वे सदियों पुराने संस्कृत के ज्ञान की प्रासंगिकता जाँचने की एक विशाल परियोजना चलाने का निमन्त्रण दे रहे हैं। वस्तुतः इस तरह की परियोजना भारत में ज्ञानोत्पादन के विउपनिवेशीकरण की पहली शर्त बन सकती है। प्राचीन ज्ञानराशि की प्रासंगिकता पर चर्चा करने से हमें अपने वर्तमान और भविष्य के लिए प्राथमिकताओं की संहिता तैयार करने में भी मदद मिलेगी। कविराज अपनी कई रचनाओं में भारतीय भाषाओं की ज्ञानोत्पादन में वापिसी का सवाल उठा चुके हैं। वे इतिहास ही नहीं, बल्कि विभिन्न ज्ञानानुशासनों में भाषाओं की विधेयक भूमिका पर ज़ोर देते हैं।

बालगंगाधर ने पश्चिमी सामाजिक सिद्धान्त और युरो-अमेरिकी क्रिश्चियनिटी के साथ उसके विधेयक और अनुलंघनीय ज्ञानमीमांसक रिश्तों को रेखांकित करते हुए इस विचारतन्त्र के प्रति भारत के बुद्धिजीवियों की निष्ठा को औपनिवेशिक

चेतना की संज्ञा दी है। उनका विमर्श हिन्दू और बौद्ध जैसी धार्मिक परम्पराओं की उपनिवेशवादियों के हाथों पुनर्रचना की आलोचनात्मक समझ बनाने की प्रेरणा देता है। नंदी अपनी महान कृति *जिगरी दुश्मन* में जिस अकादमीय विधि से अपने अनूठे निष्कर्षों पर पहुँचे हैं वह भारत की पोस्ट-कोलोनियलिटी पर हावी मार्क्सवाद, उदारतावाद, नारीवाद और ऐतिहासिकतावाद की किनाराकशी पर टिकी है। इस पद्धति की विशेषता यह है कि यह भारत के संस्कृति-अन्तरण (नंदी की भाषा में 'संस्कृति का औपनिवेशिक सिद्धान्त') की तरफ़ अपने ढंग से ध्यान खींचने के उद्देश्य से अनुप्राणित है।

संरचनागत मान्यता

रज़ा फ़ाउंडेशन ने उन्मोचन परियोजना शुरू करके भारतीय भाषाओं में विउपनिवेशीकरण की विमर्शी संस्कृति का विकास करने के लिए एक नयी पहल की है। यह अनूठी संस्था दो विख्यात हस्तियों (आधुनिक भारतीय चित्रकला के महान हस्ताक्षर सैयद हैदर रज़ा एवं कवि-गद्यकार-कलापारखी अशोक वाजपेयी) की जुगलबंदी के परिणामस्वरूप पिछले 25 वर्ष से विभिन्न कला-रूपों, कविता और विचार के बीच रचनात्मक संवाद के दायरों की अहर्निश रचना कर रही है। रज़ा फ़ाउंडेशन एक अत्यंत प्रतिष्ठित नेटवर्क है जिसके भीतर इस नए विमर्शी आयाम के प्रति रुचि की आहट काफ़ी पहले से मिलने लगी थी। चार साल पहले सीएसडीएस के भारतीय भाषा कार्यक्रम के लिए फ़ाउंडेशन अंग्रेज़ी-वर्चस्व के सांस्कृतिक पहलुओं पर अनुसंधान हेतु एक शोधयोजना का वित्तपोषण कर चुका है।

ऐसे चार और नेटवर्कों का ज़िक्र यहाँ किया जा सकता है। इनमें से एक है कई दशकों से सक्रिय जयपुर केन्द्रित दार्शनिकों का वह नेटवर्क जिसके ज़रिये दयाकृष्ण, यशदेव शल्य, मुकंद लाठ, नंदकिशोर आचार्य, अम्बिकादत्त शर्मा और विश्वनाथ मिश्र जैसी कई नामीगिरामी हस्तियों का विमर्श हम तक पहुँचा। यह विमर्श *उन्मीलन* जैसी असाधारण पत्रिका और स्मृति-व्याख्यानों के ज़रिये लगातार दस्तावेज़बन्द हो रहा है। दूसरे नेटवर्क के केन्द्र में लखनऊ स्थित कुमारस्वामी फ़ाउण्डेशन है। अपनी अनौपचारिक सांगठनिक संरचना के लिए प्रशंसनीय इस संस्था ने समाजशास्त्र के लखनऊ स्कूल के नामवर हस्ताक्षर अवध किशोर सरन के विचारों को केन्द्रस्थ किया है। प्रोफ़ेसर सरन आधुनिक समाज-विज्ञानों को परम्परा की रोशनी में परखने के लिए जाने जाते हैं, न कि परम्परा को पश्चिमी सोशल थियरी की रोशनी में। इस फ़ाउण्डेशन की स्थापना प्रोफ़ेसर भुवनेश चन्द्र

मिश्र ने की थी, और आज प्रोफ़ेसर आर.के. मिश्र व डॉ. बृजेंद्र पाण्डेय के प्रयासों से इसने युरोकेन्द्रीयता से अपेक्षाकृत मुक्त भारतीय दृष्टि का एक डिजिटल आर्काइव और *तत्त्व-सिंधु* जैसी पत्रिका का मुद्रित कोष तैयार कर दिया है। तीसरे नेटवर्क को कल्पित करने का मुख्य श्रेय दिल्ली स्थित विकासशील समाज अध्ययन पीठ (सीएसडीएस) के संस्थापक विद्वानों में से एक प्रोफ़ेसर धीरूभाई शेठ को जाता है। भारतीय भाषा कार्यक्रम के रूप में पच्चीस साल पहले शुरू हुए इस नेटवर्क ने अपनी विस्तृत प्रकाशन शृंखलाओं और *प्रतिमान समय समाज संस्कृति* जैसी बहुचर्चित पत्रिका के ज़रिये पहली बार यह साबित करने में कामयाबी हासिल की कि हिंदी में एक समृद्ध विमर्शी संस्कृति विकसित की जा सकती है। मैंने ख़ुद अपनी बौद्धिक मंज़िल भारतीय भाषा कार्यक्रम का संचालन करते हुए ही प्राप्त की है। इस भाषा के विशाल संसार में न अध्येताओं की कमी है, न चिन्तकों की और न ही उनके पाठकों की। चौथा नेटवर्क अम्बेडकर विश्वविद्यालय दिल्ली में 2021 में शुरु हुआ देशिक अभिलेख-अनुसंधान केन्द्र है जिसे अपने शुरुआती दौर में इन नेटवर्कों द्वारा तैयार की गयी ज़मीन पर खड़े होने का संचित लाभ हुआ है।

ये पहली पाँच पुस्तकें

उन्मोचन ग्रन्थमाला की ये पहली पाँच पुस्तकें इसी विमर्शी और संरचनागत योजना की नुमाइंदगी करती हैं। पिछले पाँच वर्ष में लिखा गया मेरा बृहद ग्रन्थ *उपनिवेशवाद का अलौकिक साम्राज्य* कुछ नये प्रत्ययों का प्रतिपादन करता है। इन्हीं में से दो हैं 'प्रत्यक्ष का अप्रत्यक्षीकरण' और 'उपनिवेशवाद की भाषाई विचारधारा'। पश्चिमी ज्ञान-परम्परा के डिकोलोनियल इतिहास को उकेरते हुए यह रचना दिखाती है कि रिनैसाँज़ और इनलाइटेनमेंट की ज्ञानमीमांसक बुनियाद में युरोअमेरिकी क्रिश्चियनिटी के आग्रह हैं। इससे पहले ईसाइयत का यह संस्करण मंच पर प्रत्यक्ष रह कर समाज और राज्य को नियंत्रित करता था। इन सदियों में इसे पृष्ठभूमि में धकेल कर अप्रत्यक्ष कर दिया गया जिससे यह पहले से ज़्यादा प्रभावी हो गया। नज़र के सामने से हट जाने के कारण यह क्रिश्चियनिटी अब अपने खिलाफ विद्रोह किये जाने के लिए उपलब्ध ही नहीं रह गयी है। युरोप के 'थियोक्रेटिक' (यथार्थ की वह समझ जिसके मुताबिक़ ईश्वर सृष्टि का रचनाकार है) राज्यों और सभ्यता को भारत जैसे 'एंटोक्रेटिक' (ब्रह्मांडीय समग्रता यानी अलौकिक और लौकिक, दैवी और मानवीय में सम्पूर्ण समरसता पर विश्वास करने वाले) समाजों (एशिया के अन्य समाजों समेत जिनमें इस्लामिक समाज भी शामिल हैं) का अन्तरण करने

के लिए अब प्रोसिलाइटिज़ेशन की ज़रूरत नहीं रह गई है। पूजा-पद्धतियाँ वही रह सकती हैं, पर भाषा और ज्ञान के औज़ारों के सतत इस्तेमाल से समाजों का सारतत्त्व थियोक्रेटिक होता चला जाता है।

मैक्स वेबर ने युरोईसाइयत द्वारा किये जाने वाले अत्यधिक प्रभावी नियन्त्रण की ज़मीन तैयार करने का श्रेय प्रोटेस्टेंट सुधार को दिया है। वे कहते हैं, 'जो बात अक्सर भुला दी जाती है, उसे यहाँ नोट करना ज़रूरी है। प्रोटेस्टेंट सुधार का मतलब रोज़ाना की ज़िन्दगी पर चर्च के नियन्त्रण को ख़त्म करना नहीं था; बल्कि, नियन्त्रण के पुराने रूप की जगह नये रूप की स्थापना करना था।' वेबर के अनुसार नियन्त्रण का पहला रूप ढीला-ढाला, महज़ औपचारिक और व्यावहारिक रूप से नामौजूद था। लेकिन यह दूसरा रूप पब्लिक हो या प्राइवेट, जीवन के हर क्षेत्र को न केवल अपने दायरे में ले लेता था, बल्कि उस नियन्त्रण की प्रकृति गहन थी और उसे बाक़ायदा लागू किया जा सकता था। युरोईसाइयत का नया नियन्त्रणकारी रूप केवल ईसाइयों के दैनंदिन जीवन को नियन्त्रित करने वाला साबित नहीं हुआ– बल्कि, यह ग़ैर-ईसाई समाजों का सांस्कृतिक युरोपीयकरण करने के ज़रिये अप्रत्यक्ष ईसाईकरण करने की क्षमता से सम्पन्न निकला। हैंस ब्लूमेनबर्ग ने वेबर के इस अवलोकन की यह कह कर तस्दीक़ की है कि 'आधुनिक युग वस्तुतः ईश्वर की मृत्यु के युग की तरह शुरू नहीं होता, बल्कि वह ईश्वर को प्रच्छन्न कर देने वाले युग के रूप में अपना प्रारम्भ करता है।' युरोकेन्द्रीयता के अध्येता वासिलिस लैम्ब्रोपोलॅस के मुताबिक़ निगाहों से छिपे हुए ईश्वर को मृत घोषित करना एक व्यावहारिक युक्ति थी। प्रबोधन को विवेक के युग की मिथकीय आभा से सम्पन्न करने के लिए यह घोषणा काफ़ी उपयोगी हुई।

उपनिवेशवाद के लौकिक साम्राज्य के पराभव के बाद भाषा-ज्ञान और साहित्य पर आधारित उसका अलौकिक साम्राज्य मज़हब नहीं बल्कि संस्कृति के अन्तरण पर आधारित हो चुका है। अलौकिक साम्राज्य की यह थीसिस उपनिवेशवाद की भाषाई विचारधारा के आधार पर अठारहवीं सदी के इंग्लैंड में तैयार की गई थी। यह विचारधारा अकादमीय दायरों में तो कभी सूत्रबद्ध नहीं हुई, पर इसकी बुनियाद उस समय पड़ी थी जब यूनानियों की विकट भाषाई स्वजातिउत्कृष्टता और ओल्ड टेस्टामेंट के मोनोलिंगुअलिज़्म के बीच गठजोड़ हुआ था। यूनानी पेगन थे, लेकिन भारतीय बहुदेववाद से भिन्न उनके पेगन संसार में क्रिश्चियन ईश्वरीय तत्त्वमीमांसा के लिए काफ़ी जगह थी। रिनैसॉज़ और इनलाइटेनमेंट के ज़मानों में इसी गठजोड़ के आधार पर भाषाई विचारधारा का शीराज़ा खड़ा किया गया। 'भाषा साम्राज्य की

जोड़ीदार होती है' और 'विजेता को विजित पर अपनी भाषा थोपने का अधिकार है' जैसे सिद्धान्त गढ़े गये। एक विश्वव्यापी ग्रामर फैक्ट्री खड़ी की गई। भाषाओं के कारखाने बनाये गये। या तो भाषाओं का संहार करके उनकी जगह युरोपीय भाषाएँ स्थापित कर दी गईं, या फिर जहाँ यह नहीं हो सका, वहाँ भाषाओं का योजनापूर्वक लातिनीकरण किया गया। या तो एकभाषिता स्थापित की गई, या बहु-एकभाषिता (बहुभाषी परिदृश्य में कुछ भाषाओं को चुन कर प्रभुभाषा बनाना) को बढ़ावा दिया गया। यह प्रक्रिया ग़ैर-पश्चिम के कला, साहित्य और ज्ञान पर पश्चिमी या आधुनिक छाप पड़ने में निकली। एशिया के सन्दर्भ में आनन्द कुमारस्वामी ने इसे 'एंग्लिसाइज़ेशन ऑफ़ ईस्ट' कहा है। 2006 में लिखे गए अपने इस कालजयी लेख में कुमास्वामी स्पष्ट रूप से कहते हैं कि अंग्रेज़ीकरण की प्रक्रिया के तहत 'हमें एक सभ्यता के दूसरी सभ्यता पर प्रभाव का सामना करने के बजाय एक सभ्यता के उन्मूलन और उसकी जगह दूसरी के प्रतिस्थापना की समस्या से निबटना है। इसे दोनों सभ्यताओं के श्रेष्ठ तत्त्वों को प्रोत्साहित करने वाली प्रक्रिया के तौर पर नहीं देखना चाहिए।' उपनिवेशवाद की भाषाई विचारधारा के इस औज़ार से ही पिछली शताब्दियों में ग़ैर-पश्चिम का संस्कृति-अन्तरण हुआ। यह प्रक्रिया आज तक जारी है। युरोपीय साम्राज्यिकता के पहले अतीत की किसी भी साम्राज्यिकता के पास भाषाई विचारधारा और उसके ज़रिये संस्कृति-अन्तरण का कार्यक्रम नहीं था।

मेरी यह पुस्तक कम से कम डेढ़ वर्ष से लिखी हुई तैयार रखी हुई थी। लेकिन, अलग से प्रकाशित करने के बजाय मैं इसी विचार-भूमि पर खड़ी अन्य रचनाओं के साथ प्रकाशित करना चाहता था। इसलिए मैंने इन्तज़ार किया, और अतत: मुझे ज्ञानोत्पादन के विउपनिवेशीकरण की तरफ ले जाने वाली चार अन्य कृतियाँ मिल गईं। इन्हीं में से एक है आचार्य राधावल्लभ त्रिपाठी का बृहद ग्रन्थ *भारत की सारस्वत साधना,* जो उस आवश्यकता को पूरा करता है जो हमारे प्राचीन ज्ञान को प्रासंगकिता की कसौटी पर कसने से जुड़ी है। इस कृति में आचार्य त्रिपाठी के 19 लेख संकलित हैं। कालक्रमानुसार देखें तो इसमें ऐतरेय महीदास, पाणिनि, कौटिल्य, वात्स्यायन, भरत, भर्तृहरि, आदि शंकर, वामन, आनन्दवर्धन, कुन्तक, अभिनवगुप्त, पण्डितराज जगन्नाथ, गोपीनाथ कविराज, रामावतार शर्मा और रेवाप्रसाद द्विवेदी के विमर्श की अनूठी प्रस्तुति तो है ही, साथ ही साथ पुराणों, भारतीय परम्परा में कला और काव्य की सर्जना प्रक्रिया, भारत की पण्डित-परम्परा, प्राच्यविद्या और विउपनिवेशकरण के सम्बन्धों पर गहन, सहज और विस्तृत विचार किया गया है। इनमें अधिकतर लेख आचार्य त्रिपाठी ने मेरे अनुरोध पर उस समय

लिखे थे जब मैं *प्रतिमान* का सम्पादक था। जब इस सामग्री को पुस्तक के रूप में लाने की बात चली तो उन्होंने नौ विमर्शकारों पर नये लेख तैयार किये ताकि भारतीय ज्ञान-परम्परा में पिछले तीन हज़ार साल के इन महारथियों के प्रतिनिधित्व में कुछ छूट न जाए। इस तरह उन्होंने ईसापूर्व 1000 से लेकर बीसवीं सदी तक की इस अक्षुण्ण परम्परा के वाहकों के विमर्शी चित्र उपस्थित कर दिये हैं।

इसमें कोई शक नहीं कि उपनिवेशवाद के ज्ञानात्मक अत्याचार के कारण हमारे पारम्परिक ज्ञान के नवीकरण की प्रक्रिया और उसकी गतिशीलता बहुत सीमित हो गयी है। आचार्य त्रिपाठी का यह भगीरथ प्रयास इसी की भरपायी की शुरुआत है। भर्तृहरि के भाषा-विमर्श से उठाया गया इसका एक नमूना दृष्टव्य है :

> वाक्यपदीयम् के तीसरे काण्ड के अंतर्गत तृतीय समुद्देश में भर्तृहरि शब्द और अर्थ के सम्बन्धों पर विचार करते हैं, तथा शब्द या भाषा से निर्मित संसार और हमारे रोज़मर्रा के संसार के सम्बन्धों पर भी विचार करते हैं। ... रोज़मर्रा की दुनिया में हम आँखों से दिखने वाली वस्तुओं को, जो हमारे वर्तमान में हैं, देख पाते हैं। शब्दों के विवर्त में हम भूत और भविष्य को भी देख पाते हैं। यह एक स्वायत्त संसार है। यह बाहर के संसार से सर्वथा अछूता रह सकता है। इस संसार में वह सहज सम्भव है, जो हमारे भौतिक संसार में सम्भाव्य नहीं है। इसका सबसे उम्दा उदाहरण अभाव या अनुपस्थिति के विमर्श को दिया जाता है। ... अभाव का भाषा में विमर्श कैसे होता है इसके लिए शशविषाण (खरगोश का सींग), मृगतृष्णा का जल आदि उदाहरण दिये जाते हैं। जो संसार में असम्भव है, भाषा उसे सम्भव कर देती है। भाषा निराकार को साकार और अमूर्त को मूर्त कर देती है। शास्त्रों में इसका एक उदाहरण यह दिया जाता रहा है– एष वन्ध्यासुतो याति खपुष्पकृतशेखरः। कूर्मक्षीरचये स्नातः शशशृङ्गधनुर्धरः॥ (आकाशकुसुम की माला सिर पर गूँथे हुए, कछवी के दूध के तालाब में नहाया हुआ, खरगोश के सींग का धनुष धारण किये हुए यह बाँझ का बेटा चला जा रहा है।) कछुवा स्तनपायी जीव नहीं है, खरगोश के सींग नहीं होते, आकाश में फूल नहीं खिलते और वंध्या के पुत्र नहीं हो सकता। अतः इस पद्य में सारी असम्भावनाओं का बख़ान है, फिर भी इनका बिम्ब तो बनता ही है। जितनी भी असम्भाव्य स्थितियाँ हैं, भाषा उन्हें अपने संसार में सम्भव बना सकती है।

अनुपस्थिति के विमर्श का यह प्रतिपादन मुझे बहुत पसन्द है। ऐसे नमूने नगीनों की तरह आचार्य त्रिपाठी की इस अविस्मरणीय कृति में भरे पड़े हैं।

तीसरी कृति संस्कृत और फ़ारसी के अनूठे विद्वान प्रोफ़ेसर बलराम शुक्ल की रचना *भारतीय ज्ञान-परम्परा : सातत्य और संवर्धन* है। हज़ारों साल लम्बी और अत्यन्त विविध ज्ञान-परम्परा का इससे अधिक संक्षिप्त, सरल, सारगर्भित और

सांगोपांग मानचित्र बनाया ही नहीं जा सकता। भारतीय ज्ञान-परम्परा के सातत्य और संवर्धन के इतिहास और वर्तमान का विवरण देने वाली इस पुस्तक के लगभग प्रत्येक पृष्ठ पर ऐसी जानकारियाँ अंकित हैं जो अन्यत्र दुर्लभ साबित होंगी। बलराम शुक्ल ने भारतीय ज्ञान-परम्परा का भाष्य करते समय कुछ ऐसे सूत्रीकरण किये हैं जो पहले मेरी निगाह से नहीं गुज़रे थे। एक जगह यास्क रचित *निरुक्त* के हवाले से बताया गया है कि इस ज्ञान-परम्परा के तहत कलियुग में ऋषियों के न रहने से तर्क को ही ऋषि की संज्ञा दे दी गई है। इसी की तस्दीक़ करते हुए एक दूसरी जगह कहा गया है कि यह परम्परा 'सोला स्क्रिप्तुरा' (एक पवित्र ग्रन्थ में ही सारे सत्य निहित हैं) न हो कर 'फ्रोनेमा' (दृष्टिकोण आधारित) है। यह उस सामी आग्रह को नहीं मानती जिसके तहत अपरिवर्तनीय वस्तु को ही प्रामाणिक और शुद्ध माना जाता है। आनन्द कुमारस्वामी सरीखे इस परम्परा के व्याख्याताओं के लिए मिथ ही इतिहास की भूमिका निभाती है। सृष्टि-निर्माण की थियोक्रेटिक डिज़ाइन के विपरीत यह परम्परा मानती है कि हर सृष्टि से पहले एक सृष्टि है। आदि सृष्टि कोई नहीं है। इसमें ईश्वरीय निरंकुशता की कोई जगह नहीं है।

बलराम शुक्ल के मुताबिक़ जिन बातों को अतार्किक माना जाता है, वे भारतीय ज्ञान-परम्परा के लिए दरअसल संसार को समझने की युक्तियाँ हैं। मसलन, पुनर्जन्म को माने बिना संसार की विचित्रता की व्याख्या नहीं हो सकती। इस परम्परा में समय चक्रीय और कल्पीय है। इस नाते आचार्यों, संतों, गुरुओं और आध्यात्मिक नायकों के अनुयायियों को सुविधा मिल जाती है कि वे हर युग में उनकी विद्यमानता की कल्पना कर लें। यही कारण है कि शंकराचार्य, कबीर और नानक जैसी हस्तियाँ हर युग में और हर जगह होने की अनुभूति देती हैं। यही कारण है कि शंकर को उनके अपने युग के ही नहीं बल्कि अतीत के विद्वानों से शास्त्रार्थ में भी विजयी बताया जाता है। यह परम्परा इतनी समावेशी है कि सत्रहवीं सदी में महामति प्राणनाथ इस्लाम को भी भारतीय परम्परा में शास्त्रोक्त तरीक़े से शामिल करने का प्रयास करते हुए दिखते हैं। बलराम शुक्ल ने भारतीय भाषा-विश्लेषण के बारे में तो इस कृति में कमाल ही कर दिया है। लेखन और वाचिकता का सम्बन्ध, लिपि और वाचिकता का सम्बन्ध और भर्तृहरि जैसे जटिल शास्त्र को सरलता से समझा सकने वाला अनूठापन इसकी विशेषता है।

चौथी और पाँचवीं कृतियाँ एक ही सिक्के के दो पहलुओं के समान हैं। दर्शनशास्त्र के आचार्य अम्बिकादत्त शर्मा और राजनीतिक सिद्धान्त के अध्येता विश्वनाथ मिश्र एक अरसे से वैचारिक स्वराज के विमर्शी रास्तों की खोज में लगे

हुए हैं। दोनों कृतियाँ *अनागत गांधी : बापू से वैश्विक संवाद* और *हन्ना आरेंट : हिंसा का स्थापत्य* अपने आप में स्वायत्त रचनाएँ होते हुए भी परस्परव्यापी हैं। हिंसा, सर्वाधिकारवाद, मानवीय गरिमा, राजनीतिक कार्रवाई, चेतना की व्यक्तिगत और सामूहिक अभिव्यक्तियों के प्रश्न पर गांधी और आरेंट के बीच नज़दीकियों और दूरियों से बनी अंतर्व्याप्ति पर कई विद्वान ग़ौर कर चुके हैं। लेकिन, पश्चिमी समाज-विज्ञान की स्थापित शैलियों में हुआ यह विविध ऊहापोह युरोकेन्द्रीय दृष्टि से मुक्त नहीं है। यही है वह मुकाम जो शर्मा-मिश्र की जोड़ी को इन प्रयासों से अलग करके एक सर्वथा नयी ज़मीन तोड़ने वाले विद्वानों के रूप में प्रतिष्ठित कर देता है।

दोनों रचनाओं के सघन और सुलिखित पृष्ठों पर बापू और आरेंट के साथ मार्क्स, माओ, वेबर, हाइडेगर, फ़ूको और हैबरमास, फुले, तिलक और अम्बेडकर जैसी हस्तियाँ ऐसे अर्थ-सन्दर्भों में मुखामुखम हो रही हैं जो पश्चिम-प्रदत्त ज्ञानात्मक श्रेणियों से भिन्न हैं। ये अर्थ-सन्दर्भ एकदम नये हैं, और उनका उद्गम भारतीय ज्ञान-परम्परा में निहित है। मसलन, यहाँ गांधी का ज्ञानमीमांसीय और तत्त्वमीमांसीय भाष्य अद्वैत सभ्यता के प्रतिपादक के तौर पर किया गया है। गांधी पश्चिम के कई विद्वानों से बहुत-कुछ लेने के बावजूद स्वयं को युरोकेन्द्रीयता से अछूता बनाये रखते हैं। *अनागत गांधी* में गांधी द्वारा गिनाये गये 'सात महापाप' न केवल पश्चिमी सभ्यता की समझौताविहीन आलोचना का परिप्रेक्ष्य पेश करते हैं, बल्कि इनके भीतर एक समान्तर सभ्यता की सृष्टि का कार्यक्रम भी प्रस्तावित होता हुआ दिखता है। ये सात महापाप हैं : श्रम रहित धन, विवेक रहित आनन्द, चरित्र रहित ज्ञान, नैतिकता रहित व्यापार, मानवता रहित विज्ञान, त्याग रहित धर्म और सिद्धान्त रहित राजनीति। रहित की जगह युक्त का प्रयोग करते ही सात महापापों की जगह सात महावांछनीयताओं का ख़ाका तैयार हो जाता है।

हन्ना आरेंट : हिंसा का स्थापत्य में गांधी के साथ परस्परव्याप्ति के बावजूद आरेंट उनसे सौ फ़ीसदी सहमत नहीं हैं, पर वे हिंसा और सर्वाधिकारवाद के उत्खनन के ज़रिये राजनीति की परिभाषा में एक बुनियादी संशोधन तज्वीज़ करती नज़र आती हैं। वे कहती हैं कि युद्धों और क्रान्तियों में हिंसा ने ऐतिहासिक रूप से प्रधान ही नहीं, बल्कि, विधेयक भूमिका निभायी है। राजनीति के जिस आदर्श रूप को आरेंट कल्पित करती हैं, उसका युद्ध और क्रांति से कोई ताल्लुक़ हो ही नहीं सकता। आरेंट के इस अभूतपूर्व दावे का आधार उन्हीं के विमर्शी आधार में निहित है। आरेंट के मुताबिक़ मनुष्य के क्रियाकलाप मुख्यतः लेबर (जैविक ज़रूरतों की पूर्ति के लिए किया जाने वाला मनुष्य का एकाकी प्रयत्न), वर्क (भौतिक ज़रूरतों की पूर्ति

के लिए किया जाने वाला एकाकी और सीमित सहयोग पर आधारित प्रयत्न) और एक्शन (व्यापक सामूहिक सहभागिता के ज़रिये पूर्णता प्राप्त करने के लिए किया जाने वाला प्रयत्न) में बँटे हुए हैं। एक्शन को वे 'वीटा एक्टिवा 'की संज्ञा देते हुए श्रेयस्कर राजनीति का पर्याय मानती हैं। इसमें शक्ति का वह रूप प्रतिष्ठित है जो उच्च मानवीय और सांस्कृतिक लक्ष्यों को प्राप्त करने की सामूहिकता और प्रतिबद्धता की ओर ले जाता है। राजनीति का यही रूप यूनानी दार्शनिकों के लिए सभ्यता-निर्माण की कला और सर्वोत्तम सद्गुण के रूप में प्रतिष्ठित रहा है। इसी को कौटिल्य ने 'सर्वे धर्मा: राजधर्मे प्रविष्टा:' की तरह प्रस्तुत किया है। राजनीति के इस आदर्श में युद्ध और क्रांति का शुमार नहीं हो सकता। गांधी और आरेंट, दोनों इस समस्या से जूझते नज़र आते हैं कि हिंसा के बिना शक्ति की उपलब्धि कैसे हो। इन दोनों ग्रन्थों में यह विमर्शी जद्दोजहद निहायत ख़ूबसूरती से बुनी गयी है।

शर्मा-मिश्र की जोड़ी ने इन दोनों ग्रन्थों में एक काम ऐसा किया है जो कम से कम मैंने तो पहली बार देखा है। जब भी ग़ैर-पश्चिमी ज्ञान-परम्पराओं का कोई दावा पश्चिम द्वारा थमायी गयी बुद्धि और पद्धतिमूलकता को ठुकराते हुए प्रस्तुत किया जाता है, तो हमेशा उसके ख़िलाफ़ सबसे बड़ा सवाल यह लगाया जाता है कि इसकी आज के ज़माने में व्यावहारिकता क्या है? यह भी कहा जाता है कि आधुनिकता-पूर्व ज्ञान तो केवल वैचारिक ऊहापोह या महज़ ख़यालगोई है जो सौंदर्यमूलक आनन्द देने से आगे नहीं जा सकता। पूछा जाता है कि उसमें अनुप्रयुक्तता या एप्लायडनेस कहाँ है? पश्चिमी सभ्यता को एक 'एप्लायड सिविलाइज़ेशन' के रूप में पेश करना उसके बचावकर्ताओं का मुख्य शगल है। उनके लिहाज़ से आधुनिकता की आधारशिला सिद्धान्त और व्यवहार के कारगर समिश्रण से कुछ इस तरह बनायी गयी है कि आधुनिकताजन्य पीड़ाओं को संशोधनकारी आधुनिकता से दूर किया जा सकता है। यानी, आधुनिकता का इलाज आधुनिकता में ही है, उससे बाहर नहीं। अगर इस दलील के सामने घुटने टेक दिये जाएँ तो फिर ज्ञानोत्पादन का विउपनिवेशीकरण अरण्यरोदन के अलावा कुछ नहीं रह जायेगा। इन दो लेखकों का इस बारे में रवैया कुछ इस तरह का है :

> यहाँ अनेक तथ्यान्वेषी यह प्रश्न कर सकते हैं कि और प्राय: किया भी जाता है कि क्या यह व्यावहारिक है? उन्हें इस तथ्य पर भी ध्यान देना चाहिए कि जिसे हम व्यावहारिक कहते हैं उसके कई पहलू एक ज़माने में नितान्त अव्यावहारिक माने जाते थे, लेकिन विशिष्ट ज्ञान, सैकड़ों वर्षों की हिंसा और ऐसे ही अनेक उपायों द्वारा उन्हें व्यावहारिक बनाया गया है। उन्हें आज भी निर्दोष नहीं कहा जा सकता।

अनुमानों के अनुसार पृथ्वी पर सकल सम्पदा पचास क्वाड्रिलियन से अधिक नहीं है। वर्तमान समय में दुनिया की सकल जीडीपी डेढ़ सौ खरब से अधिक नहीं है। यदि प्रति व्यक्ति आय में अमेरिका को प्रतिमान मान लें और भारत को अतीत का गौरव दिलाने के मार्ग पर चलें तो आर्थिक रूप से अमेरिका के बराबर आने में उसकी अर्थव्यवस्था की अपेक्षा छह गुनी अधिक बड़ी अर्थव्यवस्था बनना होगा, क्योंकि हमारी आबादी उससे छह गुनी अधिक है। वर्तमान में यदि उसकी अर्थव्यवस्था को हम पच्चीस खरब भी मान लें तो इसका आशय यह हुआ कि हमें तब अकेले ही आज की पूरी दुनिया की अर्थव्यवस्था के बराबर यानी डेढ़ सौ खरब का होना होगा। ज़ाहिर है कि इस खेल में हम अकेले नहीं हैं और सबकी साझेदारी से हम यदि किसी समय दुनिया के सकल घरेलू उत्पाद को एक हज़ार खरब मान लें तो दुनिया के संसाधन पचास साल में ही चुक जाएँगे। इस तथ्यात्मकता के बावजूद हम विकास के आधुनिक प्रारूप को ही सबसे अधिक व्यवहारसौकर्य साबित करने में लगे हुए हैं। उसे ही औचित्यपूर्ण प्रमाणित करने के लिए हर तरह के असत्य का प्रयोग कर रहे हैं। परन्तु, मनुष्य यदि तात्त्विक रूप से आत्मचेतन प्राणी है, तो उसकी आत्मचेतना कभी न कभी आधुनिकता के चक्रीय दुष्चक्र के प्रति अवश्य ही आत्मचेतन होगी, और इस तरह आधुनिकता के प्रति एक नवीन मोहभंग से उत्पन्न हुए युग का शुभारम्भ होगा।

एक ज़माने में किसी दीवार पर मैंने गाँधी का एक महावाक्य लिखा देखा था : 'पृथ्वी के पास मनुष्य की प्रत्येक आवश्यकता पूरी करने के लिए पर्याप्त संसाधन हैं, पर मनुष्य के लालच को वह सन्तुष्ट नहीं कर सकती।' तब मार्क्सवादी बौद्धिक प्रशिक्षण से आत्मतुष्ट हो कर मैं मानता था कि साम्यवाद लाने के लिए हमें असीमित उत्पादन करके उसे हर व्यक्ति के लिए उपलब्ध कराना होगा। लेकिन इस महावाक्य ने मेरी मार्क्सवादी चेतना पर एक सवालिया निशान लगाया। मैं जानकारों से पूछता रहा कि गांधी के दिमाग में यह बात आयी कहाँ से होगी? जवाब आशिस नंदी से बातें करते हुए मिला कि ऐसा चिन्तन शायद गांधी को अपनी माँ से प्राप्त वैष्णव आधारभूमि पर ही पनप सकता था। (बलराम शुक्ल ने *भारतीय ज्ञान-परम्परा* में बताया है कि गांधी का यह महाकथन *महाभारत* के द्रोणपर्व में इस प्रकार मौजूद है : 'यत्पृथिव्यां व्रीहियवं हिरण्यं पशवः स्त्रियः। नालमेकस्य तत् सर्वमिति मत्वा शमं व्रजेत्॥' अर्थात, पृथ्वी पर जितना धान, सोना, जौ, पशु, स्त्रियाँ हैं, वह एक लोभी व्यक्ति के लिए पर्याप्त नहीं है, यह समझ कर हमें शांत हो जाना चाहिए।) इसी भावभूमि पर गांधी ने अद्वैत सभ्यता का वेदान्ती वृक्ष खड़ा किया होगा। यही है वह भावभूमि जो संशोधनकारी आधुनिकता के छल से हमें बचा सकती है।

प्ररोचना सम्पन्न हुई। इसके साथ ही मैं उन्मोचन ग्रन्थमाला के विद्वान

विमर्शकारों के साथ सुधी पाठकों-श्रोताओं का इस नये संसार में स्वागत करता हूँ। रास्ता बहुत लम्बा और कंटकाकीर्ण है, लेकिन चलने लायक है।

आभार

इन पाँच ग्रन्थों के प्रकाशन में जाने के साथ ही अगले सेट के लिए तैयारियाँ शुरू हो गई हैं। इसमें वाल्टर मिन्योलो, सुदीप्त कविराज, पार्थ चटर्जी, बरनार्ड कॉन, एनिबाल क़िहानो, रणजीत गुहा, सैयद मुहम्मद अलतास, अली शरियती, वासुदेव शरण अग्रवाल, काशी प्रसाद जायसवाल, चन्द्रकान्त राजू और शम्सुर्रहमान फ़ारूक़ी की रचनाओं के साथ-साथ विनय लाल द्वारा सम्पादित विश्वविख्यात डिसेंटिंग नॉलेज पेम्फ़लेट सीरीज़ और उपनिवेशन के मर्म का अनावरण करने वाली *ब्लाइंडिड आई* जैसी अनूठी रचना का प्रकाशन प्रस्तावित है। प्रयास किया जायेगा कि इस सेट में रज़ा फ़ाउण्डेशन द्वारा वित्तपोषित उस सर्वेक्षण पर आधारित पुस्तक भी प्रकाशित की जाये जिसका केन्द्रीय प्रश्न यह है कि क्या अंग्रेज़ी भाषा भारत के संस्कृति-अन्तरण के उपकरण के तौर पर काम करती है।

इस पुस्तक श्रृंखला का वर्तमान रूप कई विद्वानों, विभूतियों और गुणी साथियों की सहायता के बिना संभव नहीं हो सकता था। ख़ासकर मेरी किताब उपनिवेशवाद का अलौकिक साम्राज्य की समूची पांडुलिपि या कुछ हिस्से तो कई विद्वानों ने पढ़े और अपनी टिप्पणियों से मेरा मार्गदर्शन किया। इनमें नंदकिशोर आचार्य, वागीश शुक्ल, अशोक वाजपेयी, भगवान सिंह, आशुतोष भारद्वाज के साथ-साथ देशिक केंद्र के मेरे कुछ साथियों (नरेश गोस्वामी, तृप्ति श्रीवास्तव, रमाशंकर सिंह, कंचन शर्मा, सैयद शाहिद अशरफ़, सुमेल सिंह सिद्धू और विजय झा) के नाम उल्लेखनीय हैं। बहुत पहले मनोज मोहन ने इसकी पांडुलिपि का पहला प्रूफ़ पढ़ा था। वाणी प्रकाशन के प्रबन्ध निदेशक अरुण माहेश्वरी और कार्यकारी निदेशक अदिति माहेश्वरी गोयल ने विशेष रुचि लेकर इस श्रृंखला को पाठकों तक सुंदर रूप में पहुँचाया है। रज़ा फ़ाउंडेशन के प्रबंध न्यासी श्री अशोक वाजपेयी ने इस श्रृंखला को प्रायोजित करके इसे संस्थागत आधार प्रदान किया है। मैं इन सभी का कृतज्ञ हूँ और रहूँगा।

कहना न होगा कि न केवल मैं अपनी किताब की सभी तरह की कमियों का उत्तरदायी हूँ, बल्कि श्रृंखला संपादक के रूप में बाक़ी चार रचनाओं की पुस्तकाकार निर्मिति में रह गयी कमियों का भी ज़िम्मेदार हूँ।

वैशाख शुक्ल पंचमी **—अभय कुमार दुबे**

2082, विक्रम संवत (2 मई, 2025) श्रृंखला सम्पादक

भूमिका

पृथ्वी पर मानव-दशाएँ कितनी बदल गयी हैं और वे किस दिशा में जा रही हैं, इसका कुछ आँकड़ों के माध्यम से संकेत किया जा सकता है।

युवाल नोआ हरारी अपनी पुस्तक *सेपियंस : ए ब्रीफ़ हिस्ट्री ऑफ़ ह्यूमनकाइंड* के चौदहवें अध्याय में इन बदले हुए हालात का एक लेखा-जोखा प्रस्तुत करते हैं। सन् 1500 में पृथ्वी पर अनुमानतः कुल पचास करोड़ होमोसेपियंस थे और उनके द्वारा उत्पादित वस्तुओं एवं सेवाओं का कुल मूल्य लगभग ढाई सौ अरब डालर था। आज एक वर्ष में सकल मानवीय उत्पादन लगभग 6,000 अरब डालर तक पहुँच गया है। उस समय मनुष्य प्रतिदिन लगभग 13,000 अरब कैलॅरी का उपभोग करता था, जो आज बढ़कर 15 लाख अरब कैलॅरी प्रतिदिन हो गया है। तब से अब तक मानव-जाति की आबादी में कुल चौदह गुना वृद्धि हुई है, जबकि उत्पादन में 240 गुना और ऊर्जा के उपभोग में 115 गुना वृद्धि हुई है। फिर भी, दुनिया में असन्तोष, अशान्ति, अन्याय और हिंसा का वातावरण बना हुआ है। विश्व स्वास्थ्य संगठन के सबसे हालिया अनुमान के अनुसार प्रतिवर्ष सोलह लाख लोग हिंसा में अपनी जान गँवाते हैं। साढ़े तेरह लाख लोग प्रतिवर्ष सड़क दुर्घटनाओं में मारे जाते हैं। सबसे भयावह तो यह है कि इस समृद्धि के बाद भी लगभग इक्कीस हजार लोग प्रति दिन भूख और कुपोषण से मर जाते हैं।

उपर्युक्त आँकड़े आधुनिक सभ्यता में बदली हुई मानव परिस्थितियों के सियाह पक्ष को उजागर करते हैं। इससे यह भी विदित होता है कि मात्र तकनीकी विकास और आर्थिक समृद्धि की बदौलत उज्ज्वल मानवीय भविष्य की कामना नहीं की जा सकती। समृद्धि के समक्ष ही आज मानव असहाय होता जा रहा है। इस त्रासदी का कारण यह है कि समृद्धि ने मनुष्य की शक्ति को नहीं बढ़ाया, बल्कि, उसकी हिंसक वृत्ति को तीक्ष्णता प्रदान की है। आज का तकनीकी विकास और आर्थिक

समृद्धि मानव-जाति को शक्ति की नैतिकता को छोड़ कर हिंसा की नैतिकता की ओर लिए जा रहे हैं। परन्तु, विडम्बना यह है कि समस्त मानवीय उपक्रम इस तरह से इस प्रक्रिया में संलग्न है, जैसे मनुष्य कोई आत्मचेतन प्राणी नहीं, बल्कि डण्डे के ज़ोर से हाँका जाने वाला पशु हो।

हिंसा की नैतिकता का सम्बन्ध डार्विनवाद से है, जो मनुष्य के उद्‌विकास और उसके सामाजिक व्याकरण को समझने के लिए 'प्राकृतिक प्रवरण' के सिद्धान्त में अटूट आस्था रखता है। पिछले दो सौ साल में जैसे-जैसे विज्ञान की तकनीकी अभिव्यक्ति, ऊर्जा का रूपान्तरण और कल्पित मुद्रा के प्रबन्धन में मानव-जाति ने अधिक प्रभावी दक्षता हासिल कर ली है, वैसे-वैसे सांस्कृतिक, नैतिक, राजनीतिक एवं आर्थिक विन्यास डार्विनवाद की गिरफ़्त में प्रभावी तरीक़े से आते गये हैं। मार्क्सवाद स्वयं एक तरह का डार्विनवाद है, जो योग्यतम की उत्तरजीविता में पूँजीपतियों के स्थान पर सर्वहारा को प्रतिस्थापित करता है। परन्तु, जिन विमर्शों में सामाजिक डार्विनवाद के विरुद्ध शंखनाद के स्वर सुनाई भी देते हैं, वे भी अन्ततः सामाजिक डार्विनवाद की शरण में जाकर अपनी इतिश्री कर लेते हैं। प्रथमदृष्ट्या यह स्थापना अतिवादिता से ग्रस्त लग सकती है। परन्तु, यदि हम इन विमर्शों के भीतर से दो प्रश्नों का उत्तर खोजने का प्रयास करें तो वास्तविकता स्वतः प्रकट हो जाती है। उनमें से प्रथम प्रश्न यह है कि ये विमर्श मानव अतीत के प्रति क्या दृष्टिकोण रखते हैं। द्वितीय प्रश्न यह है कि उक्त विमर्श कल्पित मुद्रा (साख मुद्रा) और भविष्य की रणनीति हेतु तकनीकी विश्व-दृष्टि के प्रति क्या विचार रखते हैं। उल्लेखनीय है कि लगभग सभी विमर्श मानव अतीत के प्रति डार्विन के उद्‌विकासवाद को स्वीकार करते हैं और एप से होमोसेपियंस तक की विकासयात्रा से अपनी सहमति दर्शाते हैं। इस स्वीकारोक्ति के बाद दुनिया की किसी भी सभ्यता में हिंसा, अन्याय तथा शोषण को गलत ठहराने का तर्क मनुष्यता के हाथों से फिसल कर पशुता के हाथों में चला जाता है। क्योंकि, यह तर्क हमें उस जोखिम को उठाने के लिए अकेला छोड़ देता है, जिसकी परिणति यह स्वीकार करने में होती है कि इतिहास में और आज के हमारे समाज में जो हो रहा है, वह नैसर्गिक है और वही मानव की सबसे स्वाभाविक परिणति भी है।

मानव उद्‌विकास के सन्दर्भ में डार्विनवाद को स्वीकार कर लेने के पश्चात् इन सभी विमर्शों का उपयोग शक्तिशाली समूह द्वारा अपने हिंसक मंतव्य को छुपा लेने के लिए और जिनके प्रति हिंसा का उपयोग किया जा रहा है, उन्हें भ्रमित रखने के लिए किया जाता है। प्राकृतिक पर्यावरण को मानव उद्‌विकास का आधार मान लेने

पर हम जाने-अनजाने उपनिवेशवाद, साम्राज्यवाद और हिंसा का समर्थन करने में प्रवृत्त हो जाते हैं। ऐसा करते हुए हम अपने भाग्य को उन हाथों से लिखे जाने का रास्ता खोल देते हैं, जो हाथ हमें दास बनाए रखने के मस्तिष्क से संचालित होते हैं– कदाचित् इस विश्वास के भरोसे कि एक दिन हम भी उन हिंसक प्रतिष्ठानों पर क़ब्ज़ा कर लेंगे और तब हम उनका भाग्य लिखेंगे, जो आज हमारी तक़दीर तय कर रहे हैं। मानव उद्विकास के सन्दर्भ में डार्विनवाद को स्वीकार कर लेने पर यह तथाकथित मानवीय सहयोग की वैचारिकी का एक ऐसा पक्ष बनता है, जिसमें हर पीढ़ी एक दिन हिंसक प्रतिष्ठानों पर क़ब्ज़ा कर लेने का स्वप्न देखती है और विदा हो जाती है। यदि मनुष्य के उद्विकास का डार्विनवाद ही एकमात्र सत्य है, तब आज का वह पूरा ज्ञान जो नैतिकता, सदाचरण, मानवाधिकार, सामाजिक न्याय, समानता और शान्ति की अवधारणाओं से सम्बन्धित है, वह भ्रम को विश्वास में तब्दील करने का एक उपक्रम मात्र बनकर रह जाता है। ऐसे उपक्रम का मतलब खुले दिमाग वाले सिर को काट कर उसमें बंद दिमाग वाला सिर ट्रांसप्लांट किया जाना है, ताकि हिंसा छुपी रह सके और मनुष्य काल्पनिक अवधारणाओं की दुनिया में अपने भविष्य को खोजता रहे।

अब उस दूसरे प्रश्न पर विचार करते हैं कि कल्पित मुद्रा (साख मुद्रा) और भविष्य की रणनीति हेतु तकनीकी विश्व-दृष्टि के प्रति ये विमर्श क्या विचार रखते हैं। बहुत स्पष्ट रूप से कहा जा सकता है कि ये सभी विमर्श कल्पित मुद्रा और तकनीकी विश्व-दृष्टि को अपने और दुनिया के हित में मानते हैं। इस स्वीकारोक्ति का निहितार्थ यह है कि जिस तरह से उपनिवेशों की जनता ने औपनिवेशिक दासता को जन्म देने वाली व्यवस्था को अपनाकर अपने भाग्य का फैसला किया, उसी तरह वंचित समूह अपवंचन को जन्म देने वाली व्यवस्था को अपनाकर अपनी अपवंचना को दूर करना चाहते हैं। किन्तु, इस प्रक्रिया में एक अपवंचन को दूर करने के लिए दूसरे अपवंचन का जन्म स्वाभाविक तौर पर होता है और मानव जाति निरन्तर अपवंचन के दुश्चक्र में उलझी रह जाती है।

अपवंचन के इस दुश्चक्र को दूर करने के लिए आज का उपक्रम, वास्तव में, डार्विनवाद के तर्क की आर्थिक अभिव्यक्ति 'पूँजीवाद' से अनुकूलन का ही एक मार्ग है। इसमें आय अर्जित करने की काल्पनिक स्वतन्त्रता और उपभोग करने की काल्पनिक समानता के इर्द-गिर्द ही सशक्तीकरण की सम्पूर्ण कार्य-योजना घूमती रहती है। इस योजना ने मनुष्य को आज जहाँ लाकर खड़ा कर दिया है, वहाँ वह शारीरिक आवश्यकताओं की पूर्ति से प्रेरित होकर कार्य करने वाला एक प्राणी

मात्र रह गया है, जिसकी नियति श्रम, उत्पादन और उपभोग के चक्र में चक्रमण करते रहना है। यदि यही मनुष्य की वास्तविक स्थिति और भवितव्यता है, तो फिर मनुष्य में और पशु में कोई भिन्नता नहीं है और तब धर्म, संस्कृति, नैतिक मूल्य, मानवतावाद, राष्ट्रवाद, राज्य, प्रशासन इत्यादि सब के सब महत्त्वहीन हो जाते हैं। इन सब का आज यदि कुछ महत्त्व है भी तो वह विज्ञान और तकनीक के गठजोड़ से विकसित होने वाले ज्ञान के समक्ष भविष्य में पराभूत हो जाने वाले हैं। परन्तु, क्या तब हम आज की अपेक्षा बेहतर स्थिति में होंगे या अतीत के किसी कालखण्ड में हम आज की अपेक्षा बेहतर स्थिति में थे?

जब भी ऐसे प्रश्न हमारे सामने आते हैं, तब हमारे लिए संकट यह होता है कि हम मनुष्य को पशु-उद्भव से देखें या मनुष्य को मानव-उद्भव के धरातल से देखें। नृतत्त्वशास्त्रीय और तकनीकी विश्व-दृष्टि मनुष्य को पशु-उद्भव से जोड़कर देखती है। परन्तु, एक विशिष्ट पशु का मनुष्य हो जाना कोई सामान्य घटना नहीं है, बल्कि विश्व-इतिहास और चेतना के विकास में घटित एक नव्य परिच्छेद है। यह चेतना का एक विस्फोट है, जो मनुष्य के आत्मचेतन होते नव्य में निहित है। आत्मचेतन मनुष्य जब स्वयं से यह सवाल करता है कि 'मैं कौन हूँ' तब यह नवीन परिच्छेद क्रान्ति रूप में घटित होता है।

यह मनुष्य में पशुता का पटाक्षेप है और उसके बाद मनुष्य के पशु-उद्भव की कहानी कोई मायने नहीं रखती है। आत्मचेतन चेतना के उद्भव के बाद मनुष्य के सारे कार्य-व्यापार का मूल्यांकन भी यहीं से होना चाहिए और उसके भविष्य की सारी कार्य योजनाएँ भी इसी धरातल पर अवस्थित होनी चाहिए। परन्तु, इतिहास का तर्क यहाँ भी हमारा पीछा नहीं छोड़ता है और बताता है कि आत्मचेतन चेतना के उद्भव के बाद ही होमोसेपियंस को नियंडरथल और आस्ट्रेलोपिथेकस पर विजय की हिंसात्मक दक्षता प्राप्त हुई थी। इस तर्क का विस्तार कुछ इस तरह से होता है कि आत्मचेतन चेतना के उद्भव के बाद भी हिंसा की वृत्ति के लिए अवकाश है। यह तर्क वह प्रस्थान-बिन्दु है, जो हिगेल और मार्क्स को कम-से-कम तर्क के धरातल पर सहोदर बना देता है। तो क्या तर्क के धरातल पर आत्मचेतन चेतना के उद्भव के बाद हिंसा की वृत्ति का पता लगाते हुए आज के होमोसेपियंस को वैसी ही हिंसा का प्राधिकार दे दिया जाना चाहिए, जैसी हिंसा वह पिछले दस हजार सालों में करते हुए आज यहाँ तक आ पहुँचा है? यदि इस प्रश्न का सकारात्मक उत्तर दिया गया तो फिर हम डार्विनवाद की कठोर जकड़न और अनवरत हिंसा से कभी मुक्त नहीं हो सकते हैं।

आज मानव-जाति का अभीष्ट मृत्यु पर विजय प्राप्त करना और अमरता नहीं तो कम-से-कम अनश्वरता प्राप्त कर लेना सबसे बड़ा लक्ष्य बनता जा रहा है। एक निश्चित आबादी, एक निश्चित मनोविज्ञान, एक निश्चित जलवायु की कृत्रिम व्यवस्था के ज़रिये दुनिया को अधिक ख़ुशहाल बनाने का स्वप्न आकार लेने की ओर अग्रसर है और इसके लाभार्थी वही होने वाले हैं, जो डार्विनवाद के तर्क में फिट बैठते हैं। परन्तु, जिस जैव-अभियान्त्रिकी और न्यूरो-नैनो तकनीक के ज़रिये इस परियोजना को पूरा करने का स्वप्न देखा जा रहा है, यह ज़रूरी नहीं है कि सभी मुल्क उसका प्रयोग एक ही तरह से करें। इस अभियान्त्रिकी से बुद्ध और गांधी की प्रवृत्ति भी बनायी जा सकती है और नेपोलियन तथा हिटलर को भी गिलगमेश परियोजना के तहत प्राप्त किया जा सकता है। यदि किसी भी देश ने गिलगमेश परियोजना के तहत नेपोलियन तथा हिटलर को प्राप्त कर लिया तो फिर सारी दुनिया में प्रतिक्रिया-स्वरूप उसी परियोजना के तहत उनसे भी घातक चरित्र को ईजाद करने की होड़ लग जायेगी। तब भी मानव-जाति अपने को उतनी ही असुरक्षित समझेगी, जितनी वह मैनहटन प्रोजेक्ट को बार-बार दुहराने के बाद भी समझती है। इसीलिए, मानव-जाति की अन्तिम आशा विज्ञान और तकनीक नहीं हो सकते हैं। वे साधन भर बने रहें तभी ठीक है; साध्य तो हमें बुद्धत्व और गांधी में ही देखना होगा। बुद्धत्व और गांधी के चरित्र को इतिहास की डार्विनवादी व्याख्या से प्राप्त नहीं किया जा सकता है। इस चरित्र को आत्मचेतन चेतना की जागृति के द्वारा मनुष्य में जो नव्य परिच्छेद घटित हुआ है, उसी को परिष्कृत करके प्राप्त किया जा सकता है। इसके लिए सबसे ज़रूरी है कि काल्पनिक मुद्रा, जो आज दुनिया की सबसे प्रभावी संस्था (यहाँ काल्पनिक मुद्रा को संस्था उस अर्थ में कहा जा रहा है जिस अर्थ में एण्डरसन ने राष्ट्र को काल्पनिक कहा है) है, उस पर औचित्यपूर्ण प्रतिबन्ध लगाया जाये। यह मानव-जाति का एक ऐसा आविष्कार है, जिसके ज़रिये वह भविष्य को भी कंज्यूम करने की क्षमता से लैस हो गया है और उसने मनुष्य के भीतर की पशुता को बेतहाशा बढ़ा दिया है। ठीक ऐसी घड़ी में तकनीकी क्षमताओं से अभिभूत मन जब योग की शरण में जाने को कहता है, तब सहसा राक्षसों की कहानी मनुष्य के मानस पटल पर कौंध जाती है (देखें– हरारी की पुस्तक *21 लेसन्स फॉर द ट्वेंटी फर्स्ट सेंचुरी* और तुलना करें)। यह कम आश्चर्य की बात नहीं है।

वस्तुतः, मानव-जाति आज एक ऐसी दहलीज पर खड़ी है, जहाँ उसे भविष्य का चुनाव करना है। यह चुनाव आत्मचेतन चेतना के धरातल पर करना मानव-जाति के लिए सबसे अधिक श्रेयस्कर है। यहाँ यह प्रश्न किया जा सकता है कि भविष्य

का चुनाव आत्मचेतन चेतना के धरातल पर ही करना क्यों अनिवार्य है, इस प्रश्न के एक-दूसरे से सम्बन्धित चार उत्तर हैं। प्रथम, पृथ्वी पर मनुष्य का अस्तित्व कोई एकाकी प्राणी का अस्तित्व नहीं है– बल्कि यह सामूहिक अस्तित्व है। द्वितीय, मनुष्य को साझी प्रकृति की विरासत प्राप्त है। तृतीय, दुनिया भर में मनुष्य वर्तमान और भविष्य के प्रति साझे काल्पनिक विश्वास से निर्मित साख से लाभान्वित होते हैं। चतुर्थ, आत्मचेतना स्वयं अपने-आप में सामूहिकता की चेतना है। आत्मचेतना में मूलित यही चार स्थितियाँ पशु-उद्भव से मुक्त मानवीय परिस्थिति के नव्य परिच्छेद होने का निहितार्थ है।

हन्ना आरेंट ने इसी सामूहिकता की मानवोचित आत्मचेतना से निर्मित सहयोग को शक्ति कहा है, जिसकी सर्वोत्तम अभिव्यक्ति राजनीतिक भागीदारी में होती है। आधुनिक युग में शक्ति और राजनीति के प्रति मानवीय समझ को औद्योगिक अर्थव्यवस्था, जन-पुंज समाज और आधुनिकता ने उलट कर रख दिया है। परन्तु, यदि हम समझदारी से विश्लेषण करें तो शक्ति एवं राजनीति के वास्तविक अर्थ को आसानी से समझ सकते हैं और यह भी समझ सकते हैं कि कैसे आज हम हिंसा को शक्ति कहने और समझने लगे हैं।

यह पुस्तक राजनीति एवं शक्ति के वास्तविक अर्थ को ही प्रकट करने के लिए विगत शताब्दी की महान् विदुषी हन्ना आरेंट के विचारों को आधार बनाकर लिखी गयी है। इसमें ग्रीक, ब्राह्मिक और अब्राहमिक परम्परा में राजनीति एवं शक्ति तथा हिंसा का विश्लेषण करते हुए आधुनिक सभ्यता की उन तथ्यात्मकताओं को परत-दर-परत अनावृत करने का प्रयास किया गया है, जो शक्ति को छोड़कर हिंसा की ओर अग्रसर होने के लिए मार्ग उपलब्ध कराते हैं। वस्तुतः, सामूहिक साहचर्य से प्राप्त यश में निष्ठा रखना ही अमरत्व की मानवीय अभीप्सा का प्रामाणिक स्वरूप है। श्रमजीवी मनुष्य द्वारा तकनीकी प्रगति के माध्यम से प्राप्त जीवन की मनचाही दीर्घकालिकता मनुष्य में कोई दीप्ति उत्पन्न नहीं कर सकती है; बल्कि ऐसी दीर्घजीविता एक समय मनुष्य में स्वयं मृत्यु के वरण की इच्छा उत्पन्न करेगी और इसके लिए भी उसे किसी तकनीक पर ही निर्भर रहना होगा। इस तरह की मानवीय दशा को कम-से-कम स्वतन्त्रता और मुक्तिकाम्यता को परिपूर्ण करने वाली अवस्था नहीं कहा जा सकता है, जहाँ मनुष्य स्वतन्त्रता और मुक्तिकाम्यता के लिए भी उन्हीं साधनों से शासित होने लगे, जो स्वयं मनुष्य की ही निर्मितियाँ हैं। इस दृष्टि से महात्मा गांधी ने आधुनिक सभ्यता में अन्तर्व्याप्त जिस हिंसा का

आत्मसाक्षात्कार पीटरमारित्जबर्ग में किया था और जिस हिंसा को हन्ना आरेंट ने पुंखानुपुंख समझा है, उससे हर पीढ़ी को परिचित होना चाहिए। हिंसा के आयाम इतने विस्तृत होते हैं कि जब तक उसका एक छोर मनुष्य की पकड़ में आता है, तब तक उसका दूसरा छोर पकड़ से बाहर चला जाता है। ऐसे में मनुष्य नहीं चाहते हुए भी हिंसा का समर्थन कर बैठता है और नहीं समझते हुए हिंसा को सहता भी रहता है। यह मानवीय परिस्थिति मानवता के लिए 'लॉस ऑफ़ होप' जैसी है। इसके पुनर्लाभ के लिए शक्ति का उसकी प्रामाणिक प्रस्थिति और भूमिका में प्रतिष्ठित होना ज़रूरी है, जिसे हिंसा ने विस्थापित कर दिया है। यह पुस्तक इसी उद्देश्य और इसी दिशा में किया गया एक आत्मचेतन पहल है, जो ब्राह्मिक परम्परा की विचार-भूमि पर अवस्थित रहकर हन्ना आरेंट से अन्तरंग संवाद करते हुए प्रतिवर्ती समझ के रूप में आकार ग्रहण करती है।

क्लेश: फलेन हि पुनर्नवतां विधत्ते– कहा जाता है कि किसी कार्य को सम्पन्न करने में जितने प्रकार के क्लेशों का सामना करना पड़ता है, उन सभी का कार्य पूरा होने के साथ ही उपशमन हो जाता है। इस अवसर पर हम प्रोफ़ेसर चन्द्रकला पाडिया (वाराणसी) और प्रोफ़ेसर सुधीर कुमार (चंडीगढ़) के साथ मौक़े-ब-मौक़े हुई चर्चाओं को उनके प्रति आदर के साथ स्मरण करते हैं। साथ ही, मनोज कुमार राय (वर्धा), राहुल चतुर्वेदी (वाराणसी) और शान कश्यप (दिल्ली) के प्रति भी सौहार्द और साधुवाद, जिन्होंने बहुतेरी सांदर्भिक सूचनाओं को एकत्रित करने में सहायता की। वाणी प्रकाशन, नयी दिल्ली और उन्मोचन ग्रन्थमाला के प्रधान सम्पादक तथा अपने समय के जाने-माने लेखक-विचारक अभय कुमार दुबे के प्रति भी बहुत सम्मान, जिन्होंने इस पुस्तक के महत्त्व को समझा और प्रकाशित करने का त्वरित निर्णय लिया।

गणतन्त्र दिवस, 2025

अम्बिकादत्त शर्मा
विश्वनाथ मिश्र

1

सभ्यता में अन्तर्व्याप्त

हिंसा की व्यूह-रचना

आज मनुष्य चतुर्दिक् हिंसा से घिरा हुआ है और हिंसा किसी वैश्विक महामारी की तरह बढ़ती ही जा रही है। तकनीकी संवाद का बढ़ता हुआ दायरा और उपभोक्तावाद का विकास भी हिंसा की ही अभिव्यक्ति है। आज की सभ्यता में विचारधारा और विज्ञान एक चिन्तनशील प्राणी के रूप मनुष्य की स्वायत्तता को बढ़ा नहीं रहे हैं, बल्कि, सीमित करते जा रहे हैं। इसका परिणाम यह हो रहा है कि मनुष्य की थिंकिंग, विलिंग और जजमेंट में संगति टूटती जा रही है।[1] यह टूटन जहाँ आधुनिक समय में मनुष्य की अस्तित्वात्मक पीड़ाओं को बढ़ावा दे रही है, वहीं यह सभ्यता में हिंसा के परिक्षेत्र को बहुत गहरा करती जा रही है। सभी राष्ट्रीय परम्पराओं और मनुष्य के प्रामाणिक अस्तित्व के लिए हिंसा आज अतीत के अन्य सभी युगों की अपेक्षा अधिक घातक सिद्ध होती जा रही है। यह नया खतरा मनुष्य के प्रामाणिक अस्तित्व को ही दफ़्न करने पर आमादा है।[2] आज के मनुष्य के सम्पर्क (कॉन्टेक्ट) का दायरा जितना बढ़ता जा रहा है, सम्पर्कों से जुड़ाव (कनेक्शन) उतने ही घटते

---

1. हन्ना आरेंट (1978), *द लाइफ़ ऑफ़ द माइन्ड*, हरकोर्ट इन्कारपोरेशन, न्यूयार्क।

2. दार्शनिक दृष्टिकोण से मानव-जाति की नयी वास्तविकता में निहित ख़तरा यह प्रतीत होता है कि संचार और हिंसा के तकनीकी साधनों पर आधारित संचार सभी राष्ट्रीय परम्पराओं को और मानव अस्तित्व की सभी प्रामाणिकताओं को दबा देता है। हन्ना आरेंट (1968), *मेन इन डार्क टाइम्स*, हारवेस्ट बुक्स,न्यूयार्क : 87.

जा रहे हैं। इसका परिणाम यह हुआ है कि हम अपने सार्वजनिक जीवन में आज पहले के किसी भी समय की अपेक्षा जुड़े होने के बजाय उलझे हुए अधिक हैं।[3]

इस उलझाव के कारणों को समझने की कोशिश में हम दो चिन्तन-धाराओं की ओर जा सकते हैं। उनमें से पहले का सम्बन्ध हॉब्स, बेन्थम और मार्क्स से है और दूसरे का सम्बन्ध महात्मा गांधी और हन्ना आरेंट से है। हॉब्स, बेन्थम और मार्क्स एक जन-पुंज समाज में मनुष्य के आपसी जुड़ाव को भौतिक आवश्यकताओं के परिप्रेक्ष्य में देखते हैं। ऐसे समाज में प्रत्येक व्यक्ति अपने को पूर्णतया स्वतन्त्र, दायित्व-बोझ से मुक्त और अपने लिए जीने वाला ऐसा प्राणी समझता है, जो समाज में भागीदारी और सामाजिक बन्धनों को सिर्फ़ सुरक्षा के नाते स्वीकार करता है।[4] माइकल वाल्ज़र लिखते हैं कि मार्क्स ने सुरक्षा का सन्दर्भ व्यक्ति के अहं की रक्षा की गारंटी से लिया है, जिसका सम्बन्ध व्यक्ति के सेल्फ-इंटरेस्ट से है। उन्होंने अपने मत की पुष्टि के लिए मार्क्स की एक टिप्पणी का उल्लेख किया है, जिसमें मार्क्स लिखते हैं कि समुदाय से कटा हुआ मनुष्य, जो स्वयं में ही केन्द्रित होता है, वह पूरी तरह से अपने हित की पूर्ति में ही निमग्न रहता है। ऐसे मनुष्यों के मध्य लगाव मात्र प्राकृतिक आवश्यकताओं और निजी हित की पूर्ति के लिए होता है।[5] स्वयं-केन्द्रित मनुष्य के आपसी सम्बन्ध के सार को हॉब्स ने सभी का सभी के विरुद्ध संघर्ष के रूप में चित्रण किया हैं। उसमें मनुष्य का एकमात्र लक्ष्य अपने को सबसे बेहतर साबित करने के अतिरिक्त और कुछ नहीं है।[6] हॉब्स एवं मार्क्स के

---

3. हम अपने सार्वजनिक जीवन में उलझे हुए तो काफ़ी हैं, पर जुड़े हुए कम हैं : माइकल सैंडल (1884),'द प्रोसीजरल रिपब्लिक एण्ड द अनएनकम्बर्ड सेल्फ़', *पॉलिटिकल थियरी*, खण्ड-12, अंक-1 : 1994.

4. प्रत्येक व्यक्ति अपने को पूर्णत: स्वतन्त्र, निर्बाध और अकेला समझ कर समाज में प्रवेश करता है और उसके दायित्वों को अपना जोख़िम कम करने के लिए स्वीकार करता है। सुरक्षा उसका मुख्य लक्ष्य है। माइकल वाल्ज़र (1990), 'द कम्युनिटेरियन क्रिटीक ऑफ़ लिबरलिज़्म', *पॉलिटिकल थियरी*, खण्ड 18, अंक 01 : 8.

5. एक ऐसा व्यक्ति, जो समुदाय से विमुक्त स्वयं में लिप्त और निजी स्वार्थों से घिरा हुआ है, उसका दूसरों के मध्य एकमात्र प्राकृतिक बन्धन उसकी आवश्यकता और उसका निजी स्वार्थ है। कार्ल मार्क्स (1963), *ऑन ज्युइश कवेश्चन, इन अर्ली रायटिंग्ज़,* टॉम बॅटेमोर द्वारा सम्पादित, लन्दन, सी.ए. वाट्स : 25, उद्धृत : माइकल वाल्ज़र (1990), पूर्वोक्त।

6. अपने को सर्वोच्च साबित करने के अतिरिक्त मनुष्य का कोई अन्य लक्ष्य नहीं है। थॉमस हॉब्स, *एलिमेन्ट्स ऑफ़ लॉ,* भाग-1, पाठ-9, पैरा 21 उद्धृत : माइकल वाल्ज़र (1990) : पूर्वोक्त।

चिन्तन में वैज्ञानिक दृष्टिकोण से मनुष्य की भौतिक दशाओं को समझने का प्रयास किया गया है और हिंसा तथा अन्याय जैसी समस्याओं के भी भौतिक समाधान खोजने के प्रयास किये गये हैं। समाधान का यह प्रयास बेन्थमवादी नजरिये की ही अभिव्यक्ति है। बेन्थम मानते हैं कि भौतिक क्षेत्र में प्रगति से ऐसी दशाओं का निर्माण होना सम्भव है, जो आध्यात्मिक चिन्ताओं को उड़ा ले जायेंगी।[7] बेन्थम की यह मान्यता कि भौतिक प्रगति के माध्यम से मनुष्य के जीवन के नैतिक संशयों या समस्याओं का समाधान सम्भव है, वस्तुतः, पश्चिमी ज्ञानोदय के नैतिक सिद्धान्तों की ही अभिव्यक्ति है। इसके बारे में मैकिन्टायर का कहना है कि वह आज पूरी तरह से विफल हो गया है।[8]

यह विफलता आज हमारे सामने अनेक रूपों में प्रकट हो रही है। पर्यावरण विनाश, असमान एवं असन्तुलित विकास, अति-मारकता के युग का आगमन, जीवन में सन्तोष का ह्रास, आतंकवाद, नृजातीय संघर्षों में वृद्धि, संरक्षणवाद और प्रत्यक्ष-अप्रत्यक्ष हिंसा में वृद्धि इत्यादि पश्चिमी ज्ञानोदय के नैतिक सिद्धान्तों की विफलता के कुछ ऐसे उदाहरण हैं, जो मानव-जाति के लिए संकट के कारण बन गये हैं। ऐसी स्थिति में अँधेरे में बढ़ने के बावजूद, जो मायने रखता है, वह है समुदाय के स्थानीय रूपों का निर्माण, ताकि इन्हीं के भीतर से नागरिकता, बौद्धिकता और नैतिक जीवन को सौष्ठव प्रदान किया जा सके। अगर सद्गुणों की परम्परा पिछले अँधेरे युग की भयावहता का प्रतिस्मरण करने में सक्षम है, तो आज भी हम आशान्वित बने रहने के लिए पूरी तरह से आधारहीन नहीं हुए हैं। इस बार, हालाँकि, बर्बर लोग सीमा से परे हमारा इंतजार नहीं कर रहे हैं, बल्कि, पहले से ही हम पर शासन कर रहे हैं।[9] इस कथन में मैकिन्टायर ने, जो चिन्ता व्यक्त की है,

---

[7] बेंथम की दृष्टि से भौतिक क्षेत्र में प्रगति आध्यात्मिक चिन्ता कम करने वाली परिस्थितियों को उत्पन्न करने की दीर्घकालीन भूमिका निभाएगी। लियोस्ट्रास एवं जोसेफ़ क्राप्सी (1987), *हिस्ट्री ऑफ़ पॉलिटिकल फ़िलॉसॅफ़ी,* द युनिवर्सिटी ऑफ़ शिकागो प्रेस, लन्दन : 715.

[8] आधुनिक नैतिक सिद्धान्त की समस्यायें स्पष्ट रूप से प्रबोधन परियोजना की विफलता का परिणाम हैं। एलस्डाइर मेकिन्टायर (1984), *आफ़्टर वर्च्यू,* इण्डियाना युनिवर्सिटी ऑफ़ नात्रेदम प्रेस : 62.

[9] इस स्तर पर, जो महत्त्वपूर्ण है, वह है स्थानीय सामुदायिकता का निर्माण। इसके तहत सभ्यता, बौद्धिकता और नैतिक जीवन को नए अन्धकार युगों के मध्य भी बनाये रखा जा सकता है। ये हमारे पास पहले से ही उपलब्ध थे तथा जिनकी सद्गुणों की परम्पराओं ने पिछले अन्धकार युगों की भयावहताओं से हमारा बचाव भी किया था। ऐसे में हम पूरी तरह से आशाविहीन भी नहीं हैं।

वह मात्र सद्गुण को पुनर्परिभाषित करने की समस्या नहीं है, बल्कि, वह समाज के पुनर्विन्यास की भी चिन्ता है। महात्मा गांधी और हन्ना आरेंट का समग्र चिन्तन इस सन्दर्भ में आधारभूत महत्त्व रखता है।

समाज के पुनर्विन्यास की चिन्ता का सम्बन्ध मनुष्य के अस्तित्व के सबसे मौलिक प्रश्न 'मैं कौन हूँ' से होता है। इसी मूल प्रश्न के उत्तर से नैतिकता, समाज, अर्थव्यवस्था, संस्कृति, धर्म और राजनीतिक व्यवस्था की दिशा तय होती है। ब्राह्मिक परम्परा में *कोऽहम्, कुत: आजाता, किम् इयं विसृष्टि:, कस्मै देवाय हविषा विधेम* और अब्राहमिक परम्परा में 'नो योरसेल्फ़' ऐसे ही महावाक्य हैं, जिनमें एक आत्मचेतन मनुष्य अपने को जानना चाहता है। आत्मचेतनता और उसकी भाषायी अभिव्यक्ति की क्षमता मनुष्य की विशिष्टता है। मनुष्य की इस विशिष्टता को संज्ञान में लिए बिना जिस भी व्यवस्था के निर्माण का प्रयास होता है, एक तो वह अपूर्ण और दूसरे, उसमें हिंसा प्रकट या प्रच्छन्न रूप से जुड़ी होती है। आत्मचेतना और भाषायी अभिव्यक्ति की क्षमता यदि मनुष्य की विशिष्टता है, तब इस विशिष्टता का स्वरूप स्वाभाविक रूप से सामूहिकता है। सामूहिक इसलिए कि आत्मचेतनता और उसकी भाषायी अभिव्यक्ति को फलीभूत होने के लिए सिर्फ़ 'आई' का होना ज़रूरी नहीं है, बल्कि, आई को 'वी' होना ज़रूरी है। यों कहें कि धरती पर मनुष्य की शुरुआत 'वी' के रूप में ही होती है।

इस सम्बन्ध में हन्ना आरेंट दो महत्त्वपूर्ण तथ्यों की ओर हमारा ध्यान आकृष्ट करती हैं। पहली बात यह कि हर मनुष्य अपने-आप में एक नयी शुरुआत है, क्योंकि, मनुष्य के साथ स्वतन्त्रता का भी जन्म होता है, जो इस दुनिया में मनुष्य के आने के पहले नहीं था।[10] मनुष्य के अस्तित्व के बारे में हन्ना आरेंट, जो दूसरी बात कहती हैं, वह यह है कि ईश्वर ने मनुष्य को 'ही' नहीं, बल्कि, 'दे' बनाया है।[11]

हालाँकि, इस बार बर्बरता सीमा पार हमारा इन्तजार नहीं कर रही है। बल्कि, वह पहले से ही हमारे उपर शासन कर रही है। एलस्डाइर मेकिन्टायर (1984), पूर्वोक्त : 263.

10. मनुष्य के सृजन के साथ ही, आरम्भ का सिद्धान्त इस संसार में प्रविष्ट हुआ, जो निश्चित रूप से यह कहने का ही दूसरा तरीक़ा है कि स्वतन्त्रता का ऐसा सिद्धान्त सृजित हुआ, जो इसके पूर्व नहीं था। हन्ना आरेंट (1998), *द ह्यूमन कंडीशन,* युनिवर्सिटी ऑफ़ शिकागो प्रेस, शिकागो : 178.

11. इस तथ्य से हम सहमत हैं कि पृथ्वी पर नर (बहुवचन) निवास करते हैं न कि पुरुष (एकवचन)। यह स्थिति उन्हें कर्म *(एक्शन)* से प्राप्त होती है, जो नर और नारी को सम्मिलित रूप से उन्हें सम्बोध्य बनाते हैं। हन्ना आरेंट (1998), पूर्वोक्त : 7-8.

हन्ना आरेंट के इन दो कथनों का निहितार्थ यह है कि आत्म-चेतना और सामूहिकता मनुष्य के अस्तित्व की अनिवार्य एवं एक-दूसरे से अविभाज्य दशाएँ हैं। तात्त्विक और व्यावहारिक धरातल पर इस मान्यता में कोई त्रुटि नहीं है और इसे अब्राहमिक एवं ब्राह्मिक दोनों परम्पराओं में स्वीकार किया गया है। परन्तु, मध्ययुगीन जड़ताओं से पीछा छुड़ाने के लिए पाश्चात्य ज्ञानोदय में जिस प्रोजेक्ट को शुरू किया गया, मनुष्य के अहं (सेल्फ) को उसकी सामाजिकता पर विशेष रूप से उसमें वरीयता दी गयी। आधुनिकता, उद्योगवाद, शहरीकरण, सेकुलराइज़ेशन और मशीनीकरण ने जिस जन-पुंज समाज को जन्म दिया उसने व्यावहारिक धरातल पर मनुष्य की सामाजिकता के ऊपर उसके अहंवाद को ही प्रश्रय दिया। इस अहंवाद को सैद्धान्तिक रूप से दृढ़ता प्रदान करने के लिए भी पश्चिम में मैकियावेली से लेकर जॉन रॉल्स तक निरन्तर प्रयास किये जाते रहे हैं। यहाँ तक कि पश्चिमी सभ्यता के सख़्त आलोचक कार्ल मार्क्स हैं, वे भी आधुनिकता, उद्योगवाद, शहरीकरण, सेकुलराइज़ेशन और मशीनीकरण ने जिस जन-पुंज समाज को जन्म दिया है, उन्हें व्यक्ति की मौलिक सामाजिकता को विनष्ट करने वाले घटक तो मानते हैं, परन्तु, इन्हीं तत्त्वों के भीतर से मनुष्य की सामाजिकता को पुनः प्राप्त कर लेने का मोह भी पालते हैं। इसका कारण यह है कि मार्क्स मनुष्य की चेतना को भौतिक दशाओं और अन्याय को वर्ग-सम्बन्ध का उत्पाद मानते हैं।

यदि मनुष्य की चेतना भौतिक दशाओं का उत्पाद है, तब पशु की चेतना और मनुष्य की चेतना में अन्तर स्थापित करने का कोई आधार हमारे पास नहीं बचता है। मार्क्स मनुष्य को सोचने वाला, उपकरण बनाने वाला[12] और अवधारणा बनाने वाला[13] प्राणी मानते हैं। परन्तु, जैसे-जैसे मार्क्स का चिन्तन आगे बढ़ता है, वैसे-वैसे उपकरण बनाने वाला मनुष्य अवधारणा बनाने वाले मनुष्य को पीछे छोड़ देता है।

---

12. कार्ल मार्क्स ने बेंजामिन फ्रैंकलिन को उद्धृत करते हुए मनुष्य को उपकरण बनाने वाला प्राणी कहा है। कार्ल मार्क्स (1987), *कैपिटल*, भाग 1, प्रोग्रेस पब्लिशर्स, मास्को : 128.

13. कार्ल मार्क्स ने मनुष्य और अन्य जीवों में इस आधार पर भेद किया है कि मनुष्य कार्य को अंजाम देने से पूर्व उसकी अवधारणा बनाता है। मार्क्स लिखते हैं कि 'एक मकड़ी का कार्य कारीगरों के कार्य से मिलता-जुलता है, परन्तु, जो तत्त्व कारीगर के कार्य को मकड़ी के कार्य से विशिष्ट बनाता है, वह यह है कि कारीगर वास्तविक संरचना के निर्माण से पहले उस संरचना का एक मानसिक ख़ाका तैयार करता है।' इस अर्थ में यह कहना अत्युक्ति नहीं है कि मनुष्य एक अवधारणा बनाने वाला प्राणी है। कार्ल मार्क्स (1987), पूर्वोक्त : 127.

इसकी पुनर्वापसी कुछ अर्थों में सर्वहारा क्रान्ति (चेतना की पुनर्वापसी के अर्थ में) के समय होती है और सम्पूर्ण रूप से इसका आगमन साम्यवाद में ही सम्भव है। साम्यवादी अवस्था में मनुष्य आत्मचेतन भी है और उसकी इस आत्मचेतना में प्रकट सामूहिकता भी है। इस तरह हन्ना आरेंट और मार्क्स अलग-अलग बात नहीं कह रहे हैं। फ़र्क़ मात्र यह है कि हन्ना आरेंट आत्मचेतना और सामूहिकता को मनुष्य की मूल दशा मानती हैं और मार्क्स इसे भविष्य में उद्भूत होने वाला मानवीय गुण मानते हैं। उदारतावाद भी, जिसकी शुरुआत अहंवादी मनुष्य की अवधारणा से होती है, भौतिक प्रगति के माध्यम से मानव-जीवन में संघर्षों से मुक्ति के दावे करता हुआ एक आत्मचेतन सामूहिकता की ओर अग्रसर होता है। परन्तु, वह भविष्य कब आयेगा और क्या तब तक वैज्ञानिक और आर्थिक प्रगति का वर्तमान स्वरूप मानवीय दशाओं को ही बदल नहीं देगा, यह भी एक विचारणीय प्रश्न है। यह प्रश्न धीरे-धीरे मनुष्य के लिए अधिक गम्भीर इसलिए भी होता जा रहा है कि यह दावा अब तीन सौ साल के बाद भी एक छलावा ही लग रहा है। मार्क्स का यह कथन ठीक है कि मनुष्य एक उपकरण बनाने वाला प्राणी है, परन्तु, वह अवधारणा बनाने वाला प्राणी भी तो है। ऐसे में वह कब यह समझेगा कि जिन उपकरणों का उसने अपने लिए साधन के रूप में निर्माण किया है, वे अब उसके ऊपर शासन करने की हैसियत प्राप्त कर चुके हैं। अक्सर हम वस्तुओं और वस्तु-व्यवस्थाओं को बदलते हैं, लेकिन धीरे-धीरे यही बदली हुई वस्तुएँ और वस्तु-व्यवस्थाएँ हमें बदल देती हैं और पता भी नहीं चलता।

हन्ना आरेंट के अनुसार, साधन द्वारा शासित होना हिंसा है। वे आगे कहती हैं कि शक्ति की तकनीकी अभिव्यक्ति हिंसा है और यह हिंसा (साधन) अन्ततः साध्य को ही नष्ट कर देती है।[14] सम्भव है कि विज्ञानवादियों और तकनीकविदों को यह अपेक्षा अब भी हो कि तकनीक दुनिया को भविष्य में बेहतर करने की क्षमता रखती है और इस भवितव्यता पर विश्वास किया जाना चाहिए। तब भी यह चिन्ता शेष रह ही जाती कि इस लक्ष्य को हम किस कीमत पर प्राप्त करने वाले हैं। यह प्रश्न दो तथ्यों की ओर हमारा ध्यान आकृष्ट करता है। पहला, यह कि विकास का

---

14. हिंसा शक्ति, बल और सामर्थ्य से भिन्न है। हिंसात्मक कार्यवाही का मूल तत्त्व उन साधनों एवं श्रेणियों द्वारा नियन्त्रित होता है, जिनकी मुख्य विशेषता यह है कि यदि इसे मानव सम्बन्धी मामलों पर लागू किया जाए तो सदैव इसकी परिणति यह होती है। हन्ना आरेंट (1969), *ऑन वायलेन्स*, न्यूयार्क हरकोर्ट ब्रेस पब्लिकेशन्स, न्यूयार्क : 4.

वर्तमान प्रतिमान आने वाली हर पीढ़ी के ऊपर एक ऐसे क़र्ज़ को बढ़ाते जा रहा है, जिसको उन्होंने लिया ही नहीं है। क़र्ज़ तो वर्तमान पीढी ले रही है, पर वह चुकाने के दायित्व को भविष्य की पीढ़ियों पर डाल रही है; साथ में, धरती के संसाधन भी उनके लिए कम करते जा रही है। दूसरा तथ्य यह है कि तकनीक से घिरा हुआ मनुष्य तकनीक के माध्यम से ही अपनी मानवीय क्षमताओं से हीन होता जा रहा है और वैसे ही असहाय होता जा रहा है जैसे वह प्राकृतिक अवस्था में असहाय था। मानव की इस दशा को शुमाकर ने आत्मघाती विश्वास कहा है, जो इस मान्यता पर टिका है कि मानव निर्मित थोड़ी-सी पूँजी (सबसे बड़ी पूँजी प्रकृति है) ने उत्पादन की समस्या का हल कर लिया है।[15]

वस्तुतः, विकास एक राजनीतिक-आर्थिक अवधारणा मात्र नहीं है, बल्कि, यह एक चैतसिक और नैतिक अवधारणा भी है। यद्यपि, आधुनिकता के प्रभाव में आकर हम विकास को मात्र राजनीतिक-आर्थिक अवधारणा मानने लगे हैं। इस मान्यता के प्रभाव में आकर हम धीरे-धीरे इस विश्वास की ओर बढ़ रहे हैं कि उत्पादन, वितरण और न्याय की समस्याओं का ही नहीं वरन् नैतिक समस्याओं का समाधान भी तकनीक के द्वारा सम्भव है। तकनीक द्वारा जब नैतिक समस्याओं के समाधान का दावा किया जाता है, तब उसका आधार यह होता है कि तकनीकी प्रगति की एक अवस्था में मनुष्य और दुनिया के बारे में हर तरह की भविष्यवाणी सम्भव है। एक बार यदि इस दावे को मान भी लिया जाय तो प्रगति की उस अवस्था में मनुष्य और मशीन के बीच का, जो फ़र्क़ है, वह समाप्त हो जायेगा। इस अवस्था में, जैसा कि शुमाकर कहते हैं, फोरकास्टिंग तकनीक के द्वारा भविष्यवाणी करने और जजमेंट करने के बीच, जो अन्तर है, वह भी समाप्त हो जायेगा। यह मनुष्य की स्वतन्त्रता का नाश है, जिसका चयन मनुष्य स्वयं मशीनों पर अपनी निर्भरता को बढ़ावा देकर कर रहा है। यह एक ऐसी मानव दशा की ओर बढ़ना है, जहाँ सत्ता के आदेशों का बिना किसी नैतिक सोच के साथ पालन करने के लिए मनुष्य अभिशप्त

---

15. परन्तु, यह सब हमारे द्वारा उपयोग की जाने वाली कुल पूँजी का एक छोटा सा हिस्सा मात्र है। क्योंकि, प्रकृतिप्रदत्त पूँजी मानव द्वारा निर्मित की गई पूँजी से कहीं अधिक बड़ी है और हम इसे पहचानते भी हैं। इस बड़े हिस्से का अब अत्यधिक तेजी से उपयोग हो रहा है। इस लिए अब यह मानना और इस पर विश्वास करना कि उत्पादन की समस्या का समाधान हो गया है, एक अवैज्ञानिक एवं आत्मघाती त्रुटि है। ई.एफ़. शुमाकर (2011), *स्माल इज़ ब्यूटीफ़ुल,* विंटेज बुक्स, लन्दन : 3-4.

होगा और तब हमारे पास 'आईखमैन डायलेमा' के लिए भी कोई अवकाश नहीं होगा।[16] तब नैतिकता मानव-जीवन का अंग भी नहीं रहेगी, बल्कि, हम नैतिकता को सामाजिक जीवन से बहिष्कृत कर चुके होंगे। यह पहल आज मास सोसाइटी में बदल रही दुनिया में तेजी से चल भी रही है।

हन्ना आरेंट ने इस समस्या के एक महत्त्वपूर्ण कारण की ओर हमारा ध्यान आकृष्ट किया है। वे कहती हैं कि आधुनिक युग ने श्रम का सैद्धान्तिक महिमामंडन करते हुए सम्पूर्ण समाज को ही 'श्रम-समाज' बना दिया है।[17] इस समाज में लोग स्वतन्त्रता और मुक्ति की कामना तो करते हैं, परन्तु, इसके लिए पुनः श्रम के विकल्प को ही अपनाते हैं और धीरे-धीरे यह भूलते जा रहे हैं कि मानवीय क्रियाओं का कोई उच्चतर स्तर भी हो सकता है।[18] सामान्य तौर पर, हन्ना आरेंट का यह कथन बरबस हमें मार्क्स की याद दिलाता है, परन्तु, यह उदारतावादी-पूँजीवादी व्यवस्था के लिए भी उतना ही सही है। उदारतावादी-पूँजीवादी व्यवस्था और आधुनिकता के समीकरण ने व्यक्तिगत एवं पारिवारिक जीवन तथा सार्वजनिक जीवन के मध्य की विभाजक रेखा को नकारात्मक तरीक़े से तिरोहित कर दिया। इसे ऐसे समझा जा सकता है कि व्यक्तिगत एवं पारिवारिक जीवन में, जो आपसी सौहार्द, प्रेम, निष्ठा और त्याग की भावना होती है, उसका सार्वजनिक जीवन में विस्तार तो नहीं हो पाया, परन्तु, व्यक्तिगत एवं पारिवारिक जीवन में भौतिक आवश्यकताओं की पूर्ति की, जो लिप्सा होती है, उसका सार्वजनिक जीवन में विस्तार अवश्य हो गया। हन्ना आरेंट इस गुत्थी को मनुष्य की क्रियाओं का त्रिआयामी वर्गीकरण करके समझने का प्रयास करती हैं। वे मनुष्य की क्रियाओं को *लेबर* (श्रम), वर्क (कार्य) और एक्शन (कर्म) में विभाजित करती हैं। श्रम के बारे में वे कहती हैं कि इस गतिविधि का सम्बन्ध मनुष्य के शरीर की जैविक प्रक्रिया से है। शरीर की वृद्धि

---

16. इस विषय को विस्तार से समझने कि लिए देखें, हन्ना आरेंट (1964), *आइखमैन इन द जेरूसलम*, वाइकिंग प्रेस, न्यूयार्क।

17. आधुनिक युग ने क्षुधा पूर्ति के लिए श्रम का एक ऐसा सैद्धान्तिक महिमा मंडन किया है कि इसके परिणाम स्वरूप हुए समाज के रूपान्तरण ने समाज को हमेशा लिए श्रमशील समाज में तब्दील कर दिया है। हन्ना आरेंट (1998), वही पूर्वोक्त : 4.

18. आज का समाज क्षुधापूर्ति के लिए ऐसा श्रमशील समाज है, जो इस श्रम से मुक्ति चाहता है, पर उसे अब अन्य उच्चतर और अधिक सार्थक कर्म *(एक्शन)* का ज्ञान नहीं है, जिसके ज़रिये यह स्वतन्त्रता अर्जित करने योग्य हो सकता है। अन्ना हारेंट (1998), पूर्वोक्त : 5.

और चयापचयी ज़रूरतों की पूर्ति का यह आधार है और इसीलिए श्रम की मानवीय दशाएँ अपने-आप में खुद जीवन हैं।[19]

वर्क को स्पष्ट करते हुए हन्ना आरेंट कहती हैं कि यह वह गतिविधि है, जो मानव-अस्तित्व की अस्वाभाविकता से मेल खाती है, जो मनुष्य के भीतर नहीं, बल्कि, बाहर से सम्बन्धित है। यह मानव-जाति के जीवन चक्र की पुनरावृत्ति से सम्बन्धित तो है, परन्तु, इसके नाश से जीवन-चक्र रुकता नहीं है। कार्य चीजों की 'कृत्रिम' दुनिया का निर्माण करता है, जो सभी प्राकृतिक परिवेशों से अलग है। मनुष्य के लिए यह उस दुनियादारी के जीवन को पार करने के लिए है, जो कार्य की सीमाओं के भीतर है। कार्य की मानवीय स्थिति सांसारिकता है।[20] इसी तरह एक्शन को परिभाषित करते हुए हन्ना आरेंट ने स्पष्ट किया है कि एक्शन एकमात्र ऐसी गतिविधि है, जो बिना किसी मध्यस्थ के मानव जीवन की बहुलता से मेल खाती है। मानव-स्थिति के सभी पहलू जबकि, किसी-न-किसी रूप में राजनीति से सम्बन्धित हैं, परिस्थिति की यह बहुलता विशेष रूप से राजनीति की शर्त है। हालाँकि, श्रम, कार्य और कर्म तीनों का मानवीय परिस्थिति के साथ गहरा सम्बन्ध है, परन्तु, नवागंतुक के पास कुछ नया शुरू करने की, जो क्षमता है, वह कर्म के ज़रिये ही पूरी होती है।[21] हन्ना आरेंट ने राजनीति को एक्शन और वीटा एक्टिवा भी

---

19. श्रम (लेबर) वह है, जो मानव शरीर की जैविक प्रक्रिया के अनुरूप है, जिसकी सहज वृद्धि, उपापचय और अन्तिम क्षय जीवन प्रक्रिया में उत्पन्न और प्रवाहित होने वाली आवश्यकताओं से जुड़े होते हैं। हन्ना आरेंट (1990), पूर्वोक्त : 7.

20. कार्य *(वर्क)* वह है, जो मानव अस्तिव की अप्राकृतिकता के अनुरूप है, जो मानव प्रजाति के सतत पुनरावर्ती जीवन चक्र में अन्तर्निहित नहीं है। कार्य वस्तुओं की एक कृत्रिम दुनिया का निर्माण करता है, जो प्राकृतिक परिवेश से अत्यन्त दूरस्थ रूप से भिन्न है। इसकी सीमाओं के भीतर प्रत्येक व्यक्तिगत जीवन निवास करता है, जबकि, यह संसार स्वयं उन सभी से अधिक समय तक चलने और उन सभी से परे जाने के लिए अभिप्रेत है। पूर्वोक्त : 7.

21. कर्म *(एक्शन)* ही एक मात्र वह है, जो मनुष्यों के बीच वस्तुओं या पदार्थों के माध्यम से हुए बिना मनुष्यों और मनुष्यों की बहुलता की स्थिति से मेल खाता है। इस तथ्य से कि मनुष्य (बहुवचन) न कि मनुष्य (एकवचन) इस पृथ्वी पर रहते और निवास करते हैं, उनकी मानवीय स्थिति के सभी पहलू किसी न किसी रूप में राजनीति *(एक्शन)* से सम्बन्धित होते है। यह बहुलता मानवीय जीवन की वह स्थिति है, जो इसकी आवश्यक शर्त भी है। यह अनिवार्य भी है। हालाँकि, श्रम, क्रिया और कर्म में कर्म का मानव स्थिति के साथ जन्मजात निकटतम सम्बन्ध है। जन्म में निहित नई शुरुआत को इस दुनिया में इसलिए महसूस किया जा सकता है कि नवागंतुक कुछ कर्म करने की क्षमता रखता है। पूर्वोक्त : 7-8.

कहा है। यह मनुष्य द्वारा समूह के हित के लिए समूह के साथ शुभ कार्य करने की मानवीय स्वाभाविकता है। इसका आधार संवाद और कर्म है। कर्म या वीटा एक्टिवा ही वह माध्यम है, जिससे मनुष्य अपनी विशिष्टता को प्रकट कर सकता है। मानव होने का गर्व मनुष्य एक्शन या वीटा एक्टिवा की विशिष्ट क्षमता के कारण ही कर सकता है। हन्ना आरेंट ने तो यहाँ तक कहा है कि सभ्यताओं का पतन वीटा एक्टिवा के क्षरण के कारण ही होता है। राजनीति जिस शक्ति की प्रतीक है, उसका सृजन एक्शन या वीटा एक्टिवा के माध्यम से ही होता है। यह कोई ऐसी शक्ति नहीं होती है, जो हिंसा के साधनों की तरह संचित की जा सकती हो। यह सहभागिता से ही अभिव्यक्त होती है और सामूहिक सहभागिता के ज़रिये ही प्रस्फुटित होती रहती है।[22]

श्रम, कार्य और कर्म के मध्य मानवीय क्रियाकलापों के विभाजन के औचित्य को हन्ना आरेंट ने ग्रीक राजनीतिक चिन्तन से लेकर आधुनिक काल के चिन्तन की समीक्षा करते हुए प्रतिपादित किया है। उन्होंने यह भी दर्शाने का प्रयास किया है कि आधुनिक समय में हम श्रम और कार्य को पर्यायवाची के रूप में प्रयोग करने लगे हैं, जबकि, इन दोनों के अर्थ अलग-अलग हैं। आधुनिक समय में जॉन लॉक ने भी 'वर्किंग हैंड' और 'लेबरिंग बॉडी' शब्द का प्रयोग करते हुए इन शब्दों के मध्य जिस तरह का अन्तर ग्रीक युग में होता था, उसे पुनः याद दिलाया था।[23] श्रम और कार्य का समानार्थी के रूप में प्रयोग करने का एक महत्त्वपूर्ण कारण ग्रीक दास प्रथा का विलुप्त होना है, जहाँ दास स्वामी की जैविक एवं पारिवारिक आवश्यकताओं की पूर्ति के लिए श्रम करते थे। इसका दूसरा कारण यह है कि नगर-राज्यों के पराभव के बाद समाज में, जो गतिशीलता आयी, उसने लोगों की आवश्यकताओं को इतना बढ़ा दिया कि श्रम से पूरी होने वाली ज़रूरतों के लिए मनुष्य बाज़ार पर निर्भर हो गया। आगे चल कर बाज़ार ने जैविक एवं पारिवारिक आवश्यकताओं की पूर्ति के लिए श्रम को स्पेस दिया और श्रम बाज़ार पहुँचने के क्रम में कार्य हो गया।

---

22. बाहरी आपदाओं द्वारा सभ्यताओं का उतना उत्थान और पतन नहीं होता है जितना एक कम दृश्यमान आन्तरिक क्षय या आन्तरिक समृद्धि के द्वारा। यह है कर्म सम्भाषण पर आधारित सार्वजनिकता, जो अपने सम्भावित चरित्र को कभी ढीला नहीं करती। शक्ति (राजनीति) के चरित्र में पतन से इस सार्वजनिकता का ह्रास होता है। शक्ति को आपात स्थितियों के लिए ठीक वैसे ही बचा कर नहीं रखा जा सकता है जैसे कि हिंसा के साधनों को रखा जाता है। इसके बनिस्पत शक्ति की अक्षुणता उसके व्यावहारिक प्रकटीकरण में मौजूद होती है। पूर्वोक्त : 199-200.

23. उपरोक्त : 80.

यह श्रम के बाज़ारीकरण का वह पड़ाव था, जहाँ श्रम के महिमामंडन की शुरुआत हुई और इस तरह श्रम तथा कार्य पर्यायवाची बन गये।

श्रम का बाज़ारीकरण, वस्तुतः, मनुष्य के जीवन जीने के नज़दीकी साधनों को मनुष्य से दूर कर देना भी है। परन्तु, आधुनिक काल में मनुष्य के जीवन में, जो बड़ी त्रासदी आयी, वह थी श्रम तथा कार्य के द्वारा कर्म को सीमित कर देना और अन्त में श्रम तथा कार्य को ही कर्म मान लेना। समाज में इस तरह की, जो तब्दीली आ रही थी, उसे मैकियावेली ने सैद्धान्तिक जामा पहनाया और आगे चल कर यह यूरोप के समाज और चिन्तन की एक मुख्य विशेषता बन गयी। जब श्रम का बाज़ारीकरण नहीं हुआ था, तब सद्गुण की, जो परिभाषा प्रचलित थी, उसमें सद्गुण को संयम, अहस्तक्षेप, साधुता और सदाचरण के अर्थ में स्वीकार किया जाता था और इनके संधान का क्षेत्र भी सार्वजनिक जीवन था।

मैकियावेली ने समुचितता (फ़िटनेस) के अर्थ वाली ग्रीक शुभ की अवधारणा और ईसाइयत वाली निरपेक्ष शुभ की अवधारणा दोनों को सार्वजनिक जीवन से, अर्थात् राजनीतिक जीवन से बहिष्कृत कर दिया, और उनकी उपादेयता को मात्र व्यक्तिगत एवं पारिवारिक जीवन तक सीमित कर दिया।[24] यह एक ऐसा उलटफेर था, जिसमें सार्वजनिक जीवन का सद्गुण पारिवारिक जीवन का विषय बन गया और पारिवारिक जीवन-संभरण के विषय सार्वजनिक जीवन में अन्तर्वलित हो गये। इसका परिणाम यह हुआ कि सार्वजनिक जीवन और राजनीति, जो पहले परमार्थ के विषय थे, अब उनके द्वारा भी पारिवारिक स्वार्थ की साधना सम्भव थी। परम्परा की व्याख्या में आधुनिकता द्वारा उत्पन्न की गयी यह एक ऐसी टूटन या 'मॉडर्न ब्रेक इन ट्रेडिशन'[25] थी, जिसने नैतिकता की अवधारणा को ही बीच से दो भागों में बाँट दिया। अब सार्वजनिक जीवन में नैतिकता का अर्थ सफलता और व्यक्तिगत जीवन में नैतिकता का अर्थ सदाशयता बन गया। परन्तु, दूसरी ओर जिस तरह से सार्वजनिक जीवन निजी जीवन को आच्छादित करता जा रहा था (आज तो बहुत हद तक कर भी लिया है), उसमें व्यक्तिगत जीवन की सदाशयता को सार्वजनिक जीवन की सफलता से पराभूत हो ही जाना था। आज दुनिया के सभी समाजों की

---

24. हन्ना आरेंट (1961), *बिटवीन पास्ट ऐंड फ़्यूचर*, न्यूयार्क, वाइकिंग प्रेस : 137.

25. हन्ना आरेंट ने *बिट्वीन पास्ट ऐंड फ़्यूचर* में पूरा पहला खण्ड इसी विषय को रेखांकित करते हुए लिखा है, हन्ना आरेंट, पूर्वोक्त : 15.

यही स्थिति है, जिसमें लोग सार्वजनिक जीवन में भागीदारी पारिवारिक हितों की पूर्ति के लिए या आजीविका चलाने के लिए करते हैं। हन्ना आरेंट के अनुसार यह कर्म के अर्थ वाली उस ग्रीक राजनीति का अवमूल्यन था, जिसे ग्रीक लोग महान क्रिया समझते थे।[26]

आधुनिक काल में एक ओर जहाँ राजनीति का वीटा एक्टिवा वाला अर्थ इससे अलग हो गया, वहीं इसने, जो नया अर्थ ग्रहण किया, उसमें राजनीति से हिंसा जुड़ गयी। हन्ना आरेंट राजनीति, शक्ति और हिंसा के उलझाव को समझने में विचारकों की नाकामी उद्घाटित करते हुए अनेक उदाहरण प्रस्तुत करती हैं। सी. राइट मिल्स ने कहा कि सभी प्रकार की राजनीति शक्ति के लिए संघर्ष है और हिंसा चरम या उच्चतम प्रकार की राजनीति है।[27] इसी अर्थ में राजनीति, शक्ति और हिंसा को मैक्स वेबर ने भी समझा और कहा कि मनुष्य के ऊपर मनुष्य का वैध शासन कथित रूप से वैध हिंसा है।[28] जबकि, राजनीति का सम्बन्ध शक्ति से है, न कि हिंसा से। हन्ना आरेंट कहती हैं कि शक्ति का मतलब मनुष्य की सिर्फ़ करने की क्षमता से नहीं है, बल्कि, सही करने की क्षमता से है। शक्ति, वास्तव में, व्यक्ति विशेष की सम्पदा है भी नहीं, यह समूह की सम्पदा है।[29]

आधुनिक जन-समाज में एक तो राजनीति में शक्ति की जगह हिंसा की अवधारणा समाविष्ट हो गयी है और दूसरी ओर मनुष्य समाज से कटा हुआ जड़विहीन प्राणी हो गया है। हन्ना आरेंट ने आधुनिक सभ्यता के इस उदीयमान नये समीकरण को हिंसा की एक अभिनव अभिव्यक्ति के लिए ऐसा अवसर बताया

---

26. हन्ना आरेंट के अनुसार इसने अनेक दुर्भाग्यपूर्ण परिणाम उत्पन्न किये हैं। सर्वप्रथम, राजनीति का स्तर गिरा है। जिस अमरत्व की प्राप्ति के लिए यूनानी नागरिक प्रयत्नशील थे और जिसकी तुलना उस उन्नतकाल से नहीं की जा सकती, जहाँ तक दर्शन शास्त्र हमें पहुँच प्रदान कर सकता है। किन्तु, वह वीटा एक्टिवा (राजनीति) अब सभी पहलुओं से इतनी भ्रमित हो गयी है कि अब तो यह अपयश का शिकार होकर श्रम (लेबर) और कार्य *(वर्क)* के रूप में स्वयं को बनाये रखने के गलत व्यवसाय के रूप में समझी जाती है। मारग्रेट कैनवान (1990), *सोशल रिसर्च,* खण्ड-57, अंक-1 : 139.

27. हन्ना आरेंट (1969), *ऑन वायलेन्स,* पूर्वोक्त : 35.

28. वही, : 35.

29. शक्ति का सम्बन्ध केवल कुछ करने की क्षमता से नहीं है। अपितु, सही ढंग से कर्म करने की क्षमता से है। शक्ति कभी किसी व्यक्ति की निजी सम्पत्ति नहीं होती, बल्कि, यह एक समूह की होती है और इसका अस्तित्व तब तक रहता है, जब तक समूह एकजुट रहता है। पूर्वोक्त : 44.

है, जिससे सर्वाधिकारवाद पनपता है।[30] आधुनिक समय के जन-समाज में हिंसा की आत्म-स्वीकृति मानव-जाति के अस्तित्व के लिए घातक है और यह राजनीति की शक्ति-आधारित मूल्यवत्ता की पुनः प्रतिष्ठा किये बिना समाप्त भी नहीं की जा सकती है। परन्तु, राजनीति की हिंसा-आधारित संकल्पना आज बड़ी तेजी से फैलती जा रही है। माओ जब कहते हैं कि राजनीति रक्तरहित युद्ध है, और युद्ध रक्तयुक्त राजनीति है, तब माओ भी उसी हिंसोपासक राजनीति का महिमामंडन कर रहे होते हैं। राजनीति में भाग लेने के लिए सैन्य दक्षता का समर्थन करते हुए भी माओ ने युद्ध और राजनीति की एकता को स्थापित किया है।[31] परन्तु, यह व्याधि तब सबसे अधिक बढ़ जाती है, जब हिंसा का समर्थन जन-समूह के द्वारा किया जाने लगता है। जन-समूह के द्वारा हिंसा का समर्थन सर्वाधिकारवादी शासन का मुख्य आधार है।[32] आज के समय में यदि हन्ना आरेंट के विचारों के परिप्रेक्ष्य में दुनिया की राजनीति को देखा जाय तो यह स्पष्ट हो जाता है कि सर्वाधिकारवाद के बीज हर शासन में अंकुरित हो रहे हैं। इसकी जड़ों को खोजने के क्रम में हमें उन संरचनाओं और विचारों की तह में जाने की ज़रूरत है, जो राजनीतिक अनुबन्ध को एक खुले अनुबन्ध के रूप में रहने नहीं देना चाहते हैं, बल्कि, उसे विधिक अनुबन्ध की तरह बन्द अनुबन्ध में बदल देना चाहते हैं। यह बदलाव कहीं विचारधारा के नाम पर, कहीं राष्ट्रवाद के नाम पर, कहीं प्राचीन इतिहास के गौरव के नाम पर और कहीं भविष्य में समृद्धि के प्रलोभन के नाम पर चल रहा है।

इसका तात्पर्य यह नहीं है कि राष्ट्रवाद, अतीत का गौरव या भविष्य की समृद्धि से जुड़े विषय वीटा एक्टिवा में शामिल नहीं किये जा सकते हैं। परन्तु, इसके लिए आवश्यक है कि जिस राजनीतिक प्रक्रिया से यह दावे किये जाते हैं, उसने राजनीतिक अनुबन्ध का स्वरूप स्वतन्त्र आपसी दायित्व जैसा रहने दिया हो।

---

30. यदि सर्वाधिकारवाद अपने स्वयं के दावे को गम्भीरतापूर्वक लेता है, तो उसे स्वयं को उस बिन्दु तक पहुँचाना होता है जहाँ समाज की सामूहिक विविधता पूर्णतः अणुवादी एकरूपता में तब्दील हो जाती है। हन्ना आरेंट (1973), *द ओरिजिन्स ऑफ़ टोटेलिटेरियनिज़म,* हरकोर्ट ब्रेस जोवानोविच पब्लिशर्स, न्यूयार्क : 332.

31. माओ त्से तुंग (1965), *सेलेक्टेड वर्क्स,* भाग-1, फ़ॉरेन लैंग्वेजेज़ प्रेस, पेकिंग : 105-106.

32. इस अस्थायित्व के कारण यह एक और गम्भीर भूल हो सकती है। हम इस तथ्य को नज़रअन्दाज़ कर सकते हैं कि सर्वाधिकारवाद और सर्वाधिकारवादी शासक जब तक सत्ता में होते हैं और जीवित रहते हैं, जन समर्थन और जन नियन्त्रण पर ही निर्भर होते हैं। हन्ना आरेंट (1973), पूर्वोक्त : 306.

हैबरमास लिखते हैं कि हन्ना आरेंट ने शक्ति के आधार को स्वतन्त्र और समान पक्षों के बीच अनुबन्ध में देखा है और उसके साथ वे खुद को आपसी दायित्व के तहत रखती हैं। शक्ति और स्वतन्त्रता के बीच साम्यता के आदर्श को सुरक्षित करने के लिए हन्ना आरेंट प्रैक्सिस की अपनी अवधारणा की तुलना में अनुबन्ध के विश्वास को अधिक महत्त्व देती हैं, जो विवेक-सम्मत व्यावहारिक निर्णय पर आधारित है।[33] इसके विपरीत, आज का राजनीतिक दायित्व भौतिक हितों की सुरक्षा के तकाजे के नाम पर अपने को बन्द दायित्व में बदलता जा रहा है। ऐसी राजनीतिक प्रक्रिया जब कोई दावे करती है, तब उसके दावे वास्तव में, अपने असली चेहरे को छुपाने के उद्देश्य से प्रेरित होते हैं और उनमें कर्म या वीटा एक्टिवा वाला अर्थ नहीं होता है।

द्रष्टव्य है कि ब्राह्मिक परम्परा में भी राजनीति का उतना ही व्यापक और ओजस्वी अर्थ लिया गया है, जितना हन्ना आरेंट और ग्रीक परम्परा ने राजनीति को दिया है। *सर्वे धर्माः राजधर्मे प्रविष्टाः* कहते हुए ब्राह्मिक परम्परा में भी राजनीति को उतनी ही वरीयता दी गयी है, जितनी कि वीटा एक्टिवा कहते हुए इसे ग्रीक परम्परा में प्राप्त है। यहाँ तक कि कौटिल्य जैसे व्यवहारवादी ने भी राजनीति के लिए अभिगामिक गुण, प्रज्ञा गुण, उत्साह गुण और आत्मसम्पन्न गुण को आवश्यक बताया है।[34] ऐसे ही गुणों से परिपूर्ण राजनीति ही हन्ना आरेंट का कर्म बन जाती है और वह सामूहिक साहचर्य की उदात्त भावना से संस्कारित होती है। ब्राह्मिक परम्परा की राजनीति भी हिंसा का समर्थन नहीं करती है।[35]

आधुनिक युग में महात्मा गांधी ने भी राजनीति को उतनी ही दिव्यता प्रदान करने का प्रयास किया और राजनीति को सत्याग्रही कर्म का विषय बनाया, जिसमें हिंसा का लेशमात्र भी स्थान नहीं है। इसी कारण गांधी लिखते हैं कि स्वराज्य

---

33. वे शक्ति के आधार के रूप में स्वतन्त्र और समान पक्षों के बीच अनुबन्ध को मानती हैं, जिसके तहत ये पक्ष स्वयं को पारस्परिक दायित्वों के अधीन रखते हैं। शक्ति और स्वतन्त्रता के बीच समतुल्यता के आदर्श मूल्य को सुरक्षित करने के लिए हन्ना आरेंट अंततः प्रैक्सिस की अवधारणा (कर्म अथवा एक्शन), जो व्यावहारिक निर्णय की तर्कसंगति पर आधारित है, की तुलना में अनुबन्ध के परिवर्तनशील स्वरूप पर अधिक विश्वास करती हैं। युरगन हैबरमास एवं थॉमस मैक्कार्थी (1977), 'हन्ना आरेंट्स कम्युनिकेशन्स कंसेप्ट ऑफ़ पॉवर', *सोशल रिसर्च*, भाग-44, अंक-1 : 23-24.

34. 6/96/1, वाचस्पति ग़ैरोला (सं) (2000), *कौटिलीय अर्थशास्त्रम्*, वाराणसी : चौखंबा विद्याभवन, 441-444.

35. सर्वेषामहिंसासत्यंशौचमनसूयानृशंस्यंक्षमाच, 1/2/3, वाचस्पति ग़ैरोला, (सं.), पूर्वोक्त : 11.

निर्भर करता है हमारी आन्तरिक शक्ति पर और स्वराज्य का तात्पर्य है सभ्यता की आत्मा को अक्षुण्ण रखना।[36] हन्ना आरेंट जितनी गहराई से आधुनिक सभ्यता के हिंस्र गुणसूत्रों की मीमांसा करती हैं, गांधी उतनी ही गहराई से आधुनिक सभ्यता में अन्तर्व्याप्त हिंसा को विस्थापित करने के लिए क्रियाशील हैं। आधुनिक सभ्यता की गांधीकृत आलोचना उसकी आत्मा को पकड़ कर की गयी समालोचना है। उनसे पहले और उनके बाद बहुतेरे विचारकों ने आधुनिकता की आलोचना की है, लेकिन, वह सब उसकी देह की आलोचना है। देह-सन्दर्भी आलोचनाएँ देह को खारिज किये बग़ैर देह में आक्षिप्त विकारों के प्रक्षालन का प्रस्ताव भर होती हैं, परन्तु, आत्म-सन्दर्भी आलोचना देह को ही सिरे से खारिज करती है। यही कारण है कि आधुनिकता की देह जैसे-जैसे विस्तारित हो रही है, गांधी की आलोचना के अन्तरार्थ खुलते जा रहे हैं।[37]

आधुनिक सभ्यता की समालोचना करते हुए हन्ना आरेंट ने इसे एक ऐसा युग बताया है, जिसमें मनुष्य की भौतिक आवश्यकताओं की पूर्ति के प्रयत्नों (लेबर) ने मनुष्य के स्वत्व (पॉलितिकान जून) को पृष्ठभूमि में धकेल दिया है। नौकरशाही, राजनीति और अन्य संस्थाएँ मिलकर मनुष्य को, जो परिवेश आधुनिकता के भीतर उपलब्ध कराती हैं, उसमें मनुष्य पशुवत् श्रम करने के लिए अभिशप्त है और राजनीति के लिए ज़रूरी संवाद और कर्म विलुप्त होते जा रहे हैं।[38] आधुनिकता की इस दुनिया ने एक ऐसी मन:स्थिति का निर्माण कर दिया है, जिसमें मनुष्य अपने कॉमन सेंस का प्रयोग भी भूलता जा रहा है।[39] इसके परिणामस्वरूप, आज व्यक्ति जजमेंट तो करता है, परन्तु, उस जजमेंट में स्वयं उसकी थिंकिंग और विलिंग का कितना हिस्सा है या बिल्कुल भी नहीं है, इसके प्रति भी वह अनभिज्ञ होता है। यह चिन्तन और समझ की वह अवस्था है, जिसमें हम अपने भीतर की आवाज़ को ही दबा देते हैं और अपने समर्थन के माध्यम से उस चीज को वैध बना देते हैं, जिसका हम, वास्तव में, विरोध करना चाहते हैं।[40]

---

36. एम.के. गांधी (2005), *मेरे सपनों का भारत*, नवजीवन प्रकाशन मन्दिर, अहमदाबाद : 8.

37. अम्बिका दत्त शर्मा (2020), *दार्शनिक समीक्षा का सत्याग्रह*, भारतीय दार्शनिक अनुसंधान परिषद्, नयी दिल्ली : x.

38. स्टैनफ़र्ड इन्साइक्लोपीडिया के ऑन लाइन संस्करण में एडवर्ड एन. जाल्टा का आधुनिकता पर लेख जिसे 10 जुलाई, 2020 को देखा गया था।

39. हम एक ऐसे उलट-फेर भरे संसार में निवास कर रहे हैं, जहाँ हम उस मार्ग का अनुसरण नहीं कर सकते, जो कभी सामान्य ज्ञान के नियमों द्वारा निर्धारित होता था।

40. मेरे लिए यह अधिक श्रेयस्कर होगा कि मेरी वीणा या मेरे द्वारा निर्देशित गायन मण्डल बेसुरा

एक चिन्तनशील प्राणी, जिसके 'विल' और 'जजमेंट' में एकरूपता होती है, एक हिंसा के प्रतिकार के लिए दूसरी हिंसा का समर्थन नहीं कर सकता है। हिंसा का समर्थन व्यक्ति तभी करता है जब उसकी शक्ति (संवाद और कर्म के अर्थ में) चूक जाती है और अपने 'जजमेंट' की वैधता के लिए व्यक्ति अपनी थिंकिंग और विलिंग से बाहर के विषय को अपना आधार बनाता है। हन्ना आरेंट कहती हैं कि गलत करने के बजाय गलत को सह लेना बेहतर है।[41] गांधी भी इस विचार से अपनी सहमति दर्शाते हैं। परन्तु, गांधी इसके लिए निष्क्रिय प्रतिरोध के बजाय अहिंसक सत्याग्रह का सुझाव रखते हैं। अहिंसक सत्याग्रह द्वारा गांधी अन्याय करने वाले को यह समझाना चाहते हैं कि अन्याय करते हुए अन्यायी ने मनुष्य होने के अपने स्वत्व को भुला दिया है। यदि अन्यायी को उसके मनुष्य होने के स्वत्व से परिचित करा दिया जाय तो वह सहर्ष अन्याय को छोड़ने के लिए तत्पर हो जायेगा। हन्ना आरेंट भी, अन्ततः, इसी दिशा में आगे बढ़ती हुई प्रतीत होती हैं, परन्तु, अपनी कृति द *लाइफ़ ऑफ़ द माइंड* को वे पूरा नहीं कर पाईं और यह प्रश्न अनुत्तरित रह गया। इस अनुत्तरित प्रश्न के चलते सम्प्रति ऐसा मान लिया जाता है कि हन्ना आरेंट ने जजमेंट के लिए दो मॉडल बनाए हैं। एक पार्टिसिपेंट (कर्ता) का मॉडल और दूसरा स्पेक्टेटर (द्रष्टा) का मॉडल। परन्तु, हन्ना आरेंट के पूरे रचना संसार को देखते हुए यह विचार उचित नहीं लगता है कि वह कर्ता के जजमेंट में द्रष्टा के जजमेंट को अन्तर्भूत करना पसंद करतीं। इसके उलट, हन्ना आरेंट ने यदि *द लाइफ ऑफ़ द माइंड* को पूरा किया होता तो वह द्रष्टा के जजमेंट में कर्ता के जजमेंट को अन्तर्भूत करने की ओर अवश्य आगे बढ़तीं और तब अहिंसक सत्याग्रह के माध्यम से आधुनिकता में अन्तर्व्याप्त हिंसा को समाप्त करना उनका मुख्य प्रस्ताव होता।

हो तथा अस्वीकृत होकर कोलाहलपूर्ण हो, और अनेक लोग मुझसे असहमत हों, बजाय इसके कि मैं स्वयं अपने ही साथ असंगत रहूँ और अपने ही विरोधाभासों में उलझूँ। हन्ना आरेंट (1971), 'थिंकिंग ऐंड मॉरल कन्सीडरेशन्स : अ लेक्चर', *सोशल रिसर्च*, खण्ड-38, अंक-03 : 29-30.

41. अन्याय सहना, अन्याय करने से उत्तम है। पूर्वोक्त : 29.

2

मनुष्य की जैविक एवं भौतिक स्थिति

अतिक्रमण की सीमाएँ

इस दुनिया या आज की सभ्यता को और भी बेहतर कैसे बनाया जाये, जिसमें हिंसा, अन्याय और शोषण न हो, यह इस शताब्दी में ही नहीं, बल्कि, जब से व्यवस्थित चिन्तन की शुरुआत हुई है, तभी से एक मौलिक प्रश्न बना हुआ है। दुनिया के सभी धर्म, सभी विचारधाराएँ और सभी राष्ट्रनायक इस प्रश्न से अपने-अपने तरीक़े से जूझते रहे हैं। परन्तु, सुकरात, यीशु मसीह, रोजा लक्ज़ेमबर्ग और गांधी को मार डालने वाली सोच और इस सोच से जुड़ी हुई व्यवस्था हर बार अपना मुखौटा और दस्ताने बदलने में सफल हो जाती है। इसके परिणामस्वरूप, इनके घिनौने चेहरे और खूनी पंजे इस तरह से छुपा लिए जाते हैं कि जिन्हें इन घिनौने चेहरों और खूनी पंजों से सबसे अधिक पीड़ित होना है, वही इनके समर्थन में खड़े हो जाते हैं। इस तथ्य का एक उदाहरण हिटलर की जर्मनी और मुसोलिनी की इटली रही है और दूसरा उदाहरण साम्यवादी सोवियत संघ एवं जनवादी चीन है। पहले उदाहरण में अलगाववादी सामूहिकता के भीतर हिंसा छुपी हुई है और दूसरे उदाहरण में सार्वभौम अलगाववादी हिंसा को ही जीवन-दर्शन बना लेने का प्रयास किया गया है। सबसे बड़ी समस्या यह है कि जिस उदारतावादी दृष्टि से उक्त उदाहरणों में हिंसा की पड़ताल की जाती है, वह स्वयं हिंसा-दृष्टि से बनने वाली सभ्यता की ही प्रस्तावक है। हिंसा की अनेक परतें और आयाम होते हैं और इसकी जड़ें अधिक गहरी और विस्तृत होती हैं। ऐसे में हिंसा के सभी पक्षों को अनावृत किये बिना मानव

सभ्यता के लिए कोई ऐसी नवीन पहल सम्भव नहीं है, जिसमें एक हिंसा को समाप्त करने के लिए दूसरे प्रकार की हिंसा का सहारा न लिया जाय। यदि दुनिया में प्राचीन सभ्यताओं ने अंकगणितीय पद्धति से सकल हिंसा को बढ़ावा दिया है तो दुनिया की सकल हिंसा को आधुनिक सभ्यता ने ज्यामितीय तरीक़े से विस्तृत किया है। मानव-सभ्यता के प्रत्येक कालखण्ड में, और आज भी, हिंसा के समर्थन की अभियान्त्रिकी काम कर रही है। यह आत्यन्तिक रूप से विलोपनीय भी नहीं है। हिंसा के समर्थन की अभियान्त्रिकी की शुरुआत मनुष्य की जैविक सीमा और इस सीमा के बीच रहते हुए प्रकृति से अन्तःक्रिया से होती है। इसके द्वारा मनुष्य अपनी जैविक सीमाओं के अनुलंघन और प्रकृति को पराभूत कर देने की कोशिश करता है, लेकिन, प्रकृति को पराभूत कर देने की हर कोशिश मनुष्य को प्रकृति के नियमों को सिखाती भी है।

वास्तव में, मनुष्य प्रकृति की प्रकृति को तो बदल नहीं पाता, परन्तु, अपनी जैविक सीमाओं के अतिक्रमण का गुण-धर्म ज़रूर अर्जित कर लेता है। उसके इस गुण-धर्म को भाषा और उपकरण तथा भाषा के कारण संगठित हो पाने की क्षमता उसे पशु जगत् से अलग कर देती है। परन्तु, यह सोचने वाला, उपकरण बनाने वाला,[1] अवधारणा बनाने वाला[2] और उसके आधार पर भविष्य की कार्य-योजना बनाने वाला मनुष्य प्रकृति की एक विशेषता से अद्‌भुत तरीक़े से आश्चर्य चकित है। वह आश्चर्य है– प्रकृति की निरन्तरता या स्थायित्व तथा नित्य-नूतनता। वह अपने को भी वैसा ही बनाना चाहता है, परन्तु, उसके जीवन और क्षमता की एक सीमा है। इस सीमा को वह समाज और संस्कृति के सहारे दूर करने का प्रयत्न करता है। स्थायित्व की चाह एवं नूतनता का आनन्द प्राप्त करने की इच्छा मनुष्य में उतनी ही मौलिक है, जितनी भूख-प्यास और यौन इच्छा। स्थायित्व के माध्यम से वह सुरक्षा चाहता है और निरन्तरता के माध्यम से वह स्वतन्त्रता चाहता है। परन्तु, यह

---

1. कार्ल मार्क्स ने बेंजामिन फ्रैंकलिन को उद्‌धृत करते हुए मनुष्य को उपकरण बनाने वाला प्राणी कहा है। कार्ल मार्क्स (1987), *कैपिटल*, खण्ड-1, प्रोग्रेस पब्लिशर्स, मास्को : 128.

2. कार्ल मार्क्स ने मनुष्य और अन्य जीवों में इस आधार पर भेद किया है कि मनुष्य कार्य को अंजाम देने से पूर्व उसकी अवधारणा बनाता है। मार्क्स लिखते हैं कि 'एक मकड़ी का कार्य कारीगरों के कार्य से मिलता-जुलता है, परन्तु, जो तत्त्व कारीगर के कार्य को मकड़ी के कार्य से विशिष्ट बनाता है, वह यह है कि कारीगर वास्तविक संरचना के निर्माण से पहले उस संरचना का एक मानसिक ख़ाका तैयार करता है। इस अर्थ में यह कहना अत्युक्ति नहीं है कि मनुष्य एक अवधारणा बनाने वाला प्राणी है। कार्ल मार्क्स (1987), पूर्वोक्त : 125.

उसके सामर्थ्य में नहीं है कि उसकी भाषा, विधान और संस्कृति उसे प्रकृति-सदृश नवीनता का आयाम समाज में उपलब्ध करा सके। ऐसा इसलिए कि भाषा, विधान, समाज और संस्कृति नित्य-नूतन नहीं हो सकते हैं। जब यह नित्य-नूतन नहीं हो सकते हैं, तब हर व्यक्ति को जीवन की शुरुआत करने के लिए एक बिल्कुल नया संसार नहीं मिल सकता है। ऐसे में हर व्यक्ति को अपने संसार का निर्माण दूसरों के बनाए संसार में से ही करना होता है। हन्ना आरेंट कहती हैं कि हर व्यक्ति के लिए अपने संसार के निर्माण का अवसर नहीं प्राप्त हो पाना ही मौलिक हिंसा है। उनके इस तर्क का आधार यह है कि सृष्टि में हर व्यक्ति एक नयी शुरुआत है। मनुष्य के रूप में यह नयापन हमेशा सांख्यिकीय संभावनाओं से अलग होता है और नया सदैव आश्चर्यजनक भी होता है। प्रत्येक मनुष्य एक-दूसरे से अलग है– इसका तात्पर्य यह है कि प्रत्येक मनुष्य धरती पर एक नयी शुरुआत है।[3] अतः, उसे अपने होने की नयी शुरुआत करने का अवसर न मिले तो यह हिंसा है।

हन्ना आरेंट इसी हिंसा से अन्य सभी प्रकार की हिंसाओं को निकलते हुए देखती हैं। एक उदाहरण के माध्यम से इस बात को अधिक अच्छी तरह से समझाया जा सकता है। दुनिया की अलग-अलग सभ्यताओं में जिन लोगों को हम महापुरुष समझते हैं या जिन प्रतीकों को ईश्वर कहते हैं, उन्होंने नयी शुरुआत ही की थी। उन्होंने स्थायित्व की अवधारणा से घिरे समाजों और उसके भीतर घर कर चुकी हिंसा को नूतनता द्वारा झकझोर दिया था। परन्तु, ऐसे महापुरुषों के समर्थकों और ईश्वर के अनुयायियों ने फिर से मानव-अस्तित्व की अवधारणा में नूतनता और स्थायित्व को सन्तुलन के स्तर से नीचे गिरा दिया। स्थायित्व के लिए सुरक्षा और नूतनता के लिए स्वतन्त्रता की माँग में स्थायित्व का एक विशेष तर्क अक्सर बाजी मार ले जाता है। वह तत्त्व है– आर्थिक हितों की सुरक्षा। आर्थिक हितों की सुरक्षा का प्रश्न मनुष्य की सम्पूर्ण अस्तित्व रक्षा या सम्पूर्ण मानवीय दशाओं के उन्नयन का प्रश्न नहीं है। परन्तु, जन-पुंज समाजों (मास सोसायटी) में आर्थिक हितों की सुरक्षा का प्रश्न एक घेराबन्दी को जन्म अवश्य देता है। यह घेराबन्दी समाज-व्यवस्था के आकार की वृद्धि के साथ-साथ और भी अधिक सघन और दृढ़ होती चली जाती है। तब सम्पूर्ण समाज तथा धर्म और संस्कृति के सन्दर्भ में नूतनता की माँग करना कठिन होता चला जाता है। ऐसी परिस्थिति में अलग-अलग समूह

---

3. हन्ना आरेंट (1998), द *ह्यूमन कंडीशन,* द युनिवर्सिटी ऑफ़ शिकागो प्रेस, शिकागो : 178.

अपने-अपने लिए नूतनता की माँग करने लगते हैं और व्यवस्था के स्थायित्व के ताने-बाने के भीतर पैठ गयी हिंसा का प्रतिरोध करते हैं। इस तरह का प्रत्येक प्रतिरोध कुछ निश्चित प्रकार की हिंसा का ही विरोध करता है और हिंसा के दूसरे स्वरूपों में वह व्यवस्था का सहभागी होना चाहता है। वंचित समूहों और नारीवाद के आन्दोलन इस श्रेणी के प्रमुख उदाहरण कहे जा सकते हैं। हिंसा के विरोध का यह तरीका हिंसा के साथ हिंसा के समझौते जैसा होता है। अतः, यह समाज में कोई बड़ा बदलाव नहीं ला पाता है और न ही कोई ऐसी पृष्ठभूमि छोड़ जाता है, जहाँ पुनः हिंसा की प्रतिक्रिया में हिंसा के बीज न बोये गये हों।

सम्पूर्ण व्यवस्था की हिंसा और उसके प्रतिरोध हेतु किसी विशिष्ट समूह की माँग के बीच, जो समझौता होता है, उसमें भले ही लोकतान्त्रिक चरित्र की झलक मिलती हो, परन्तु, इससे व्यवस्था की हिंसा को ही अधिक विस्तार मिलता है। इसके ज़रिये हिंसा अपने अस्तित्व का और भी अधिक विस्तार कर लेती है। जैसे-जैसे लोकतन्त्र, आधुनिकता, उदारतावाद और बाज़ार का विस्तार होता गया, वैसे-वैसे व्यवस्था ने नूतनता और स्थायित्व के साथ स्वतन्त्रता के सम्बन्ध को भी एक विपुल ज्ञान-राशि और प्रचार-तन्त्र के द्वारा बदल कर रख दिया है। इसका परिणाम यह हुआ है कि स्वतन्त्रता और नूतनता के बीच, जो सम्बन्ध कर्म *(एक्शन)*[4] की स्वतन्त्रता पर आधारित था, उसे कार्य *(वर्क)*[5] की स्वतन्त्रता से और चेतना की स्वतन्त्रता के बजाय विवेक की स्वतन्त्रता से जोड़ दिया गया। पहले जब स्वतन्त्रता का सम्बन्ध नूतनता या परिवर्तन से था, तब स्वतन्त्रता का अर्थ कार्य करने की स्वतन्त्रता में नहीं, बल्कि, वह राग-द्वेष रहित होकर कर्म करने में था। कर्म की क्षमता मनुष्य में ही है। पशु जगत् के प्राणी अधिकांशतः अपना जीवन श्रम (लेबर)[6] से चलाते हैं। मनुष्य के द्वारा शारीरिक आवश्यकताओं की पूर्ति के लिए किये जाने

---

4. हन्ना आरेंट के अनुसार कर्म *(एक्शन)* मनुष्य (मेन) की वह क्रिया है, जिसे वह सामूहिकता में सामूहिक लक्ष्यों की प्राप्ति के लिए करता है। हन्ना आरेंट ने इसे राजनीतिक क्रिया और '*वीटा एक्टिवा*' भी कहा है। हन्ना आरेंट (1998), पूर्वोक्त : 7-8.

5. हन्ना आरेंट के अनुसार कार्य *(वर्क)* मनुष्य के उन कार्यों से सम्बन्धित है, जो जीवन जीने की भौतिक दशाओं का निर्माण करते हैं। इसमें पारिवारिक जीवन जीने के भौतिक साधनों का निर्माण भी सम्मिलित है। हन्ना आरेंट (1998), पूर्वोक्त : 7.

6. हन्ना आरेंट के अनुसार श्रम (लेबर) शरीर की जैव आवश्यकताओं की पूर्ति से सम्बन्धित है। हन्ना आरेंट (1998), पूर्वोक्त : 7.

वाले काम भी इसी श्रेणी के श्रम हैं। ये तीनों आपस में सर्वथा असंबद्ध नहीं हैं, बल्कि, एक-दूसरे से जुड़े हुए हैं और एक-दूसरे को प्रभावित करते हैं। परन्तु, पशु जगत् के प्राणी अपना जीवन श्रम से चलाते हैं। उनके जीवन में कार्य का और कर्म का समावेश नहीं होता है। मनुष्य जीवन में ही इन तीनों का समावेश पाया जाता है और मानव-जीवन की गुणवत्ता इसी तथ्य पर निर्भर करती है कि उसके जीवन में उक्त तीनों तत्त्वों में किसकी प्रधानता है।[7]

2.1 मानव : प्रत्येक मनुष्य एक नयी शुरुआत

हिंसा, मानव सभ्यता और मानव जीवन के औचित्य को समझने के लिए यहाँ तीन प्रश्नों पर विचार किया जाना अपेक्षित है। प्रथम, यदि प्रत्येक मनुष्य अपने में एक नयी शुरुआत है तब अपनी सार्थकता को वह अपने श्रम (*लेबर*) के माध्यम से सिद्ध कर सकता है या इस सार्थकता को वह अपने कार्य *(वर्क)* से सिद्ध कर सकता है अथवा इसके लिए उसे कर्म *(एक्शन)* का सहारा लेना होगा? द्वितीय, कर्म का आधार क्या हो; शरीर की आवश्यकताओं को पूरा करना या परिवार की आवश्यकताओं को पूरा करना या फिर किसी उच्च सत्ता के निर्देशों का पालन करना? तृतीय, इन तीनों तत्त्वों में किसे स्थायित्व का मापदण्ड बनाया जाये और किस तत्त्व के ज़रिये नूतनता का संधान किया जाये? प्रत्येक मानव-सभ्यता ने अपनी-अपनी सीमाओं में इन प्रश्नों पर कभी-न-कभी अवश्य विचार किया है और यह विचार-प्रक्रिया आज भी जारी है। मनुष्य का पृथ्वी पर जन्म उसकी स्वतन्त्र इच्छा और चयन का परिणाम नहीं है। इस सम्बन्ध में धर्मग्रन्थ भी बहुत दूर तक हमारा मार्गदर्शन नहीं करते हैं।

अब्राहमिक परम्परा (यहूदी-ईसाई एवं इस्लाम) तथा ब्राह्मिक परम्परा (हिन्दू, जैन, बौद्ध एवं सिख) जहाँ एकमत हो सकते हैं, वह यह है कि मनुष्य का पृथ्वी पर जन्म किसी-न-किसी उच्च चेतना की प्राप्ति की अन्तर्यात्रा की योजना का परिणाम है। यदि निरीश्वरवादी या भौतिकवादी चश्मे से इस प्रश्न को देखा जाय तो, जो उत्तर प्राप्त होता है, वह यह कि मनुष्य के पृथ्वी पर अवतरित होने को किसी

---

7. ब्राह्मिक परम्परा के तहत नीति वाक्यों (*हितोपदेश,* कथामुख-25) में कहा गया है कि–
आहारनिद्राभयमैथुनंच सामान्यमेतत् पशुभिर्नराणाम्।
धर्मोहितेषामधिकोविशेषः धर्मेणहीनाः पशुभिः समानाः॥

उच्च चेतना की योजनाबद्धता से जोड़कर देखा जाना उचित नहीं, बल्कि, इस सम्बन्ध में कुछ कहा नहीं जा सकना ही मानवोचित उत्तर है।[8]

यदि धार्मिक सम्प्रदायों की दृष्टि से श्रम, कार्य और कर्म की त्रयी में स्थायित्व का आधार खोजा जाय तो कोई भी सम्प्रदाय कर्म को स्थायित्व के आधार के रूप में अस्वीकार नहीं करता है और श्रम तथा कार्य के क्षेत्र को नूतनता से जोड़ने से भी इनकार नहीं कर सकता है। परन्तु, धार्मिक सम्प्रदायों के साथ दो असुविधाएँ एक साथ जुड़ी हुई हैं। प्रथम, यह कि वे जातीय ढाँचे से बँधे हुए हैं और सम्पूर्ण पृथ्वी पर मानव-जाति के सामूहिक अस्तित्व के बारे में विचार नहीं करते हैं। द्वितीय, यह कि अब कोई भी धार्मिक सम्प्रदाय अपनी जाति के श्रम एवं कार्य की जकड़न से मुक्त नहीं हैं। लेकिन, स्वयं मानव-जाति का पृथ्वी पर अस्तित्व जातीय ढाँचे का अस्तित्व नहीं है और इसी कारण समस्त मानव-जाति के लिए स्थायित्व एवं निरन्तरता के मापदण्ड जाति एवं क्षेत्र के आधार पर अलग-अलग नहीं हो सकते हैं। पुनश्च, स्थायित्व एवं निरन्तरता के मापदण्ड जाति एवं क्षेत्र के आधार पर अलग-अलग स्वीकार कर लिए जाने पर एक जाति का दूसरी जाति से विरोधी हितों के कारण संघर्ष अनिवार्य है।

यदि निरीश्वरवादी या भौतिकवादी दृष्टि से श्रम, कार्य और कर्म की त्रयी में स्थायित्व एवं निरन्तरता के मापदण्ड खोजे जायें तब यह दृष्टि पृथ्वी पर मानव-जाति के अस्तित्व को जाति एवं सम्प्रदाय के विभाजन से मुक्त रखने में सक्षम है। परन्तु, इस दृष्टि में स्थायित्व एवं निरन्तरता की आवश्यकता पर विमर्श करने की ज़रूरत ही नहीं बनती है। इसका कारण इस दृष्टि में गति की प्रधानता है। उदाहरण के लिए, प्रमुख भौतिकवादी कार्ल मार्क्स लिखते हैं कि पृथ्वी और जल के नीचे, जो भी जीव हैं, वे किसी-न-किसी तरह की गति पर ही निर्भर करते हैं। इतिहास की

---

[8] ब्राह्मिक परम्परा 'एकं सद् विप्राः बहुधा वदन्ति' की व्यापक तत्त्व-दृष्टि वाली विचार-परम्परा है। 'ये यथा मां प्रपद्यन्ते तांस्तथैव भजाम्यहम्' कहते हुए गीता में श्रीकृष्ण ने भी इसी दृष्टि को निष्पादित किया है। *हनुमन्नाटक* में उपर्युक्त दृष्टि का ही अतिसुन्दर समन्वयकारी सांस्कृतिक विन्यास देखने को मिलता है– 'यं शैवा समुपासते शिव इति ब्रह्मेति वेदान्तिनो, बौद्धा बुद्ध इति प्रमाणपटवः कर्त्तेति नैयायिकाः। अर्हन्नित्यथ जैन शासनरताः कर्मेति मीमांसकाः। सोऽयं नो विद्धातु वांछित फलं त्रैलोक्यनाथो हरिः।' अतः, सनातन भारत की इसी व्यापक तत्त्व-दृष्टि और वृहद् सांस्कृतिक परम्परा को ध्यान में रखते हुए यहाँ हिन्दू, बौद्ध, जैन और सिख परम्परा को समाहित करने वाली 'ब्राह्मिक-परम्परा' पद का प्रयोग किया गया है।

गति सामाजिक सम्बन्ध निर्मित करते हैं और उद्योग की गति उत्पाद निर्मित करते हैं।[9] भौतिकवादी हॉब्स के चिन्तन में भी गति की सृष्टि की उत्पत्ति एवं मनुष्य की भावनाओं के निर्माण में सबसे अधिक महत्त्वपूर्ण भूमिका स्वीकार की गयी है।[10] जब गति ही अस्तित्व है, तब श्रम, कार्य एवं कर्म भी गति ही हैं और भौतिकवाद के माध्यम से इनके मध्य अन्तर भी नहीं स्थापित किया जा सकता है। ऐसे में मार्क्स के द्वारा श्रम से मुक्ति के प्रयास का कोई तार्किक औचित्य भी नहीं है, बल्कि, यह एक प्रकार से गति को अवरुद्ध करने का ही प्रयास है। परन्तु, मार्क्स इससे भी आगे बढ़ते हैं और कहते हैं कि श्रम से मुक्ति वास्तव में आवश्यकताओं से मुक्ति है।[11] हन्ना आरेंट ने मार्क्स के इस तर्क की तार्किक परिणति को इस अर्थ में व्यक्त किया है कि आवश्यकताओं से मुक्ति उपभोग से मुक्ति के बिना सम्भव नहीं है। उपभोग से मुक्ति अपनी चयापचयी (मेटाबोलिक) प्रक्रिया या जीवन से ही मुक्त होने पर ही सम्भव है, क्योंकि, यह जीवन की अनिवार्य दशा है।[12]

वास्तव में देखा जाये तो मार्क्स का सम्पूर्ण प्रयास जिस साम्यवादी अवस्था को प्राप्त करने के उपक्रम में विकसित हुआ है, वह आवश्यकताओं से मुक्ति की ही अवस्था है; यद्यपि, मार्क्स आवश्यकताओं से मुक्ति का अर्थ एक ऐसी अवस्था से ग्रहण करते हैं, जिसमें मनुष्य अपने जीवन-संभरण के साधनों को बिना किसी वर्ग-आरोपित बाधा के पूरा कर सके। इसी अवस्था को वे स्थायित्व का आधार बनाना चाहते हैं। मार्क्स के इस तर्क में तीन गम्भीर दोष हैं। पहला, यह कि आवश्यकताओं से मुक्ति के लिए साम्यवाद (उत्पादन के साधनों के उच्चतम परिष्कार और उत्पादन के सम्बन्धों के विवेकीकरण) के लक्ष्य को प्राप्त कर लेने के बाद नूतनता के लिये मार्क्स चेतन मानवीय सामूहिकता की बात करते हैं। परन्तु, इसका आधार गति और भौतिकता के अतिरिक्त क्या होगा, इसका उनके पास कोई समाधान नहीं है। दूसरा, यह कि गति और भौतिकता के बंधन से जिस तरह पशु बँधे हुए होते हैं, उसी तरह से मनुष्य बँधे नहीं होते हैं, क्योंकि, वे अवधारणा बनाने वाले प्राणी भी हैं। परन्तु,

9. कार्ल मार्क्स (2010), *द पॉवर्टी ऑफ़ फ़िलॉसफ़ी*, पीपुल्स पब्लिशिंग हाउस, नयी दिल्ली : 99.

10. माइकल ऑकशॉट (1946), इन्ट्रोडक्शन, अन्तर्गत, थॉमस हॉब्स, *लेवियाथन*, बेसिल ब्लैकवेल, ऑक्सफ़र्ड : vii-xvi.

11. हन्ना आरेंट (1998), पूर्वोक्त : 130-131.

12. पूर्वोक्त : 131.

मार्क्स के पास इस प्रश्न का कोई भौतिकेतर उत्तर नहीं है कि आवश्यकताओं की गुलामी से मुक्त होने पर मनुष्य पेट भरे हुए पशु के समान जुगाली करने के बजाय किसी कर्म में अपने को क्यों नियोजित करना चाहेगा। तीसरा, यह कि स्थायित्व के तत्त्व को सदैव नूतनता के तत्त्व से अधिक गम्भीर और प्रभावशाली होना चाहिए। परन्तु, मार्क्स के चिन्तन में स्थायित्व एवं नूतनता के आधार एक ही हैं।

द्रष्टव्य है कि श्रम, कार्य और कर्म के बिना मनुष्य एक क्षण भी जीवित नहीं रह सकता है। श्वास लेना श्रम है और भोजन करना भी श्रम है। यह पशु भी करते हैं और मनुष्य भी। मनुष्य पशुओं से इस मामले में ज़रूर भिन्न हैं कि मनुष्य भविष्य की चिन्ता करते हैं। वे पशुओं की तरह सिर्फ़ तत्क्षण उत्पन्न हुई आवश्यकता के लिए ही उपक्रम और उत्पादन नहीं करते हैं। इस तथ्य को मार्क्स भी स्वीकार करते हैं। मार्क्स तो यह भी कहते हैं कि श्रमिकों की सामाजिक एवं बौद्धिक आवश्यकताएँ होती हैं और वे उसे पूरा करना चाहते हैं।[13]

इसका तात्पर्य यह हुआ कि श्रमिक और प्रकारान्तर रूप से मनुष्य अपने श्रम एवं कार्य से ही सन्तुष्ट नहीं होते हैं, बल्कि, वे कर्म यानी कि एक्शन में सहभागी होना चाहते हैं। परन्तु, मार्क्स ने हन्ना आरेंट की तरह या ब्राह्मिक परम्परा की तरह जीवन और जगत् को चेतना के दो धरातलों पर देखने का प्रयास नहीं किया है।[14] फलतः, यदि गति और भौतिकता के तकाजे पर मार्क्स सामाजिक एवं बौद्धिक आवश्यकताओं को परिभाषित करना भी चाहें, तब भी मशीनों में परिष्कार और नये तरह के उत्पादन जैसे तत्त्व ही वे आधार बनेंगे, जिसमें मनुष्य अपनी सामाजिक एवं बौद्धिक आवश्यकताओं को पूरा कर सकते हैं। वस्तुतः, यह मार्क्सवाद का ही अन्तर्विरोध नहीं, बल्कि, आज के हमारे समाज का भी अन्तर्विरोध है। इसने मनुष्य की रचनात्मकता को ही बदल कर रख दिया है। हमारे आज के समाज की रचनात्मकता आर्थिक मनुष्य की रचनाधर्मिता है। यह एकायामी मनुष्य[15] की रचनाधर्मिता है, जो अब भी उतनी ही बोझिल है, जितनी

---

13. कार्ल मार्क्स (2010), पूर्वोक्त : 162.

14. ब्राह्मिक परम्परा में जीवन एवं जगत् को चेतना के दो स्तरों पर देखा गया है। उनमें एक है पराङ्मुखी चेतना, जो जीवन और जगत् को भौतिक परिस्थितियों के सन्दर्भ में देखती है, और दूसरी है प्रत्यङ्मुखी चेतना, जो जीवन और जगत् को आत्म तत्त्व के धरातल पर देखती है।

15. हर्बर्ट मारक्यूज़ ने इस अवधारणा का प्रयोग किया है। विस्तृत अध्ययन के लिए देखें, हर्बर्ट मारक्यूज़ (1964), *वन डायमेन्शनल मैन*, बीकन प्रेस, न्यूयार्क।

यह दो सौ साल पहले थी और यह पहले की अपेक्षा अब अधिक हिंसक हो गयी रचनाधर्मिता है।

यद्यपि, हन्ना आरेंट ने ब्राह्मिक परम्परा की तरह ही जीवन एवं जगत् को चेतना के दो धरातलों पर देखने का प्रयास नहीं किया है, तथापि, वे श्रम से कार्य को और कार्य से कर्म को श्रेष्ठ मानती हैं और कर्म में ही हर मनुष्य अपने-आप में एक नयी शुरुआत है, इसकी सम्भावना तलाशती हैं। वे कर्म को ग्रीक काल की उस राजनीति से जोड़ती हैं, जिसमें भाग लेने के लिए अरस्तू ने नागरिक को तृष्णारहित विवेक का स्वामी होना आवश्यक बताया है। इस तरह हन्ना आरेंट भी कर्म के क्षेत्र को जैविक एवं भौतिक तृष्णा से रहित क्षेत्र ही बताती हैं। *श्रीमद्भगवद्गीता* में भोग और आसक्ति की कामना से किये गये कार्य को मुक्तिप्रद नहीं माना गया है।[16] गीता के इस सन्दर्भ का महत्त्व इसलिए भी है कि यदि यह कुरुक्षेत्र का भौतिक युद्ध है तब भी भोग और तृष्णा से ऊपर उठने की ज़रूरत यहाँ बतायी गयी है। यदि यह शरीर रूपी धर्मक्षेत्र का मानसिक युद्ध है तब भी भोग और तृष्णा से ऊपर उठना ही यहाँ अभिप्रेत है। वस्तुतः, हन्ना आरेंट जिसे कर्म *(एक्शन)* कहती हैं और *श्रीमद्भगवद्गीता* में जिसे निष्काम कर्मयोग कहा गया है, उनमें बहुत दूर तक तात्त्विक समानता है।

श्रीमद्भगवद्गीता जीवन से संन्यास लेकर व्यक्तिगत मुक्ति का संदेश नहीं, बल्कि, कर्म में संन्यास की शिक्षा देती है।[17] वह श्रम एवं कार्य को भी शरीर रक्षा के लिए आवश्यक तो बताती है,[18] परन्तु, लोकसंग्रह की दृष्टि से किये गये कर्म को श्रेष्ठ बताती है।[19] यद्यपि, *श्रीमद्भगवद्गीता* के लोकसंग्रह को मनुष्य व्यक्तिगत स्तर पर भी सम्पादित कर सकता है, परन्तु, हन्ना आरेंट जब कर्म को वीटा एक्टिवा कहती हैं तब उनका आशय मनुष्य के ऐसे कर्म से है जिसका सम्पादन वह सामूहिक

---

16. भोगैश्वर्यप्रसक्तानाम तयापहृतचेतसाम्।
व्यवसायात्मिका बुद्धिः समाधौ न विधीयते ॥ *श्रीमद्भगवद्गीता,* 2/44.

17. कर्मणो ह्यपि बोद्धव्यं बोद्धव्यं च विकर्मणः।
अकर्मणश्च बोद्धव्यं गहना कर्मणो गतिः ॥ *श्रीमद्भगवद्गीता,* 4 / 17.

18. नियतं कुरु कर्म त्वं कर्म ज्यायो ह्यकर्मणः।
शरीरयात्रापि च ते न प्रसिद्ध्येदकर्मणः ॥ *श्रीमद्भगवद्गीता,* 3 / 8.

19. कर्मणैव हि संसिद्धिमास्थिता जनकादयः।
लोकसंग्रहमेवापि सम्पश्यन्कर्तुमर्हसि ॥ *श्रीमद्भगवद्गीता,* 3 / 20.

रूप से लोकसंग्रह के लिए करता है। यह मनुष्य का 'ही' के रूप में नहीं, बल्कि, 'दे' के रूप में कार्य है।[20] अपने शरीर और अधिक से अधिक अपने परिवार के लिए जीना मनुष्य को पशु जगत् से ऊपर नहीं उठाता है और न ही मनुष्य को पशु से श्रेष्ठ सिद्ध करता है। इस अवस्था में रहकर मनुष्य ऐसा कुछ भी नहीं कर सकता है, जिससे यह सिद्ध हो सके कि हर मनुष्य अपने-आप में एक नयी शुरुआत है। कोई भी ऐसी सभ्यता, जो मनुष्य को उसकी अपनी विशिष्टता प्रदर्शित करने से रोकती है, वह हिंसक सभ्यता है। आज की आधुनिक सभ्यता मनुष्य की विशिष्टता को ही पुनर्परिभाषित करने में लगी हुई है, जिसमें उसकी विशिष्टता के गुण सीमित होते जा रहे हैं।

2.2 पृथ्वी पर मानव की दशा : शरीर का श्रम, हाथों का कार्य और भाषा का कर्म

पृथ्वी पर मनुष्य का अस्तित्व अकेले का अस्तित्व नहीं, बल्कि, सामूहिकता का अस्तित्व है। अब्राहमिक एवं ब्राह्मिक परम्परा में पृथ्वी पर मनुष्य का आगमन युग्म के रूप में हुआ है। इस तथ्य को नकारकर भौतिकवादी भी कोई ऐसा सूत्र नहीं प्रस्तावित कर सकते, जिससे यह सिद्ध हो सके कि पृथ्वी पर एकाकी पुरुष या एकाकी स्त्री ने समाज का निर्माण किया। हन्ना आरेंट जब मनुष्य को 'ही' के बजाय 'दे' या 'मैन' के बजाय 'मेन' कहती हैं, तब उनका उद्देश्य भी मनुष्य के सामूहिक अस्तित्व को उद्घाटित करना रहा है। उन्होंने मनुष्य के सामूहिक अस्तित्व की अवधारणा को एडम और ईव के रूप में अब्राहमिक परम्परा से ग्रहण किया है।[21] इस्लाम की परम्परा में यह युग्म आदम और हौवा के रूप में है, और ब्राह्मिक परम्परा में यह मनु एवं शतरूपा है। *श्रीमद्भगवद्गीता* में भी कीर्ति और विजय नर और नारायण के युग्म में ही प्राप्त हो सकते हैं, ऐसा स्पष्ट उल्लेख है।[22] यहाँ यह भी स्मरण रखना आवश्यक है कि नारायण में नारी भी शामिल है, क्योंकि, वे 'अर्धनारीश्वर' भी हैं। पृथ्वी पर मनुष्य का एकाकी अस्तित्व शरीर के श्रम और थोड़ा उससे आगे बढ़ कर पारिवारिक अस्तित्व हाथों के कार्य का विषय है, परन्तु,

---

20. हन्ना आरेंट (1998), पूर्वोक्त : 7.

21. हन्ना आरेंट (1998), पूर्वोक्त : 7.

22. यत्र योगेश्वरः कृष्णो यत्र पार्थो धनुर्धरः।
तत्र श्रीर्विजयो भूतिर्ध्रुवा नीतिर्मतिर्मम ॥ *श्रीमद्भगवद्गीता,* 18/78.

यह एकरूपता का जगत् है और इस जगत् में पशु तथा मनुष्य एक ही स्तर का जीवन-यापन करते हैं। यह *मेन* के लिए *मेन* का लोक-जगत् नहीं है, बल्कि, जीव के लिए प्रकृति-जगत् है। हन्ना आरेंट ने 'शरीर का श्रम और हाथों का कार्य' नामक इस मुहावरे को जॉन लॉक से ग्रहण किया है और यह स्पष्ट भी किया है कि इन शब्दों का इतिवृत्तात्मक ग्रीक अर्थ भी यही है।[23]

आधुनिकता, विज्ञान और तकनीक ने श्रम एवं कार्य के जगत् में मनुष्य का सीमांकन कर दिया है और इसी जगत् की उपलब्धियों के आधार पर वे मानव का मूल्यांकन भी करती हैं। परन्तु, मेन के लिए मेन के लोक-जगत् का आरम्भ भाषायी कर्म से होता है, जो उच्चारण (स्पीच)[24] एवं भाषायी संवाद से आकार ग्रहण करता है। अरस्तू ने भी मनुष्य की सामाजिकता और पशु की सामाजिकता में भेद स्थापित करने का आधार भाषा को ही बनाया है। इसीलिए तो मनुष्य को *पोलितिकान जून*[25] कह कर परिभाषित किया है, जिसका तात्पर्य होता है– भाषा-प्रयोग के आधार पर संगठित रहने वाला प्राणी। यह भाषा ही है, जो मनुष्य के लोकजीवन का आधार है। ब्राह्मिक परम्परा में तो ईश्वर को भी वाग्ब्रह्म कहकर सम्बोधित किया है। उस ईश्वर ने पशुओं को आवाज़ दी है और मनुष्यों को भाषा। ग्रीक परम्परा में अरस्तू ने भी इस सत्य को इसी तरह व्यक्त किया है। अन्तर मात्र इतना है कि ब्राह्मिक परम्परा में मनुष्य की भाषा को ईश्वर-प्रदत्त[26] बताया गया है और अरस्तू इसे प्रकृति-प्रदत्त बताते हैं। शरीर का श्रम और हाथों का कार्य, हन्ना आरेंट के अनुसार, जीवन के व्यक्तिगत (प्राइवेट) क्षेत्र का निर्माण करता है और भाषा का कर्म जीवन के लोक (पब्लिक) क्षेत्र का निर्माण करता है।

इस तरह शरीर का श्रम, हाथों का कार्य और भाषा का कर्म जब पृथ्वी पर मनुष्य के सामूहिक अस्तित्व की अनिवार्य दशाएँ हैं, तब इन दशाओं में किस प्रकार से गुणात्मक परिवर्तन लाया जाये, ताकि सामूहिक रूप से मनुष्य का जीवन उत्कर्ष को प्राप्त कर सके, यह एक साभ्यतिक चिन्ता का प्रश्न बन जाता है। यहाँ यह

---

23. पूर्वोक्त : 79-80.

24. पूर्वोक्त : 175-176.

25. पूर्वोक्त : 23.

26. तुलना करें, पाणिनि ने *अष्टाध्यायी* में भगवान शंकर के डमरू से सोलह प्रत्याहरों को निकला हुआ बताया है, जिनसे भाषा का निर्माण हुआ है।

भी विचार कर लेना आवश्यक है कि यह मनुष्य अपनी दशाओं को क्यों बदलना चाहता है और इसकी प्रेरणा उसे जीवन के व्यक्तिगत क्षेत्र से प्राप्त होती है या लोकक्षेत्र से। लोकक्षेत्र का भाषायी जगत् आत्मचेतन चेतना का सामूहिक जगत् है और यहीं से किसी भी प्रकार के उन्नयन की इच्छा का अंकुरण सम्भव है। परन्तु, इसके बीज व्यक्तिगत क्षेत्र की एक मानवीय विशिष्टता में ही है। यह विशिष्टता है मनुष्य की हाथों से कार्य करने की क्षमता, जो उसे अपनी या अपने परिवार की आवश्यकताओं से अधिक उत्पादन की योग्यता देती है। यह योग्यता मनुष्य में न हो तो वह निरा पशु का पशु ही बना रहेगा। परन्तु, मनुष्य में भाषा का चमत्कार न हो तो वह अन्न की अधिकता के बावजूद वैसे ही निष्क्रिय पड़ा रहेगा, जैसे घास के बीच पेट भरने पर पशु निष्क्रिय पड़ा रहता है। भाषा मनुष्य को कभी भी निष्क्रिय नहीं रहने दे सकती है। यहाँ तक कि भाषा की वजह से मनुष्य जब किसी के साथ नहीं होता है, तब भी वह अकेले नहीं होता है।[27] वस्तुतः, सामूहिकता के अभाव में भाषा की कल्पना ही नहीं की जा सकती है। भाषा मनुष्य के सामूहिक अस्तित्व की सामूहिक अभिव्यक्ति है। हन्ना आरेंट का मानना है कि भाषा मनुष्य की समानता की परिचायक है। उनका तर्क है कि बिना समानता के स्पीच या संवाद सम्भव नहीं है– यहाँ तक कि असमानता की अवस्था में एक-दूसरे को समझना भी सम्भव नहीं है।[28] हन्ना आरेंट की इस मान्यता को पालतू जानवरों और पालतू पक्षियों के उदाहरण से ख़ारिज नहीं किया जा सकता है। इन उदाहरणों में असमान जीवों के मध्य भाव-सम्प्रेषण के उदाहरण तो मिलते हैं, परन्तु, अत्यन्त सीमित मात्रा में भाव-सम्प्रेषण से पशु और मनुष्य मिल कर वैसा समाज नहीं बना सकते हैं, जैसा समाज मनुष्य और मनुष्य मिलकर बनाते हैं। इसीलिए, पशु मानव जगत् के सदस्य तो हो सकते हैं, परन्तु, मनुष्यों को पशु अपने जगत् का सदस्य नहीं बनाते हैं।

अब यदि भाषा मनुष्य के सामूहिक जीवन में इतना महत्त्वपूर्ण स्थान रखती है, तब सामाजिक परिवर्तन को भी भाषायी दृष्टि से अवश्य देखा जाना चाहिए। साथ ही, परिवर्तन को इस नजरिये से भी देखना चाहिए कि जिस सामूहिकता की संवाहिका भाषा है, उस सामूहिकता के अनुसार परिवर्तन और विकास हुआ है या नहीं। कहीं ऐसा तो नहीं कि परिवर्तन और विकास ने मनुष्य की उस मूल भाषायी सामूहिकता

---

27. पूर्वोक्त : 325.

28. पूर्वोक्त : 175.

को ही नष्ट कर दिया है, जो मनुष्य होने का आधार थी। इस दृष्टि से मार्क्सवाद का अध्ययन मनुष्य के सन्दर्भ में एक महत्त्वपूर्ण अन्तर्विरोध से ग्रस्त है। वह अन्तर्विरोध यह है कि मार्क्स के चिन्तन में शुरू से अन्त तक यह स्पष्ट नहीं है कि भाषा आधार का विषय है या अधिरचना का। यदि इसे इस तरह देखा जाये कि मनुष्य जन्म लेने के बाद पहले भाषायी संस्कारों और भाषायी सम्बन्धों से परिचित होता है और उसके बाद उत्पादन के सम्बन्धों से परिचित होता है तो इसकी निष्पत्ति इस बात में होगी कि भाषायी सम्बन्ध आर्थिक सम्बन्ध की अपेक्षा प्राथमिक होते हैं।[29] वस्तुतः, गति और भौतिकता के आधार पर भाषा के निर्माण और विकास की कहानी नहीं बनायी जा सकती है। अतः, भाषा के आधार पर मनुष्य की सामूहिकता के, जो मूल तत्त्व हैं, उनके आधार पर किसी भौतिक क्रान्ति का संगठन भी नहीं किया जा सकता है। इसीलिए, मार्क्स ने क्रान्ति का संगठन उस मनुष्य को आधार बनाकर किया, जो हाथों से कार्य करता है और उसी मनुष्य के जीवन में बदलाव लाने की पहल मार्क्सवाद है। यह प्रयास और इस प्रयास में निर्मित साहित्य तथा इस प्रयास में किये गये आन्दोलन और क्रान्ति ने मनुष्य की सामूहिकता के भाषायी आधार को आर्थिक सामूहिकता का स्वरूप प्रदान कर दिया। हन्ना आरेंट की द *ह्यूमन कंडीशन* की, जो कठोर आलोचनाएँ मार्क्स की तरफदारी में की गयी हैं, उनमें भी इस पक्ष को छोड़ दिया गया है;[30] जबकि, भाषा के प्रश्न को हन्ना आरेंट ने उस मूल जिज्ञासा से उठाया है कि 'वे (मेन) कौन हैं'[31] और हन्ना आरेंट के लिए इसका उत्तर यह नहीं है कि वे (मेन) श्रम और कार्य करने वाले जीव हैं;[32], बल्कि, यह है कि वे एक-दूसरे की उपस्थिति में संवाद और कर्म से अपने को अभिव्यक्त करने वाले प्राणी हैं।[33] आज

---

29. विश्वनाथ मिश्र (2019), *पश्चिमी ज्ञानोदय के वैचारिक संकट,* ऑक्सफ़र्ड युनिवर्सिटी प्रेस, नयी दिल्ली : 160-165.

30. ऐसे ही एक अध्ययन के लिए देखें, डब्लू.ए. सुचटिंग (1962), 'मार्क्स ऐंड हन्ना आरेंट्ज़ द *ह्यूमन कंडीशन*', *एथिक्स,* खण्ड 73, अंक-1 : 47-55.

31. हन्ना आरेंट का प्रश्न यह है कि 'हू आर यू', परन्तु, उसका, जो पूरा सन्दर्भ है, वह मनुष्य (मेन) को समझने का है। इसीलिए सुविधा की दृष्टि और ब्राह्मिक परम्परा से तुलना करने के लिए प्रश्न को बदल दिया गया है। मूल को देखने के लिए देखें, हन्ना आरेंट (1998), पूर्वोक्त : 178.

32. पूर्वोक्त : 179.

33. लिरॉय ए. कूपर (1976), 'हन्ना आरेंट्स पॉलिटिकल फ़िलॉसफ़ी : एन इन्टरप्रिटेशन', द *रिव्यू ऑफ़ पॉलिटिक्स,* खण्ड 38, अंक-2 : 49.

के समय में यह उत्तर बड़ा अटपटा लग सकता है। ब्राह्मिक परम्परा से भी जब 'मैं कौन हूँ' का उत्तर 'अहम् ब्रह्मास्मि' के रूप में दिया जाता है, तब भी यह उतना ही अटपटा उत्तर लगता है। मैं कौन हूँ, इस प्रश्न का सबसे सार्थक उत्तर भी कोई ऐसा नहीं हो सकता है, जो मनुष्य को जाति, क्षेत्र, राष्ट्र, सम्प्रदाय, वंश या व्यवसाय को आधार मानकर दिया गया उत्तर हो; क्योंकि, जब भी हम इस तरह का कोई उत्तर देते हैं, तब मनुष्य को सीमित कर देते हैं और इस सत्य को नकार देते हैं कि 'हर मनुष्य अपने-आप में एक नयी शुरुआत है। हन्ना आरेंट कहती हैं कि भाषा भी मनुष्य में एकरूपता स्थापित करती है, परन्तु, अपने संवाद को कर्म में तब्दील करने की हर मनुष्य की अपनी विशिष्टता उसे दूसरों से विशिष्ट पहचान दिलाती है।

मार्क्सवाद की ही तरह उदारतावाद, पूँजीवाद एवं आधुनिकता ने भी परिवर्तन एवं विकास को प्रोत्साहन देने में मनुष्य की सामूहिकता के भाषायी आधार को आर्थिक सामूहिकता के बोझ तले दबा दिया है। वास्तव में, यह धरती पर मानव की मूल दशा में बदलाव का ही सूचक है, जिसने सबसे मौलिक प्रश्न 'मैं कौन हूँ' का सन्दर्भ ही बदल दिया है। आज का मनुष्य इस प्रश्न का, जो उत्तर दे सकता है, उसका सम्बन्ध इस तथ्य से होता है कि वह बार-बार क्या करता है। परन्तु, यह विचारणीय है कि हम बार-बार, जो करते हैं, वही यदि हमारे मनुष्य होने की पहचान है तो फिर मशीन और पशु से मनुष्य की भिन्नता के दावे की क्या कोई सार्थक वजह है?

2.3 मानव की दशा : विज्ञान, तकनीक एवं आधुनिकता

अपनी पुस्तक द *ह्यूमन कंडीशन* की प्रस्तावना में हन्ना आरेंट 1957 में पहली बार अन्तरिक्ष की कक्षा में स्थापित किये गये उपग्रह की चर्चा करते हुए मानव-दशा में रूपान्तरण को समझाती हैं। कहने को तो यह मानव-जाति के लिए बड़ी उपलब्धि थी, जिसने प्राचीन कपोल कल्पनाओं और परियों की दुनिया की कहानी को सच करने की ओर एक कदम बढ़ाया था। इस घटना ने सुदूर आकाश में कहीं बैठे ईश्वर को चुनौती दी थी कि देखो तुमने तो मुझे धरती पर फेंक दिया था, परन्तु, अब मैं तुम्हारे नज़दीक आता जा रहा हूँ। इस घटना ने वीरपूजा के प्राचीन पात्रों के स्थान पर नये पात्र लाकर खड़े कर दिए थे। इस सन्दर्भ का यदि हम विस्तार करते हुए भारत तक आयें तब इस घटना ने तीर-धनुष के द्वारा दिग्-दिगंतर में स्थित शत्रु या लक्ष्य-भेदन की अतीत की कहानियों को एक ऐसा आईना दे दिया था, जिसे देखने

पर वे कहानियाँ सच दिखने लगी थीं। भारत में ही नहीं, बल्कि, पूरी दुनिया में ऐसे विचारक और नायक हैं, जो आज की वैज्ञानिक एवं तकनीकी प्रगति के नज़रिए से अतीत की कल्पनाओं को तथ्यात्मकता का जामा पहनाना चाहते हैं। ऐसे सभी लोगों में एक दूसरी प्रवृत्ति यह भी पाई जाती है कि वे आज के तकनीकी युग की मूल्यविहीनता और मानवीय साहचर्य में गतिरोध हो जाने के प्रति भी चिन्तित रहते हैं। इस चिन्ता का निराकरण वे व्यतीत के मूल्यबोध, सरल जीवन और सादा जीवन में खोजना चाहते हैं। यह प्रवृत्ति स्वयं अपने आप में एक मृगतृष्णा है, और ऐसी किसी भी मृगतृष्णा के आधार पर भविष्य की योजना को लेकर संगठित होने का उपक्रम स्वयं अपने-आप में हिंसा है।

इस उपक्रम के संयोजक अपनी हिंसा को बखूबी समझते हैं, परन्तु, उनके अनुयायी अतीत के गौरव में तकनीकी प्रगति की लूट का बड़े आनन्द के साथ आस्वादन करते हैं। इस आनन्द-रस के आस्वादन से, जो मूढ़ एकता स्थापित होती है, उस एकता के बल से किसी भी लक्ष्य की प्राप्ति के लिए मनुष्यों का इस्तेमाल पशुओं के झुंड या मशीनों की तरह किया जा सकता है। यहाँ इस प्रश्न पर चर्चा अपेक्षित है कि क्या अतीत के गौरव को विस्मृत कर दिया जाये और क्या इस विस्मरण से स्थायित्व और नूतनता को आघात नहीं पहुँचेगा। इसका उत्तर यह है कि अतीत की उन स्मृतियों को, जो श्रम और कार्य की स्मृतियों के साँचे में सँजो कर रखी गयी हैं, उनसे आज हम कुछ भी हासिल नहीं कर सकते हैं। श्रम और कार्य के धरातल की स्मृतियों में विभिन्न सभ्यताओं की गुणात्मक विशेषता परिलक्षित नहीं होती है, बल्कि, उनमें मात्रात्मक एकरूपता का बोध ही अधिक होता है। हमें अतीत में उम्मीद की उन स्मृतियों को सँजोना चाहिए, जिनमें मनुष्य अपने को मनुष्य के रूप में और आत्मचेतन प्राणी के रूप में परिभाषित करता है। यह क्षेत्र कर्म का क्षेत्र है और इसमें मनुष्य की वे क्रियाएँ सम्मिलित हैं, जो विभिन्न मनुष्यों के मध्य भौतिक प्रत्याशाओं की सीमा का अतिक्रमण करते हुए परस्पर साहचर्य से बनती हैं। यही मानवीय साहचर्य अपने स्वरूप और प्रकृति के आधार पर अलग-अलग सभ्यताओं के गुणधर्म को निर्धारित और प्रकाशित करता है। हन्ना आरेंट कहती हैं कि 1957 का उपग्रह-प्रक्षेपण या 1945 का एटम बम का परीक्षण वर्क की श्रेणी में आने वाले कार्य हैं, किन्तु, ऐसे कार्यों ने आधुनिक दुनिया में राजनीति से कर्म का ह्रास कर दिया है और उसे वर्क से जोड़ दिया है। यहाँ यह समझ लेना आवश्यक है कि हन्ना आरेंट मॉडर्न वर्ल्ड और मॉडर्न एज में अन्तर करती हैं।

वे कहती हैं कि 17वीं शताब्दी के 'साइंटिफ़िक रिवोल्यूशन' से 'मॉडर्न एज' की शुरुआत होती है, परन्तु, प्रथम परमाणु विस्फोट से 'मॉडर्न वर्ल्ड' की शुरुआत होती है। यह एक ऐसी दुनिया की शुरुआत थी, जिसने एक मनुष्य की क्षमता में हिंसा की वैसी अपरिमित शक्ति को शामिल कर दिया था, जिससे वह अकेले ही सम्पूर्ण मानव-जाति को नष्ट कर सकता था। इस शक्ति ने समाज एवं राज्य के गणतान्त्रिक चरित्र को नष्ट कर दिया और राजनीति की एक नयी परिभाषा और अवधारणा को जन्म दिया, जिसमें राजनीति को स्वतन्त्र मानवीय चेतना और आत्मचेतन चेतनता के एक्शन वाली कर्मभूमि से नीचे उतारकर हाथों के कार्य के धरातल पर स्थापित कर दिया। सामूहिक विनाश के लिए भौतिक साधनों के इस्तेमाल का राजनीतिक निर्णय अब राजनीति का विषय बन गया है। ऐसे में राजनीति को एक नयी पृष्ठभूमि देना आवश्यक था, ताकि वह विज्ञान एवं तकनीकी द्वारा प्रदत्त विनाशक शक्ति के इस्तेमाल का निर्णय ले सके। आज की राजनीति ग्रीक या ब्राह्मिक परम्परा की राजनीति के अर्थ को खो चुकी है। इसी कारण अब राजनीति के 'चर', 'परिभाषा' और 'प्रकृति' भी बदल गयी है। राजनीति का यह बदलाव महज़ एक उदाहरण है। इसके द्वारा यह प्रदर्शित करने का प्रयास किया गया है कि जब शब्दों एवं अवधारणाओं के अर्थ बदलते हैं तब समाज का मानसिक विन्यास भी बदल जाता है। शब्दों एवं अवधारणाओं के अर्थ में बदलाव मानव-दशाओं (श्रम, कार्य एवं कर्म) के जिस क्षेत्र से अधिक सम्बन्धित होते हैं, समाज का मानसिक विन्यास भी वैसा ही हो जाता है। आज जब हम श्रम एवं कार्य की भौतिक दशाओं को ही मानव-जीवन का सर्वस्व मान चुके हैं, तब हमारी भाषा भी उसी भौतिकता से हमारा संस्कार कर रही है। ऐसे में स्थायित्व के लिए आत्मचेतना की भूमि पर खड़े होकर श्रम एवं कार्य की मौलिक दशाओं में ही कर्मोन्मुखी विकास की प्रत्याशा रावण के राज्य में राम के आदर्श को खोजने जैसा ही है।

यहाँ विज्ञान एवं तकनीकी की विनाशक शक्ति के इस्तेमाल का तात्पर्य मात्र युद्ध-काल में ही इन शक्तियों के प्रयोग से नहीं है, बल्कि, विज्ञान और तकनीकी के उन प्रयोगों से भी है, जिन्हें शान्तिकाल में किया जाता है। इतना ही नहीं, उन्हें आधुनिकता के तर्क गणित शास्त्र से रचनात्मक सिद्ध करने का प्रयास किया जाता है। विज्ञान और तकनीकी के माध्यम से जिस तथाकथित रचनात्मकता का सृजन होता है, वह प्रकृति, समाज, संस्कृति एवं मानव स्वभाव की बहुलता को नष्ट करती है। अपने इस शान्तिकालीन उपयोग के स्वरूप में विज्ञान और तकनीक युद्ध-

काल में प्रयुक्त होने वाले विज्ञान और तकनीक से अधिक घातक और विनाशक हैं। ऐसा दो कारणों से है। प्रथम, यह रचनात्मकता को एकरूपता में खोजती है और, द्वितीय, यह भौतिकता में रचनात्मकता को प्रोत्साहित करती है। यह रचनात्मकता उस मनुष्य की रचनात्मकता है, जो उत्पादक और उपभोक्ता है। ब्राह्मिक परम्परा की दृष्टि से कहें तो यह शरीर-धर्मी मनुष्य की रचनात्मकता है। यह आत्मचेतन मनुष्य की रचनात्मकता नहीं है। वेदान्त की दृष्टि से यह रचनात्मकता माया के जगत् का निर्माण करती है और इस माया जगत् को ही सत्य मानती है। यह विज्ञान की पद्धति से पर्यवेक्षण एवं स्थापनीय है। फ्रांसीसी विचारक रूसो ने इसी जगत् को मूल मानव स्वभाव और 'आत्मप्रेम' एवं 'सहयोग' का प्रदूषक बताया है। गांधी ने इसे आसुरी सभ्यता कहा है। यह आत्मविनाशक हिंसा पर व्यवस्थित सभ्यता है।

आधुनिक सभ्यता अपनी आत्मविनाशकता को तीन अलग-अलग प्रारूपों में प्रकट करती है। इसमें पहला है भ्रम, जो आधुनिक दुनिया के ज्ञान-संसार का निर्माण करता है। इसके मूल में तीन आधार-वाक्य काम करते हैं, जो प्रकट तो आधुनिक युग के अलग-अलग कालखण्डों में हुए थे, किन्तु, धीरे-धीरे आधुनिक दुनिया के ज्ञान के आधार स्तम्भ बन गये हैं। इनमें पहला, यह है कि इस दुनिया में आर्थिक विकास की असीमित सम्भावना है। दूसरा, यह कि तकनीकी द्वारा उत्पन्न की गयी समस्या का तकनीकी समाधान सम्भव है; और तीसरा, यह है कि साध्य-साधन विवेक के बजाय सफलता ही मुक्ति का माध्यम है। इन तीनों के संयोजन से ही आधुनिक दुनिया के ज्ञान का निर्माण होता है। हम में से प्रत्येक को अपने जीवन में हर दिन इस ज्ञान के अन्तर्विरोध का सामना करना पड़ता है, परन्तु, व्यवस्था के स्थायित्व रूपी भ्रम से ग्रसित द्वैत बुद्धि अन्तःकरण की आवाज़ को अनसुना कर देती है और दुर्योधन के तर्क की शरण में चली जाती है। यहाँ यह उल्लेखनीय है कि शंकराचार्य द्वारा *श्रीमद्भगवद्गीता* के भाष्य में जहाँ महाभारत के युद्ध को भौतिक आसुरी प्रवृत्तियों के विरुद्ध आत्मिक दैवी प्रवृत्तियों के संघर्ष के रूप में दिखाया गया है, उसमें भीष्म भ्रम के प्रतीक हैं। युद्ध प्रारम्भ होने के ठीक पहले दुर्योधन अपने महारथियों यानी भौतिकता के उपादानों से कहता है कि वे जहाँ भी हैं, वहीं से भीष्म की रक्षा करें,[34] क्योंकि, भीष्म, जो कि भ्रम के प्रतीक हैं, उनके रक्षित रहने से कौरव

34. अयनेषु च सर्वेषु यथाभागमवस्थिताः।
भीष्ममेवाभिरक्षन्तु भवन्तः सर्व एव हि ॥ *श्रीमद्भगवद्गीता,* 1/11.

रक्षित हैं। आधुनिक सभ्यता कौरवी सभ्यता ही है और इसने भी भ्रम की रक्षा के लिए अकूत ताकत लगा रखी है। इस कथानक में और ऐसे ही दर्जनों भारतीय कथानकों में आसुरी प्रवृत्तियों को सामूहिक रूप से भ्रम की रक्षा में संलग्न देखा जा सकता है। हमारी आज की आधुनिक दुनिया भी विज्ञान और तकनीकी पर नित नये शोध एवं आविष्कार के माध्यम से अपनी ही जर्जरता यानी भ्रम से मोहभंग होने की स्थिति में भ्रम का बचाव करती है। राजनीति, समाज और संस्कृति को आधुनिकता ने किसी भूत-प्रेत की तरह इस तरह से ग्रसित कर लिया है कि इस धरती का मानव श्रम करने वाले शरीर को ही आत्मा समझ रहा है। इस भ्रम ने सामूहिक चेतना का रूप ग्रहण कर लिया है। आधुनिक काल रावण एवं कंस के हिंसा-काल से भी अधिक हिंसक है। उस काल में हिंसा सामूहिक चेतना का विषय नहीं बन पायी थी। परन्तु, इस काल में हिंसा सामूहिक चेतना का विषय बन गयी है। इस युग की त्रासदी यह है कि अब अराजकता और हिंसा के प्रतिकार के लिए भी अराजकता और हिंसा को ही विकल्प के रूप में देखा जाता है।[35]

श्रम एवं कार्य की दुनिया में उस प्रकार के ज्ञान के सृजन को सबसे अधिक महत्त्व दिया जाता है, जो उसके स्थायित्व की सुरक्षा में सहायक होते हैं। सुरक्षा को सबसे अधिक महत्त्व मिलने के कारण स्वतन्त्रता रूपी नूतनता की दुनिया छोटी होती जा रही है। राष्ट्रवाद, जातीय गौरव, इतिहास का विरोचित स्वर्णयुग आदि उसी सुरक्षा को वैध साबित करने के ऐसे उपक्रम हैं, जिनसे जनता का मस्तिष्क आच्छादित हो गया है। यह एक ऐसा मानसिक विन्यास है, जो स्वतन्त्रचेता बुद्ध, ईसा और राम के आगमन की सम्भावनाओं को भी निगलता जा रहा है।

आधुनिक दुनिया की आत्मविनाशकता का, जो दूसरा प्रारूप है, वह लोभ के रूप में प्रकट होता है। यह अपनी सम्पूर्णता में मार्क्सवादी चिन्तन में अभिव्यक्त हुआ है। प्रथमदृष्ट्या, यह कथन कार्य और परिणाम से असंबद्ध लगता है। अतः, इस स्थापना के ढाँचे को गहराई से समझना आवश्यक है। कार्ल मार्क्स मनुष्य को परिभाषित करने की शुरुआत मानव को अवधारणा बनाने वाले प्राणियों से करते हैं और फिर धीरे-धीरे उपकरण बनाने और उत्पादन करने वाले प्राणियों के रूप में अवधारणा बनाने वाले प्राणी का अन्त कर देते हैं। मानव-प्रकृति के सन्दर्भ में

35. हन्ना आरेंट (1969), *क्राइसिस ऑफ़ रिपब्लिक*, हरकोर्टब्रेस ऐंड कम्पनी, न्यूयार्क : 125-128.

मार्क्स की टिप्पणियों के आधार पर विचार करें कि वह मनुष्य, जो अवधारणा बनाने के बाद कार्यों को अंजाम देता है, वही अपने कार्य का दास क्यों हो जाता है? आखिरकार जब भूख एक प्राकृतिक आवश्यकता है, तब इस भूख की पूर्ति के लिए मनुष्य जिन संसाधनों का उपयोग करता है, वही उसको गुलाम कैसे बना लेते हैं? 'मोड आफ प्रोडक्शन' के भीतर सर्वहारा का पिसते चले जाना और अवधारणा बना कर उसमें सर्वहारा का सहभागी होना एक अन्तर्विरोधी स्थापना प्रस्तावित करता है। मार्क्स इस गुत्थी को भौतिकता के तर्क से सुलझाते हैं। वह तर्क यह है कि मनुष्य अपनी भूख की पूर्ति के लिए उत्पादन की भौतिक दशाओं पर निर्भर करता है। भौतिक दशाएँ इतिहास की गति के साथ मिलकर मानव-प्रकृति का निर्माण करती हैं। इस रूप से निर्मित मानव-प्रकृति ही वर्ग-विभाजित समाज को जन्म देती है, जिसमें एक वर्ग का आधिपत्य दूसरे वर्ग पर कायम हो जाता है। एक वर्ग-विभाजित समाज में, जिसके पास उत्पादन के साधनों पर नियन्त्रण होता है, वह वंचित समूहों को उनकी मर्जी के अनुरूप उत्पादन और उपभोग की अनुमति नहीं देता है। यह मार्क्स का अत्यन्त सरलीकृत उत्तर है।

स्वयं मार्क्स यह स्वीकार करते हैं कि इतिहास के हर युग में शोषित लोगों की संख्या हमेशा शोषक लोगों की अपेक्षा बहुत अधिक होती है। शोषित लोग भी जब अवधारणा बनाने वाले प्राणी हैं, तब वे शोषण की अवधारणा को समझने वाले प्राणी भी हैं। इस हालत में उत्पादन की शक्तियों पर आधिपत्य का प्रयास वे अतीत में भी सफलतापूर्वक कर ही सकते थे। परन्तु, मार्क्स के विश्लेषण से यह आभास मिलता है कि शोषित लोग उत्पादन की शक्तियों के पूर्ण विकास की प्रतीक्षा में हैं, ताकि उन्हें प्रचुर उत्पादन वाले समाज में रहने का लाभ मिल जाय और प्रचुर उत्पादन-प्रणाली के दोष विलुप्त हो जायें। यह मार्क्स का वह मोह है, या प्रकारान्तर से आज के मानव का व्यामोह है, जो तमाम बुराईयों के बावजूद उसे औद्योगिक उत्पादन-प्रणाली के पक्ष में खड़ा कर देता है। औद्योगिक उत्पादन-प्रणाली के प्रति इस मोह के कारण मार्क्स ने यह दिखाने की कोशिश की है कि औद्योगिक उत्पादन-प्रणाली निर्दोष और सबसे विवेकसम्मत उत्पादन-प्रणाली है। इसके बिना मानव का कल्याण नहीं हो सकता है और यदि इसमें कुछ दोष हैं भी तो वे उत्पादन-सम्बन्ध के कारण हैं। जबकि, यथार्थ तो यह भी है कि औद्योगिक उत्पादन-प्रणाली में वर्ग-दोष के अतिरिक्त भी अन्य दोष हैं। उदाहरण के लिए, औद्योगिक उत्पादन-प्रणाली यंत्राधारित होती है और यन्त्र स्वयं मनुष्यों का मानकीकरण करते हैं। इस तरह

औद्योगिक जन-समाज मनुष्य को स्व-केन्द्रित बना देता है। साधनों की प्रचुरता से उपभोग की लिप्सा का अन्त नहीं होता है और भूख से स्वतन्त्रता साहचर्यात्मक रचनात्मकता के विकास में फलीभूत हो, यह ज़रूरी नहीं। इन सन्दर्भों से वाक़िफ़ होते हुए भी मार्क्स ने आर्थिक आज़ादी (लिबर्टी) से मानव-मुक्ति (फ्रीडम) को निकालने की कोशिश की। हन्ना आरेंट मार्क्स की इस योजना से अपनी तार्किक असहमति दर्शाती हैं। वे कहती हैं कि फ्रीडम राजनीति का क्षेत्र है। फ्रीडम उस अवस्था का नाम है, जिसमें 'व्हाट आई कैन' और 'व्हाट आई विल' की दूरी कम-से-कम होती है।[36] मार्क्सवादी या किसी भी अन्य भौतिकवादी चिन्तन में 'व्हाट आई कैन' और 'व्हाट आई विल' की दूरी कम करने के लिए दोनों को एक ही क्षेत्र का विषय बना दिया जाता है और वह है अर्थव्यवस्था या उत्पादन का क्षेत्र, जबकि, इस क्षेत्र का विस्तार ऐसा होना चाहिए, जिसमें कला, संस्कृति, राजनीति, आर्थिकी, धर्म, संगीत इत्यादि सब शामिल हों। परन्तु, आधुनिकता और तकनीकी विवेक, जिसमें पूँजीवाद और मार्क्सवाद दोनों ही आकण्ठ डूबे हैं, इन सभी क्षेत्रों को आर्थिकी के आयाम में बन्द कर देते हैं। हन्ना आरेंट कहती हैं कि आधुनिकता ने राजनीति से फ्रीडम को बहिष्कृत कर दिया है।[37]

यह बहिष्करण दो तरह से हुआ है। इसका प्रथम स्वरूप है– जीवन के निजी क्षेत्र पर सार्वजनिक क्षेत्र का आधिपत्य स्थापित कर लेना और सार्वजनिक क्षेत्र को भौतिक आवश्यकताओं के निजी क्षेत्र से परिभाषित किया जाना। इसका द्वितीय स्वरूप है– 'व्हाट आई विल' को 'व्हाट आई कैन' से परिभाषित किया जाना। इसकी ज्ञानमीमांसा उन सभी पद्धतियों में मिलती है, जो पर्यवेक्षणीयता, भौतिक सत्यापनीयता एवं सांख्यिकीय प्रदर्शनीयता को ज्ञान का आधार बनाते हैं। यह ज्ञान एक ऐसी विश्व-दृष्टि का निर्माण करता है, जो मनुष्य एवं पशु जगत् के मध्य अन्तर को झीना कर देता है। ऐसा कहने का कारण यह है कि पर्यवेक्षणीयता, भौतिक सत्यापनीयता एवं साँख्यिकीय प्रदर्शनीयता को ज्ञान का आधार बनाने पर मानवीय मूल्यों का औचित्य सिर्फ़ उपयोगितावाद में ही देखा जा सकता है। ऐसे ज्ञान के आधार पर मनुष्य और पशु के बीच इतना ही अन्तर रह जाता है कि मनुष्य उपकरण निर्माण की क्षमता रखते हैं और पशु यह क्षमता नहीं रखते। पशु

---

36. हन्ना आरेंट (1961), *बिटवीन पास्ट ऐंड फ़्यूचर*, द वाइकिंग प्रेस, न्यूयार्क : 159.

37. पूर्वोक्त : 150.

अपने शरीर का ही, भूख की पूर्ति के लिए, यन्त्र की तरह इस्तेमाल कर सकते हैं, किन्तु, मनुष्य भूख की पूर्ति के लिए अपने शरीर के अंगों का उपकरण की तरह इस्तेमाल करने के साथ-साथ प्राकृतिक पदार्थों का प्रयोग करके भी उपकरण बना सकते हैं। हन्ना आरेंट के अनुसार उपकरण बनाना 'वर्क' है। मार्क्स मानते हैं कि उपकरणों के परिष्कार से मनुष्य की भौतिक दशाओं पर नियन्त्रण की क्षमता बढ़ती है। परन्तु, मार्क्स की चिन्ता यह है कि, जो उपकरण भौतिक दशाओं पर मनुष्य के नियन्त्रण की क्षमता को बढ़ाते हैं, उन्हीं भौतिक दशाओं से एक ऐसे समाज का निर्माण होता चला जाता है, जिसमें बहुसंख्यक लोग हाशिये पर चले जाते हैं। मार्क्स की यह चिन्ता, हन्ना आरेंट के ढाँचे में, राजनीतिक चिन्ता है और इसका समाधान भी राजनीतिक होना चाहिए था। ऐसा इसलिए कि यह 'मैन' की चिन्ता नहीं है, बल्कि, 'मेन' की चिन्ता है। परन्तु, मार्क्स इसका समाधान राजनीतिक पुनर्विन्यास की अपेक्षा आर्थिक पुनर्विन्यास में खोजते हैं। इसी कारण वे बहुसंख्यक लोगों के हाशियेकरण की समस्या का समाधान करने के लिए उत्पादन की शक्तियों में और भी अधिक परिष्कार को आवश्यक मानते हैं। इस आवश्यकता की पूर्ति उन्हें पूँजीवाद के माध्यम से होती हुई दिखायी देती है। मार्क्स ने पूँजीवाद को उत्पादन की सबसे अधिक विवेकसम्मत पद्धति बताया है, क्योंकि, यह श्रम, पूँजी और तकनीकी का सबसे अधिक रैशनल इस्तेमाल करती है; ऐसा उनका दावा है। इस पद्धति को मार्क्स मनुष्य की अधिकांश उपभोग-सम्बन्धी माँगों को पूरा करने में सबसे अधिक समर्थ पाते हैं। परन्तु, आश्चर्यजनक यह है कि जब हर दृष्टि से पूँजीवाद सबसे अधिक विवेकसम्मत उत्पादन पद्धति है, तब यह अपने वर्ग-विरोध की समस्या के प्रति इस हद तक उदासीन क्यों है कि यह अपने पैरों के नीचे की जमीन के खिसकने का इंतजार कर रही है। यद्यपि, इन प्रश्नों का मार्क्सवाद में कोई तार्किक उत्तर नहीं है, तथापि, इतिहास ने मार्क्स की चिन्ताओं को धरती पर उद्घाटित करके भी दिखाया है। ऐसे में क्या यह उचित नहीं है कि धरती पर हिंसा और अन्याय के प्रश्न को किसी ऐसे ढाँचे से देखने की कोशिश की जाये, जिसमें मानवीय दशाओं को सम्पूर्णता में समझा गया हो?

आधुनिक दुनिया की आत्मविनाशकता का तीसरा प्रारूप सार्वभौमिक अहंवाद पर टिका हुआ है। पश्चिमी चिन्तन में सार्वभौमिक अहंवाद इतनी प्रभावी धारा है कि यह सोफ़िस्ट विचारकों से शुरू होकर जॉन रॉल्स तक बिना किसी अवरोध के अन्दर ही अन्दर विकसित होती रही है। बीच में डार्विन के 'योग्यतम की उत्तरजीविता'

से इसे एक नया ही आयाम मिल गया, जिसका आरम्भिक पूँजीवाद ने भरपूर इस्तेमाल किया है। पूँजीवाद ने योग्यतम की जगह पूँजीपतियों को रखा और मार्क्स ने योग्यतम की जगह सर्वहारा को रख दिया है। हन्ना आरेंट ने अपनी पुस्तक 'ऑन ह्यूमन कंड़ीशन' के छठे अध्याय में (विशेषकर इस अध्याय के दो उप अध्यायों में) पश्चिमी राजनीतिक चिन्तन के सार्वभौम अहंवाद की चर्चा की है। इसमें एक अध्याय 'द डिक्लाइन ऑफ़ लोफेबर ऐंड द प्रिंसिपल ऑफ़ हैपीनेस' और दूसरा अध्याय 'द विक्ट्री ऑफ़ ऐनिमल लेबर' है। इन दोनों अध्यायों में प्रस्तुत विमर्श को ठीक से समझा जा सके, इसके लिए ज़रूरी है कि पहले जॉन रॉल्स के चिन्तन में सार्वभौमिक अहंवाद की अभिव्यक्ति कैसे होती है, इस तथ्य को समझ लिया जाय। जॉन रॉल्स *ए थियरी ऑफ़ जस्टिस* से प्रस्तावित करते हैं कि 'राइट इज़ प्रायर टू गुड' यानी कि अधिकार शुभ का पूर्ववर्ती है। रॉल्स को 'गुड इज़ प्रायर टू राइट' कहने में एक बाधा दिखायी देती है। वह बाधा यह है कि यदि 'गुड इज़ प्रायर टू राइट' मान लिया जाये तो उसकी तार्किक परिणति 'सोसाइटी इज़ प्रायर टू सेल्फ़' में होगी। ऐसा इसलिए कि शुभ की अवधारणा के लिए एक सामाजिक अवस्था की पूर्ववर्तिता आवश्यक है। समाज की पूर्ववर्तिता को स्वीकार कर लेने पर 'विवेकशील वार्ताकारों' को एक ऐसी सामाजिक पृष्ठभूमि मिल जाती, जो 'प्राथमिक सामाजिक वस्तुओं' के निर्धारण में उनके चयन को प्रभावित कर देगी। ऐसे में पृष्ठभूमि की विभिन्नता के प्रभाव के कारण विवेकशील वार्ताकारों के द्वारा अपनी पृष्ठभूमि के प्रभाव से उत्पन्न माँगों को प्राथमिक सामाजिक वस्तुओं में शामिल करने की होड़ लग जायेगी। तब उन्हें यह भी पता होगा कि उनके चयन का क्या परिणाम होगा और वह किसी माँग की पूर्ति के लिए कितना जोखिम उठा सकते हैं। इस हालत में पृष्ठभूमि की विभिन्नता के कारण 'मूल अवस्था' के विवेकशील वार्ताकारों की माँगों में भी विभिन्नता शेष रह जायेगी और यह विभिन्नता अन्याय की समस्या को ज्यों का त्यों बनाये रखेगी। इसीलिए जॉन रॉल्स मूल अवस्था के लोगों को पृष्ठभूमिरहित अवस्था में ले जाते हैं, जिसे अज्ञान का पर्दा या 'वेल ऑफ़ इग्नोरेंश' कहा गया है।

आपातत: तार्किक रूप से यह परिकल्पना और इसके लिए दिए गये तर्क उचित प्रतीत होते हैं, किन्तु, पृष्ठभूमि का संज्ञान न होने पर व्यक्ति अपनी प्राप्तियों के लिए भी किसी के प्रति उत्तरदायी नहीं होगा और न ही वह अपने चयन के लिए किसी के प्रति उत्तरदायी होगा। जब सभी को यह अधिकार प्राप्त हो तो उसी से सार्वभौमिक अहंवाद का जन्म होता है। पश्चिमी ज्ञानोदय में मनुष्य की अवधारणा

अहंवादी एवं अणुवादी ही है, जो समाज एवं इतिहास से कटा हुआ है। मनुष्य की ऐसी अवधारणा मनुष्य की शोषणात्मक क्षमता को उसकी सहयोगात्मक क्षमता पर वरीयता देती है।[38] मनुष्य की शोषणात्मक क्षमता को वरीयता देने पर उस प्रतिस्पर्धी बाज़ारवादी अर्थव्यवस्था यानी कि पूँजीवाद का उदय होता है, जो सभी सम्बन्धों को बाज़ार-सम्बन्धों में और सभी मूल्यों को पण्य वस्तु के रूप में प्रस्तुत कर देता है।[39]

कुछ व्यक्तियों के द्वारा सभी मूल्यों को पण्य वस्तु के रूप में देखने की प्रवृत्ति पूँजीपति वर्ग को जन्म देती है; जब यह राष्ट्र की प्रवृत्ति बनती है, तब उससे उपनिवेशवाद का जन्म होता है और पूरे ग्लोब पर जब इसे स्वीकृति मिल जाती है, तब यह वैश्वीकरण के रूप में प्रकट होता है। हन्ना आरेंट जानना चाहती हैं कि आधुनिक युग में अहंवादी दर्शन का सूत्रपात कहाँ से होता है। इसकी पड़ताल में जब वे पाश्चात्य दर्शन की समीक्षा करते हुए बेंथम पर पहुँचती हैं, तब बेंथम ही उन्हें अहंवादी दर्शन के आधुनिक युग में व्यवस्थित और प्रभावी प्रणेता के रूप में मिलते हैं। बेंथम के चिन्तन की मीमांसा करते हुए हन्ना आरेंट लिखती हैं कि बेंथम ने अपने उपयोगितावाद में सुख और दुख के मापक गणित का विकास करके नीतिशास्त्र को गणित का विषय बना दिया। वे उपयोगितावाद की व्याख्या करते हुए कहते हैं कि सकल सुख में से कुल दुख को निकाल देने पर, जो शेष बचता है, उसे प्राप्त करना और उसके अनुकूल व्यवस्था बनाना उपयोगितावाद है। सुख की इस गणना के पीछे, जो चेतना है, उसे हन्ना आरेंट 'कार्टेज़ियन चेतना' कहती हैं। यह मात्र स्वकेन्द्रित चेतना है, जो अपनी ही गतिविधियों का संज्ञान लेती है। वे आगे कहती हैं कि बेंथम के तर्क में सभी मनुष्यों में, जो कॉमन है, वह यह जगत् नहीं है, बल्कि, उनकी अपनी प्रकृति की समानता है।[40] इसकी अभिव्यक्ति समान रूप से सुख और दुख से प्रभावित होने में होती है। बेंथम के सुखवादी दर्शन को हन्ना आरेंट प्राचीन काल के एपीक्यूरिक सुखवादी दर्शन से भी अलग करके समझती हैं। पहले के सुखवादी दर्शन का मुख्य आधार दुख से निवृत्ति था, न कि सुख की प्राप्ति।[41]

38. सी.बी. मैक्फ़र्सन (1962), *द पॉलिटिकल थियरी ऑफ़ पज़ेसिव इण्डिविजुअलिज़म : हॉब्स टू लॉक*, लन्दन : ऑक्सफ़ोर्ड युनिवर्सिटी प्रेस, लन्दन : 54-58.

39. पूर्वोक्त : 3-5.

40. हन्ना आरेंट (1898), वही : 309.

41. पूर्वोक्त : 309.

बेंथम के तर्क को और अधिक खोलने के लिए हन्ना आरेंट यह प्रस्तावित करती हैं कि यदि सुखवादियों से यह पूछा जाये कि वे स्वस्थ क्यों रहना करना चाहते हैं, तो उनका पहले से त्वरित उत्तर यह होगा कि बीमारी दुख है। परन्तु, जब आप उनसे यह पूछेंगे कि वे दुख से घृणा क्यों करते हैं, तब वे पुनः किसी विषय का संकेत नहीं कर पायेंगे। इसके पीछे का कारण यह है कि दुख किसी भी अन्य विषय से पूरी तरह स्वतन्त्र होता है।[42] ऐसा इसलिए कि, जो दुख की अनुभूति कर रहा होता है, वह सिर्फ़ अपनी ही अनुभूति कर रहा होता है; जबकि, सुख की अनुभूति अपने-आप की अनुभूति नहीं है, बल्कि, अपने से बाहरी जगत् की अनुभूति भी है। परन्तु, बेंथम जैसे आधुनिक सुखवादी इंद्रियानुभूति को अपने से बाहर के जगत् के सत्य को समझने में नाकाम कर देते हैं। यह मानो प्रकृति को पराभूत कर देने जैसा है। इस नाकामी का आधार ही आधुनिक अहंवाद है, जिसकी दार्शनिक संरचना देकार्त और नैतिक-सामाजिक संरचना बेंथम तैयार करते हैं। यह मनुष्य की अपूर्णता का नीतिशास्त्र है, जो इस विश्व के प्रति यान्त्रिक दृष्टिकोण में प्रकट होता है। बेंथम का नीतिशास्त्र शरीर का नीतिशास्त्र है और इसी शरीर के नीतिशास्त्र को आधुनिक दुनिया सबके लिए अपरिहार्य बनाती जा रही है। परन्तु, जैसे-जैसे शरीर का नीतिशास्त्र अधिक प्रभावी होता जा रहा है, वह 'ह्यूमन कंडीशन' को भी बदलता जा रहा है और आज यह बदलाव ऐसे मुहाने पर आकर खड़ा है, जहाँ मानव का सामूहिक अस्तित्व ही खतरे में पड़ गया है। यह भौतिकता को प्रतिमान बनाकर आत्मचेतनता को समझने का दुष्परिणाम है। इसके चलते 'कंडीशन' पूरे तौर से श्रम और कार्य की एक ऐसी संरचना में तब्दील हो गयी है, जहाँ कर्म *(एक्शन)* के लिए कोई अवकाश ही नहीं बचा है।

2.4 मानव की यथार्थ स्थिति : मनुष्य और प्रकृति की नश्वरता का भेद

मनुष्य और प्रकृति दोनों नश्वर हैं, परन्तु, दोनों की नश्वरता का स्वरूप अलग-अलग है। प्रकृति जिस अर्थ में नश्वर है, उसी अर्थ में स्थायी भी है। उदाहरण के लिए, वृक्ष से पत्तों का गिरना नश्वरता है तो उसी वृक्ष में नये पत्तों का उगना उसका स्थायित्व है। परन्तु, मनुष्य का मरना मनुष्य की नश्वरता है, लेकिन, पुनः मनुष्य का जन्म उसी मनुष्य का स्थायित्व नहीं है। प्रकृति को अपनी नश्वरता और

---

42. पूर्वोक्त : 310.

स्थायित्व के लिए दो अलग-अलग तत्त्वों पर निर्भर नहीं रहना होता है, जबकि, मनुष्य को अपने स्थायित्व और नूतनता के लिए दो सर्वथा अलग-अलग तत्त्वों पर निर्भर रहना होता है। यश की कामना मनुष्य में स्थायित्व की कामना है और जैविक प्रवृत्तियों की सन्तुष्टि नूतनता की कामना है। यदि ऐसा न हो तो हम पशु की तरह हमेशा एकरस जीवन को पसन्द करने वाले प्राणी बन सकते हैं। यश की कामना और जैविक प्रवृत्तियों की सन्तुष्टि की कामना के आधार पर समाज व्यवस्था का निर्माण ही पृथ्वी पर मनुष्य की यथार्थ स्थिति है। हन्ना आरेंट के अनुसार, ग्रीक समझ में नश्वर प्रकृति और अनश्वर विचार-जगत् के मध्य समायोजन सम्भव है। मानवीय स्तर पर यह समायोजन 'मैन ऑफ़ थॉट' का 'मैन इन एक्शन' में बदलना है। इसी बदलाव में मनुष्य का यश निहित है, जो उसे अनश्वरता की ओर ले जाता है। इसी अर्थ में 'कर्म' ग्रीक परम्परा की राजनीति में 'वीटा एक्टिवा' है। यह बहुलता के आनन्द के साथ कर्मशील होना है और इसी से प्राप्त यशोपलब्धि के द्वारा स्थायित्व सम्भव है। इसके विपरीत, मार्क्स की इतिहास और क्रान्ति की अवधारणा एकरूपता की स्थापना के साथ जगत् से जीवन को बहिष्कृत करने और मृत्यु का वरण करने जैसी है, क्योंकि, जीवन बहुलता में अपने को सार्थक बनाता है और एकरूपता का जीवन तो मानो पशु-जगत् का जीवन है। आधुनिक काल में पूँजीवाद और साम्यवाद दोनों ही मानवीय क्रियाओं में लोभ को बढ़ावा देकर समान रूप से नश्वरता में सहभागिता करते हुए मृत्यु का वरण करते हैं। हन्ना आरेंट ने अनश्वरता को परिभाषित करते हुए कहा है कि यह 'इन्ड्योरेंस इन टाइम' है।[43] समय की परिधि में सहनशीलता अनश्वरता है, यह कुछ विचित्र-सी परिभाषा लगती है। परन्तु, यदि इसे *श्रीमद्भगवद्गीता* के एक श्लोक के सन्दर्भ में समझा जाये तो इसका अर्थ स्पष्ट हो जाता है। *श्रीमद्भगवद्गीता* में कहा गया है कि क्रोध से मोह और मोह से स्मृति-नाश तथा स्मृति-नाश से बुद्धिनाश होता है। अन्त में बुद्धिनाश से सम्पूर्ण विनाश हो जाता है।[44] प्रस्तुत श्लोक में भी नष्ट हो जाने के मूल में क्रोध को रखा गया है। मजदूर वर्ग की हिंसा भी क्रोध की ही अभिव्यक्ति है। हिंसक विरोध जिस पर प्रकट होता है, उसका नाश तो करता ही है, लेकिन, यह स्वयं अपना भी नाश

---

43. पूर्वोक्त : 18.

44. क्रोधाद्भवति सम्मोहः सम्मोहात्स्मृतिविभ्रमः।
स्मृतिभ्रंशाद्बुद्धिनाशो बुद्धिनाशात्प्रणश्यति ॥ *श्रीमद्भगवद्गीता*, 2 / 63.

करता है। मार्क्स इस तथ्य को समझने की कोशिश करते हुए नहीं प्रतीत होते कि जब नश्वरता पदार्थ-जगत् का स्वाभाविक गुण है, तब पदार्थ-जगत् की गति और अन्त:क्रिया से प्रेरित क्रान्ति भी नाशवान सिद्ध होगी। मार्क्स को स्थायित्व के लिए धैर्य, अर्थात् 'इन्ड्योरेंस इन टाइम' को पकड़ना चाहिए था, क्योंकि, धैर्य से ही स्थायित्व आता है। गति तो परिवर्तन और नूतनता को जन्म देती है।

मार्क्स की पूरी अवधारणा में सबसे बड़ी कमी भी यही है कि वे स्वतन्त्रता की प्राप्ति के लिए परिवर्तन और नूतनता की जितनी गहन मीमांसा करते हैं, उतनी स्थायित्व की नहीं करते हैं। बाद के मार्क्सवादियों में ग्राम्शी ने इस कमज़ोर कड़ी को पकड़ने का प्रयास किया और क्रान्ति के स्थायित्व की समस्याओं पर विचार किया। किन्तु, वे भी क्रान्ति को स्थायित्व प्रदान करने के लिए सांस्कृतिक परिवर्तन की ज़रूरत पर केन्द्रित हो गये और स्थायित्व के लिए गति का सहारा लेने की वही भूल कर बैठे, जो मार्क्स कर चुके थे। मार्क्स को स्थायित्व के लिए अति-भौतिकवाद से हटकर प्रकृति एवं संस्कृति में स्थायित्व के, जो तत्त्व हैं– जिसे हन्ना आरेंट 'इन्ड्योरेंस इन टाइम' कहती हैं और महाकवि तुलसीदास ने राम के गुणों की चर्चा के क्रम में 'धीरज'[45] कहा है– उन पर भी विचार करना चाहिए था। इससे मार्क्सवादी विचार-पद्धति में कोई फ़र्क़ नहीं आने वाला था, परन्तु, निष्कर्ष ज़रूर बदल जाते। इस लिहाज से देखने पर मार्क्स का वैज्ञानिक भौतिकवाद अधूरा वैज्ञानिक भौतिकवाद लगता है; अधूरा इसलिए है कि मार्क्स ने इतिहास की आर्थिक व्याख्या करते हुए भौतिक जगत् की गति को शाश्वत और अनश्वर तत्त्व के रूप में स्थापित किया, किन्तु, भौतिक जगत् के स्थायित्व के नियमों की उपेक्षा कर दी और एक स्व-निर्मित स्थायित्व को उस पर थोप दिया। यहाँ इस तथ्य का उद्‌घाटन एक भौतिकवादी दृष्टि से करना अधिक समीचीन होगा, ताकि इस विषय को अधिक स्पष्ट रूप से प्रस्तुत किया जा सके।

हम सभी जानते हैं कि मार्क्स के चिन्तन में आधार और अधिरचना का आधारभूत महत्त्व है। हम अपने अनुभव में भी देखते हैं कि किसी भवन की नींव उसकी बाहरी संरचना को भी प्रभावित करती है। यह परिवर्तन के नियमों से अर्थव्यवस्था की बनावट को समझने और उसे रूपान्तरित करने का मार्क्सवादी तर्क है, जबकि,

---

45. सौरज धीरज जेहि रथ चाका।
सत्यशीलदृढ़ध्वजापताका ॥ श्रीरामचरितमानस, लंकाकांड 79/3.

वास्तविकता यह है कि किसी व्यवस्था का निर्माण स्थायित्व के नियमों से होता है। गेहूँरूपी बीज का अंकुरित होना, उसका पौधा बनना और उसमें बाली लगना स्थायित्व का नियम है। इस प्रक्रिया को यदि परिवर्तन के नियमों से देखा जाये तो गेहूँरूपी बीज कभी नीम के पौधे के रूप में या मछली के रूप में भी प्रकट हो सकता है। हम यदि कोई भवन बनाते हैं तब हम भौतिक पदार्थों में, जो स्थायित्व के नियम हैं, उनका ही संयोजन करते हैं और उनमें परिवर्तन आने वाली सम्भावनाओं को कम करते हैं। मानव-प्रवृत्ति और संस्कृति में स्थायित्व का वह नियम धैर्य के रूप में प्रकट होता है। यह साहचर्य और प्रेम के रूप में कार्य करता है। ये मानवीय मूल्य प्रकृति या भौतिक जगत् के अस्तित्व के नियम की ही सामाजिक अभिव्यक्तियाँ हैं। मूल्यों को स्वीकार कर लेने से मार्क्स की भौतिकवादी पद्धति को पूर्णता मिल सकती थी। परन्तु, मार्क्स पूँजीपतियों की लोभ-वृत्ति में ही सर्वहारा के कल्याण का मन्त्र सिद्ध करने में लगे हुए थे। हन्ना आरेंट के 'ह्यूमन कंडीशन' की 'रिफ़्लेक्टिव अंडरस्टैंडिंग' वास्तव में, मार्क्स की इन्हीं कमियों को रेखांकित करने की योजना में लिखी गयी है, जिसका सार यह है कि मार्क्स की पद्धति और व्याख्या प्रकृति एवं विज्ञान में, जो परिवर्तन के नियम हैं, उनका सामाजिक और आर्थिक रूपान्तरण के लिए उपयोग करती है। परन्तु, प्रकृति और विज्ञान में ही स्थायित्व के, जो नियम हैं, उनकी अवहेलना कर देती है। इसी कारण मार्क्स राजनीति को शत्रु पर विजय प्राप्त करने वाली कला के रूप में प्रस्तुत करते हैं, न कि ग्रीक परम्परा वाली 'राजनीति' के उस मौलिक अर्थ में, जिसे ऑकशॉट ने अपने मित्र बनाने की कला कहा है।[46]

उदारतावाद, मार्क्सवाद और स्टालिनवाद सभी ने राजनीति को विधिक अनुबन्ध की तरह एक बन्द अनुबन्ध बना दिया है, जबकि, वास्तव में राजनीति मैत्री-सम्बन्धों वाले खुले अनुबन्ध की तरह होती है। मार्क्स समझते थे कि नयी राजनीति की आधारशिला रखने के लिये पुराने का विध्वंस आवश्यक है। परन्तु, उन्होंने इस तथ्य की पूरी तरह से उपेक्षा कर दी कि आधुनिक युग में आकर मनुष्य साधनों से शासित होने लगा है और साधनों से शासित होना भी हिंसा है।[47] मात्र शासक

46. माइकल ऑकशॉट (1962), *नैशनलिज़म इन पॉलिटिक्स ऐंड अदर एसेज़,* मेथुएन पब्लिशिंग लिमिटेड, लन्दन : 127.

47. हन्ना आरेंट (1970), *ऑन वायलेन्स,* हरकोर्ट ब्रेस जोवानोविच पब्लिकेशन्स; न्यूयार्क : 14.

वर्ग में बहुसंख्यक लोगों को शामिल करके हिंसा और अन्याय की समस्या का समाधान नहीं किया जा सकता है। हन्ना आरेंट यह प्रस्तावित करती हैं कि तकनीक या विचारधारा के आधार पर जिस सत्य को देखा जाता है, वह एक वर्ग-सत्य ही हो सकता है। उस सत्य को, यदि वह सत्य है तो, खुले अनुबन्ध के रूप में लोक-विमर्श का विषय अवश्य होना चाहिए। यदि मनुष्य को इस नैसर्गिक अधिकार से वंचित रखा जाता है, तब उसकी आर्थिक एवं भौतिक दशा कितनी भी समृद्ध क्यों न हो, वह मानव होने के गौरव से गिर जाता है।

3

राजनीति की गरिमा का अवमूल्यन

शक्ति एवं हिंसा

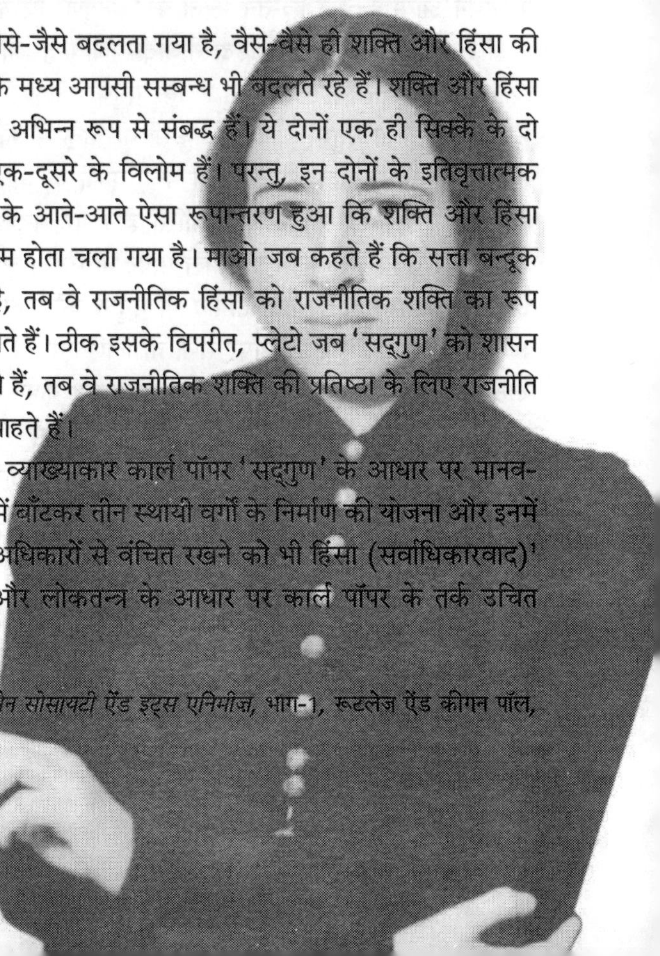

राजनीति का अर्थ जैसे-जैसे बदलता गया है, वैसे-वैसे ही शक्ति और हिंसा की परिभाषा और इनके मध्य आपसी सम्बन्ध भी बदलते रहे हैं। शक्ति और हिंसा मानव-अस्तित्व के साथ अभिन्न रूप से संबद्ध हैं। ये दोनों एक ही सिक्के के दो पहलू नहीं हैं, बल्कि, एक-दूसरे के विलोम हैं। परन्तु, इन दोनों के इतिवृत्तात्मक अर्थ में आधुनिक काल के आते-आते ऐसा रूपान्तरण हुआ कि शक्ति और हिंसा का विपरीतार्थक बोध कम होता चला गया है। माओ जब कहते हैं कि सत्ता बन्दूक की गोली से निकलती है, तब वे राजनीतिक हिंसा को राजनीतिक शक्ति का रूप देने का प्रयास कर रहे होते हैं। ठीक इसके विपरीत, प्लेटो जब 'सद्गुण' को शासन के लिए आवश्यक बताते हैं, तब वे राजनीतिक शक्ति की प्रतिष्ठा के लिए राजनीति से हिंसा को दूर करना चाहते हैं।

प्लेटो के आधुनिक व्याख्याकार कार्ल पॉपर 'सद्गुण' के आधार पर मानव-प्रकृति को तीन कोटियों में बाँटकर तीन स्थायी वर्गों के निर्माण की योजना और इनमें से एक को राजनीतिक अधिकारों से वंचित रखने को भी हिंसा (सर्वाधिकारवाद)[1] ही कहते हैं। समानता और लोकतन्त्र के आधार पर कार्ल पॉपर के तर्क उचित

---

[1] कार्ल पॉपर (2005), *ओपेन सोसायटी ऐंड इट्स एनिमीज़,* भाग-1, रूटलेज ऐंड कीगन पॉल, न्यूयार्क : 91-93.

लगते हैं। परन्तु, समानता और लोकतन्त्र की प्राप्ति के लिए पिछले तीन सौ साल के प्रयासों से जन्मी असमानता और अन्याय को संज्ञान में लेने पर एक दूसरी ही तस्वीर हमारे सामने आती है। उसका निहितार्थ यह है कि एक तरह की असमानता को दूर करने के प्रयास स्वयं भी दूसरी तरह की असमानताओं को जन्म देते हैं। उदाहरण के लिए, उदारतावाद के द्वारा राजनीतिक असमानता को दूर करने के प्रयासों से आर्थिक असमानता में वृद्धि हुई है और मार्क्सवाद के द्वारा आर्थिक असमानता को दूर करने के प्रयासों से राजनीतिक असमानता में बढ़ोतरी हुई है। फिर भी, आज की दुनिया में असमानता और अन्याय को दूर करने के लिए, जो भी वैचारिक प्रतिमान बन रहे हैं या काम कर रहे हैं, वे उदारतावाद या मार्क्सवाद की ही वैचारिकी से बने हैं या दोनों के मेल-जोल से बनाये गये हैं। कार्ल पॉपर ने प्लेटो के 'सद्गुण' में जिस दोष को दर्शाने का प्रयास किया है, उसका एक दूसरा प्रारूप पश्चिमी राजनीतिक एवं दार्शनिक चिन्तन में अस्तित्ववाद के माध्यम से सामने आया है। यह चिन्तन प्लेटो के 'सद्गुण' विचार का भी खण्डन करता है और पॉपर द्वारा समर्थित उदारतावादी-पूँजीवादी व्यवस्था से भी असहमति दर्शाता है। अस्तित्ववाद का तर्क है कि मनुष्य की प्रकृति को यदि पूर्वनिर्धारित कर दिया जाये तो मनुष्य और मेज़, कुर्सी या चाकू में कोई फ़र्क़ नहीं रह जायेगा। प्रकृति पूर्वनिर्धारित होने की वजह से मेज़, कुर्सी या चाकू जिस तरह नियत कार्य करते हैं, उसी तरह प्रकृति पूर्वनिर्धारित होने पर मनुष्य भी नियत कार्य करने वाला प्राणी बनकर रह जायेगा। कार्ल पॉपर भी मनुष्य की प्रकृति को पूर्वनिर्धारित करने के पक्षधर नहीं हैं। उदारतावाद भी मनुष्य की प्रकृति को पूर्वनिर्धारित मानने का समर्थक नहीं है। कार्ल पॉपर सभी के लिए एक ही जैसे न्याय के समर्थन में प्लेटो के न्याय-सिद्धान्त की आलोचना करते हुए कहते हैं कि यह अलग-अलग लोगों को अलग-अलग अधिकार देता है और इससे समाज में असमानता बनी रहती है। पॉपर पेराक्लीज़ के समतावादी न्याय-सिद्धान्त को प्लेटो के न्याय-सिद्धान्त की अपेक्षा हर व्यक्ति को समान स्वतन्त्रता प्रदान करने की दृष्टि से अधिक उपादेय मानते हैं।[2] इस तर्क को उदारतावादी भी मानते हैं, अस्तित्ववादी भी स्वीकार करते हैं और मार्क्सवाद भी इससे असहमति नहीं रखता है। इसी तर्क पर उदारतावादी पूँजीवाद का समर्थन भी करते हैं। परन्तु, अस्तित्ववादी और

2. पूर्वोक्त : 100-101, 108.

मार्क्सवादी समान स्वतन्त्रता की प्राप्ति के लिए उदारतावाद के मार्ग को स्वीकार नहीं करते हैं।

समान स्वतन्त्रता की प्राप्ति के लिए अस्तित्ववादी और मार्क्सवादी, दोनों उदारतावाद के मार्ग का खण्डन करने के लिए इतिहासपरकतावाद (हिस्टोरिसिज़्म) के ही एक प्रारूप का सहारा लेते हैं। इतिहासपरकतावाद के ही एक-दूसरे प्रारूप का सहारा लेकर प्लेटो ने भी अपने न्याय-सिद्धान्त का विकास किया है।[3] प्लेटो का इतिहासपरकतावाद अतीत में पीछे लौट कर (जहाँ मानव का मूल स्वरूप विकृत नहीं हुआ है) वहाँ से मनुष्य के सामूहिक चरित्र की पुनर्प्रतिष्ठा करना चाहता है। परन्तु, ऐसा करते हुए प्लेटो मनुष्य के व्यक्तित्व को राज्य के (वर्ग) हित के अनुसार ढाल देना चाहते हैं।[4] इतिहासपरकतावाद का उपयोग अस्तित्ववादी और मार्क्सवादी इतिहास के विनाश के रूप में करना चाहते हैं। इतिहास ने मनुष्य के ऊपर, जो दायित्व लादे हैं, उसमें मनुष्य स्वैच्छिक और चेतन रूप से सहभागी नहीं रहा है, क्योंकि, प्रत्येक मनुष्य को इतिहास अपने जन्म से ही विरासत में प्राप्त होता है। वह स्वेच्छा से उसका चयन नहीं करता है। परन्तु, यह विरासत में प्राप्त इतिहास मनुष्य के 'सार' को उसके 'अस्तित्व' का पूर्ववर्ती बना देता है। अतः, उसे उन चीजों के लिए भी उत्तरदायी होना पड़ता है, जिसका उसने चयन नहीं किया है।

अस्तित्ववादी और मार्क्सवादी इस समस्या का अन्त इतिहास के विनाश के रूप में ही सम्भव मानते हैं। इतिहास का अन्त उत्तरदायित्व का अन्त भी हो सकता है। परन्तु, इतिहास का अन्त नव-निर्माण का आधार कैसे बनेगा, इस प्रश्न पर अस्तित्ववादी और मार्क्सवादी चिन्तन गम्भीर दोषों से ग्रसित हैं। ये दोनों ही इतिहास का अन्त उदारतावादी-पूँजीवादी वर्ग-सम्बन्धों के नाश के रूप में करना चाहते हैं और उदारतावादी-पूँजीवादी भौतिक संसाधनों को बचाये रखना चाहते हैं। परन्तु, संसाधनों के रूप में इतिहास की विरासत भी उत्तरदायित्व को जन्म देती है और संसाधनों का असमान वितरण भी उतरदायित्व-संघर्ष के लिए प्रबल कारक होता है। अस्तित्ववादी और मार्क्सवादी इस समस्या के समाधान के लिए संसाधनों पर समान स्वामित्व एवं आवश्यकताओं के अनुसार संसाधनों के वितरण का सुझाव देते हैं।

---

3. पूर्वोक्त : 3-4, 92-108.

4. इसके विपरीत पेरिक्लीज़ व्यक्तिवाद के साथ स्वार्थविहीनता (अल्ट्रूइज़्म) को जोड़ कर अन्याय की समस्या का समाधान करना चाहते हैं। पूर्वोक्त : 108-111.

इतना उपक्रम करने के बाद भी क्या वे अगली पीढ़ी को इतिहास की विरासत देकर नहीं जायेंगे, जिसमें भावी पीढ़ी को भी इतिहास के द्वारा मिली उत्तरदायित्व से अस्तित्वात्मक पीड़ा हो सकती है? ऐसे में क्या अस्तित्ववादी और मार्क्सवादी हर आने वाली पीढ़ी को इतिहास के विनाश की स्वतन्त्रता देना चाहेंगे? कम-से-कम इसका उत्तर सकारात्मक नहीं हो सकता है। इसका तात्पर्य यह भी नहीं है कि अस्तित्वात्मक पीड़ा महत्त्वहीन है और उदारतावादी-पूँजीवादी उत्पादन-प्रणाली और इसकी राजनीतिक व्यवस्था निर्दोष है। अतः, क्रान्ति तो आवश्यक है, परन्तु, यह क्रान्ति एक घाव को भरने के लिए दूसरे घाव के निर्माण जैसी नहीं होनी चाहिए। इसीलिए, हन्ना आरेंट फ्रांज़फ़ानो की किताब[5] के लिए सार्त्र द्वारा लिखे गये प्राक्कथन के एक विचार से गम्भीर आपत्ति जताती हैं। सार्त्र ने फ़ाने की किताब के प्राक्कथन में लिखा है कि 'हिंसा द्वारा मनुष्य अपना पुनर्निर्माण करता है,[6] इसी किताब के प्राक्कथन में सार्त्र यह भी लिखते हैं कि किसी यूरोपियन को गोली मार देना एक पत्थर से दो पक्षियों को मारने जैसा है, जिससे एक मारा हुआ यूरोपियन और एक स्वतन्त्र यूरोपियन बच जाता है।[7]

हन्ना आरेंट कहती हैं कि हिगेल के चिन्तन में मनुष्य इतिहास में चेतना द्वारा अपने को प्रस्तुत करता है और मार्क्स के चिन्तन में एक श्रमिक-वृत्ति वाले मनुष्य का निर्माण इतिहास की शक्तियों द्वारा होता है।[8] इस तरह हिगेल और मार्क्स दोनों इतिहास का प्रयोग हिंसा के लिए तर्क जुटाने में करते हुए प्रतीत होते हैं। हन्ना आरेंट जानना चाहती हैं कि हिंसक क्रान्तिकारी आन्दोलनों में अन्याय का प्रतिकार और न्याय की प्राप्ति के दावे तो किये जाते हैं, फिर क्रान्तिकारी आन्दोलनों में एकजुटता क्यों नहीं है। मार्क्स, एंजेल्स एवं लेनिन का भी यही दावा था। परन्तु, इन लोगों ने इतिहास और क्रान्तिकारी आन्दोलन से भावनात्मक तत्त्वों को सचेत रूप से दूर रखा, जबकि, हिगेल ने इतिहास की व्याख्या और विकास में भावनात्मक तत्त्वों को सचेष्ट रूप से शामिल किया।

हन्ना आरेंट पुनः स्मरण कराती हैं कि महायुद्ध की विभीषिका के बाद भी हिंसा की समस्या का अन्त नहीं हुआ, बल्कि, शीतयुद्ध के रूप में एक नयी हिंसा का

5. इस किताब का नाम है– *द रेचेड ऑफ़ द अर्थ.*

6. हन्ना आरेंट (1969), *ऑन वायलेन्स,* हरकोर्ट ब्रेस जोवानोविच पब्लिकेशन्स, न्यूयार्क : 12.

7. पूर्वोक्त : 13.

8. पूर्वोक्त : 13.

उदय हो गया।[9] यह एक सतत हिंसा का काल रहा है। इतना ही नहीं, महायुद्ध की विभीषिका के बाद भी क्रान्तिकारी हिंसक आन्दोलनों की शुरुआत हो ही रही है और उनमें न तो हिगेल जिस चेतना के निर्माण की बात कर रहे थे, उसकी अभिव्यक्ति हो रही है और न ही मार्क्स जिस श्रमिक-वृत्ति के आधार पर क्रान्ति को संगठित करना चाहते थे, उसकी ही झलक मिल रही है। इसीलिए, हन्ना आरेंट युवाओं को सलाह देती हैं कि उन्हें यह सोचना चाहिए कि यह दुनिया उन्हें अभी से पाँच साल बाद कैसी चाहिए और पचास साल बाद कैसी चाहिये।[10] ऐसा इसलिए कि किसी भी अतिउत्साह और तात्कालिक लाभ के लिए सम्पूर्ण मानव-जाति के भविष्य को असुरक्षित करने की कोई भी पहल सही मायने में राजनीतिक पहल नहीं हो सकती है। क्रान्तिकारी हिंसक आन्दोलनों ने और सर्वाधिकारवादी राज्य व्यवस्थाओं ने किस प्रकार राजनीति की शास्त्रीय परम्परा को नकारा है और इससे मानव-जाति को क्या नुकसान हुआ है, इस विषय को समझने में हन्ना आरेंट की गहरी रुचि रही है। वस्तुतः, इन प्रश्नों का उत्तर जिस दिशा की ओर ले जाता है, उसी के ताने-बाने में हन्ना आरेंट ने *ऑन वायलेंस* की रचना की है। इस पुस्तक में राजनीति को शक्ति से जोड़ने और हिंसा-मुक्त करने की मौलिक कोशिश दिखाई देती है।

3.1 हिंसा और शक्ति : इतिवृत्तात्मक एवं ज्ञानमीमांसीय सन्दर्भ

हन्ना आरेंट कहती हैं कि आधुनिक काल में शक्ति और हिंसा की हमारी समझ गड़बड़ हो गयी है। इसीलिए, वे जानना चाहती हैं कि जब अन्याय का प्रतिकार और न्याय की स्थापना के दावे मजदूर आन्दोलनों के भी थे, और जब यही लक्ष्य नृजातीय आन्दोलन, विद्यार्थी आन्दोलन, अश्वेत आन्दोलन और महिला आन्दोलन का भी रहा है, तब वे सभी अपने को एकीकृत क्यों नहीं कर सके? ये सभी शक्ति के लिए सामूहिक दावे भी करते हैं और इसके लिए राजनीतिक व्यवस्था में परिवर्तन भी लाना चाहते हैं, जबकि, स्वयं राजनीति सामूहिक शक्ति का ही नाम है। भारत में भी देखा जाये तो सुदूर अतीत में राष्ट्रीय आन्दोलन के काल में हिंसा के समर्थन की अलग-अलग विचारधाराएँ गतिमान रही हैं। हिंसा के समर्थन की सभी धाराओं में अन्याय के प्रतिकार और न्याय की स्थापना के दावे भी किये जाते रहे हैं, परन्तु,

9. पूर्वोक्त : 9.

10. पूर्वोक्त : 17.

बहुत कम ही ऐसा हुआ है कि उन अलग-अलग धाराओं में एकजुटता स्थापित हुई हो। इसका एक कारण यह भी है कि प्राचीन इतिहास-लेखन में अधिकांशतः युद्ध-मीमांसा पर केन्द्रित रचनाएँ अधिक हुई हैं और हिंसा-मीमांसा पर केन्द्रित रचनाएँ नहीं के बराबर हैं।[11] इस कारण इतिहास के ग्रन्थों में शक्ति और हिंसा का समुचित विभाजन नहीं हुआ है।

हिंसा को समझने के, जो दृष्टान्त उपलब्ध भी हैं, उनमें 'स्ट्रामैन फैलेसी लॉजिक' का दोष विद्यमान है। इस दोष से ग्रसित तर्क के आधार पर जब हम हिंसा को समझने का प्रयास करते हैं, तब हर बार तर्क के साथ हम एक-दूसरे तत्त्व को हिंसा के कारण के रूप में प्रकट कर देते हैं। यह एक अन्तहीन प्रक्रिया बन जाती है, जिसमें इतिहास का अन्त ही हिंसा के अन्त का विकल्प प्रस्तुत कर सकता है। आइए, इस सिद्धान्त को पहले एक उदाहरण से समझ लेते हैं। प्रश्न करते हैं कि राम ने रावण का वध क्यों किया? उत्तर होगा कि उसने राम की पत्नी सीता का अपहरण किया था। अब प्रश्न आया कि रावण ने सीता का अपहरण क्यों किया था? उत्तर होगा कि राम के भाई लक्ष्मण ने रावण की बहन की नाक काटी थी। अब प्रश्न होगा कि लक्ष्मण ने रावण की बहन शूपर्णनखा की नाक क्यों काटी? उत्तर होगा कि वह उन पर आक्रमण करने वाली थी। पुनः प्रश्न बनेगा कि शूपर्णखा राम-लक्ष्मण पर आक्रमण क्यों करना चाहती थी? उत्तर होगा कि उन्होंने विवाह के प्रस्ताव को ठुकरा दिया था। इसी तरह इस तर्क को आगे बढ़ाया जाये तो अन्त में यह बैकुंठ में विष्णु, जय-विजय और दुर्वासा की कहानी तक पहुँच जायेगा। इस कहानी में बीच के किसी भी कालखण्ड में हिंसा का हिंसा द्वारा समाधान उतनी ही हिंसा को जन्म देगा, जितना उसने अपने अन्तिम पड़ाव पर दिया था। इस प्रसंग को आगे समझने से पहले हिंसा और शक्ति के कोशीय अर्थ को समझ लेना आवश्यक है।

मैरियम वेबस्टर शब्दकोश में शक्ति को परिभाषित करते हुए कहा गया है कि शक्ति वह क्षमता है, जो परिणाम उत्पन्न करती है।[12] पाणिनि व्याकरण में शक्ति शब्द की उत्पत्ति 'शक' धातु और 'क्तिन' प्रत्यय से बताई गयी है। यह भी परिणाम उत्पन्न करने वाली क्षमता के रूप में शक्ति की परिभाषा है। परन्तु, इन दोनों ही सन्दर्भों में यह स्पष्ट नहीं है कि जिस क्षमता या सामर्थ्य से परिणाम उत्पन्न होगा,

11. पूर्वोक्त : 8.

12. शक्ति कार्य करने या प्रभाव उत्पन्न करने की क्षमता है।

उस क्षमता या सामर्थ्य का स्रोत क्या है। यह भी स्पष्ट नहीं है कि, जो परिणाम उत्पन्न होगा, वह रचनात्मक होगा या विध्वंसात्मक होगा। अर्थ-निष्पत्ति के ऐसे संकट का हल करने के लिए प्रत्येक सभ्यता में कथानकों का सहारा लिया जाता है। ब्राह्मिक परम्परा के विभिन्न आख्यानों में निहित शब्दार्थों की मीमांसा का संग्रह *अमरकोश* में हुआ है। *अमरकोश* में इस समस्या का समाधान मिल जाता है कि शक्ति में, जो परिणाम उत्पन्न करने वाली क्षमता है और, जो परिणाम का स्वरूप है, उसकी प्रकृति और स्रोत क्या हैं।

अमरकोश में कहा गया है– 'शक्तिः स्त्री, (शक क्तिन) कायजनन सामर्थ्यम्'। इसकी व्याख्या करते हुए अगली ही पंक्ति में दुर्गा कल्पद्रुम नागोजी भट्ट कृत *देवी महात्म्यम्* टीका से उदाहरण देते हुए लिखा गया है कि 'या देवी सर्वभूतेषु शक्तिरूपेण संस्थिता' अर्थात् शक्ति देवी का वह रूप है, जो सभी भूतों में स्थित है, शक्तिरूपी देवी की सभी भूतों में अवस्थिति है। शक्तिरूपी देवी की भूत मात्र में अवस्थिति ही 'आत्मवत् सर्वभूतेषु' का आधार है। यह शक्ति की सामूहिक अभिव्यक्ति है और वह शक्तिरूपी देवी स्वयं सभी देवताओं की सामूहिक तेजोमय अंश की अभिव्यक्ति हैं। अतः, शक्ति में, जो 'क्षमता' है, उसका अधिष्ठान सामूहिकता है। इसी तरह शक्तिरूपी क्षमता से किस तरह के परिणाम को उत्पन्न करने की प्रत्याशा है, इस प्रश्न का उत्तर भी *अमरकोश* में है, जहाँ *स्कन्द पुराण* के उदाहरण से 'शं कल्याणम् करोति' का निर्देश दिया गया है। यहाँ शक्ति का वाच्यार्थ 'शम' धातु 'कृ' प्रत्यय से शमिधातो संज्ञायाम् से बनता है। इस तरह ब्राह्मिक परम्परा में सामूहिक स्रोत से सामूहिक कल्याण का परिणाम उत्पन्न करने वाले सामर्थ्य को शक्ति कहा गया है।

अमरकोश में ही शक्ति को शक्तित्रयात्मकः के माध्यम से शक्ति की तीन कोटियों सत, रज और तम का भी निर्देश दिया गया है। इसी तरह विष्णोर्मायया: के द्वारा माया को भी ईश्वर की शक्ति के रूप में व्यक्त किया गया है। माया को प्रकृति भी कहा गया है। *अमरकोश* में भावप्रकाश से उदाहरण देते हुए कहा गया है– प्रधानम् प्रकृति शक्तिर्नित्या चाविकृतस्तथा। एतानि तस्या नामानि पुरुषं या समाश्रिता तस्या गुणानाह सत्त्वं रजस्तमस्त्रिणी विज्ञेया: प्रकृतेर्गुणा:।

अमरकोश में धर्म को भी शक्ति कहा गया है। अब यहाँ 'शक्तित्रयात्मक:' और 'विष्णोर्मायया:' के रूप में शक्ति के रहस्य को खोल लेना आवश्यक है। इसके लिए कृष्ण और अर्जुन के संवाद का सहारा लेते हैं। कृष्ण ने अर्जुन से कहा कि सङ्गं व्यक्त्वा धनञ्जय:, कृष्ण ने यह भी कहा कि त्रैगुण्यविषयावेदा निस्त्रैगुण्यो भवार्जुन

और कृष्ण ने यह भी कहा कि अर्जुन, जो मैं कह रहा हूँ, वही सत्य है। वस्तुतः, अर्जुन की और प्रकारान्तर से आधुनिक दुनिया की समस्या या विषाद यह है कि हम माया को अर्थात् प्रकृति या विज्ञान के नियम को मनुष्य के ऊपर और समाज के ऊपर ठीक उसी प्रकार से लागू करने का प्रयास करने लगते हैं, जैसा इन्हें पदार्थ जगत् पर करते हैं; तकनीक से घिरते चले जाने पर जहाँ सिर्फ़ कार्य की ही दुनिया बचती है और कर्म बहिष्कृत हो जाता है। यह प्रवृत्ति या विषाद एक स्वाभाविक परिणाम है। यह परिणाम हमारे नैतिकता के नियमों और विचार के ढाँचे को बदल देता है। इस साँचे में ढला हुआ मन बन्दूक की नाल में दुर्गा माई की चुनरी बाँध कर यह सोचता है कि बन्दूक की नाल से निकली हुई गोली दुर्गाजी के बाण की तरह अमोघ होगी और वह आध्यात्मिक प्रकृति की होगी।

ऐसे साँचे में ढला हुआ मन अहिंसा के मूर्तरूप गांधी की हत्या करके सोचता है कि वह राष्ट्र का उद्धार कर रहा है। इस साँचे में ढला हुआ मन साधन-साध्य का विवेक नहीं करता है और अपवित्र साधनों से ही सफलता प्राप्त करना चाहता है। इसके लिए वह तर्क देता है की राम ने भी तो बालि को छल से मारा था। इस तर्क का प्रयोग करने वाले जब हिंसा का समर्थन करते हैं, तब वे राम को 'इमिडियेट टाइम फ्रेमवर्क' में देखते हैं। उन्हें यह पता नहीं होता कि 'इमिडियेट टाइम फ्रेमवर्क' में जीना पशु की प्रवृत्ति होती है, जबकि, बालिवध की कथा में भगवान राम दो 'टाइम फ्रेमवर्क' में काम कर रहे हैं। उनका एक 'टाइम फ्रेमवर्क' राजा भरत के प्रतिनिधि होने के कारण दुष्टों को दण्ड देने के प्राधिकार से सम्बन्धित है। दूसरा 'टाइम फ्रेमवर्क' ईश्वरत्व का है, जो बालि की मुक्ति से सम्बन्धित है। इन दोनों 'टाइम फ्रेमवर्क' से राम को बाहर कर देने वाले और बालिवध के आधार पर अपनी हिंसा के पक्ष में राम को खड़ा करने वाले हिन्दुत्व के समर्थक ब्राह्मिक परम्परा के लिए वामपंथियों और बाह्य आक्रांताओं से भी अधिक घातक हैं। वे राम के कर्म को कार्य *(वर्क)* की परिधि देखने के दोष से ग्रसित हैं। इसी कारण ऐसे विश्लेषण में 'नियतः कुरु कर्माणि' का मतलब किसी स्वघोषित राष्ट्रधर्म का मूढ़तापूर्वक पालन होता है। मूढ़ता इसलिए कि इसमें सङ्गं व्यक्त्वा धनञ्जय का भाव नहीं रहता है।

अब विचार करते हैं कि *त्रैगुण्यविषया वेदा निस्त्रैगुण्यो भवार्जुन* का रहस्य क्या है। वस्तुतः, ईश्वर की, जो माया रूपी त्रिगुणात्मिका शक्ति है, वह बंधनकारी है। जल में यह बंधन *अक्षोभ्यता* यानी बीच से विभाजित न होने के रूप में प्रकट होता है। वायु में यह बंधन संघनन के रूप में प्रकट होता है, जो वायु के तत्त्वों को आपस

में बाँधे रहता है। अग्नि में यह बन्धन ऊर्ध्वस्विता के रूप में प्रकट होती है। पृथ्वी में यह तत्त्व अचलता के रूप में प्रकट होता है। तात्पर्य यह है कि प्राकृतिक पदार्थों में, जो स्थायित्व का गुण है, वह माया के बन्धन की अभिव्यक्ति है। इसी नाते वे तत्त्वतः चेतन होने पर भी जड़ हैं, क्योंकि, वे अपने स्वरूप को बदल नहीं सकते हैं। यह स्थायित्व का गुण उनमें न हो तो पेड़-पौधे चलने लगें और नदियाँ उड़ने लग जायें। परन्तु, मनुष्य में माया का, जो बंधन होता है, वह पदार्थ जगत् की तरह नहीं होता है। मनुष्य में बंधन षड्विकारों के रूप में होते हैं। ज्ञान के द्वारा षड्विकार के बंधन से मुक्त हुआ जा सकता है। षड्विकार से मुक्ति के प्रयास में लगा हुआ मानव ही संस्कृति को जन्म देता है और यही माया के बन्धनों से मुक्त होने का उपक्रम भी है। परन्तु, अर्जुन षड्विकारों की प्रतिरक्षा के लिए तर्क उपस्थित कर रहा है और सङ्गं व्यक्त्वा धनञ्जय के लिए मना कर रहा है। ऐसा करते हुए वह पाखण्ड को धर्म मान रहा है।[13] साथ ही, पाखण्ड को ऐसे प्रस्तुत कर रहा है जैसे कि वही शाश्वत धर्म है। इसी कारण कृष्ण उसे *निस्त्रैगुण्यो भवार्जुन* की सलाह देते हैं और कहते हैं कि मैं, जो कह रहा हूँ, वही धर्म है; अर्थात् धर्म का, जो शाश्वत रूप है (जिसका निर्देश कृष्ण करते हैं) वही मानव धर्म है। वस्तुतः, धर्म के, जो विभाग हैं, उनसे शरीरधर्म, जातिधर्म, कुलधर्म, आपद्धर्म आदि की रचना होती है। हिंसा का समर्थन करने वाले लोग प्रायः आपद्धर्म को शाश्वत धर्म के रूप में प्रस्तुत करते हैं और इस तरह धर्म को विकृत कर देते हैं। अतः, इस मीमांसा से स्पष्ट है कि ब्राह्मिक परम्परा में शक्ति सामूहिकता और सृजनात्मकता का पर्याय है।

आइए, अब जरा ग्रीक परम्परा के आख्यानों पर दृष्टिपात कर लेते हैं। ग्रीक परम्परा में एथेना शक्ति की देवी हैं। कहा जाता है कि इन्हीं के नाम पर एथेंस का नामकरण हुआ है। वे दुर्गा की तरह शस्त्रों से सुसज्जित हैं, परन्तु, युद्ध में भी क्रूरता का प्रदर्शन नहीं करती हैं। वे विद्या, बुद्धि, सुमतिप्रद और कौशल की देवी हैं। इस तरह, ग्रीक परम्परा में भी शक्ति सामूहिकता और सृजनात्मकता का ही पर्याय है। परन्तु, जिस तरह आज भारत में और दुनिया के अन्य देशों में हिंसा समर्थकों की आत्मघाती भीड़ बढ़ती जा रही है, उसी तरह ग्रीक परम्परा में भी एक समय हिंसा

---

13. *मनुस्मृति* में कुल धर्म, जाति धर्म, देश धर्म, शाश्वत धर्म और पाखण्ड धर्म का उल्लेख हुआ है। स्वयं मनु शाश्वत धर्म को ही वास्तविक धर्म मानते हैं, परन्तु, व्यवहार में यह पाया जाता है कि लोग पाखण्ड धर्म को भी शाश्वत धर्म की तरह प्रस्तुत करते हैं। *मनुस्मृति,* कुल्लूकभट्ट प्रणीत मन्वर्थमुक्तावली, 1/118.

समर्थकों की भीड़ बढ़ी ही नहीं थी, बल्कि, सत्ता में भी आ गयी थी और सुकरात को विषपान का दण्ड भी उन्हीं हिंसा समर्थकों ने दिया था। यह विदित इतिहास की, सम्भवतः पहली घटना है, जब राजनीति में शक्ति क्षीण हुई और हिंसा उसमें प्रतिष्ठित हो गयी।

राजनीति में हिंसा को समायोजित करने की व्यवस्थित शुरुआत एक विचारधारा के रूप में सोफ़िस्ट परम्परा से ही होती है। *रिपब्लिक* में सुकरात के साथ संवाद में सोफ़िस्ट विचारधारा का समर्थक थ्रेसिमेकस 'शक्तिशाली का हित न्याय है'[14] की प्रस्तावना करते हुए इसकी स्थापना करता है। इस तर्क के खण्डन के लिए सुकरात ने तीन अलग-अलग प्रतितर्क दिये हैं। यहाँ के प्रसंग के अनुसार उनमें से, जो सबसे अधिक समीचीन है, उसे समझ लेना आवश्यक है। सुकरात कहते हैं कि किसी भी समाज में शासन सबसे अधिक शक्तिशाली होता है। अतः, थ्रेसिमेकस के कथन का अर्थ यह हुआ कि शासन के हित में कार्य करना न्याय है। थ्रेसिमेकस जब इस तर्क को स्वीकार लेता है, तब सुकरात आगे कहते हैं कि प्रत्येक व्यक्ति अपने हित में कार्य करना चाहता है, परन्तु, जब शासन के हित में कार्य करना न्याय हो, तब शासन की आँख में धूल झोंके बिना अपने हित में कार्य नहीं किया जा सकता है।[15] इसका मतलब हुआ कि धोखाधड़ी करना न्याय है। इस संवाद के क्रम में एक बार थ्रेसिमेकस सुकरात पर बुरी तरह से क्रोधित हो जाता है और संवाद छोड़ कर जाना चाहता है। आज भी आप देख सकते हैं कि दुनिया में हर तानाशाह संवाद पसन्द नहीं करता है। आपने जहाँ उससे सवाल पूछे कि वह क्रोधित हो जायेगा। वह आपसे यही अपेक्षा रखता है कि आप उसके पक्ष में बिना सवाल किये कार्य करते रहिए। थ्रेसिमेकस से अपने संवाद को आगे बढ़ाते हुए सुकरात कहते हैं कि शक्ति शासन में नहीं है और न ही न्याय शक्तिशाली का हित है, बल्कि, शक्ति एकता में और न्याय मूलभाव के अनुरूप दूसरों के क्षेत्र में हस्तक्षेप किये बिना अपने स्वभाव के अनुसार दक्षतापूर्वक कार्य करने में है। यहाँ भी शक्ति का स्रोत सामूहिकता है और उसके प्रयोग का परिणाम सृजनात्मकता के रूप में ही प्रकट होता है। ठीक इसी अर्थ में हन्ना आरेंट शक्ति को परिभाषित करती हैं और कहती हैं कि शक्ति मनुष्य के कार्य करने की वह क्षमता है, जिसका सम्बन्ध मात्र करने से ही नहीं, बल्कि,

---

14. प्लेटो (1991), *द रिपब्लिक*, अनु. एलन लूम, बेसिक बुक्स, लन्दन : 13-17.

15. पूर्वोक्त : 16-24.

सहमति से कार्य करने में है। शक्ति कर्म *(एक्शन)* करने की क्षमता है और यह मात्र सही कर्म करना ही नहीं है, बल्कि, सहमति से कर्म करना है। वे आगे कहती हैं कि शक्ति किसी व्यक्ति विशेष की सम्पत्ति नहीं है, यह समूह की सम्पदा है और यह तब तक अस्तित्व में रहती है, जब तक समूह एकजुट रहता है।[16]

हन्ना आरेंट का यह कथन सहसा *श्रीमद्भगवद्गीता* के उस प्रसंग की याद दिला देता है, जहाँ कहा गया है– *यत्र योगेश्वरः कृष्णो यत्र पार्थो धनुर्धरः, तत्र श्रीर्विजयो भूति ध्रुवानीतिर्मतिर्मम।* यहाँ हमें उस इतिहास का भी स्मरण करना चाहिये, जो हमें यह बताता है कि कृष्ण और अर्जुन के विलगाव के साथ ही कृष्णलीला की भी समाप्ति हो जाती है और अर्जुन भी शक्तिमान नहीं रह जाते। जब भी हम हिंसा के समर्थन के लिए किसी तर्क का सहारा लेते हैं, तब पदार्थ जगत् जिस तरह से माया के वशीभूत है, उसी तरह मानवीय एकता को भी जड़ तत्त्वों के वशीभूत कर देना चाहते हैं। मानवीय एकता की जड़त्ववादी अभिव्यक्ति जातीयता, साम्प्रदायिकता आदि में होती है। इस दृष्टि का सहारा ईसाई परम्परा ने और इस्लाम की परम्परा ने पर्याप्त रूप से लिया है। इसी कारण, इन दोनों परम्पराओं में, विविधता के लिए अवकाश क्षीण हो गये हैं। हिंसा पर आधारित कोई भी एकता, वास्तव में, एकरूपता को ही जन्म देती है। ऐसी एकरूपता में अन्दर से तो एकता होती नहीं, ऊपर से केवल एकता का आभास होता है।

यह कम आश्चर्य की बात नहीं कि पश्चिमी दुनिया में हिंसा को समझने का इतिहास बहुत पुराना नहीं है। *ऑन वायलेंस* में ही हन्ना आरेंट ने लिखा है कि उनके समय में, जो 'इनसाइक्लोपीडिया ऑफ़ सोशल साइंसेज़' प्रकाशित हो रहा था, उसमें हिंसा पर कोई प्रविष्टि नहीं थी।[17] इसके उलट, भारत में सुदूर अतीत से ही हिंसा को समझने, उसके विभिन्न प्रकारों को जानने और उससे दूर रहने या बचाव करने के सन्दर्भ में पर्याप्त चिन्तन हुआ है। पाणिनि व्याकरण की दृष्टि से 'हिंस्र' धातु में 'अ' प्रत्यय लगने से टाप घाट सूत्र से हिंसा शब्द की व्युत्पत्ति बताई गयी है। यहाँ हिंसा की परिभाषा करते हुए कहा गया है– बंधन्ताडनवृत्तिनाशत्रासादि च चकाराद्वधोपि हिंसा। अर्थात्, जो वृत्ति बंधन, दण्ड और विनाशकारी है, वह हिंसा है। *अमरकोश* में हिंसा के तीन रूप बताए गये हैं– कायिक, वाचिक और मानसिक।

---

16. हन्ना आरेंट (1969), वही : 44-45.

17. पूर्वोक्त : 8.

परन्तु, *अमरकोश* में ही *ब्रह्मवैवर्त पुराण* के कृष्ण जन्म खण्ड से सन्दर्भ देते हुए यह भी कहा गया है कि हिंस्रानाम हिंसने दोषाऽभावो। अर्थात्, जो व्याघ्र आदि हिंसक जीव हैं, उनको हिंसा का दोष नहीं लगता है। मतलब, हिंसा उनके लिए बंधन, दण्ड और विनाश का कारण नहीं है। ब्राह्मिक परम्परा में हिंसा के विमर्श को समझने के लिए विश्व के सबसे बड़े महाकाव्य *महाभारत* की रचना हुई है। सूत्र रूप में हिंसा के मूलभूत स्वरूप को समझने के लिए हमें *योगसूत्र* और आयुर्वेद के ग्रन्थों का भी अवश्य अवलोकन करना चाहिए। *पतंजलि योगसूत्र* के तीसवें सूत्र में कहा गया है कि *अहिंसासत्यास्तेय ब्रह्मचर्यापरिग्रहा यमाः*। अर्थात्, अहिंसा, सत्य, अस्तेय, ब्रह्मचर्य और अपरिग्रह पाँच यम हैं। इन नियमों का पालन न करने से हिंसा होती है। आयुर्वेद के अनुसार समत्व प्रकृति और शरीर का मूल नियम है। यहाँ समत्व का तात्पर्य समानता या समता से नहीं, बल्कि, उचित मात्रा और अनुकूल प्रकृति से है। उचित मात्रा और अनुकूल प्रकृति का उल्लंघन होने पर विकार उत्पन्न होता है और यह विकार ही स्वास्थ्य को खराब करता है। विकार उत्पन्न करना हिंसा है। चित्त की अविकार्यता की उच्चतम अवस्था समाधि है और उस अवस्था में वैर का पूर्ण त्याग हो जाता है। इसी अर्थ में पतंजलि योग सूत्र के पैंतीसवें सूत्र में कहा गया है– *अहिंसाप्रतिष्ठायाम् तत्सन्निधौ वैरत्यागः*।

आयुर्वेद की दृष्टि में, जो समत्व है और योग की दृष्टि में, जो यम है, उनका उल्लंघन जब होता है, तब वह हिंसा है। यहाँ ध्यान देने की बात है कि समत्व और यम का उल्लंघन हम किसी-न-किसी साधन के द्वारा करते हैं। इसके लिए जब हम मन को साधन के रूप में प्रयोग में लाते हैं, तब मानसिक हिंसा करते हैं। जब भाषा को साधन के रूप में प्रयोग करते हैं, तब भाषायी हिंसा करते हैं और जब अपने शरीर या किसी भौतिक वस्तु का इस्तेमाल करते हैं, तब कायिक हिंसा करते हैं। कोई भी हिंसा करने से पहले मनुष्य सबसे पहले अपने ऊपर हिंसा करता है, क्योंकि, बिना अपना समत्व बिगाड़े और यमों का उल्लंघन किये हिंसा की ही नहीं जा सकती है। इसी कारण ब्राह्मिक परम्परा में हिंसा को दूर करने का उपक्रम व्यक्ति के शरीर और मन की शुद्धि से आरम्भ होता है। हिंसा को समझने का इतना विशाल विमर्श किसी भी अन्य सभ्यता में दुर्लभ है। विष्णु पुराण (1.7.32) में हिंसा की वंशावली बताते हुए कहा गया है कि हिंसा अधर्म की पत्नी थी; उससे अनृत (असत्य) नामक पुत्र और निकृति (शठता) नामक कन्या उत्पन्न हुई। उन दोनों से भय और नरक नाम के पुत्र तथा उनकी पत्नियाँ माया और वेदना नाम की कन्याएँ

हुईं। उनमें से माया ने समस्त प्राणियों के संहारकर्ता मृत्यु नामक पुत्र को उत्पन्न किया। वेदना ने भी रौरव (नरक) द्वारा अपने पुत्र दु:ख को जन्म दिया और मृत्यु से व्याधि, जरा, शोक, तृष्णा और क्रोध की उत्पत्ति हुई। ये सब अधर्मरूप हैं और 'दु:खोत्तर' नाम से प्रसिद्ध हैं।

3.2 मिथकीय इतिहास का भौतिक सत्यापन : शक्ति के स्थान पर हिंसा का महिमामंडन

आज की समसामयिक दुनिया में इतिहास-पुनर्लेखन के नाम पर दक्षिणपंथ की ओर से जिस तरह से इतिहास के भौतिक सत्यापन की मुहिम चल रही है और एक प्रकार की हिंसा का विरोध करके दूसरे प्रकार की हिंसा का समर्थन किया जा रहा है, वह भी 'स्ट्रामैन फैलेसी लॉजिक' से ग्रस्त है। साथ-ही-साथ, यह मार्क्सवादी इतिहास-लेखन की भौतिक प्रवृत्ति और हिंसा के स्थान पर दूसरी तरह की भौतिकता और हिंसा का समर्थन करता है। इतिहास-लेखन की यह प्रवृत्ति भौतिकता को अपनाने के मामले में मार्क्सवादियों से भी अधिक भौतिकता-प्रेमी है। ऐसा इसलिए कि मार्क्सवादियों ने ईश्वर को बहिष्कृत करके भौतिकता को ही सार्वभौमिक ईश्वर बना दिया, किन्तु, ईश्वर की भौतिक सत्यापनीयता के तर्क से समकालीन इतिहास-पुनर्लेखन करने वाले दक्षिणपंथी उस भौतिक ईश्वर को जातीयता और क्षेत्रीयता में भी बाँध देते हैं। मिसाल के तौर पर, जगन्नियंता, त्रिलोकस्वामी राम का भौतिक सत्यापन नहीं किया जा सकता है। परन्तु, राम का यह स्वरूप उनके अस्तित्व का निषेध नहीं, बल्कि, उनकी असीम महिमा का वर्णन करता है। अयोध्या के राजा के रूप में एक क्षत्रिय राम का भौतिक सत्यापन सम्भव है। परन्तु, यह भौतिक सत्यापन राम की भौतिकता के अन्य पक्षों को भी उद्घाटित करता है, जिसमें उनके राज्य की सीमा चित्रकूट और इलाहाबाद के बीच में ही सिमट कर रह जाती है। यह ईश्वरत्व के निर्दैवीकरण या सेकुलराइज़ेशन का वही मार्ग है, जो मार्क्सवादी इतिहास-लेखन की प्रमुख प्रवृत्ति है।

ब्राह्मिक परम्परा में इतिहास-लेखन के इन दोषों के प्रति शुरू से ही गम्भीर जागरूकता रही है। इसी कारण ब्राह्मिक परम्परा में इतिहास-लेखन कार्य *(वर्क)* यानी जीवन में भौतिक उपादानों की किसी परिष्कृत प्रणाली के समर्थन में नहीं हुआ है;, बल्कि, इतिहास को कर्म *(एक्शन)* यानी सामूहिक सहयोग के सामूहिक मूल्य-बोध के धरातल पर लिखा गया है। यहाँ भौतिक युद्धों को भी मानसिक प्रवृत्तियों के मध्य संघर्ष के रूप में प्रस्तुत किया गया है। हन्ना आरेंट के शब्दों में कहें तो

इसके माध्यम से कर्म *(एक्शन)* की प्रेरणा दी गयी है। ब्राह्मिक परम्परा की भाषा में कहें तो यह निष्काम कर्मयोग के लिए मूल्यों और सहमतियों की सक्रिय सांस्कृतिक मनोवृत्ति की स्थापना का प्रयास है। इसी दृष्टि से शंकराचार्य *श्रीमद्‌भगवद्‌गीता* का भाष्य करते हुए महाभारत को कुरुक्षेत्र में लड़े गये युद्ध के रूप में नहीं देखते हैं, बल्कि, इसे मनुष्य के भीतर का युद्ध कहते हैं। यह एक ऐसा युद्ध है, जहाँ मन कार्य की ओर खिंचता है और आत्मा कर्म की ओर जाना चाहती है। आचार्य शंकर के पास न तो ज्ञान की कमी थी और न ही सन्दर्भों की। मिथकीय इतिहास का विस्मरण जितना आज हो चुका है, उतना आचार्य शंकर के समय हुआ भी नहीं था। ऐसे में शंकराचार्य चाहते तो मिथकीय इतिहास का आसानी से भौतिक सत्यापन भी कर सकते थे। परन्तु, उन्होंने इतिहास से मूल्यबोध का ग्रहण किया, न कि घटनाओं के भौतिक विन्यास का।

हन्ना आरेंट कहती हैं कि इतिहास के महिमामंडन के भीतर से उपजने वाली हिंसा (नाज़ीवाद, फ़ासीवाद) और प्रगति के महिमामंडन (मार्क्सवाद, स्टालिनवाद) के भीतर से उपजने वाली हिंसा एक ही जैसी नहीं होती। इतिहास के महिमामंडन के भीतर से उपजने वाली हिंसा विषयीपरक होती है और प्रगति के महिमामंडन के भीतर से उपजने वाली हिंसा विषयपरक होती है। विषयपरकता के दावे के कारण ही मार्क्सवादी सार्वभौमिक हिंसा का समर्थन कर पाते हैं और उस हिंसा में शामिल लोगों की जातीयता, धार्मिकता और क्षेत्रीयता आदि को नकार देते हैं। ये सभी तत्त्व सर्वहारा की एकता और उसकी सार्वभौमिक हिंसा में सहभागिता के लिए बाधक तत्त्व है।

मार्क्स की दृष्टि में ऐसे सभी मतवादी तत्त्व इतिहास की गति को अवरुद्ध करते हैं। मार्क्सवादियों की हिंसा बोर्ज़्वा संस्कृति में परिवर्तन लाने के विचार को आधारभूत मानकर हिंसा का समर्थन करती है। उनके लिए परिवर्तन और विकास के लिए हिंसा आवश्यक है। तभी तो एंगेल्स कहते हैं कि हिंसा आर्थिक विकास की प्रोत्साहक है।[18] इसके विपरीत, इतिहास के महिमामंडन से जिस हिंसा का उदय होता है, वह संस्कृति में स्थायित्व को आधारभूत तत्त्व मानता है। इसके लिए क्षेत्रीयता, जातीयता, धार्मिकता आदि स्थायित्व के आधार स्तम्भ हैं। इनको बनाये रखने के लिए इन तत्त्वों के विरुद्ध, जो हिंसा (काल्पनिक या वास्तविक) का प्रयोग हुआ है, उसके प्रतिकार के लिए हिंसा आवश्यक है। इस तरह हन्ना आरेंट यह देख पाती हैं कि उनके समय में और प्रकारान्तर से आज भी विभिन्न प्रकार की हिंसक धाराओं

18. पूर्वोक्त : 9.

में, जो एकजुटता नहीं है, उसका कारण इतिहास को एक उपकरण ही तरह अपनाने की अलग-अलग विचारधाराएँ या दृष्टिकोण हैं। इन हिंसक क्रान्तिकारी प्रवृत्तियों ने और इनके विरुद्ध दमन की प्रवृत्तियों ने आधुनिक दुनिया में एक बड़े, किन्तु, मानव-जाति के लिए नकारात्मक, बदलाव को जन्म दिया है। यह नकारात्मक बदलाव सभ्यताओं में घर करती जा रही हिंसा है। इसके परिणामस्वरूप, कार्य *(वर्क)* का वृत्त विस्तृत होता जा रहा है और कर्म *(एक्शन)* का वृत्त सिकुड़ता जा रहा है। इस बदलाव से शक्ति और हिंसा के बीच की दूरी घटती जा रही है और राजनीति का झुकाव शक्ति के बजाय हिंसा की ओर बढ़ता जा रहा है।

यहाँ यह देखा जा सकता है कि हन्ना आरेंट ने हिंसा को समझने के लिए बहुत हद तक ब्राह्मिक परम्परा के निकट आने का प्रयास किया है; यद्यपि, हिंसा को समझने का उनका उपक्रम ब्राह्मिक परम्परा की तरह न तो विशाल है और न ही वह हिंसा की मीमांसा में शरीर क्रिया और चित्तवृत्ति पर पहुँचता है। वस्तुतः, हन्ना आरेंट संस्कृति में निहित हिंसा की अपेक्षा सभ्यता में प्रतिष्ठित हिंसा की व्याख्या में अधिक संलग्न रही हैं। परन्तु, इस उपक्रम में वे इतनी गहरी मीमांसा करती हैं कि वे स्वयं पश्चिम के लिए चुनौती बनकर उपस्थित होती हैं। हन्ना आरेंट के अनुसार, साधन के द्वारा शासित होना हिंसा है। वे आगे कहती हैं कि शक्ति की तकनीकी अभिव्यक्ति हिंसा है।[19] तकनीकी जब हमारे मानवीय निर्णयों को प्रभावित करने लगती है और हमारे मनुष्य होने के उद्देश्य और उदात्त प्रवृत्तियों पर अंकुश लगाने लगती है, तब यह, हर मनुष्य अपने-आप में एक नयी शुरुआत है, इसकी सम्भावनाओं को सीमित कर देती है। शक्ति के तकनीकी प्रयोग का परिणाम जब मनुष्य के वश में नहीं रह जाता है, तब यह हिंसा है और सबसे विकट हिंसा है।[20] इस तथ्य को नीत्शे की शब्दावली में कहें तो विज्ञान और तकनीक जब मनुष्य की शाश्वत वापसी को रोक देते हैं, तब यह हिंसा है। ऐसी हिंसा, जिसका विषयी मनुष्य नहीं होता, बल्कि, स्वयं मनुष्य ही उसका विषय हो जाता है।

3.3 राजनीति में शक्ति का ह्रास और हिंसा की वृद्धि के वैचारिक आयाम

मनुष्य एक चिन्तनशील प्राणी है। किसी-न-किसी स्तर का चिन्तन पशु भी करते हैं। यदि पशु में चिन्तनशीलता का पूर्ण अभाव हो तो पशुओं को पालतू बनाना

---

19. पूर्वोक्त : 4.

20. पूर्वोक्त : 4-5.

और उनके व्यवहार को किसी हद तक नियन्त्रित करना सम्भव नहीं होगा। परन्तु, आत्मचेतन नहीं होने के कारण पशु अपनी चिन्तनशीलता के प्रति चेतन नहीं होते हैं, जबकि, मनुष्य आत्मचेतन होने के कारण अपनी चिन्तनशीलता के प्रति चेतन होते हैं। ऐसी स्थिति में यह विचारणीय है कि मनुष्य क्यों और कैसे उन साधनों से शासित होने लगते हैं, जिन्हें मनुष्य के वश में होना चाहिए था। इस सन्दर्भ में ऑकशॉट ने एक समीकरण की ओर हमारा ध्यान आकृष्ट किया है। वे कहते हैं कि मनुष्य की सम्पूर्ण समझदारी को उसके सम्पूर्ण अनुभवों के सातत्य में ही देखना चाहिए। इसके लिए आवश्यक है कि मनुष्य के चिन्तन को किसी 'मोड' से प्रभावित नहीं होना चाहिए। उन्होंने इतिहास, विज्ञान और प्रैक्टिस को ऐसे 'मोड' के रूप में चिह्नित किया है, जो मनुष्य की सम्पूर्ण समझदारी को उसके सम्पूर्ण अनुभवों की श्रृंखला से काट देते हैं।[21]

ऑकशॉट के इस तर्क का विस्तार किया जाय तो धन-सम्पत्ति एवं तात्कालिकता भी चिन्तन को 'मोड' की तरह प्रभावित करते हैं और नेतृत्व का स्वरूप भी चिन्तन को 'मोड' की तरह प्रभावित करता है। मनुष्य की सम्पूर्ण समझदारी जब उसके सम्पूर्ण अनुभवों के सातत्य से निकलकर किसी एक 'मोड' से अधिशासित होने लगती है, तब मनुष्य अपना अक्स उसी में देखता है और उसी के अनुरूप अपने को समझने भी लगता है। ग्रीक चिन्तन में इस तथ्य को प्लेटो ने विकृत राज्य की तुलना 'गुफा के रूपक' से करते हुए प्रदर्शित किया है।[22] हमारी वर्तमान सभ्यता इसी तरह तकनीकी मस्तिष्क से संचालित हो रही है।[23] आज के समय में विवेकशील होने का अर्थ एक ऐसे मनुष्य से है, जो तकनीक की सम्प्रभुता पर विश्वास करता हो।[24] इस स्थिति में मनुष्य के उन निर्णयों में, जिनके द्वारा वह अपना निर्माण करता है और

---

21. माइकल ऑकशॉट (1973), *एक्सपीरियंस ऐंड इट्स मोड्स*, कैम्ब्रिज युनिवर्सिटी प्रेस, कैम्ब्रिज : 71, 74, 75, 106, 107, 169, 171.

22. प्लेटो ने विकृत राज्य की तुलना एक ऐसी गुफ़ा से की है जिसके निवासियों ने गुफ़ा के द्वार से आने वाली रोशनी के स्रोत सूर्य को कभी नहीं देखा है। फलतः, गुफ़ा की दीवारों पर पड़ने वाली अपनी परछाईं को वे वास्तविक मानते हैं, क्योंकि, उन्हें परछाईं के कारण का वास्तविक ज्ञान नहीं है। प्लेटो कहते हैं कि गुफ़ा निवासियों के भ्रम को दूर करने का एक ही तरीका है कि उनके मुँह को सूर्य की ओर कर दिया जाये। प्लेटो (1991), पूर्वोक्त।

23. माइकल ऑकशॉट (1962), *रैशनलिज्म इन पॉलिटिक्स ऐंड अदर एसेज़*, मेथुएन, लन्दन : 7, 11, 93, 96.

24. माइकल एच. लेसनॉफ (1999), *पॉलिटिकल फ़िलॉसॅफ़ीज ऑफ़ ट्वेंटिएथ सेंचुरी*, ब्लैकवेल पब्लिशर्स, मेसाचुसेट्म : 125.

अपने को अभिव्यक्त करता है, उनका स्वरूप भी तकनीकी हो गया है।

हन्ना आरेंट की दृष्टि से मानव के सम्पूर्ण अनुभवों का सबसे व्यापक समझदारी के साथ सामूहिकता में सामूहिक लक्ष्यों के लिए कार्य करने का क्षेत्र राजनीति है। वे राजनीति को विधिक दायित्वों की तरह बन्द अनुबन्ध नहीं मानती हैं, बल्कि, ऑकशॉट की तरह ही राजनीति को मैत्री-सम्बन्धों की तरह एक खुला अनुबन्ध मानती हैं। राजनीति यदि विचारधारा, पार्टी या नेतृत्व के कारण खुले अनुबन्ध की जगह बन्द अनुबन्ध में बदल जाये तो फिर जिस शक्ति के प्रयोग का दावा यह करती है, वह हिंसा हो जाती है; क्योंकि, अनुबन्ध का निर्देशक तत्त्व चाहे जाति हो, भाषा हो, इतिहास का गौरव हो या विचारधारा, वह है तो एक साधन ही। परन्तु, विडम्बना यह कि उन्हीं साधनों से हम शासित होने लगते हैं। राजनीति जब विधिक दायित्व की तरह अपने को बन्द अनुबन्ध में बदल लेती है, तब वह अनुबन्ध के तत्त्वों का तकनीकी प्रयोग करने लगती है। हन्ना आरेंट ने इसी कारण साफ़-साफ़ कहा है कि शक्ति की तकनीकी अभिव्यक्ति हिंसा है।

राजनीति के स्वरूप में गिरावट से प्रकट होने वाली हिंसा की भी हन्ना आरेंट ने गम्भीर मीमांसा की है। इसके लिए दो तत्त्वों को वे मुख्य रूप से उत्तरदायी बताती हैं। इनमें से पहला तो है कार्य के धरातल पर बनी हुई दुनिया, जो मनुष्य को साधनों पर आश्रित कर देती है। साधनों पर उपाश्रितता मनुष्यों के मध्य वैविध्य को भी नष्ट करती है और उनके मध्य सामूहिकता के सम्बन्ध को भी सीमित कर देती है। सामूहिकता को सीमित करने वाली कार्य-आधारित सामाजिक-राजनीतिक व्यवस्था राजनीति को ही विद्रूप कर देती है। राजनीति में यह विद्रूपता कैसे आ गयी और जिस राजनीति को शक्ति का पर्याय बनना था, वह हिंसा की पर्याय कैसे बन गयी, इस प्रश्न को भी हन्ना आरेंट ने समझाने का प्रयास किया है। राजनीति में आई विद्रूपता का एक कारण तो वह है जिसे हन्ना आरेंट भी स्वीकार करती हैं और जिसका आकशाट के विचारों की चर्चा के क्रम में उल्लेख किया ही गया है। हन्ना आरेंट[25] इस सन्दर्भ में एक दूसरा कारण प्रगति और इतिहास की व्याख्या के क्रम में इन दो तत्त्वों (प्रगति एवं इतिहास) के मध्य अतार्किक गठजोड़ बना देने की प्रवृत्ति को मानती हैं। प्रगति और इतिहास की गलत व्याख्या का एक साथ प्रयोग बाहरी तौर पर दो अलग-अलग तत्त्व दिखायी पड़ते हैं, किन्तु, दोनों एक-दूसरे से

---

25. हन्ना आरेंट (1969), पूर्वोक्त : 25.

जुड़े हुए हैं। हन्ना आरेंट कहती हैं कि 17वीं शताब्दी से पहले मानव-जाति के लिए सामूहिक प्रगति का विचार अज्ञात था। इस विचार की शुरुआत 18वीं शताब्दी में हुई और 19वीं शताब्दी में यह एक सार्वभौम अंधविश्वास बन गया। इस सन्दर्भ में 17वीं शताब्दी को पास्कल और फॉन्टेनल द्वारा प्रस्तावित शताब्दियों के ज्ञान के संग्रह को प्रगति के रूप में समझा जा सकता है।[26] इसी तरह 18वीं शताब्दी को प्रगति के सन्दर्भ में मानव-जाति के लिए प्रशिक्षण के रूप में देखा जा सकता है।[27] इन दोनों ही सन्दर्भों में प्रगति का स्वरूप असीमित नहीं था। 19वीं शताब्दी को प्रगति के अर्थ में मार्क्स के वर्ग-विहीन समाज की स्थापना में देखा जा सकता है, जहाँ इतिहास के अन्त से स्वतन्त्रता का आरम्भ होता है। मार्क्स के इस विचार को प्रायः उस ईसाई मत का सेकुलर स्वरूप माना जाता है, जहाँ मृत्यु मनुष्य का अन्तिम भाग्य है।[28] यहाँ इस विचार का थोड़ा स्पष्टीकरण आवश्यक है, ताकि उसके निहितार्थ को ठीक से समझा जा सके। ईसाई मत में आत्मा और पुनर्जन्म का स्थान नहीं है। अब यदि मृत्यु मनुष्य की अन्तिम नियति है तो मनुष्य का विनाश होना और इस विनाश के साथ-साथ विकास का नाश और इतिहास का अन्त भी अवश्यंभावी है। फिर, इतिहास के किसी कालखण्ड को महिमामंडित करके भी अन्ततः विनष्ट ही होना है। यदि महिमामंडन योग्य काल भविष्य में आने वाला है, तब भी वह प्रत्याशित भविष्य अपने इतिहास के साथ विनाशी ही है। ऐसे में मृत्यु के अतिरिक्त मानव की कोई साझी सम्पत्ति नहीं है।[29] इस साझी समानता के अतिरिक्त यदि कोई मनुष्य में समानता के किसी अन्य सन्दर्भ को खोज निकालता है और उसके आधार पर प्रगति की व्याख्या करता है, तब प्रगति का यही अर्थ होगा कि प्रगति मानव विकास का एक ऐसा अनुक्रमित (क्रोनोलोजिकल) स्वरूप है, जिसमें बाद में आने वाले पहले वालों के श्रम का लाभ बिना कोई कीमत चुकाए प्राप्त करते हैं।[30] हालाँकि, आज के समय में हन्ना आरेंट के इस मत को थोड़ा परिवर्तित करके समझने से हम समकालीन परिस्थितियों को बेहतर तरीक़े से समझ सकते हैं। वह यह कि हर बाद में आने वाली पीढ़ी अपने पहले की पीढ़ी के श्रम का लाभ पर्यावरण संकट की कीमत पर प्राप्त करती है। परन्तु, जब मृत्यु ही

---

26. पूर्वोक्त : 25.

27. पूर्वोक्त : 25.

28. पूर्वोक्त : 25-27.

29. पूर्वोक्त : 25-27.

30. पूर्वोक्त : 25-27.

सृष्टि का अन्तिम सत्य हो तो पर्यावरण की भी मृत्यु निश्चित है। ऐसे में यह कहा जा सकता है कि इसे संरक्षित रखने का उपक्रम कोई औचित्यपूर्ण उपक्रम नहीं है। ईसाई युगान्त-विज्ञान (इश्चेटोलोजी) का यही तर्क आज के पर्यावरण-विनाश का आधारभूत प्रस्थान-बिन्दु है और आधुनिक दुनिया का आर्थिक तर्कशास्त्र इसी मान्यता में आकण्ठ डूबा हुआ है।

उदारतावादी या दक्षिणपंथी इतिहास की व्याख्या और मार्क्सवादी इतिहास की व्याख्या दोनों ही इस सूत्र को एक समान रूप से स्वीकार करते हैं। इतिहास की इस ग़लत व्याख्या का परिणाम यह हुआ कि दोनों ही सामूहिक प्रगति के लिए प्रकृति को एक उपकरण की तरह प्रयोग करने लगे और इससे कार्य *(वर्क)* की आधुनिक दुनिया का उदय हुआ, जिसमें राजनीति हिंसा की तकनीकी अभिव्यक्ति का सबसे दमनशील प्रतिमान बनकर सामने आयी है। हन्ना आरेंट के विरोध में यहाँ विज्ञान की इस मान्यता का सहारा लिया जा सकता है कि अब तो विज्ञान ने आन्तरिक शाश्वत गति का सिद्धान्त विकसित कर लिया है और इसके कारण इतिहास की पुनर्व्याख्या की पुरानी परम्पराएँ धराशायी हो गयी हैं। हन्ना आरेंट इस तथ्य के प्रति भी सचेत हैं और इस सन्दर्भ में उन्होंने अपनी मान्यता का उल्लेख किया है। उनकी यह मान्यता अधिक गहरी है और आज के विज्ञान की *'कंटीन्यूटी ऑफ़ चेंज फ़ॉर चेंज'* की सीमाओं को समझती है। यह मनुष्य को केन्द्रविहीन कर देने वाला विज्ञान है, क्योंकि, यह मनुष्य को क्षण भर भी टिकने नहीं देता है; जबकि, आज की राजनीति अतीत में किसी कालखण्ड के गौरव की प्राप्ति के लिए विज्ञान के *'कंटीन्यूटी ऑफ़ चेंज फ़ॉर चेंज'* को एक विशेष साँचे में बाँधे रखना चाहती है। इस उपक्रम में आज विपुल मात्रा में छद्म समाज-वैज्ञानिक और छद्म वैज्ञानिक पैदा हो गये हैं, जो राजनीति, धर्म और विज्ञान एवं तकनीक का अप्राकृतिक घालमेल करने में लगे रहते हैं।[31] यह घालमेल हमेशा अन्तर्विरोध को पाटने का खेल खेलता रहता है और कामचलाऊ समझौतों के ज़रिये छोटी-छोटी सामूहिक एकता को अपनी ताकत का आधार बनाता है। यह एकता अपने से बड़ी हर एकता के उदय की सम्भावना को नष्ट करना चाहती है। इस दृष्टि से दुनिया भर में लोकतान्त्रिक सरकारों के द्वारा अपनी ही जनता पर गोलीबारी करना आज की दुनिया की एक आम सच्चाई बन गयी है।[32]

---

31. पूर्वोक्त : 30-31.

32. पूर्वोक्त : 30-31.

राजनीति के इस अपभ्रंश सत्य को हन्ना आरेंट ने पश्चिमी राजनीतिक चिन्तन में वामपंथ एवं दक्षिणपंथ की चिन्तनधाराओं में समान रूप से गतिमान होते देखा है। वे कहती हैं कि हिंसा को शक्ति के अंशरूप में देखने की प्रवृत्ति दोनों प्रकार की चिन्तनधाराओं में समान रूप से प्रचलित है।[33] हन्ना आरेंट कहती हैं कि जब जॉर्ज सोरेल ने 1906 में लिखा था कि हिंसा की हमारी समझ में अभी भी बहुत कुछ नासमझ क़िस्म की है,[34] तो वह नासमझी साठ साल बाद भी कम नहीं हुई है।[35]

हन्ना आरेंट राजनीति, शक्ति और हिंसा के उलझाव को समझने में विचारों की नाकामी को उद्धृत करते हुए अनेक उदाहरण प्रस्तुत करती हैं। जैसे सी. राइट मिल्स ने कहा कि सभी प्रकार की राजनीति शक्ति के लिए संघर्ष है और हिंसा चरम या उच्चतम प्रकार की राजनीति है।[36] इसी अर्थ में राजनीति, शक्ति और हिंसा को मैक्स वेबर ने भी समझा और कहा कि मनुष्य के ऊपर मनुष्य का वैध शासन कथित रूप से वैध हिंसा है।[37] परन्तु, इन दक्षिणपंथी विचारकों ने जिस तरह से राजनीति, शक्ति और हिंसा को समझा है, वह इस मामले में बड़ा अजीबोगरीब है कि वे भी मार्क्स की व्याख्या को ठुकराने के बजाय अपना रहे हैं। यहाँ यह उल्लेखनीय है कि मार्क्स ने राज्य को शासकवर्ग के हाथों में शोषण का एक माध्यम माना है। इस अर्थ में राजनीतिक शक्ति संगठित हिंसा का पर्याय बन जाती है। ऐसे में यह आश्चर्यजनक लगता है कि मार्क्स के विरोधी दक्षिणपंथी भी राजनीति, शक्ति और हिंसा की उसी व्याख्या को अपना रहे हैं, जिसे मार्क्स ने अपनाया था। ऐसे में बर्तेड द जुवेनल की स्थापना महत्त्वपूर्ण हो जाती है कि युद्ध राज्यों की गतिविधि है और युद्ध के अन्त से राज्य का अन्त तथा हिंसा का भी अन्त हो सकता है। यदि राजनीति और शक्ति हिंसा के साथ जुड़ जायें तो हिंसा के अन्त के लिए राज्य और राजनीति तथा शक्ति तीनों का अन्त आवश्यक है। आज के समय में बर्तेड द जुवेनल की इस मान्यता को स्वीकार कर लेना मानो एक तार्किक बाध्यता है, परन्तु, इस प्रश्न का उत्तर तब बदल जायेगा, जब हमारी राजनीतिक शक्ति की समझ बदल जायेगी।

---

33. पूर्वोक्त : 35.

34. पूर्वोक्त : 35.

35. पूर्वोक्त : 35.

36. पूर्वोक्त : 35.

37. पूर्वोक्त : 35.

हन्ना आरेंट ने राजनीति, शक्ति और हिंसा के उलझाव को समझने में एक तीसरे तर्क का भी सहारा लिया है। यह तर्क सम्प्रभुता-आधारित राष्ट्र-राज्य के विचार से राजनीति के स्वरूप में आये बदलाव को रेखांकित करता है। हन्ना आरेंट का कहना है कि सोलहवीं शताब्दी से आरम्भ होने वाले राष्ट्र-राज्य की धारणा ने राजनीति एवं शक्ति के प्रति हमारी समझ को बिगाड़ दिया है।[38] वे इस तर्क का और भी विस्तार करती हैं और कहती हैं कि राज्य की अवधारणा में सम्प्रभुता को केन्द्रीय महत्त्व मिलने के साथ-साथ राजनीति की प्रक्रिया और उसके स्वरूप में भी परिवर्तन आ गया। हन्ना आरेंट ने 1793 में अमेरिकी उच्चतम न्यायालय के मुख्य न्यायाधीश जेम्स विल्सन का सन्दर्भ देते हुए इस तथ्य की पुष्टि की है। जेम्स विल्सन ने 1793 में यह कहा था कि अमेरिकी संविधान के लिए सम्प्रभुता की अवधारणा बिलकुल अनजान-सी रही है।[39] वस्तुतः, सम्प्रभुता की अवधारणा और लोकतन्त्र के मिश्रण से जिन आधुनिक राज्यों का उदय हुआ है, उन राज्यों में प्रायः सरकारों के द्वारा राज्य जैसी असीमित शक्ति के प्रयोग की प्रवृत्ति आ ही जाती है। ऐसे में सरकारों को सहमति की राजनीति को छोड़कर हिंसा की सियासत में लिप्त होते देखा जा सकता है। हिटलर, स्टालिन आदि इसके कुछ उदाहरण ज़रूर हैं, परन्तु, इसका परिप्रेक्ष्य कुछ नामों के बजाय कहीं अधिक व्यापक है।

हन्ना आरेंट ने चौथे तत्त्व के रूप में सामी परम्परा से मिली ईश्वर की 'शास्ता' वाली अवधारणा की भी राजनीति के स्वरूप में विद्रूपता लाने वाले कारक के रूप में पहचान की है। इस तथ्य को समझने के लिए मध्ययुगीन राज्य और चर्च के आपसी संघर्ष को ध्यान में रखना आवश्यक है। इस संघर्ष ने राज्यों को 'शास्ता'– ईश्वर की तरह शक्तिमान– बनने की होड़ में लगा दिया। इस होड़ ने राज्य को असीमित और निरंकुश (हिंसक) शक्ति के दावेदार के रूप में प्रस्तुत किया है।

3.4 राजनीति का शास्त्रीय स्वरूप : हिंसारहित राजनीति

ग्रीक परम्परा और ब्राह्मिक परम्परा में, जो मान्य राजनीतिक सिद्धान्त हैं, उनमें राजा या राज्य निरंकुश (हिंसक) शक्ति की न तो कामना करता है और न ही उसे ऐसी कोई निरंकुशता प्राप्त है। ब्राह्मिक परम्परा में राजपद के सिद्धान्त में ईश्वरत्व

---

38. पूर्वोक्त : 38.

39. पूर्वोक्त : 6.

का समावेश है, परन्तु, वह प्रजा को जीव मानकर शासन नहीं करता है, बल्कि, उसे प्रजा को पुत्र मान कर शासन करने का निर्देश है। ब्राह्मिक परम्परा में न तो राजा और न ही ईश्वर दायित्व से मुक्त है। ईश्वर और राजा के प्रति सार्वभौम स्वीकार्यता उसकी निरंकुश शक्ति के कारण नहीं हैं, बल्कि, ईश्वर के लिए यह प्रजा-वत्सल होने के कारण है और राजा के लिए यह प्रजारंजक होने में है। ग्रीक पेगन परम्परा की राजनीति एवं ईश्वर का स्वरूप भी बहुत हद तक ऐसा ही रहा है। चिन्तन की यह प्रणाली ईश्वर और राजा दोनों को उत्तरदायित्व सौंपती है और उनकी शक्ति को सापेक्षता प्रदान करती है। उत्तरदायित्व और सापेक्षता के आधार पर ईश्वर और राजा दोनों 'ऑल इन्क्लूसिव' हैं, 'ऑल एक्सक्लूसिव' नहीं; जबकि, सामी परम्परा में ईश्वर उत्तरदायी और सापेक्ष नहीं, बल्कि, 'ऑल एक्सक्लूसिव' है। चर्च एवं राज्य के मध्य दो शताब्दियों के लम्बे संघर्ष के क्रम में चर्च अपने को ईश्वर के निरपेक्ष एवं 'ऑल एक्सक्लूसिव' सत्ता का प्रतिनिधि बताता रहा है। चर्च के इस दावे को राज्य में अन्तर्भूत करने के लिए राज्य के द्वारा भी अपने को निरपेक्ष और 'ऑल एक्सक्लूसिव' सत्ता का मूर्तरूप साबित करना आवश्यक था। सम्प्रभुता इसी तत्त्व की अभिव्यक्ति है। सम्प्रभुता के इस प्रारूप की सबसे सटीक अभिव्यक्ति हॉब्स के चिन्तन में हुई है, जिसकी एक मिसाल यह है कि राज्य में अन्य संस्थाओं का होना ठीक उसी तरह है, जैसे मनुष्य की आंतों में कीड़ों का होना।[40] इस तरह के विचारों की पराकाष्ठा हिगेल के चिन्तन में हुई है। इसके समर्थकों ने तो शान्ति को राज्य के विनाश का एक कारण तक मान लिया है।[41] इन विचारकों ने राष्ट्र-राज्य और सम्प्रभुता को वही प्राधिकार दे दिया है, जो सामी परम्परा में शास्ता ईश्वर को जीव पर प्राप्त है। हन्ना आरेंट कहती हैं कि विधि एवं आज्ञापालन के मध्य, जो सम्बन्ध है, वह शास्ता ईश्वर के 'कमांड' के पालन की अधीनता से अलग है। परन्तु, सम्प्रभुता-आधारित राज्य मनुष्य से उसी 'कमांड' की अधीनता जैसे व्यवहार की अपेक्षा करता है। वस्तुतः, इस अपेक्षा में ही हिंसा के बीज निहित हैं। हिंसा के इस बीज को लोकतन्त्र उत्तरदायित्व-वितरण (शासक एवं शासित के मध्य) के माध्यम से कम करने का प्रयास करता है। परन्तु, यह प्रयास जब विचारधारा

40. ब्रजकिशोर झा (2004), *प्रमुख राजनीतिक चिन्तक*, भाग 2, बिहार हिन्दी ग्रन्थ अकादमी, पटना : 35.

41. ब्रजकिशोर झा (2004), पूर्वोक्त : 411-414.

या नस्लीय श्रेष्ठता के भीतर होता है, तब लोकतन्त्र के ही हिंसक बन जाने की सम्भावना बढ़ जाती है। यहाँ कुछ लोग कह सकते हैं कि ब्राह्मिक परम्परा में मनु और कौटिल्य भी तो 'दण्डो हि धर्मस्य मूलः' कहते हैं और इससे हॉब्स और हिगेल जैसी ही सत्ता की प्रतिष्ठा की सैद्धान्तिकी ही निर्मित होती है। वस्तुतः, यह अधूरे विमर्श को पूर्ण मान कर प्रस्तुत करने की मानसिक हिंसा से ग्रस्त तर्क है। इस तर्क में यह ध्यान नहीं दिया गया है कि स्वयं दण्ड के लिए भी जन के उसी मार्ग का अनुकरण आवश्यक है, जिसमें धर्म की रक्षा का सूत्र 'धर्मो रक्षति रक्षितः' है।[42] दण्ड और धर्म के संयोग का यह समीकरण राजनीति को सर्वसमावेशी, सहिष्णु तथा तादात्म्यबोधकता की भूमि पर लाकर खड़ा कर देता है और राजनीति में शक्ति का आधान भी इसी से होता है।

हन्ना आरेंट ने अपने समय की राजनीति और हिंसा के मध्य सम्बन्ध को नौकरशाही सम्बन्ध के जरीये भी प्रदर्शित किया है। उनका मानना है कि सभी का एक के विरुद्ध होना शक्ति का अतिवादी स्वरूप है। यह शक्ति की निरपेक्ष व्याख्या है। इसी तरह सभी के विरुद्ध एक का होना हिंसा की अतिवादी व्याख्या है।[43] कोई भी सरकार सिर्फ़ हिंसा के आधार पर अपने को स्थापित नहीं रख सकती है। यहाँ तक कि दुनिया के सबसे अधिक क्रूर सर्वाधिकारवादी शासकों को भी शासन के लिए शक्ति की आवश्यकता होती है।[44] शासन के लिए शक्ति की आवश्यकता का अन्त तभी हो सकता, जब शासन के कम्प्यूटरीकरण, सेना के रोबोटीकरण आदि के द्वारा शासन से मानवीय तत्त्व को निर्मूल कर दिया जाये।[45] ऐसा कोई परिवर्तन शक्ति पर हिंसा की पूर्ण विजय होगी। शासन और राजनीति का यह स्वरूप वास्तव में दोनों का पूर्ण रूप से निर्वैयक्तीकरण है। आज के शासन में

---

42. *मनुस्मृति* में दण्ड शब्द का प्रयोग हिंसा के अर्थ में नहीं हुआ है, बल्कि, धर्म और प्रतिरक्षण के रूप में हुआ है।

> दण्डः शास्ति प्रजाः सर्वा दण्ड एवाभिरक्षति।
> दण्डः सुप्तेषुजागर्ति दण्डधर्म विदुर्बुधाः ॥
>
> -*मनुस्मृति*, कुल्लूकभट्ट प्रणीत मन्वर्थमुक्तावली, 7/18.

43. सत्ता की चरम अभिव्यक्ति समस्त के विरुद्ध एक का प्रतिनिधित्व करती है, जबकि, हिंसा का चरम स्वरूप एक के द्वारा समस्त के विरुद्ध प्रयुक्त होता है। हन्ना आरेंट (1969), वही : 42.

44. पूर्वोक्त : 50.

45. पूर्वोक्त : 50.

नौकरशाही की भूमिका भी कुछ इसी प्रकार की हो गयी है। मैक्स बेबर ने नौकरशाही को निर्वैयक्तिक कहा भी है। लार्ड हेवर्ट ने भी नौकरशाही की शक्ति में वृद्धि को नवीन निरंकुशता का नाम दिया है। पुनः, उन्होंने ब्रिटेन के सन्दर्भ में टिप्पणी करते हुए कहा है कि नौकरशाही ने संसदीय संस्थाओं, न्यायपालिका और कार्यपालिका पर इस तरह से बढ़त बना ली है कि वह अब शासन में सहयोगी की भूमिका से आगे बढ़कर अर्ध-विधायी संस्थाओं के रूप में स्थापित हो गयी है।[46] इसके परिणामस्वरूप, लोकमत की अवहेलना एक गम्भीर खतरा बन गया है। हन्ना आरेंट ने नौकरशाही शासन को परिभाषित करते हुए लिखा है कि यह एक ऐसा शासन है, जिसमें सभी नागरिक वैयक्तिक स्वतन्त्रता के अधिकारों से महरूम किये जाते हैं।[47]

आज हम शासन, प्रतिरक्षा एवं राजनीति में रोबोटिक्स, साइबरनेटिक्स और हाइब्रिड टेक्नोलॉजी को बढ़ावा देकर अपनी पीठ थपथपा रहे हैं। परन्तु, हमें यह भी सोचना चाहिए कि विगत दो सौ सालों में तो क्या महज़ नब्बे साल में मानवीय निर्णयों से अठारह करोड़ सत्तर लाख लोग मारे जा चुके हैं।[48] यह निर्वैयक्तिक नौकरशाही निर्णयों का ही तो परिणाम है। ऐसे में जब हम विज्ञान एवं तकनीक रूपी वैसे साधनों से ही शासित होने लगेंगे, जिनकी निर्वैयक्तिकता नौकरशाही शासन से भी आगे बढ़ी हुई होगी तो वह कदाचित् हिंसा के शासन का ही युग होगा। ऐसे में हमें उन व्यवस्थाओं के प्रति भी सचेत रहना चाहिए, जो हमें यह सिखाती हैं कि राजनीति की सफलता अपने-आप को छुपा लेने में है। आज ज़रूरत इस बात की है कि हम समझें कि राजनीति अपने को छुपाना क्यों चाहती है? राजनीति, वस्तुतः, अपने भीतर पल रही हिंसा को ढकने के लिए अपने को छुपाना चाहती है। इस स्थिति में अपने को छुपाने वाली राजनीति की प्रतिक्रिया में राजनीति को छुपाने वाली दूसरी राजनीति का समर्थन भी हिंसा को ही जन्म देता है।

आज की दुनिया में सब-के-सब राजनीतिक दल इसी प्रतिक्रिया को अपने-

---

46. लॉर्ड हीवर्ट (1929), *द न्यू डिसपोज़ीशन*, अर्नेस्ट बेन लिमिटेड, लन्दन : 17.

47. नौकरशाही शासन का वह स्वरूप है, जिसमें प्रत्येक व्यक्ति राजनीतिक स्वतन्त्रता से वंचित होता है और कर्म करने की शक्ति से भी वंचित होता है; क्योंकि, इसमें शासन किसी के द्वारा नहीं, अपितु एक प्रकार की शून्यता द्वारा होता है। ऐसी स्थिति में शक्ति सर्वत्र समान रूप से शक्तिहीन होती है और हम एक ऐसे अत्याचार का सामना करते हैं;, जिसमें कोई खुला अत्याचारी नहीं होता। हन्ना आरेंट (1969), पूर्वोक्त : 81.

48. ई.जे. हॉब्सबॉम (1994), *द एज ऑफ़ एक्सट्रीम्स*, विन्टेज बुक्स, लन्दन।

अपने आधार के रूप में दृढ़ कर रहे हैं; जबकि, आवश्यकता यह है कि अपने को छुपाने वाली राजनीति के प्रतिकार के लिए अपने को प्रकट करने वाली राजनीति का सहारा लिया जाये। यह आज के आधुनिक युग में राजनीति की एक कठिन चुनौती है। इसका कारण यह है कि आज जीवन के निजी क्षेत्र और जीवन के सार्वजनिक क्षेत्र के अन्तर को जन-पुंज समाजों के उदय ने समाप्त कर दिया है। ग्रीक राजनीति में निजी और सार्वजनिक[49] का भेद विद्यमान था। निजी क्षेत्र में लोग पारिवारिक और भौतिक उपलब्धियों के लिए प्रयत्न करते थे। यह कार्य *(वर्क)* का क्षेत्र था। सार्वजनिक क्षेत्र में लोग सामूहिक, नैतिक और सहभागी सांस्कृतिक साझेदारी में भाग लेते थे। यह राजनीति अथवा कर्म *(एक्शन)* का क्षेत्र था। परन्तु, आज सार्वजनिक जीवन में भागीदारी से लोग पारिवारिक एवं भौतिक उपलब्धि प्राप्त करना चाहते हैं। इसका तात्पर्य यह हुआ कि लोग व्यक्तिगत हितों की पूर्ति के लिए सार्वजनिक जीवन में भागीदारी करना चाहते हैं। परन्तु, वे प्रकट नहीं करना चाहते हैं कि उन्हें सार्वजनिक जीवन में भागीदारी का प्रतिफल किस रूप में और कितना भौतिक लाभ के रूप में मिल रहा है। साथ-ही-साथ, सार्वजनिक हित के नाम पर कब और कैसे वे व्यक्तिगत हितों की पूर्ति कर रहे हैं। इसी कारण, आज राजनीति को एक ऐसी कला के रूप में देखा जाता है, जो अपने वास्तविक उद्देश्यों को छुपा लेने में कुशल है। इस अध:पतन को दूर करने के लिए राजनीति का अन्त करने की ज़रूरत नहीं, बल्कि, राजनीति को कार्य के धरातल से ऊपर उठाकर कर्म के धरातल पर स्थापित करने की ज़रूरत है। ग्रीक परम्परा में भी राजनीति का यही अर्थ था और ब्राह्मिक परम्परा ने भी राजनीति का अर्थ विनय के रूप में लिया है। मनुस्मृति में विनयविहीन होने पर राजाओं एवं राज्यों के विनष्ट हो जाने और विनय से राज्य-प्राप्ति का उल्लेख हुआ है। यह विनय राजनीति का शक्तिनिष्ठ और हिंसा-मुक्त रूप है और इसी कारण भारत में राजनीति को राजधर्म कहा गया है।

उपर्युक्त उदाहरणों से यह स्पष्ट है कि राजनीति अपने वास्तविक और शास्त्रीय अर्थ में शक्ति के द्वारा हिंसा को नियन्त्रित और सीमित करने की कला रही है।

---

49. वेनो विनष्टोविनायान्नहुषश्चैव पार्थिव:।
सुदा: पैजवनश्चैव सुमुखो निमिरेव च ॥
पृथुस्तु विन्याद्रज्यम प्रप्त्वान्मनुरेव च।
कुबेरश्च धनैश्वर्यम् ब्राहभ्न्यम् चैवगाधिज:॥
मनुस्मृति, कुल्लूकभट्ट प्रणीत मन्वर्थमुक्तावली, 7/41-42.

आज भी राजनीति का यह दावा बदला नहीं है, परन्तु, आधुनिकता, सम्प्रभुता आधारित राज्य की अवधारणा, व्यक्तिगत एवं सार्वजनिक के विभेद का विलोपन, सामूहिक प्रगति की अवधारणा के साथ मिलाकर इतिहास की असंगत व्याख्या, नौकरशाही शासन और कर्म के स्थान पर कार्य की प्रतिष्ठा ने शक्ति एवं हिंसा की विलोमार्थक दूरी को कम कर दिया है। इसका परिणाम आज हमारे सामने यह है कि राजनीति शक्तिहीन होकर हिंसा को अपने में अन्तर्भूत करती जा रही है। इस विसंगति को दूर करने के लिए ऑकशॉट ने राजनीति एवं अर्थव्यवस्था की पृथक्-पृथक् स्वायत्तता का समर्थन किया है। यद्यपि, यह सुझाव प्लेटो से लेकर मार्क्स तक किसी-न-किसी रूप में पश्चिमी राजनीतिक चिन्तन में हर काल में सामने आता रहा है, तथापि, यह कभी भी अपने को व्यावहारिक धरातल पर यथार्थ में बदल नहीं पाया।

हन्ना आरेंट ने अपनी बाद की रचनाओं जैसे द *लाईफ ऑफ़ द माईंड* एवं कतिपय व्याख्यानों जैसे *थिंकिंग ऐंड मोरल कंसिड्रेशंस* में इस समस्या के समाधान के लिए मनुष्य की अन्य सामूहिक गतिविधियों और राजनीतिरूपी सामूहिक गतिविधि के मध्य अन्तर करने का सुझाव दिया।[50] सामाजिक और आर्थिक सहभागिता तथा राजनीतिक सहभागिता का स्वरूप एक जैसा नहीं होता। सामाजिक और आर्थिक सहभागिता के स्वरूप व्यक्तिगत या छोटे सामूहिक लक्ष्यों की पूर्ति के लिए होते हैं और उनमें कर्ता तथा ज्ञाता के बीच दूरी सम्भव है। परन्तु, राजनीति ऐसा कर्म *(एक्शन)* है, जिसमें कर्ता तथा ज्ञाता की एकता आवश्यक है।[51] पश्चिमी चिन्तन-परम्परा में यह विचार लीक से हटकर माना जाता है। इसीलिए कर्ता तथा ज्ञाता की एकता के आधार पर राजनीति को हिंसा-मुक्त करने की हन्ना आरेंट की योजना को पश्चिम में कटु आलोचनाओं का सामना करना पड़ा है।[52] परन्तु, पश्चिम में और दुनिया के हर कोने में जहाँ भी राजनीतिक सुधार की पहल होती हैं, वहाँ हन्ना आरेंट का यही तर्क बार-बार सामने उपस्थित हो जाता है। परन्तु, यह भी एक विडम्बना से

---

50. पीटर जे. स्टीनबर्गर (1990), 'हन्ना आरेंट ऑन जजमेन्ट', *अमेरिकन जर्नल ऑफ़ पॉलिटिकल साइन्स,* खण्ड-34, अंक-3; 803-821.

51. https://plato.stanford.edu/entries/arendt/, Accessed on 23 June, 2020.

52. डेविड एल. मार्शल (2020), 'द ओरिजिन ऐंड कैरेक्टर ऑफ़ हन्ना आरेंट्स थियरी ऑफ़ जजमेन्ट', *पॉलिटिकल थियरी,* खण्ड-38, अंक-3 : 367-393.

4

हिंसा की जनस्वीकृति और राजनीति का अधःपतन

सर्वाधिकारवाद

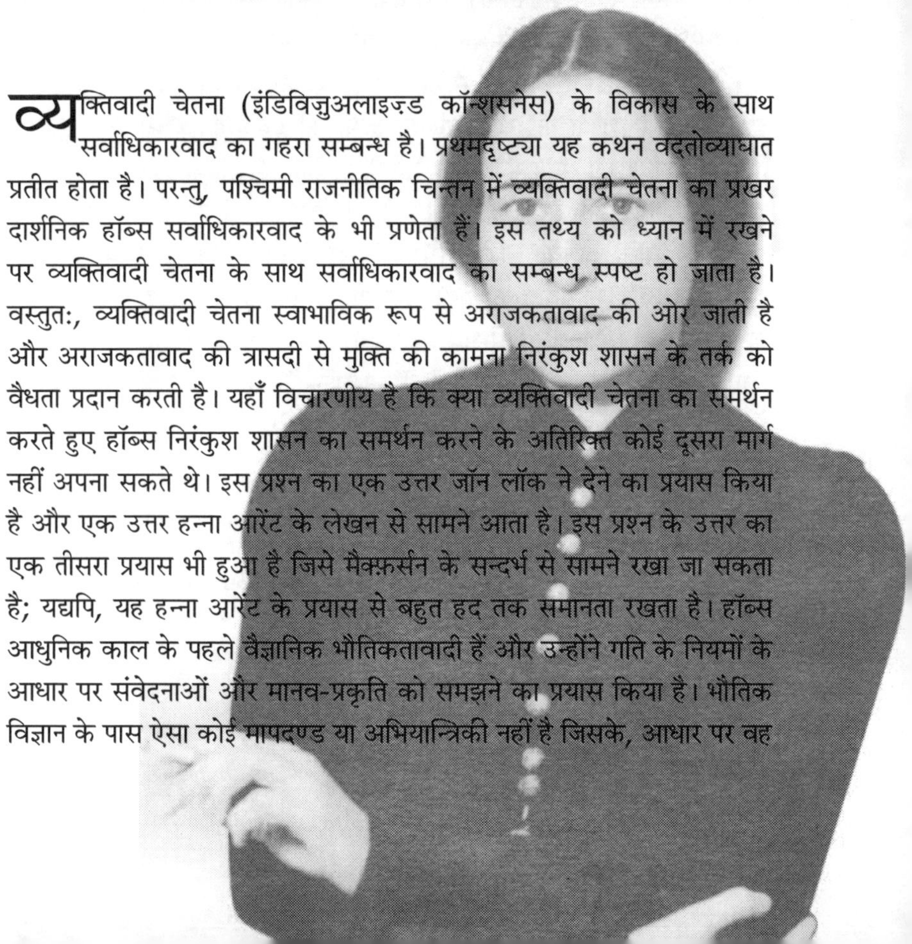

व्यक्तिवादी चेतना (इंडिविज़ुअलाइज़्ड कॉन्शसनेस) के विकास के साथ सर्वाधिकारवाद का गहरा सम्बन्ध है। प्रथमदृष्ट्या यह कथन वदतोव्याघात प्रतीत होता है। परन्तु, पश्चिमी राजनीतिक चिन्तन में व्यक्तिवादी चेतना का प्रखर दार्शनिक हॉब्स सर्वाधिकारवाद के भी प्रणेता हैं। इस तथ्य को ध्यान में रखने पर व्यक्तिवादी चेतना के साथ सर्वाधिकारवाद का सम्बन्ध स्पष्ट हो जाता है। वस्तुतः, व्यक्तिवादी चेतना स्वाभाविक रूप से अराजकतावाद की ओर जाती है और अराजकतावाद की त्रासदी से मुक्ति की कामना निरंकुश शासन के तर्क को वैधता प्रदान करती है। यहाँ विचारणीय है कि क्या व्यक्तिवादी चेतना का समर्थन करते हुए हॉब्स निरंकुश शासन का समर्थन करने के अतिरिक्त कोई दूसरा मार्ग नहीं अपना सकते थे। इस प्रश्न का एक उत्तर जॉन लॉक ने देने का प्रयास किया है और एक उत्तर हन्ना आरेंट के लेखन से सामने आता है। इस प्रश्न के उत्तर का एक तीसरा प्रयास भी हुआ है जिसे मैक्फ़र्सन के सन्दर्भ से सामने रखा जा सकता है; यद्यपि, यह हन्ना आरेंट के प्रयास से बहुत हद तक समानता रखता है। हॉब्स आधुनिक काल के पहले वैज्ञानिक भौतिकतावादी हैं और उन्होंने गति के नियमों के आधार पर संवेदनाओं और मानव-प्रकृति को समझने का प्रयास किया है। भौतिक विज्ञान के पास ऐसा कोई मापदण्ड या अभियान्त्रिकी नहीं है जिसके, आधार पर वह

प्रकृति-जगत् की गति के मानव पर पड़ने वाले प्रभाव और मानव-समाज की गति के व्यक्ति के ऊपर पड़ने वाले प्रभाव में निहित अन्तर को स्पष्ट या पृथक् कर सके।[1]

वस्तुतः, प्रकृति की गति का प्रभाव सभी मनुष्यों पर एक ही जैसा होता है, परन्तु, एक व्यक्ति की गति का प्रभाव दूसरे व्यक्तियों पर एक ही जैसा नहीं होता। उदाहरण के लिए, क्रॉमवेल के शासन से उपजी अराजकता हॉब्स के लिए भयकारी थी, किन्तु, यही अराजकता 'डीगर्ट' लोगों के लिए एक अलग अर्थ रखती थी। समाज की गति और प्रकृति की गति के मध्य अन्तर भौतिक विज्ञान के आधार पर सम्भव नहीं है। हॉब्स ने प्रकृति की शाश्वत गति को मनुष्य में शक्ति की शाश्वत इच्छा के रूप में पहचाना है। परन्तु, हॉब्स से चूक यह हुई कि वे प्रकृति की विभिन्न गतियों के मध्य जिस तरह एकता है, उसी तरह मनुष्य में शक्ति की शाश्वत इच्छा भी एकता उत्पन्न कर सकती है, यह स्थापित नहीं कर पाये। हॉब्स ने मनुष्यों में शक्ति की इच्छा के रूप में, जो शाश्वत गति है, उससे प्रत्येक मनुष्य को एक-दूसरे के विरुद्ध खड़ा कर दिया।[2] इसी तर्क के आधार पर हॉब्स प्राकृतिक अवस्था को एक का सबके विरुद्ध संघर्ष और सबके एक-एक के विरुद्ध संघर्ष के रूप में चित्रण करते हैं। इस स्थिति में हॉब्स जिसे शक्ति की शाश्वत इच्छा कहते हैं, वह वास्तव में शक्ति की नहीं, बल्कि, हिंसा की इच्छा है। हॉब्स के चिन्तन में हिंसा की यह इच्छा समूह की इच्छा नहीं है, क्योंकि, प्राकृतिक अवस्था का मनुष्य इकाई व्यक्ति (एटोमिस्टिक इंडिविजुअल) है। स्वाभाविक है कि किसी बाह्य प्रेरणा (सार्वभौम विधि, जो विधि नहीं है, परन्तु, दूसरे किसी उपयुक्त शब्द के अभाव में हॉब्स इसी शब्द का प्रयोग करते हैं) से व्यक्ति अपने को हिंसा से मुक्त करना चाहे तो ऐसा दो ही स्थितियों में सम्भव है। प्रथम, सभी लोग हिंसा का त्याग करने के लिए तत्पर हों और द्वितीय, सभी लोगों की सम्मिलित हिंसा की क्षमता से अधिक

---

1. एक उदाहरण से इस अन्तर को समझा जा सकता है। प्रकृति की ओर से शीतल वायु के रूप में आने वाली गति जब हमारे स्नायुतन्त्र में प्रविष्ट (हॉब्स का दिया हुआ तर्क) होती है, तब हम ठंड का अनुभव करते हुए अपने ऊनी वस्त्रों के माध्यम से बचाव करते हैं। इसी तरह जब कोई भाला लेकर हमें मारने दौड़ता है, तब भी हम अपना बचाव करते हैं। इन दोनों ही घटनाओं में बाह्य गति हमारे अन्दर संवेदनाओं को जन्म देती है और उन संवेदनाओं के आधार पर हम गति करते हैं। परन्तु, इन दोनों ही घटनाओं में हमारी गति जिस प्रतिक्रिया को जन्म देती है, वह अलग-अलग प्रकृति की होती है।
2. सी.एल. वेयर (1969), *पॉलिटिकल थॉट*, टीच योरसेल्फ़ बुक्स, लन्दन : 52-54.

हिंसक कोई व्यवस्था स्थापित हो, जो सबको हिंसा करने से रोक सके। हॉब्स द्वारा प्रस्तावित सामाजिक समझौता और संप्रभु राज्य इसी कार्य-योजना की परिणति है, जो राज्य के स्वरूप को निरंकुश बना देता है। वस्तुतः, व्यक्तिवाद से आरम्भ करके निरंकुशतावाद पर समाप्ति वैज्ञानिक भौतिकवाद के तर्क की स्वाभाविक परिणति है और वही हॉब्स ने प्रदर्शित भी किया है।

परन्तु, यदि हॉब्स ने प्रकृति की विभिन्न गतियों के मध्य, जो शाश्वत एकता है, उसके आधार पर मनुष्य की शाश्वत इच्छा की मनुष्यों के मध्य एकता स्थापित करने वाले तत्त्व के रूप में व्याख्या की होती तो उनके तर्क और प्रस्ताव अलग प्रकार के हो सकते थे। यहाँ यह प्रश्न किया जा सकता है कि हॉब्स ने जिस डीगर्ट क्रान्ति को देखा था, उसकी पृष्ठभूमि में मनुष्यों के मध्य मानवीय एकता को प्रदर्शित करने का कोई औचित्य नहीं था और इस लिहाज से हॉब्स के वैचारिक ताने-बाने स्थितिपरक और यथार्थ के अनुकूल ही हैं। तर्क के लिए तर्क स्वीकार कर लेने की दृष्टि से यह उत्तर यद्यपि सही है, परन्तु, तर्क द्वारा मानव स्थिति को समझने की दृष्टि से यह उत्तर असंगत है। इस असंगति को समझने के लिए यह जानना आवश्यक है कि जिस तरह प्रकृति एक सामूहिक अस्तित्व का नाम है, उसी तरह मनुष्य भी एक सामूहिक अस्तित्व का नाम है। हन्ना आरेंट जब कहती हैं कि मनुष्य 'ही' नहीं, बल्कि, 'दे' है तो यह मनुष्य के सामूहिक अस्तित्व की ही मौलिक प्रस्तावना है।[3]

वस्तुतः, हॉब्स एक जन-समाज (एक-दूसरे से कटे हुए स्वकेन्द्रित व्यक्तियों का समूह) के लिए शासन-व्यवस्था के स्वरूप एवं औचित्य की मीमांसा में लगे हुए थे। इसके कारण वे मनुष्य को एक सामाजिक सम्बन्धों के जाल से निर्मित सामूहिक अस्तित्व की एकल इकाई के रूप में नहीं देख पाये। उन्होंने उदीयमान आर्थिक एवं वैज्ञानिक प्रगति के दबाव में, जो परिवर्तन मानव-प्रकृति में दाखिल हो रहे थे और, जो उदीयमान आर्थिक एवं वैज्ञानिक प्रगति को सहारा दे रहे थे, उसी के अनुरूप मानव-प्रकृति की व्याख्या की है। इस क्रम में हॉब्स ने ध्यान नहीं दिया कि तत्कालीन अराजकता का मूल कारण मानव-प्रकृति में नहीं, बल्कि, विज्ञान एवं अर्थव्यवस्था का मानव-प्रकृति के विरुद्ध हो जाने में था। जॉन लॉक ने हॉब्स द्वारा कल्पित मनुष्य में शक्ति की शाश्वत इच्छा को अपनी अनुभवात्मक पद्धति

[3]. हन्ना आरेंट के इस कथन को अब्राहमिक और ब्राह्मिक परम्परा के सन्दर्भ में स्त्री एवं पुरुष के साथ-साथ पृथ्वी पर आगमन के दृष्टान्त से समझना चाहिए। हन्ना आरेंट (1998), द *ह्यूमन कंडीशन*, द युनिवर्सिटी ऑफ़ शिकागो, प्रेस, शिकागो : 8.

के द्वारा जीवन, स्वतन्त्रता एवं सम्पत्ति की इच्छा में बदल कर मानव-प्रकृति की स्वच्छंदता को सामाजिकता प्रदान करने की कोशिश की थी। परन्तु, जॉन लॉक के चिन्तन में भी, अन्ततः, सभी की सम्पत्ति के प्रति सभी का सम्मान ही मनुष्य की सामाजिकता का आधार बन गया। उनका यह प्रयास भी उदीयमान अर्थव्यवस्था एवं तकनीकी विकास को मानव-प्रकृति की व्याख्या के द्वारा एक आधार प्रदान करने वाला कदम था। लॉक के इस प्रयास ने जीवन, स्वतन्त्रता एवं सम्पत्ति पर राज्य के नियन्त्रण का सीमांकन कर व्यक्ति को हॉब्स जैसी निरंकुशता से तो बचा लिया, परन्तु, वे भी मानव-साहचर्य या सामाजिकता का कोई ऐसा आधार तलाश नहीं सके, जो अपने-आप में साध्य हो।

विज्ञान एवं अर्थव्यवस्था तथा जन-समाज की प्रकृति ने जिस तरह से मानव की दशा को बदल दिया है, उसमें हिंसा की समस्या को देखने का प्रयास हन्ना आरेंट ने किया है। साथ ही साथ, उन्होंने हॉब्स द्वारा कल्पित प्राकृतिक अवस्था के सतत भय और युद्ध[4] का कारण मानव द्वारा प्रकृति में न देख कर जन-समाज, विज्ञान एवं अर्थव्यवस्था ने राजनीति के स्वरूप में किये गये बदलाव में समझने की कोशिश की है। हॉब्स और हन्ना आरेंट के चिन्तन के ढाँचे में, जो अन्तर है वह एक वैज्ञानिक और दार्शनिक के ढाँचे के अन्तर से उत्पन्न हुआ है। यदि वैज्ञानिक ज्ञान की सत्यता पर विश्वास किया जाये तो हॉब्स की व्याख्या उसके जीवनकाल में ही लेबलर क्रान्ति द्वारा असत्य और अन्यथा सिद्ध हो गयी। वस्तुतः, कोई भी विचार-निर्माण की प्रक्रिया ठीक उसी तरह संचालित होती है, जैसे शरीरक्रिया में चयापचयी प्रणाली (मेटाबोलिज्म) काम करती है। जिस तरह मेटाबोलिज्म में खाद्य पदार्थ पहले टूटते (एलिमिनेट) हैं और फिर उनसे जैविक रसों का समायोजन (कॉम्बिनेशन) होता है, ठीक उसी तरह विचार-निर्माण की प्रक्रिया में भी बहुत-सी सूचनाएँ एक दूसरी से विलोपित होती हैं और कई सूचनाएँ आपस में समायोजन बनाती हैं और तब जाकर विचार बनते हैं। यदि शरीरक्रिया में कोई बाधा या रोग उत्पन्न हो जाये तो चयापचयी प्रणाली गलत तरीक़े से विलोपन और समायोजन करने लगती है।[5] उसका परिणाम यह होता है कि शरीर की रक्षा के लिए आवश्यक तत्त्व ही विलोपित हो जाते हैं और चयापचयी प्रणाली जिस रस

---

4. सी.एल. वेपर (1969), पूर्वोक्त : 52-54.

5. इस विषय पर विस्तार से चर्चा और एक अध्ययन पद्धति के प्रस्ताव को समझने के लिए देखें, अिम्बकादत्त शर्मा एवं विश्वनाथ मिश्र (2018), 'अद्वैत पद्धति शास्त्र', *उन्मीलन*, वर्ष 32, अंक 1, जनवरी-जून, दर्शन प्रतिष्ठान, जयपुर।

के समायोजन को बनाती है, वही शरीर के लिए घातक हो जाते हैं। आधुनिक समय में इसी तरह की बाधा से विचार-निर्माण की प्रक्रिया ग्रसित है। माओ जब कहते हैं कि राजनीति रक्तरहित युद्ध है और युद्ध रक्तयुक्त राजनीति है, तब यही दोष माओ की विचार-निर्माण की प्रक्रिया में देखने को मिलता है। राजनीति में भाग लेने के लिए सैन्य दक्षता का समर्थन करते हुए भी माओ ने युद्ध और राजनीति की एकता को स्थापित किया है।[6] परन्तु, यह व्याधि तब सबसे अधिक बढ़ जाती है, जब हिंसा का समर्थन जनसमूह के द्वारा किया जाने लगता है। जनसमूह द्वारा हिंसा का समर्थन सर्वाधिकारवादी शासन का मुख्य आधार है। यह भी देखा जा सकता है कि सर्वाधिकारवादी नेता भले ही वर्ग को एकत्र और संगठित करने की बात करते हों, किन्तु, वे हिंसा के समर्थन के लिए समूह को ही संगठित करते हैं। राजनीति की यह परिभाषा सर्वाधिकारवादी विचारधारा से ग्रस्त परिभाषा है। इसमें साध्य-साधन का विवेक नहीं किया जाता है और किसी भी कीमत पर विजय या प्रभुता प्राप्त करना इसका लक्ष्य होता है। आज की लोकतान्त्रिक कही जाने वाली राजनीति में भी जब प्रत्याशियों के चयन के समय सभी मूल्यों को ताक पर रख कर विजय को ही एकमात्र लक्ष्य बनाया जाता है, तब वहाँ भी अवांतर रूप से राजनीति में सर्वाधिकारवादी तर्क का ही सहारा लिया जाता है।

4.1 सर्वाधिकारवाद : सोफ़िस्ट दर्शन की आधुनिक अभिव्यक्ति

हन्ना आरेंट ने सर्वाधिकारवाद और सर्वसत्तावाद जैसी विचारधारा एवं शासन व्यवस्था को अपनी हर रचना में परत-दर-परत खोलने का प्रयास किया है। किन्तु, द *ओरिजिंस ऑफ़ टोटलिटेरिएनिज्म* को हन्ना आरेंट[7] ने मुख्यतः इसी उद्देश्य से लिखा है। सर्वाधिकारवादी शासन-व्यवस्थाओं और इनकी वैचारिकी को उजागर करने वाली यह पुस्तक तीन खण्डों में विभक्त है और प्रत्येक खण्ड के लिए अलग-अलग प्रस्तावना लिखी गयी है। इन प्रस्तावनाओं को समझे बिना यह पुस्तक तीन अलग-अलग दिशाओं की ओर जाती हुई दिखायी देती है। पुस्तक के पहले खण्ड में सामीवाद-प्रतिरोध की चर्चा है। दूसरे खण्ड में साम्राज्यवाद की गम्भीर मीमांसा है और तीसरे खण्ड में सर्वाधिकारवाद के ओर-छोर को समझा गया है। यह पुस्तक

---

6. माओ त्से तुंग (1965), *सेलेक्टेड वर्क्स*, भाग-1, लैंग्वेजेज़ प्रेस, पेकिंग : 105-106.

7. हन्ना आरेंट (1973), द *ओरिजिन्स ऑफ़ टोटलिटेरियनिज़म*, हरकोर्ट ब्रेस जोवानोविच प ब्लिशर्स, न्यूयार्क : 306.

जब समीक्षा के लिए एरिक वाग्लिन के पास गयी थी, तब उन्होंने ने इस किताब की प्रशंसा करने के बाद एक त्रुटि का भी उल्लेख किया था। वाग्लिन का मानना था कि जिसे हन्ना आरेंट सामीवाद-प्रतिरोध कह रही हैं, उसे उन्हें 'ईसाइयत का ह्रास' कहना चाहिए था और सर्वाधिकारवाद की उत्पत्ति के बीज सत्रहवीं शताब्दी से पीछे जाकर मध्ययुग के संघर्षों में भी देखना चाहिए था।[8] परन्तु, एरिक वाग्लिन की इस टिप्पणी को यदि स्वीकार कर लिया जाय तो ईसाइयत के उदय के पूर्व विभिन्न धार्मिक सम्प्रदायों में ईश्वर की अवधारणा और धार्मिक सत्य की एकाधिकारिता के दावे को लेकर, जो संघर्ष रहे हैं, उनमें भी सर्वाधिकारवाद के उत्स को देखना सम्भव हो सकेगा।

लेकिन, इस प्रश्न को हन्ना आरेंट ने अनुत्तरित नहीं छोड़ा। फ्रेड्स एवं थिटीटस में सुकरात के साथ थ्रेसीमेकस एवं अन्य सोफ़िस्ट मतावलंबियों का, जो संवाद है और उसमें 'सत्य' को लेकर, जो मतभेद है, उसमें भी सर्वाधिकारवाद के गुण-सूत्रों को अनुस्यूत देखा जा सकता है। सोफ़िस्ट विचारकों पर सुकरात का आक्षेप है कि वे 'मत' को सत्य मानते हैं, जिसकी प्रकृति परिवर्तनशील है और यह तब तक ही स्थायी होता है, जब तक उस पर सहमति बनी रहती है।[9] हन्ना आरेंट ने प्राचीन एवं आधुनिक सोफ़िस्टों के मध्य भी अन्तर स्थापित किया है। वे कहती हैं कि जहाँ प्राचीन सोफ़िस्ट सत्य की कीमत पर तर्क में विजय से सन्तुष्ट हो जाते थे, वहीं आधुनिक सोफ़िस्ट सत्य (रियलिटी) की कीमत पर अधिक स्थायी विजय चाहते हैं।[10] जहाँ प्राचीन सोफ़िस्टों ने विचारों की गरिमा को नष्ट किया, वहीं आधुनिक सोफ़िस्ट कर्म की गरिमा को नष्ट करते हैं।[11] अकादमिक क्षेत्र में जहाँ पहले के सोफ़िस्ट दर्शनशास्त्र द्वारा सत्य को विद्रुप करते थे, वहीं आधुनिक सोफ़िस्ट इतिहास द्वारा सत्य को अन्यथा कर देते हैं।

सोफ़िस्टों के विपरीत, सुकरात सत्य को तर्कों में सहमति का उत्पाद नहीं मानते हैं। उनके लिए सत्य का स्वरूप शाश्वत, नैसर्गिक एवं सार्वभौम है। वह सत्य ही इस

---

8. पीटर बेहर ऐंड गॉर्डन सी. वेल्स (2012), 'डिबेटिंग टोटेलिटेरियनिज़म : एन एक्सचेंज ऑफ़ लेटर्स बिटवीन हन्ना आरेंट ऐंड एरिक वोगेलिन', *हिस्ट्री ऐंड थियरी*, खण्ड-51, अंक-3 : 364-380.

9. हन्ना आरेंट (1973), पूर्वोक्त : 9.

10. पूर्वोक्त : 9.

11. पूर्वोक्त : 9.

परिवर्तनशील प्रकृति में स्थायित्व है। उस सत्य को तर्कों के माध्यम से जाना तो जा सकता है, परन्तु, इसके लिए विशुद्ध विवेक की आवश्यकता होती है और इसके लिए सद्गुणी होना आवश्यक है। यहाँ ऐसा प्रतीत हो सकता कि सर्वाधिकारवाद की चर्चा कहीं गुम हो गयी है, परन्तु, ऐसा नहीं है। इसलिए, आइये विचार करते हैं कि 'मिथ्या हेतुवादी' यानी सोफ़िस्टों को यदि समाज में मनुष्य की स्थिति और नियति सुनिश्चित करनी हो तो वे किस मार्ग का अनुसरण करेंगे और सद्गुण के आधार पर समाज में मनुष्य की स्थिति और नियति को किस प्रकार निर्धारित करेंगे। सुकरात की ओर से इसका उत्तर प्लेटो ने अपने न्याय-सिद्धान्त में यह दिया है कि अपनी प्रकृति के अनुसार विवेक के नियन्त्रण में रहते हुए मनुष्य को कर्म-स्वातन्त्र्य प्राप्त है। जब कार्यों की प्रकृति और आवश्यकताओं की विभिन्नता बहुत अधिक न बढ़ी हो, समाज का आकार छोटा हो और सामाजिक परिवर्तन की गति धीमी हो, तब सुकरात के विचारों पर आधारित समाज में मनुष्य की स्थिति और नियति का प्रस्ताव शायद ही सर्वाधिकारवादी हो सकता है।[12] परन्तु, जब समाज का आकार बहुत बड़ा हो, सामाजिक परिवर्तन की गति तीव्र हो, कार्यों की प्रकृति और मनुष्य की आवश्यकताओं में विपुल विविधता आ गयी हो, तो ऐसे में यदि कोई आधुनिक सोफ़िस्ट परिवर्तन में सत्य को देखने की प्रवृत्ति को त्याग कर स्थायित्व में सत्य को देखने और उसके आधार पर समाज में मनुष्य की स्थिति और नियति को निर्धारित करने का प्रयास करे तो वह क्या करेगा? सम्भव है कि वह वही करेगा, जो मुसोलिनी, हिटलर और स्टालिन कर रहे थे। वस्तुतः, यही वह प्रस्थान-बिन्दु है, जहाँ से आधुनिक समय में सर्वाधिकारवाद का जन्म होता है।

उल्लेखनीय है कि सोफ़िस्ट मानते हैं कि 'शक्तिशाली का हित न्याय है'[13] और ऐसा ही फ़ासीवादी, नाज़ीवादी और स्टालिनवादी भी मानते हैं। परन्तु, प्राचीन सोफ़िस्ट परिवर्तन में सत्य को स्थित मानने के कारण इतिहास की गति को अवरुद्ध नहीं करते; जबकि, फ़ासीवाद राष्ट्रीयता के आवरण में और नाज़ीवाद नस्ल के आवरण में इतिहास की गति को अवरुद्ध कर देता है। वस्तुतः, ग्रीक समाज जन-पुंज समाज नहीं था और जब सत्रहवीं शताब्दी के बाद तानाशाही व्यवस्थाओं

---

12. कार्ल पॉपर ने प्लेटो पर सर्वाधिकारवादी होने का आक्षेप लगाया है। कार्ल पॉपर (2005), *ओपेन सोसायटी ऐण्ड इट्स एनिमीज़*, भाग-1, रूट्लेज ऐंड कीगन पॉल लिमिटेड, न्यूयार्क।

13. प्लेटो (1991), द *रिपब्लिक* (अनु. एलन लूम), बेसिक बुक्स, लन्दन : 13-17.

एवं विचारधाराओं का उदय होने लगा तब यूरोप का समाज जन-पुंज समाज बनता जा रहा था। ऐसे में मानव-जाति के विकास के लिए आवश्यक यह था कि ग्रीक शासन-व्यवस्था में नागरिकों को, जो स्वतन्त्रता प्राप्त थी और उन्हें कर्म करने का, जो गौरव था, उसके आधार को बढ़ाया जाय। ऐसा इसलिए कि ग्रीक समाज में कर्म की अर्हता मात्र 15 प्रतिशत जनसंख्या को ही प्राप्त थी। शेष तो नागरिक ही नहीं थे और इस कारण *वीटा एक्टिवा* यानी राजनीति में सहभागी हो ही नहीं सकते थे। परन्तु, राष्ट्र-राज्यों के उदय ने नागरिकता का विस्तार कर दिया और तकनीकी प्रगति तथा लोकतन्त्र के विकास ने सार्वजनिक शिक्षा के द्वार भी खोल दिए। ऐसे में वीटा एक्टिवा के लिए आम लोगों को भी अवसर प्राप्त होना ज़रूरी था। यह तब के समय की माँग भी थी। परन्तु, जन-पुंज समाजों में निजी क्षेत्र एवं सार्वजनिक क्षेत्र की घटती हुई दूरी और कार्य के स्तर पर जीवन को पूर्ण मान लेने की प्रवृत्ति को पूँजीवाद के द्वारा मिलने वाले समर्थन ने ऐसा होने नहीं दिया। इसका परिणाम यह हुआ कि आधुनिक युग में नागरिक तो बढ़ते चले गये, परन्तु, कर्म घटता चला गया। साम्राज्यों के टूटने से उत्पन्न ख़तरे और स्थायित्व के तत्त्वों में शामिल जातीयता, राष्ट्रीयता एवं आर्थिक प्रगति ने मिलकर मानव-सभ्यता को कर्मोन्मुख करने के बजाय कार्य-केन्द्रित कर दिया।

सोफ़िस्ट जिस तरह तर्क में जीत के लिए भ्रांत तथ्यों एवं अवधारणाओं का बिना संकोच प्रयोग करते हुए सत्य और मत (ओपिनियन) का अन्तर मिटा देते थे, उसी तरह सर्वाधिकारवादी भी भ्रांत तथ्यों एवं अवधारणाओं का बिना किसी संकोच के प्रयोग करते हैं। परन्तु, ऐसा नहीं है कि सर्वाधिकारवादी जिस मत को सत्य के रूप में प्रस्तुत करते हैं, वह स्वयं उन्हीं के द्वारा उत्पादित सत्य होता है। सिर्फ़ शरीर के लिए जीने की जिस प्रवृत्ति का आधुनिक काल में विस्तार हुआ है, वह एक क्रमिक क्षरण का परिणाम। इसने मनुष्य की अस्तित्वात्मक (भाष्य-वैज्ञानिक अर्थ में) समस्याओं के समाधान के लिए अनुभवमूलक समाधान अपनाने की प्रवृत्ति को बढ़ावा दिया है। इस प्रवृत्ति ने जिस भ्रांत सत्य को बढ़ावा दिया, उसी को सर्वाधिकारवादी विचारधारा बढ़-चढ़कर अपनाती है। वस्तुतः, भाष्य-विज्ञान के प्रश्न सामूहिक अस्तित्व, मूल स्वरूप और सोद्देश्यवाद से सम्बन्धित होते हैं, जबकि, अनुभवमूलक प्रश्नों का सम्बन्ध विशिष्ट (पर्टिकुलर) की इंद्रिय संवेदनाओं से हुआ करता है और, जो स्थानिक, भौतिक एवं सीमित होता है।[14] हन्ना आरेंट जिसे कर्म कहती हैं, उसका सम्बन्ध भाष्य-विज्ञान के प्रश्नों से है और जिसे हन्ना

---

14. भीखू पारेख (1982), *कंटेम्परारी पॉलिटिकल थिंकर्स,* मार्टिन रॉबर्टसन, ऑक्सफ़र्ड : 2-3.

आरेंट श्रम और कार्य कहती हैं, वह अनुभवमूलक प्रश्नों का क्षेत्र है। सोफ़िस्ट भी भाष्य-विज्ञान के प्रश्नों से कतराते थे और सर्वाधिकारवादी भी उन प्रश्नों से घबराते हैं। परन्तु, ये प्रश्न ऐसे होते हैं, जो मनुष्य को झकझोरते ज़रूर हैं। सर्वाधिकारवादी विचारधारा इससे बचने के लिए सोफ़िस्टों की ही तरह सत्य के बजाय मत का सहारा लेती है। यह मत श्रम और कार्य के संसार में मनुष्य का सार खोजता है। ठीक इसी तरह आतंकवाद भी श्रम और कार्य के संसार का राजनीतिक सक्रियतावाद है।[15]

4.2 सर्वाधिकारवाद : लोक-क्षेत्र और स्वतन्त्रता का अन्त

श्रम और कार्य केन्द्रित सभ्यता में शासकों के पास यह मौक़ा होता है कि वे लोगों के मध्य, जो लोक-क्षेत्र है, उसको एक मनुष्य के विरुद्ध दूसरे मनुष्य को खड़ा करके सीमित कर दें।[16] ऐसा स्वतन्त्र नैतिक चेतना के कर्तव्य-बोध को भौतिक उत्पादन में विनियोजित करके और जातिवाद, नस्लवाद तथा राष्ट्रवाद में बाँट कर किया जाता है। हन्ना आरेंट कहती हैं कि पूर्ण तानाशाही मात्र स्वतन्त्रता को ही समाप्त नहीं करती है, बल्कि, यह मनुष्यों के हृदय में स्वतन्त्रता के प्रति, जो प्रेम होता है, उसे भी विलोपित कर देती है। स्वतन्त्र होने के लिए गतिमान होने का अवकाश चाहिए और बिना अवकाश के यह क्षमता ही नष्ट हो जाती है।[17]

हन्ना आरेंट इस तत्त्व के प्रति सचेत हैं कि सिर्फ़ गति को ही किसी राजनीतिक व्यवस्था का आधार नहीं बनाया जा सकता है, क्योंकि, प्रत्येक राजनीतिक व्यवस्था को स्थायित्व की भी अपेक्षा होती है। विधियों के पालन से इस अपेक्षा की पूर्ति होती है। ग्रीककालीन राजनीति में भी नागरिक विधि का पालन करते थे। परन्तु, उन विधियों के पालन से 'हर मनुष्य अपने आप में एक नयी शुरुआत है', इसका अन्त नहीं हो जाता था, बल्कि, उसे प्रोत्साहन मिलता था। इतना ही नहीं, उन विधियों से नागरिकों में महानता अर्जित करने के प्रयत्नों को एक अनुकूल अवकाश भी मिलता था। परन्तु, तानाशाहों के द्वारा निर्मित विधियों में कुछ करने की अपेक्षा नहीं करने के निर्देश अधिक होते हैं।[18] सर्वाधिकारवादी शासन में स्थायित्व के नाम

---

15. थॉमस पेरी थॉर्नटन (2006), 'टेरर : अ वेपन ऑफ़ पॉलिटिकल एजिटेशन', डेविड सी. रैपोपोर्ट (सं.), *टेररिज़म : क्रिटिकल कॉन्सेप्ट इन पॉलिटिकल साइन्स*, खण्ड-3, रूटलेज, न्यूयार्क : 41-61.

16. हन्ना आरेंट (1973), पूर्वोक्त : 9.

17. पूर्वोक्त : 466.

18. पूर्वोक्त : 465.

पर इसी प्रकार की आत्मघाती प्रवृत्ति के कारण मोन्तेस्क्यू को यह लिखना पड़ा कि शासन की अन्य प्रणालियों के अन्त के लिए बाह्य कारक उत्तरदायी होते हैं, परन्तु, सर्वाधिकारवादी शासन अपनी ही आन्तरिक प्रवृत्ति के कारण नष्ट हो जाता है।[19] सर्वाधिकारवाद जॉर्ज सोरेल के इस विचार में विश्वास करता है कि राजनीतिक सक्रियता के लिए मिथकों को अधिक से अधिक ओजस्विता के साथ प्रयोग में लाना चाहिए।[20] इस कार्य में फ़ासीवादी, नाज़ीवादी और मार्क्सवादी इतना सक्रिय रहे हैं कि उन्होंने अपने अर्थक्रियावाद और मिथकों के प्रचार को लगभग एक में ही मिला दिया। सर्वाधिकारवादी शासन की एक विशिष्ट प्रवृत्ति का उद्घाटन करते हुए हन्ना आरेंट कहती हैं कि यह एक ऐसी शासन प्रणाली है, जो प्रकृति की गति को अपने ही नियमों से संचालित करना चाहती है। इस क्रम में वह हर मनुष्य को अपने आप में एक नयी शुरुआत नहीं समझता है, बल्कि, जन्म लेने और मर जाने वाले ऐसे प्राणियों के रूप में देखता है, जो उच्च शक्तियों की गति में अवांछनीय हस्तक्षेप ही कर सकते हैं।[21] तानाशाह अपने को प्रकृति की गति का आज्ञापालक सेवक समझता है। इसी कारण वह प्रकृति की गोद में पलने वाली मृत्यु से लोगों को पुरस्कृत (दण्डित शब्द उचित नहीं) कर यह मानता है कि वह प्रकृति के निर्देशों का पालन कर रहा है।[22] *द ओरिजिन्स ऑफ़ टोटेलिटेरिएनिज़्म* के प्रथम खण्ड की चर्चा को हन्ना आरेंट ने यहूदियों पर जर्मनी में हुए अत्याचार से आरम्भ किया है। यहाँ वे लिखती हैं कि सामी-विरोध, जो 1870 के पूर्व प्रचलित विचारधारा नहीं थी, उसी ने यहूदियों के प्रति घृणा और नफरत को जन्म दिया। हालाँकि, हन्ना आरेंट यह भी कहती हैं कि सामी-विरोध का आधुनिक रूप मध्ययुगीन रूढ़ियों का ही एक नया सेकुलर संस्करण है।[23] यह एक विचित्र विरोधाभास है कि यहूदियों पर अत्याचार करने वाली नाज़ी विचारधारा स्वयं एक सामी धर्म (ईसाई) से सम्बन्ध रखती है। दूसरी ओर यहूदियों का एकमात्र देश इज़राइल अपने निर्माण के 70 साल बाद भी

---

19. पूर्वोक्त : 467.

20. रॉबर्ट्स डी. डेविड (2006), *द टोटेलिटेरियनिज़्म एक्सपेरिमेंट इन ट्वेंटिएथ सेंचुरी युरोप : अण्डरस्टैंडिंग द पॉवर्टी ऑफ़ ग्रेट पॉलिटिक्स*, टेलर ऐंड फ्रांसिस, लन्दन : 113.

21. हन्ना आरेंट (1973), पूर्वोक्त : 406.

22. पूर्वोक्त : 466-467.

23. पूर्वोक्त : xi.

यह ठीक से सुनिश्चित नहीं कर पाया है कि उसे सेकुलर होना है या धर्म-साक्षेप राष्ट्र बनना है। ऐसे में हन्ना आरेंट नाज़ी विचारधारा के साथ मिली हुई ईसाइयत के सामी-चरित्र को जानते हुए भी उसे सामी-विरोध क्यों कह रही हैं? इस वक्तव्य में एक गहरा संकेत छुपा हुआ है और उसके ऐतिहासिक अर्थ-सन्दर्भ बहुत गहरे हैं। इसकी व्याख्या के लिए यहूदी सेकुलरिज़म एवं ईसाई सेकुलरिज़म के मध्य अन्तर को खोजना और समझना ज़रूरी है।

वस्तुतः, यहूदी, ईसाई और इस्लाम तीनों का ही अब्राहमिक सन्दर्भ है। ईसाई और इस्लाम की उत्पत्ति यहूदियों से विभक्त होकर हुई है। ठीक वैसे ही जैसे कि भारतवर्ष में ब्राह्मिक परम्परा से बौद्ध, जैन और सिख हुए। परन्तु, भारतवर्ष में इन तीनों ने पृथक्-पृथक् राष्ट्रीयता के आधार पर राष्ट्र-राज्य की प्राप्ति हेतु दावे नहीं किये। यूरोप के अब्राहमिक (यहूदी, ईसाई और इस्लाम) सम्प्रदायों में भारत जैसा समीकरण उत्पन्न नहीं हो पाया। अब्राहमिक परम्परा के तीनों धड़ों ने अपने-अपने लिए अलग-अलग राष्ट्रीयता के आधार पर राष्ट्र-राज्य की प्राप्ति हेतु प्रतिस्पर्धी दावे किये। इन प्रतिस्पर्धी दावों को भौतिक प्रगति को बढ़ावा देने वाली वैज्ञानिक आविष्कारों एवं तकनीकी क्रान्तियों ने तीव्र कर दिया। यहाँ यह प्रश्न किया जा सकता है कि जिस तरह अब्राहमिक मज़हबों की तीनों शाखाओं में आपसी मज़हबी-युद्ध और नरसंहार की घटनाएँ होती रही हैं, वैसा ही भारत के ब्राह्मिक सम्प्रदायों के मध्य क्यों नहीं हुआ?

उक्त प्रश्न के अनेक सामाजिक, सांस्कृतिक और आर्थिक दृष्टियों से उत्तर दिए जा सकते हैं, परन्तु, इन उत्तरों की दार्शनिक पृष्ठभूमि एक ही होती है। वह मूल आधार यह है कि अब्राहमिक धर्मों का स्वरूप अपनी मूल प्रकृति में ही सेकुलर है। ऐसा कहना तीन दृष्टियों से संगत है। प्रथम, तीनों अब्राहमिक सम्प्रदायों में ईश्वर जगत् में स्थित नहीं है। वह जगत् से निरपेक्ष है। इस कारण मनुष्य को सामाजिक-आर्थिक और राजनीतिक मामलों के संचालन में ईश्वर से निरक्षेप रह पाने का अवकाश है। द्वितीय, अब्राहमिक सम्प्रदाय धार्मिक कर्मकांड में विश्वास नहीं रखने का भी अवकाश उपलब्ध कराता है, क्योंकि, वह मानता है कि एक सच्चे ईश्वर में विश्वास करने पर ही मनुष्य स्वर्ग जा सकता है। अब्राहमिक परम्परा में सत्कर्म स्वर्ग जाने का मार्ग नहीं है। सभी तरह के कर्मों का सम्पादन करते हुए भी यदि कोई सच्चे ईश्वर में विश्वास नहीं करता है, तब वह स्वर्ग जाने का अधिकारी नहीं है। वस्तुतः, इस तर्क की भाव-भूमि का विस्तार ही क्रुसेड यानी जेहादीयुद्ध और मज़हब के नाम पर नरसंहार की पृष्ठभूमि तैयार करता है। इसका निहितार्थ यह

है कि क्रूर कर्म करने पर भी यदि कोई सच्चे ईश्वर में विश्वास करता है तो वह स्वर्ग जा सकता है। धर्म के नाम पर आतंक और सामूहिक नरसंहार से लेकर मॉब लिंचिंग तक यही तर्क कार्य कर रहा होता है। ग़ैर अब्राहमिक परम्परा से भी मॉबलिंचिंग की, जो सूचनाएँ आती हैं, उनका भी आधार अब्राहमिक परम्परा का यही तर्क होता है। तृतीय, अब्राहमिक सम्प्रदाय पुनर्जन्म में विश्वास नहीं करते हैं। मनुष्य एक ही बार जन्म लेता है और मृत्यु उसका अन्तिम अन्त है। इस तर्क के आधार पर सृष्टि के उपभोग और प्रकृति के दोहन का वैध प्राधिकार भी मनुष्य को प्राप्त हो जाता है।

अब्राहमिक सम्प्रदायों के विपरीत ब्राह्मिक सम्प्रदायों के सेकुलर होने का अवकाश अपेक्षाकृत सीमित है। ब्राह्मिक परम्परा के सभी सम्प्रदाय कर्मवाद में विश्वास करते हैं। सत्कर्म और ज्ञान ही तीनों के लिए मुक्ति का मार्ग है। इसका तात्पर्य यह है कि ब्राह्मिक सम्प्रदायों में मुक्ति कर्म-नियमों से निरपेक्ष नहीं है। मुक्ति को कर्म-नियमों के साक्षेप बना दिए जाने से ब्राह्मिक सम्प्रदायों को इहलौकिक और पारलौकिक को जोड़ने वाली एक सीढ़ी मिल जाती है। बिना इस सीढ़ी को तोड़े सेकुलर नहीं हुआ जा सकता। इस सीढ़ी को तोड़े बिना ब्राह्मिक सम्प्रदाय न तो आपस में धर्मयुद्ध कर सकते हैं और न ही हिंसक तरीक़े से धर्मप्रचार या धर्मांतरण कर सकते हैं। परन्तु, ब्राह्मिक सम्प्रदायों में से कोई भी एक सम्प्रदाय यदि राजनीतिक और आर्थिक वर्चस्व की स्थापना के प्रयास में दूसरे ब्राह्मिक सम्प्रदायों पर वरीयता प्राप्त करना चाहे तो यूरोप और मध्यपूर्व के क्रुसेड की चिनगारी भारत में भी भड़कने में देर नहीं लगेगी। इस दृष्टि से भारत में नक्सली आन्दोलन और नव-बौद्ध आन्दोलन का एक ही दिशा में न जाना भारत के लिए एक वरदान है। हाल के वर्षों में नव-बौद्ध आन्दोलन की एक शाखा महिषासुर को जिस तरह ईश्वर के रूप में प्रतिष्ठित कर रही है, कालांतर में उसकी सफलता भारत में भी अब्राहमिक सम्प्रदायों के मध्य होने वाले हिंसक टकराव जैसी स्थिति अवश्य उत्पन्न कर सकती है। परन्तु, इसकी सम्भावना को अनेक तत्त्वों ने क्षीण कर दिया है। उनमें सबसे प्रमुख यह है कि महिषासुर विमर्श[24] में भी कर्मवाद से मुक्ति का कोई आधार बन ही नहीं सकता है।

मुहम्मद बिन कासिम से लेकर औरंगजेब और फ्रांसिस्को डी अलमेडा तथा माउंटबेटन तक के इतिहास की घटनाओं का सतर्क मूल्यांकन करते हुए भी यह नहीं

---

24. इस विमर्श के पक्ष और प्रतिवाद को देखने के लिए पढ़ें, अम्बिका दत्त शर्मा एवं विश्वनाथ मिश्र, 'मिथकीय आख्यान और इतिहास बोध', *प्रतिमान समय समाज संस्कृति,* वर्ष 5, अंक 10, जुलाई-दिसम्बर 2017.

कहा जा सकता है कि भारत में कोई धर्म-युद्ध हुआ है। धर्म के नाम पर भारत में हिंसा और कत्लेआम ज़रूर हुआ है, परन्तु, उन सभी के उद्देश्य राजनीतिक और आर्थिक रहे हैं। तुर्कों और मुगलों ने न तो इस्लाम को भारत का राजधर्म बनाया, और न ही अंग्रेज़ों ने भारत को ईसाई मुल्क बनाया। यही नहीं, एक ओर उन्होंने कभी भी धर्म छोड़ कर मज़हब में आने वाले समूहों को अपने समकक्ष भी नहीं समझा और दूसरी ओर विजित समूहों ने जब प्रति-आक्रमण में विजय प्राप्त की तब भी उन्होंने अपने क्षेत्र में ब्राह्मिक परम्परा की निज शाखा को राजधर्म नहीं बनाया। इस सन्दर्भ में 'हिन्दू पद पादशाही' के प्रवर्तक शिवाजी की स्थिति कुछ अलग है। इसी कारण हिन्दुत्व की विचारधारा में शिवाजी का स्थान विशिष्ट है। परन्तु, यहाँ भी हमें सदैव याद रखना चाहिए कि शिवाजी की सेना में जब बड़ी संख्या में मुस्लिम शामिल थे, तब ऐसे में शिवाजी के प्रयत्नों को धर्मयुद्ध के बजाय अपने पूर्वजों के खोए हुए साम्राज्य को पुन: प्राप्त करने के प्रयत्नों के सन्दर्भ में समझने का प्रयास अधिक प्रासंगिक है।

भारत में ब्राह्मिक जेहादी समूहों की पृष्ठभूमि तैयार हो जाये, इसके लिए अंग्रेज़ों ने अनेक कूट चालें चलीं। वे चाहते थे कि भारत का ब्राह्मिक समाज आपस में विध्वंसात्मक युद्धों से ग्रस्त होकर अपनी शक्ति को क्षीण कर ले। इसके लिए अपेक्षित था कि जाति-जनजाति सातत्य[25] को तोड़ दिया जाये। इस टूटन से *इन्ड्यूरेंस इन टाइम* की अर्थ वाली, जो राजनीतिक सहभागिता थी, वह बहुत हद तक टूट गयी। अंग्रेज़ों ने इसके लिए जनजातियों में डीकुओं[26] के प्रति, जो आक्रोश था, उसे भारतीय भू-सामंतों के प्रति आक्रोश तक ही सीमित कर देने के षड्यन्त्र के तहत काम किया। ईसाई मिशनरियों, ब्रिटिश प्रशासकों एवं प्रच्याविदों ने इसके लिए वर्षों तक काम किया है। इसी क्रम में उन्होंने 'सरना धर्म'[27] को ब्राह्मिक धर्म

---

25. 'जाति-जनजाति सातत्य' प्रसिद्ध नृतत्त्वशास्त्री एल.पी. विद्यार्थी द्वारा गढ़ी गयी अवधारणा है, जिसमें वे प्रदर्शित करते हैं कि परम्परागत भारतीय समाज में जातियों एवं जनजातियों के मध्य कोई बहुत बड़ा अन्तराल नहीं था। आधुनिकता ने जाति-जनजाति अन्तराल को बढ़ावा दिया है। देखें, विश्वनाथ मिश्र, 'जाति-जनजाति अन्त:क्रिया : परम्परा एवं आधुनिकता', *मध्य प्रदेश सामाजिक विज्ञान अनुसंधान जर्नल*, वर्ष 12, अंक 12.

26. जनजातियाँ बाहरी लोगों को डीकू या दिकू, अर्थात् लुटेरे मानती हैं। इनमें अंग्रेज़ एवं अंग्रेज़ों के देशी अहलकार तथा देशी ज़मींदार दोनों शामिल थे।

27. आदिवासी अपने धर्म को सरना धर्म कहते हैं। इस धर्म में प्रकृतिवाद और जीववाद दोनों का अंश है। यह अंश ब्राह्मिक परम्परा के धर्मों में भी है।

से स्वतन्त्र एवं पृथक् मान्यता प्रदान की। परन्तु, भारत में *इन्ड्योरेंस इन टाइम* के अर्थ वाली राजनीति की जड़ें इतनी गहरी रही हैं कि अंग्रेज़ 'सरना' और 'ब्राह्मिक' का मनोवांछित विभाजन करने में सफल नहीं हुए। इसका यह मतलब नहीं है कि उन जड़ों को आघात नहीं पहुँचा है। आप एक ऐसी काल्पनिक स्थिति का उदाहरण लीजिए कि आधुनिकता के नाम पर वन्य जातियों के अधिकारों को सीमित करने, उन्हें जंगल और जमीन से बेदखल करने वाली सरकारों की भाषा जब धर्माचार्य भी बोलने लगें तब भी क्या यही स्थिति बनी रहेगी? निश्चित है, तब सरना और ब्राह्मिक की दूरी बढ़ेगी। हाल के वर्षों में व्यासपीठ पर बैठकर जब कथावाचकों ने सर्वधर्म समभाव का उपदेश करने हेतु दूसरे धर्मों के प्रतीकों का गुणगान किया है, तब वे भीड़ के निशाने पर आ गये हैं। यह भीड़ धर्म के नाम पर अब्राहमिक प्रकृति की होती है और इस भीड़ का प्रयोग, वास्तव में, धर्म की रक्षा के नाम पर राजनीति के धर्म की रक्षा के लिए होता है।

अतीत में अब्राहमिक सम्प्रदायों के समक्ष एक-दूसरे के विरुद्ध अस्तित्व की रक्षा के लिए राजनीति एवं सैन्य शक्ति की शरण में जाने की आवश्यकता उत्पन्न हुई थी। अब्राहमिक सम्प्रदायों के राजनीतीकरण और सैन्यीकरण के कुचक्र से आज भी दुनिया मुक्त नहीं हुई है। संप्रति, भारत में हिन्दू जाति का राजनीतीकरण एवं सैन्यीकरण भी अब्राहमिक सम्प्रदायों के राजनीतिकरण एवं सैन्यीकरण से सर्वथा अलग नहीं है। जिस तरह अब्राहमिक सम्प्रदायों ने सबसे अधिक अत्याचार अब्राहमिक लोगों पर ही किया है, उसी तरह हिन्दुओं के राजनीतीकरण एवं सैन्यीकरण का प्रयास इस्लाम के विरुद्ध जाता है, ईसाइयत के विरुद्ध ही जाता है या ब्राह्मिक सम्प्रदायों के विरुद्ध जाता है, यह आने वाला भविष्य ही तय करेगा। तथापि, यदि महाभारत के युद्ध को जमीन पर लड़ा गया युद्ध माना जाये तो हमें यह याद रखना चाहिए कि उस युद्ध में दोनों ओर से हर-हर महादेव के ही नारे लग रहे थे, जबकि, उसने उन युद्धों से अधिक विनाश उत्पन्न किया था, जिन युद्धों में एक ओर से हर-हर महादेव और दूसरी ओर से अल्लाह हू अकबर के नारे लगे हैं।

आधुनिक काल में भारत में क्रुसेड जैसी स्थिति उत्पन्न नहीं होने के लिए वामपंथ की भूमिका भी समझने योग्य है। वामपंथ की, जो भी सैद्धान्तिक विसंगतियाँ रही हों या भारत में इसकी, जो भी त्रुटियाँ रही हों, इसने अपने आन्दोलनों में धर्म को बहिष्कृत करके अनजाने में ही एक सकारात्मक कार्य कर दिया है। इसका परिणाम यह हुआ कि भारत में नक्सली आन्दोलन को 'सरना' समर्थकों का वांछित साथ नहीं

मिला। फलतः, आरम्भ होने के पूर्व ही वे विभाजित हो गये। इस त्रुटि को महिषासुर विमर्श के पैरोकारों ने समझ लिया है और वे हिंसा-दर्शन के आधार पर इतिहास की व्याख्या कर रहे हैं। हिन्दू परम्परा की ओर से हिंसा-दर्शन के आधार पर कोई भी इतिहास की पुनर्व्याख्या का प्रयास अतीत में जितना ही गहरा उतरेगा, उतना ही महिषासुर विमर्श को भी वह अधिक वैधता प्रदान करेगा।

भारत के सन्दर्भ में संभावित जिन स्थितियों का उल्लेख यहाँ किया गया है, उससे इतिहास को 'क्रॉस कल्चर पर्सपेक्टिव' में समझने की एक दृष्टि प्राप्त होती है। इस दृष्टि से उस प्रश्न का उत्तर दिया जा सकता है, जो इस खण्ड की चर्चा के आरम्भ में प्रस्तुत किया गया था। पुनः स्मरण के लिए उस प्रश्न का उल्लेख प्रासंगिक है। वह प्रश्न यह है कि ईसाई और यहूदी सेकुलरवाद में क्या अन्तर है। ईसाई सेकुलरवाद को राष्ट्रीयता और राज्य दोनों का समर्थन एवं संरक्षण प्राप्त हुआ। इसके विपरीत यहूदी सेकुलरवाद को राष्ट्रीयता का संरक्षण तो मिला, परन्तु, वह राज्य का समर्थन पाने में 1949 तक विफल रहा। इस अन्तर के परिणामस्वरूप ईसाई सेकुलरवाद को धर्म के नाम पर राज्य-प्रायोजित हिंसा का अवसर मिल गया, परन्तु, यहूदी इस अवसर से चूक गये और बार-बार बेघर होते रहे। यहूदी *मेसेसिनिक होप* और व्यक्तिगत जातीय श्रेष्ठता के बीच में समायोजन स्थापित नहीं कर सके। फलतः, वे धरती पर स्वर्ग स्थापित करने का स्वप्न देखते रहे और कर्म के रूप में राजनीति की उपेक्षा की। इसका परिणाम यह हुआ कि यहूदी धार्मिक चेतना अपने अन्य समकालिकों की तरह राष्ट्रीय चेतना का विकास नहीं कर सकी।[28] हन्ना आरेंट मानती हैं कि राजनीति की अनदेखी करना यहूदियों के प्रति सामाजिक भेदभाव का मूल आधार है और इसी के चलते वे विभिन्न सत्ताओं के समक्ष आत्मसमर्पण करते रहे हैं।[29]

यहाँ यह स्पष्ट कर देना आवश्यक है कि जब हन्ना आरेंट यह कह रही हैं कि यहूदियों ने राजनीति की उपेक्षा की तो इसका तात्पर्य यह नहीं कि वह यहूदियों के मज़हब के नाम पर राजनीतीकरण एवं सैन्यीकरण की बात कर रही हैं, जैसा अन्य अब्राहमिक सम्प्रदाय करते रहे हैं। बल्कि, उनका आशय यह है कि यहूदियों ने *वीटा एक्टिवा* के रूप में राजनीति की उपेक्षा की। इससे उनका सामूहिक साहचर्य का

---

28. हन्ना आरेंट (1973), पूर्वोक्त : 72-76.

29. पूर्वोक्त : 54.

दायरा सिकुड़ता चला गया। ऐसे में जब सर्वाधिकारवादी व्यवस्थाओं ने एक व्यक्ति को दूसरे व्यक्ति के विरुद्ध खड़ा करने की और एक समुदाय को दूसरे समुदाय के विरुद्ध खड़ा करने की मुहिम प्रारम्भ की, तब यहूदियों को किसी राजव्यवस्था का संरक्षण नहीं मिला। यहूदियों का कोई गृहराज्य नहीं था। यहूदी अनेक देशों, जैसे फ्रांस, जर्मनी, ब्रिटेन, अमेरिका आदि यूरोपीय देशों में फैले हुए थे। आर्थिक एवं व्यावसायिक दृष्टि से यहूदियों की ऊँची प्रतिष्ठा भी थी। परन्तु, तब यूरोप के विभिन्न राष्ट्रों के मध्य होने वाले युद्ध में उनकी स्थिति असहज हो जाती थी। इस असहजता का अनुमान आज के हालात से किया जा सकता है।

भारत और पाकिस्तान के मध्य विवाद और युद्ध की स्थिति में भारतीय मुसलमानों और पाकिस्तानी हिन्दुओं के प्रति दोनों देशों में भीड़ की, जो मानसिकता होती है, उससे अपने-अपने मुल्कों में ही दोनों क़ौमें असहज हो जाती हैं। जिस तरह आज हमें यह देखने को मिलता है कि भारत में यदि हिन्दू-मुस्लिम विवाद होता है, तब इसका असर पाकिस्तान तथा बांग्लादेश के हिन्दुओं पर भी होता है। इसी तरह जब पाकिस्तान या बांग्लादेश में हिन्दुओं पर अत्याचार की खबर आती है, तब भारत के मुसलमान भी निशाने पर आते हैं।

भारत में जिस तरह मुस्लिम षड्यन्त्र की कहानी चलती है, उसी तरह सामी-विरोध में यहूदी षड्यन्त्र की कहानी प्रचलित थी। कई बार यह कहानी सही भी होती थी और कई बार जब झूठ का पर्दाफाश हुआ तब पता चला है कि यह तो वास्तव में सरकार की विफलता को छुपाने का एक नैरेटिव था। ठीक इसी तरह हिटलर ने भी प्रथम विश्वयुद्ध में जर्मनी की हार के लिए यहूदियों को दोषी ठहराते हुए इसका खूब प्रचार किया था। जर्मनी में तब, जो आर्थिक मंदी आ गयी थी, उसके लिए भी हिटलर ने यहूदियों को उत्तरदायी ठहराया, क्योंकि, तब जर्मनी में आर्थिक गतिविधियों पर यहूदियों की अच्छी पकड़ थी। इसके चलते हिटलर की बातों पर जर्मन ईसाइयों को विश्वास करने की एक वज़ह भी मौजूद थी। दूसरी ओर, ब्रिटेन के प्रधानमन्त्री रह चुके यहूदी मूल के ब्रिटिश प्रधानमन्त्री बेंजामिन डिज़रेली ने प्रधानमन्त्री बनने से पहले एक उपन्यास लिख कर यहूदियों के अतीत के गौरव की चर्चा की थी और साथ ही यहूदियों के लिए एक नये साम्राज्य-निर्माण के द्वारा पुराने गौरव को हासिल करने का भी एक साहित्यिक एवं काल्पनिक विवरण दिया था।[30] यद्यपि, डिज़रेली बचपन में ही ईसाई धर्म में दीक्षित हो चुके थे, परन्तु, वे

---

30. पूर्वोक्त : 75-76.

यह सब आधार ज़रूर बना रहे थे, जिसके आधार पर हिटलर यहूदी षड्यन्त्र का दुष्प्रचार कर सकता था।[31]

वस्तुतः, तानाशाह संकट को अपने लिए अवसर बनाता है और इसे वह ऐसे प्रचारित करता है, जैसे यह अवसर जाति-विशेष या राष्ट्र-विशेष के भाग्य का द्वार खोल देगा। यह सही है कि हन्ना आरेंट यहूदियों पर हुए अत्याचार की मीमांसा में तटस्थ नहीं हैं और यहूदी विरोधीवाद (एंटीसेमिटिज़म) की चर्चा के क्रम में यहूदियों की ऐतिहासिक भूलों को नजरअंदाज कर देती हैं। परन्तु, इसमें कोई शक नहीं कि युरोप ने यहूदियों के साथ 'चूज़ेन मेन ऑफ़ चूज़ेन रेस' के आधार पर बर्ताव किया। माना कि आर्थिक गतिविधियों में बेहतर प्रदर्शन उनके शक्ति का आधार था,[32] परन्तु, यह कार्य-केन्द्रित था और इसने सामूहिक हितों के संरक्षण के लिए सामूहिक प्रयत्नों को कर्म *(एक्शन)* में नहीं बदला। जब यूरोपीय राज्यों के राजनीतिक शक्ति का ह्रास होने लगा और राज्य मुक्त-समूह से बंद-समूह बनने लगे, तब ऐसे राज्यों ने हिंसा का सहारा लेना आरम्भ किया। यह एक ऐसा समय था, जो यहूदियों के लिए सार्वभौम मूल्य और विशिष्ट पहचान के बीच चुनाव के एक संकट के रूप में प्रकट हुआ।[33]

4.3 सर्वाधिकारवाद : विस्तार की भौतिक चेतना

राजनीतिक युद्धों में हिंसा का प्रयोग एक सार्वभौम घटना है, किन्तु, शासन में हिंसा का प्रयोग और उसके लिए जन सहमति प्राप्त करने का प्रयास एक ऐसी नवीन घटना है, जिसके माध्यम से सर्वाधिकारवाद को विस्तार और स्थायित्व प्राप्त होता है। इसके लिए तानाशाह प्रभाजित समूहों को भीड़ बनाने का प्रयास करता है। जनता के नाम पर भीड़ का समर्थन प्राप्त करने का प्रयास आधुनिक तानाशाहों की विशिष्ट प्रवृत्ति रही है और इसके लिए उन्हें लोकतन्त्र गुंजाइश भी देता है। लोकतन्त्र के भीतर से तानाशाही का उदय तानाशाही के सबसे वीभत्स रूप को प्रकट करता है, जहाँ जनता स्वतन्त्रता के लिए नहीं, बल्कि, मृत्यु के लिए सहभागिता करती है और जर्मनी में यही हुआ भी था। अब इस घटना को

---

31. पूर्वोक्त : 75-76.

32. पूर्वोक्त : 99.

33. पेट्रिक एफ़. मैकिनले (1997), 'युनिवर्सल प्रिंसिपल्स ऐंड पर्टिकुलर आइडेंटिटी', द *रिव्यू ऑफ़ पॉलिटिक्स*, खण्ड-59, अंक-4 : 930-934.

चाहे सामी-विरोध का परिणाम कहें, चाहे ईसाइयत का ह्रास कहें; परन्तु, हमने इतिहास से कुछ नहीं सीखा। बल्कि, एक युद्ध और एक हिंसा की समाप्ति से पहले ही एक-दूसरे युद्ध (शीतयुद्ध) और हिंसा की फैक्ट्रियों (आयुध कारखाने) को स्थापित करने में मानव-जाति संलग्न हो गयी।

द *ओरिजिंस ऑफ़ टोटेलिटेरिएनिज़्म* के दूसरे खण्ड में हन्ना आरेंट साम्राज्यवाद की चर्चा करती हैं। विस्तार साम्राज्यवाद की राजनीतिक विचारधारा का केन्द्रीय और स्थायी तत्त्व है। सामान्यतः, प्रत्येक राजनीतिक व्यवस्था अपने स्थायित्व के लिए अपना विस्तार करना चाहती है। राजनीति जब सद्गुण या कर्म पर आधारित होती है, तब यह सद्गुण का और सद्विचार का विस्तार करती है। तब वह अपनी भू-सीमाओं के विस्तार से किसी दूसरे राज्य की सीमाओं को आक्रांत नहीं करती है। उदाहरण बतौर, सम्राट् अशोक के शासनकाल में अहिंसा-धर्म और शीलगुण का विस्तार हुआ। परन्तु, जब राजनीति भौतिक पदार्थों के संचय, निर्माण और प्रसंस्करण के चंगुल में फँस जाती है और इस तरह 'कार्य' पर आधारित हो जाती है, तब वह भौतिक पदार्थों, उपभोग और तकनीक के विस्तार में लग जाती है। तब वह भौतिक पदार्थों के साथ-साथ अपनी भू-सीमाओं का भी विस्तार करती है। इस प्रक्रिया में कमोबेश आज दुनिया के सभी राष्ट्र लगे हुए हैं। महायुद्ध के पूर्व में उपनिवेशवाद के माध्यम से राष्ट्र अपनी सीमाओं का विस्तार करते थे और आज के युग में अपने राज्य की संक्रान्तिक-सीमा रेखा का विस्तार कर रहे हैं। चाहे राज्यों की भौतिक सीमाओं का विस्तार हो या हित-सीमाओं का विस्तार हो, इस विस्तार के गर्भ में हिंसा ज़रूर पलती रहती है। ऐसे में शान्ति के सारे प्रयास, अन्ततः, युद्ध की चुपचाप तैयारी करने के उपक्रम मात्र बनकर रह जाते हैं।

हन्ना आरेंट लिखती हैं कि मध्य यूरोप में साम्राज्यवाद का पहला चरण बोर्ज़्वा वर्ग की राजनीतिक मुक्ति से सम्बन्धित था। यह नवोदित आर्थिक शक्तियों के द्वारा राजनीतिक शक्ति प्राप्त करने का काल था, जिसमें नवीन उत्पादक शक्तियों ने अपने को शासक वर्ग में भी सम्मिलित करने का सफल प्रयास किया।[34] हन्ना आरेंट के इस अभिमत को *ऑन ह्यूमन कंडीशन* के साथ रखकर समझें तो यह आधुनिक युग का वह सबसे प्रभावशाली और स्थायी तत्त्व था, जिसने राजनीति को कर्म *(एक्शन)* के धरातल से नीचे उतार कर कार्य *(वर्क)* के धरातल पर पटक दिया।

---

34. हन्ना आरेंट (1973), पूर्वोक्त : 135.

ग्रीक चिन्तन में भी आर्थिक शक्तियों के राजनीति में हस्तक्षेप से उत्पन्न होने वाली समस्याओं पर गम्भीर चर्चा हुई है। प्लेटो ने आदर्श राज्य के पतन के तीसरे सोपान में उत्पादक शक्तियों के राजनीति में प्रवेश से होने वाले नुकसान को रेखांकित किया है। वस्तुतः, अभिभावक वर्ग को परिवार और सम्पत्ति के अधिकारों से वंचित करने के पीछे प्लेटो की मंशा ही यही थी कि उत्पादक शक्तियों के निजी हितों से राजनीति को बचाया जाये। परन्तु, अरस्तू ने धनतन्त्र और जनतन्त्र के संयोग को ही आदर्श शासन-व्यवस्था माना है। भारत के राजनीतिक चिन्तन में धर्मशास्त्रीय एवं अर्थशास्त्रीय परम्परा में राजा की मन्त्रिपरिषद् में भी धनवानों को रखने का कोई प्रस्ताव नहीं है, हालाँकि, अर्थशास्त्र के विशेषज्ञ को मन्त्रिमंडल में रखने का प्रस्ताव है। इससे यह स्पष्ट है कि भारत एवं ग्रीक राजनीतिक चिन्तन में राजनीति और आर्थिक शक्तियों की स्वायत्तता को ध्यान में रखा गया है। सामाजिक संरचना के आधार पर भी देखा जाय तो ग्रीक एवं भारतीय परम्परा में उत्पादक वर्ग को सामाजिक संस्करण में तृतीय सोपान पर रखा गया था। लोकतान्त्रिक एवं मानवीय समानता की दृष्टि से प्लेटो की योजना को स्वीकार नहीं किया जा सकता है। परन्तु, यह तथ्य भी विचारणीय है कि आज के मानवतावादी युग में भी जब से राजनीति पूँजीवाद की अनुगामी हो गयी है, तब से दुनिया में हिंसा कम नहीं हुई है; यद्यपि, स्टीवेन पिंकर का अध्ययन यह साबित करने का प्रयास करता है कि सभ्यताओं का विकास हिंसा से अहिंसा की ओर हुआ है और दुनिया में आधुनिक काल में हिंसा कम हुई है।[35] प्रथमदृष्ट्या यह तर्क सही प्रतीत होता है। किन्तु, विविधताओं का विनाश, पर्यावरण का ह्रास, नैतिक मूल्यों का क्षरण, सर्जनात्मक अवकाश का लोप, स्वावलंबन का ह्रास, मशीनों पर मनुष्य की निर्भरता, विध्वंसक हथियारों के निर्माण एवं व्यवसाय में वृद्धि और जीवन में हताशा की वृद्धि भी हिंसा से ही जुड़ी हुई घटनाएँ हैं। इनमें यदि आतंकवाद, कट्टरतावाद, जीवन की तेज़ गति से होने वाली दुर्घटनाओं और आधुनिक जीवन शैली से उत्पन्न होने वाले रोगों को भी जोड़ दिया जाये तो यह साफ़ दिखता है कि पूँजीवाद की अनुगामी राजनीति के युग में हिंसा का मुँह सुरसा की तरह विकराल होता जा रहा है। इसीलिए, हन्ना आरेंट लिखती हैं कि बोर्ज़्वा शक्तियों के द्वारा अपनी मुक्ति के लिए राज्य की मशीनरी का उपयोग

---

35. स्टीवेन पिंकर (2011), द *बेटर एंगल्स ऑफ़ आवर नेचर : व्हाय वायलेन्स हैज़ डिक्लाइन्ड*, वाइकिंग प्रेस, न्यूयार्क।

तो किया गया, परन्तु, उन्होंने राजनीति के समन्वित मूल्यों की उपेक्षा की। राष्ट्रीय संस्थाएँ इस नवोदित बोर्ज़्वा वर्ग के लिए अपनी गर्वोन्मत्त महत्त्वाकांक्षाओं की पूर्ति के साधन बनकर रह गयीं।[36] बोर्ज़्वा वर्ग की गर्वोन्मत्त महत्त्वाकांक्षाओं का एक रूप साम्राज्यवाद के रूप में प्रकट हुआ। यह पूँजीवाद के साथ मिला हुआ साम्राज्यवाद अतीत में राजाओं के द्वारा युद्धों के माध्यम से अपनी भू-सीमा का विस्तार करने वाले साम्राज्यवाद से अलग किस्म का है।

इस साम्राज्यवाद की सबसे घृणित और हिंसक अभिव्यक्ति साम्राज्यवादियों द्वारा अपने हितों की पूर्ति के लिए भीड़ की हिंसा का सहारा लेना है।[37] भीड़ में समाज के हर तबके के औसत लोग होते हैं। इनका कोई सामूहिक लक्ष्य नहीं होता। इस नाते यह मजबूत 'आदमी' और महान 'नेता' को पुकारती है।[38] भीड़ की इस माँग को बड़बोलेपन, वाचालता और बड़े-बड़े दावे करने वाले नेता में मुक्ति की उम्मीद दिखती है। फ़ासीवादी और नाज़ीवादी शक्तियों ने भीड़ की इस मनोवृत्ति का भरपूर फायदा उठाया। ऐसी भीड़ को यह समझाना आसान होता है कि अतीत में आपकी मुक्ति के लिए कुछ भी नहीं किया गया और आपकी मुक्ति का समय अब नज़दीक है। परन्तु, जब तक भीड़ को यह बात समझ में आती है कि वह पहले से अधिक बहिष्कृत होती जा रही है और संसद में उसका प्रतिनिधित्व करने वाले उसके सच्चे रहनुमा नहीं रह गये हैं, तब तक विध्वंस आकर उनके द्वार पर खड़ा हो चुका होता है। थोड़ी देर के लिए यह माना जा सकता कि जर्मनी और इटली में जन्मे सर्वाधिकारवाद ने भीड़ की हिंसा का सहारा उपनिवेशवाद की प्रतिस्पर्धा में मजबूती से भाग लेने के उद्देश्य से लिया था; परन्तु, आज के समय में भीड़ की हिंसा को राजनीतिक शक्ति के रूप में जब कोई राष्ट्र प्रयोग में लाता है तब वह सामाजिक समरसता को, अन्ततः, तोड़ ही देता है। आज भीड़ की हिंसा का सहारा लेकर सत्ता में आना तो सम्भव है, परन्तु, उसके आधार पर उस तरह से राज्य की सीमाओं का विस्तार सम्भव नहीं है, जैसा यह महायुद्ध के पूर्व प्रचलित था। इसीलिए, भीड़ की हिंसा के मनोविज्ञान के आधार पर सियासत करने वाले समूह अतीत के गौरव और भविष्य की आर्थिक समृद्धि के तर्क का सहारा लेते हैं। यह दो विपरीत ध्रुवों की ओर जाने वाला तर्क है। अतीत का गौरव यदि औचित्यपूर्ण जीवन-मूल्यों से

---

36. हन्ना आरेंट (1973), पूर्वोक्त : 124.

37. पूर्वोक्त : 124.

38. पूर्वोक्त : 107.

सम्बन्धित है तो यह कर्मोन्मुख राजनीति की माँग करता है और भविष्य की आर्थिक समृद्धि का तकाजा कार्योन्मुख राजनीति की ओर ले जाता है।

इस तरह के अन्तर्विरोधों से तानाशाह स्वयं अवगत रहता है और इसे पाटने के लिए वह विचारधारा की सहायता लेता है। यूरोप की प्रायः सभी साम्राज्यवादी शक्तियों ने जातीय श्रेष्ठता की विचारधारा का इस्तेमाल किया है।[39] कुछ विचारधाराएँ इतिहास का प्रयोग वर्ग-संघर्ष को प्रदर्शित करने के लिए प्रयुक्त करती हैं और कुछ विचारधाराएँ प्रजाति श्रेष्ठता के उड़ान को इतिहास में प्रदर्शित करती हैं।[40] परन्तु, दोनों ही हालात में विचारधारा का प्रयोग एक हथियार की तरह होता है।[41] यहाँ यह स्पष्ट करना आवश्यक है कि विचारधारा का प्रयोग तलवार की तरह नहीं होता है, बल्कि, यह त्रिशूल की तरह काम करती है। इस त्रिशूल का एक शूल ज्ञान का निर्माण करता है। दूसरा शूल तात्कालिकता को सन्दर्भ देता है और तीसरा शूल एक समूह को दूसरे समूह के विरुद्ध खड़ा कर देता है। जब भी विचारधारा का प्रयोग एक हथियार की तरह किया जाता है, तब यह रोमांटिक अधिक होती है और इसमें सैद्धान्तिक विवेक कम ही होता है।[42]

हन्ना आरेंट कहती हैं कि प्रगति की भी एक विचारधारा है, जो पूँजी-संचयन और विस्तार को एक कभी न समाप्त होने वाली प्रक्रिया मानती है और इसकी प्रतिरक्षा के लिए कभी न समाप्त होने वाली शक्ति-संचयन की प्रक्रिया का समर्थन करती है।[43] पूँजी-संचयन एवं विस्तार की प्रक्रिया को जब राष्ट्र की सीमा बाधित करने लगती है, तब इसे गति देने के लिए और अधिक शक्ति-संचयन एवं विस्तार की आवश्यकता होती है। ऐसे में प्रगति की विचारधारा जिस साम्राज्यवाद का सहारा लेती है, उसमें यह मान लिया जाता है कि विस्तार ही सब कुछ है; और फिर यह प्रवृत्ति धरती पर, अन्ततः, माननीय दशाओं को विध्वंस की ओर जाने वाली गति में संलग्न कर देती है।[44]

---

39. पूर्वोक्त : 158.

40. पूर्वोक्त : 159.

41. पूर्वोक्त : 159.

42. पूर्वोक्त : 159.

43. पूर्वोक्त : 143.

44. पूर्वोक्त : 144.

हन्ना आरेंट ने अखिल एकतावादी आन्दोलनों– जैसे स्लाव, जर्मन, आस्ट्रियन आदि– की विचारधारा में निहित विस्तारवाद और साम्राज्यवादी विचारधारा में निहित विस्तारवाद के मध्य अन्तर को भी समझने का प्रयास किया है।[45] दुनिया की राष्ट्रीय राजनीति और अन्तरराष्ट्रीय राजनीति में आज भी अखिल एकतावादी आन्दोलनों की विचारधारा में हिंसा की चिनगारी दबी हुई है। अतः, इस मुद्दे पर थोड़ा विस्तार से विचार कर लेना आवश्यक है। सामान्यतः, यदि कोई जाति, जनजाति, सम्प्रदाय या भाषा अपने समूह के लोगों में एकता का आह्वान करती है, तब इसमें गलत कुछ भी नहीं होता और न ही इसमें कोई हिंसा की मनोवृत्ति होती है। परन्तु, वह समूह अखिल एकतावादी विचारधारा के आधार पर, कब और कैसे, क्या प्राप्त करना चाहता है, इसी से उसके हिंसक या अहिंसक लक्ष्य का पता चलता है। उदाहरण के लिए, 'आमार सोनार बांग्ला' या 'मराठी मानुष' की विचारधारा में हिंसा नहीं है, परन्तु, मराठी मानुष की संकल्पना जब बिहारियों, असमियों या उत्तर प्रदेश के निवासियों के विरुद्ध अभिव्यक्त होती है, तब वह हिंसक हो जाती है। इसी तरह द्विज एकता जब वंचित जातियों के प्रति प्रतिक्रियात्मक होती है या दलित एकता द्विजों के प्रति प्रतिक्रियात्मक होती है, तो इससे भी अखिल एकतावाद का हिंसक रूप अभिव्यक्त होता है। ऐसे हालात में एकता का लक्ष्य कर्मोन्मुख राजनीति नहीं होकर कार्योन्मुख राजनीति हो जाता है; क्योंकि, तब एकता का लक्ष्य संसाधनों पर क़ब्ज़ा करना होता है। दुनिया के अनेक गृह-युद्धों में अखिल एकतावादी विचारधारा का योगदान रहा है। अतीत में अखिल एकतावादी विचारधाराओं ने राष्ट्र की स्थापना भी की है और राष्ट्र-राज्य को विघटित भी किया है। अखिल एकतावादी आन्दोलनों का स्वरूप एवं लक्ष्य तात्कालिक और रणनीतिक दोनों तरह के होते हैं। जब ऐसे आन्दोलनों में सम्मिलित समूहों की उपस्थिति एक से अधिक राष्ट्रों में होती है, तब वे गम्भीर चुनौतियों का सामना करने के लिए अभिशप्त होते हैं और जटिल चुनौतियों को जन्म भी देते हैं। राज्यविहीन अखिल एकतावाद के अभिशाप और चुनौतियों के सन्दर्भ में यहूदियों का इतिहास सर्वप्रसिद्ध है। जब कभी किसी एक अखिल एकतावाद के विरुद्ध दूसरा अखिल एकतावाद प्रतिक्रियात्मक होता है, तब उसके बड़े आत्मघाती परिणाम भी सामने आते हैं। भारत में अखिल इस्लामवाद और अखिल हिन्दुत्व की विचारधारा के आपसी टकराव ने दुनिया के सबसे अधिक

45. पूर्वोक्त : 236-250.

अप्राकृतिक एवं क्रूर विभाजन को जन्म दिया है। परन्तु, इस विभाजन से हमने कुछ नहीं सीखा। इसकी एक मिसाल यह है कि जब कोई अखिल हिन्दुत्व की विचारधारा के आधार पर 'हडसन' स्नान के बजाय 'संगम' स्नान के लिए आता है, तब हम उसका स्वागत करते हैं, परन्तु, जब कोई अखिल इस्लामवाद के आधार पर मक्का-मदीना जाता है, तब हम उससे खिन्न होते हैं।

वस्तुतः, किसी भी अखिल एकतावादी आन्दोलन में सामान्य मानवता के तत्त्व जितने अधिक होते हैं, उसमें हिंसा की सम्भावना उतनी ही कम होती है।[46] परन्तु, अखिल एकतावाद जब किसी औद्योगिक घराने के विस्तार का माध्यम बन जाता है, तब उसमें हिंसा की अभिव्यक्ति सबसे अधिक होती है। अतीत के उपनिवेशवादी दौर में यह हिंसा प्रत्यक्ष होती थी और आज के नव साम्राज्यवादी युग में यह संरचनात्मक हिंसा के रूप में अभिव्यक्त होती है। अखिल अमेरिकावाद का वह स्वरूप, जिसने अपने को गणतन्त्र के रूप में स्थापित किया, वह सामान्य मानवीय एकता का प्रतीक था और इसी कारण हन्ना आरेंट उसे दुनिया की सबसे सफल क्रान्ति कहती हैं।[47] परन्तु, वही अमेरिकी गणतन्त्र जब अपने को राष्ट्रीय सर्वानुमति की प्राप्ति के लिए केन्द्रीकृत अर्थव्यवस्था के ज़रिये प्रकट करता है,[48] तब वह हिंसा का व्यापार करने लगता है। विचारधारा का प्रयोग तानाशाह को सियासत एवं शासन के लिए राज्य की मशीनरी से आगे बढ़कर प्राधिकार प्रदान कर देता है। किसी भी राज्य की मशीनरी व्यक्ति के शरीर पर ही शासन कर सकती है, परन्तु, तानाशाह व्यक्ति की आत्मा पर भी शासन करता है। ऐसा तब तक सम्भव नहीं है, जब तक व्यक्ति स्वयं इसके लिए तानाशाह को प्राधिकृत न कर दे। यह दो ही स्थितियों में सम्भव है। प्रथम, यह कि शासक स्वयं ईश्वर हो। द्वितीय, यह कि व्यक्ति की सबसे बलवती इच्छा का प्रतिनिधित्व शासक करता हो। इस दूसरे लक्ष्य की प्राप्ति के लिए सर्वाधिकारवादी शासक व्यक्ति में हिंसा को सबसे बलवती इच्छा के रूप में प्रतिष्ठित करने के उपक्रम का सहारा लेता है। इसके लिए तानाशाह प्रचार के उस अंकगणित का सहारा लेता है, जिससे विचारधारा की वस्तुनिष्ठता यथार्थ को

---

46. पूर्वोक्त : 254.

47. हन्ना आरेंट (1990), *ऑन रिवोल्यूशन*, पेंगुइन बुक्स, न्यूयार्क : 192-194.

48. माइकल जे. सैंडल (1984), 'द प्रोसीजरल रिपब्लिक ऐंड द अनइनकम्बर्ड सेल्फ़', *पॉलिटिकल थियरी*, खण्ड-12, अंक-1 : 93.

आक्रांत कर देती है। इस विचारधारा का प्रयोग दुनिया को बदलने और दुनिया को अधिक सुखकर बनाने के बजाय व्यक्ति को ही भीतर से बदल देने में होता है।[49]

ब्राह्मिक परम्परा में भी प्रकृति और दुनिया को बदलने के बजाय मनुष्य की प्रकृति को ही भीतर से रूपान्तरित करने की आवश्यकता पर गम्भीर चिन्तन हुआ है। परन्तु, यह बदलाव आत्मवत् सर्वभूतेषु की आधारभूमि को निर्मित करता है। फलत:, इसमें द्रोह-भाव नहीं है। इसी कारण यह *शक्तिमेव जयते* का उद्घोष नहीं करती, बल्कि, सत्यमेव जयते का उद्घोष करती है। यही वह प्रमुख कारण है, जिसकी वजह से ब्राह्मिक परम्परा की प्रत्येक ज्ञानमीमांसा अहिंसा की ज्ञानमीमांसा की ओर जाती है। परन्तु, तानाशाह जिस तरह से व्यक्ति की चेतना को भीतर से बदलना चाहता है, वह चेतना की द्रोह-भूमि को ही दृढ़ता प्रदान करता है। इसी कारण वह सर्व भूतानि उपभोग्यानि की घोषणा करता है और उसके लिए शक्तिमेव जयते सबसे अधिक प्रीतिकर मन्त्र बन जाता है।

4.4 सर्वाधिकारवाद : इतिहास का आर्थिक तर्क और हिंसा की बुभुक्षा

द ओरिजिंस ऑफ़ टोटेलिटेरिएनिज़म के तीसरे खण्ड का नाम हन्ना आरेंट ने 'टोटेलिटेरिएनिज़म' दिया है। इसमें स्टालिनवादी साम्राज्यवाद और हिंसा की चर्चा की गयी है। इस खण्ड के व्यापक फलक का सम्बन्ध सम्पूर्ण मार्क्सवादी आन्दोलनों, विचारधारा और इतिहास की आर्थिक व्याख्या में निहित हिंसा से है। जिस तरह बोर्ज़्वा वर्ग ने अपनी राजनीतिक मुक्ति के लिए प्रजातीय श्रेष्ठता के तर्क से इतिहास को एक उपकरण की तरह प्रयोग में लिया, उसी तरह सर्वहारा की आर्थिक मुक्ति के लिए मार्क्सवादियों ने आर्थिक समानता के तर्क से इतिहास का उपयोग एक उपकरण की तरह किया। प्रजातीय श्रेष्ठता के तर्क से पूँजीवादी साम्राज्यवादियों ने और आर्थिक समानता के तर्क से मार्क्सवादी साम्राज्यवादियों ने राजनीति के 'इंड्योरेंस इन टाइम' और वीटा एक्टिवा वाले अर्थ-पक्ष की उपेक्षा की। ब्राह्मिक परम्परा में भी मानव-मुक्ति के लिए इतिहास का एक उपकरण के रूप में प्रयोग किया जाता है। किन्तु, ब्राह्मिक परम्परा में मनुष्य की मुक्ति का अर्थ जैविक बंधनों से मुक्ति, आवागमन के चक्र से मुक्ति और कर्म-बंधनों से मुक्ति

---

[49] हन्ना आरेंट (1973), वही : 363.

है। इसी कारण भारत में इतिहास-लेखन मूल्य-मीमांसा के लिए हुआ है, न कि राजाओं के कालक्रम या भौतिक घटनाओं के स्मरण हेतु। यहाँ वीर और योद्धा तभी पूजे गये, जब उनमें ऋषित्व की प्रतिष्ठा हुई और अहिंसक शक्ति के संधारक हुए। इसके विपरीत, पश्चिम में इतिहास-लेखन बहुत हद तक व्यक्ति-केन्द्रित और राज्य-केन्द्रित हुआ। ब्राह्मिक परम्परा में भी यदि इतिहास-लेखन व्यक्ति-केन्द्रित एवं राज्य केन्द्रित होता तो आज भी हम शक, हूण, तातार, रोमन, मंगोल, यूनानी आदि प्राचीन आक्रांताओं को, जो भारतीय समाज में बस गये, उन्हें अलग-अलग पहचान सकते थे। परन्तु, उस स्थिति में भारतीय समाज आज की अपेक्षा अधिक विषाक्त और विभाजित होता और भारत की संकल्पना भी साकार नहीं हो पाती।

प्रजातीय श्रेष्ठता के तर्क के द्वारा भी तानाशाहों ने जनसमूह को उद्वेलित करके भीड़ बनाया और भविष्य-लक्षित आर्थिक समानता के वर्ग-संघर्ष-आधारित तर्क से भी तानाशाहों ने जनसमूह को उद्वेलित करके भीड़ ही बनाया है। हन्ना आरेंट लिखती हैं कि सर्वाधिकारवादी आन्दोलनों की सफलता के लिए जनसमूह में सत्ता की भूख जगाना आवश्यक होता है।[50] इसकी वजह यह है कि जनसमूह में अलग-अलग हित-समूह होते हैं। किसी एक प्राप्त करने योग्य लक्ष्य की प्राप्ति के तर्क से सभी हित-समूहों को एकजुट नहीं किया जा सकता है। अतः, सत्ता प्राप्त कर लेने का तर्क तानाशाह को वह हथियार प्रदान करता है, जिसके माध्यम से वे जन-समूह को यह समझाने में सफल होते हैं कि सत्ता-प्राप्ति के बाद ही मुक्ति या अच्छे दिनों की प्राप्ति सम्भव है।[51] जर्मनी में नाज़ी आन्दोलन और दुनिया के अनेक देशों में साम्यवादी आन्दोलन ने सत्ता-प्राप्ति के इसी तर्क का सहारा लिया था।[52] सर्वाधिकारवादी आन्दोलनों में जनसमूह से उन लोगों को भर्ती किया गया, जो अन्य दलों में फिट होने के योग्य नहीं पाये गये थे या बहिष्कृत कर दिए गये थे।[53]

हन्ना आरेंट ने सर्वाधिकारवादी आन्दोलनों की एक विशेष प्रकृति की ओर हमारा ध्यान जर्मन और बोल्शेविक आन्दोलनों के अध्ययन द्वारा आकृष्ट किया है। वे कहती हैं कि सर्वाधिकारवादी आन्दोलनों की निर्भरता जन-समाज की अपेक्षा

---

50. पूर्वोक्त : 311.

51. पूर्वोक्त : 311.

52. पूर्वोक्त : 312.

53. पूर्वोक्त : 318.

अणुवादी समाज (एटोमिस्टिक सोसाइटी) पर अधिक होती है।[54] यह एक सारगर्भित तर्क है और इसकी व्याख्या किये बिना आगे बढ़ जाने से हिंसा की बारीकियों को समझने और उसके सफल होने के गुर को परखने में चूक हो सकती है। अतः, इस तर्क के अन्तरार्थ को अनावृत कर लेना आवश्यक है।

वस्तुतः, जन-समाज उस समाज को कहते हैं, जहाँ बड़े पैमाने पर और निर्वैयक्तिक संस्थाओं द्वारा समाज को संचालित किया जाता है। इन संस्थाओं के द्वारा ही मास-सोसाइटी के अणुवादी व्यक्ति अपने हितों को पूरा करते हैं। यह एक जड़विहीन समाज होता है, क्योंकि, यह परम्पराओं से कटा हुआ होता है। मास-सोसाइटी पर इस संक्षिप्त टिप्पणी के बाद यह समझना आसान है कि क्यों हिटलर और स्टालिन ने क्रमशः नाज़ी सेल और *बोल्शेविक* सेल को उस समय की निर्वैयक्तिक संस्थाओं की अपेक्षा सबसे अधिक तरजीह दी थी। निर्वैयक्तिक संस्थाएँ सबके लिए कार्य करती हैं। इसी कारण उन्हें किसी-न-किसी प्रकार की प्राथमिकता का सहारा लेना पड़ता है। इस क्रम में वे बहिष्करण और चुनाव (एलिमिनेशन ऐण्ड सिलेक्शन) का सहारा लेती हैं। परिणामस्वरूप, समाज के सभी सदस्यों को वे सन्तुष्ट नहीं कर पाते हैं। अतः, सब-के-सब उनके पक्ष में खड़े भी नहीं हो सकते हैं। ऐसी स्थिति में सर्वाधिकारवादी आन्दोलनों के नेताओं के लिए उन संस्थाओं को भीड़ के सामने अनावश्यक और निरर्थक साबित करने का अवसर रहता है। इस अवसर का प्रयोग वे अपनी पसन्द की संस्थाओं के निर्माण और उनमें अपनी पसन्द के लोगों की भर्ती से करते हैं। ऐसी ही संस्थाओं और व्यक्तियों के ताल-मेल से व्यक्ति-केन्द्रित जन-समाज का निर्माण होता है, जिसमें समूह व्यक्ति के इर्द-गिर्द एकजुट हो जाता है।[55]

परम्परागत समाजों में जहाँ व्यक्ति की निष्ठा जाति, वंश, गोत्र आदि से गहरे रूप से जुड़ी रहती थी, वहाँ व्यक्ति-केन्द्रित समूह का निर्माण सम्भव नहीं था। इसी कारण यह देखा जा सकता है कि सर्वाधिकारवादी आन्दोलनों का सूत्रपात, वस्तुतः, पूँजीवाद, शहरीकरण एवं उद्योगीकरण के बाद तेजी से हुआ है, क्योंकि, इन्हीं तत्त्वों ने मिलकर आधुनिक जन-समाज का निर्माण किया है। इस दृष्टि से देखने पर भारत में जातिवादी राजनीति की तमाम बुराइयों को देखने के बाद भी यह माना जा सकता है कि भारत में सर्वाधिकारवादी शासन पर लगाम लगाने में जाति-संस्थाओं

---

54. पूर्वोक्त : 319-320.

55. कार्ल मार्क्स एवं फ्रेडरिक एंगेल्स (2013), *कम्युनिस्ट पार्टी का घोषणापत्र*, पीपुल्स पब्लिशिंग हाउस, नयी दिल्ली : 70-71.

की महत्त्वपूर्ण भूमिका रही है। इसी कारण मार्क्स भी सर्वहारा के एकजुट होने का आह्वान– 'दुनिया के मजदूरों एक हो जाओ, तुम्हारे पास खोने के लिए कुछ भी नहीं और पाने के लिए पूरी दुनिया है'– तब करते हैं जब सर्वहारा जन-समाज की अवस्था में पहुँच जाता है।[56] इस अवस्था में आकर सर्वहारा एक तो अपनी परम्परागत जड़ों से कट जाता है और दूसरी ओर वह अपने श्रम से भी बेगाना हो जाता है। ऐसी स्थिति में उसे किसी भी ऐसे सत्ता-परिवर्तन में सहभागी बना लेना तुलनात्मक रूप से आसान हो जाता है, जिसमें उससे सर्वस्व न्योछावर के बदले[57] 'अच्छे दिन आने वाले हैं' का भरोसा दिलाया गया हो। सर्वाधिकारवादी आन्दोलनों में भरोसे का केन्द्रीय महत्त्व है। यह भरोसा ही है, जो जनसमूह को सर्वाधिकारवादी आन्दोलनों के नेताओं से सवाल नहीं पूछने की मन:स्थिति निर्मित करता है। यह इतना महत्त्वपूर्ण तत्त्व है कि हिटलर नयी योजना पर बहस करने के बजाय किसी पुरानी योजना को अपना लेना ही बेहतर मानता था।[58]

सर्वाधिकारवादी आन्दोलनों की शुरुआत किसी-न-किसी अभिजनवादी शासन के खिलाफ ही होती है। परन्तु, यह कैसी विडम्बना है कि आज तक किसी भी सर्वाधिकारवादी आन्दोलन से स्थापित सरकार अभिजन सरकार के अतिरिक्त कुछ अन्य रहा ही नहीं है। ऐसे में यह प्रश्न लाज़िमी है कि अभिजन और जनसमूह के हित जैसे सत्ता-परिवर्तन के पूर्व परस्पर विरोधी थे, वैसे ही वे सत्ता-परिवर्तन के बाद भी परस्पर विरोधी ही बने रहते हैं। इस अन्तर्विरोध को तानाशाह प्रोपेगेंडा के द्वारा जितना हो सके, उतना कम करने का प्रयास करता है। इस प्रयास में तानाशाह इस हद तक जाता है कि जहाँ वह पहले सबके लिए रोज़गार की बात कर रहा होता है, वहीं बाद में यह कहने लगता है कि काम नहीं तो भोजन नहीं।[59] प्रचार के माध्यम से तानाशाह गृहयुद्ध की स्थिति भी निर्मित कर लेता है और इससे मुक्त होने के लिए वह अपनी शक्ति में और भी वृद्धि की माँग करता है।[60] शक्ति में वृद्धि का तक़ाज़ा उत्तरदायित्व में वृद्धि से भी है। इस सिद्धान्त से तानाशाह भी परिचित होता है और वह इस तथ्य से भी परिचित रहता है कि उसके द्वारा प्राप्त की गयी शक्ति

56. पूर्वोक्त : 323.

57. पूर्वोक्त : 325.

58. पूर्वोक्त : 341.

59. पूर्वोक्त : 373.

60. पूर्वोक्त : 479.

के आधार काल्पनिक थे। ऐसे में वह अपने झूठे दावों की पोल खुल जाने से डरता है। वह प्रदर्शित करता है कि हक़ीक़त में, जो वह कर रहा है, उसके सकारात्मक परिणाम सामाजिक संरचना के दोष के कारण नहीं मिल पा रहे हैं। हन्ना आरेंट ने तानाशाहों के व्यवहारों का अध्ययन करते हुए उनके इतिहास-पुनर्लेखन की प्रवृत्ति की ओर भी संकेत किया है। इतिहास-पुनर्लेखन के लिए हिटलर ने भी पहल की और स्टालिन ने भी बोल्शेविक क्रान्ति के इतिहास को पुनः लिखने की पहल की। इस तरह के इतिहास-लेखन का दावा या तो जातीय श्रेष्ठता को स्थापित करना या फिर इतिहास-निर्माण में जन की उपस्थिति को दर्ज करना होता है। परन्तु, इसके निहितार्थ कुछ अलग ही होते हैं। इतिहास-पुनर्लेखन की ऐसी योजनाओं में सत्य-संधान की वरीयता नहीं होती है, बल्कि, एक इतिहास को धकियाकर दूसरे ऐसे इतिहास को स्थापित करना उद्देश्य होता है, ताकि तानाशाह और उसकी विचारधारा को इतिहास में गौरवपूर्ण स्थान मिल सके।

तानाशाह इस बात से परिचित होता है कि उसके दावे झूठे हैं या व्यावहारिक नहीं हैं। इस नाते शासन में आने के बाद वह पारदर्शिता की सम्भावनाओं को नष्ट करना चाहता है। वह जनसमूह से विश्वास की माँग करता है, परन्तु, स्वयं वह किसी पर विश्वास करने की स्थिति में नहीं होता है। यहाँ तक कि उसे स्वनिर्मित सरकारी संस्थाओं पर भी सन्देह रहता है और इसी कारण वह सरकारी संस्थाओं से इतर सुपर निगरानी संस्थाओं का भी निर्माण करता है। वह आन्तरिक और बाह्य गुप्त षड्यन्त्रों का प्रचार करता है और सैन्यीकरण को बढ़ावा देता है। परन्तु, एक-न-एक दिन वह काल्पनिक षड्यन्त्र या तो घर में फूट पड़ता है या बाहरी युद्ध की परिस्थिति दरवाजे पर खड़ी हो जाती है। वास्तव में, यह तानाशाह के प्रति जन-आक्रोश का ही परिणाम होता है। हर मनुष्य अपने-आप में एक नयी शुरुआत है और मनुष्य से इस शुरुआत के अधिकार को बहुत दिनों तक दबाकर नहीं रखा जा सकता है।[61]

हर मनुष्य अपने-आप में एक नयी शुरुआत है और इसे बहुत दिनों तक दबा कर नहीं रखा जा सकता है– यह पंक्ति द *ओरिजिंस ऑफ़ टोटेलिटेरिएनिज़म* की समाप्ति की पूर्व की पंक्ति है। इस पंक्ति का प्रयोग अनेक स्थलों पर हन्ना आरेंट

---

61. मार्टिन लूथर किंग जूनियर (2003), *अ टेस्टामेंट ऑफ़ होप : द इसेंशियल राइटिंग्ज़ ऐंड स्पीचेज़*, हार्पर वन सन फ्रांसिस्को : 2003.

ने *ऑन ह्यूमन कंडीशन, ऑन वायलेंस* एवं अन्य रचनाओं में भी किया है। यह पंक्ति अनायास ही हमें *श्रीमद्‌भगवद्‌गीता* की एक पंक्ति का स्मरण दिला देती है। *श्रीमद्‌भगवद्‌गीता* में जहाँ यह कहा गया है कि 'तदात्मानं सृजाम्यहम्' तब वहाँ भी असद् प्रवृत्तियों के बढ़ते प्रकोप के बीच सद्प्रवृत्ति के रूप में आत्मा के जागरण का ही सन्दर्भ है। हिंसा की पृष्ठभूमि में न तो सद्प्रवृत्ति के जागरण के अर्थ में 'तदात्मानं सृजाम्यहम्' चरितार्थ हो सकता है और न ही यह फलित हो सकता है कि हर मनुष्य अपने-आप में एक नयी शुरुआत है। परन्तु, जैसे अँधेरे से अँधेरा निकाल कर अँधेरे का अन्त नहीं किया जा सकता, उसी तरह हिंसा से हिंसा निकाल कर हिंसा का अन्त नहीं किया जा सकता है। इसके लिए अँधेरे से प्रकाश और हिंसा से प्रेम को निकाल लाना ज़रूरी है।[62]

प्रख्यात कवि ब्रेख़्त की रचना 'इन डार्क टाइम्स' की शब्दावली का प्रयोग करते हुए हन्ना आरेंट ने *मेन इन डार्क टाइम्स* की रचना की है।[63] इस पुस्तक में वे कहती हैं कि हम आज एक अँधेरे युग में रह रहे हैं। परन्तु, इस अँधेरे में आशा की किरण समाप्त नहीं हुई है। हन्ना आरेंट के चिन्तन में आशा की किरण प्रस्फुटित कहाँ से होती है और उसकी आज के समय में क्या प्रासंगिकता है, यह समझना हर पीढ़ी के लिए बेहद ज़रूरी है। साथ ही यह समझना भी अति आवश्यक है कि हमारे आज के समय में सर्वाधिकारवाद की क्या प्रकृति है और उसमें हन्ना आरेंट के बाद किस तरह के परिवर्तन की गुंजाइश है। इस परिप्रेक्ष्य को खोलने के लिए तानाशाही शासन (टिरेनी) और सर्वाधिकारवाद (टोटेलिटेरिएनिज़म) में अन्तर समझ लेना आवश्यक है।[64] दोनों ही तानाशाही व्यवस्थाएँ हैं, दोनों में ही व्यक्तिगत और सामूहिक स्वतन्त्रता का लोप हो जाता है। दोनों ही शक्ति का केन्द्रीकरण करते हैं और दोनों ही हिंसा का सहारा लेते हैं। परन्तु, 'टिरेनी' का सम्बन्ध तानाशाही की प्राचीन व्यवस्थाओं से है, और 'टोटेलिटेरिएनिज्म' का सम्बन्ध तानाशाही की आधुनिक व्यवस्था से है। तानाशाही व्यवस्था में शासक को शक्ति की चाह होती है और सर्वाधिकारवाद

---

62. डेविड लूबन (1993), 'एक्सप्लेनिंग डार्क टाइम्स : हन्ना आरेंट्स थियरी ऑफ़ थियरी, *सोशल रिसर्च*, खण्ड-50, अंक-1 : 217.

63. इस सन्दर्भ में हन्ना आरेंट के विचारों की व्याख्या के लिए देखें, जॉर्ज कतक (1984), *हन्ना आरेंट : पॉलिटिक्स, कॉन्शसनेस,* ईविल, रॉमैन ऐंड एलेनहेल्ड, ऑक्सफ़र्ड : 52-84.

64. हन्ना आरेंट (1971), पूर्वोक्त : 144-146.

में शासक को शक्ति की भूख होती है। तानाशाही तन्त्र में जनता को शासन से दूर रखा जाता है और इस नाते तानाशाही शासक न तो संस्थाओं का राजनीतीकरण करता है और न ही जन-उद्वेलन (मास मोबिलाइज़ेशन) का सहारा लेता है; वहीं सर्वाधिकारवादी शासक सभी सामाजिक संस्थाओं का राजनीतीकरण करता है और जन-उद्वेलन का सहारा लेता है। सत्तावादी (टिरेनी) विशेष परिस्थितियों में सत्ता की नीति के रूप में हिंसा का सहारा लेता है, जबकि, सर्वसत्तावादी (टोटेलिटेरियन) हिंसा की नीति से सत्ता का संचालन करता है।

4.5 समकालीन सर्वाधिकारवाद

हन्ना आरेंट ने तानाशाही तन्त्र के सिद्धान्त का प्रमुख पक्षधर हॉब्स के ग्रन्थ *लेवाइथन* को बताया है[65] तथा हिटलर और स्टालिन को सर्वाधिकारवाद के प्रमुख नायक के रूप में चित्रण किया है। प्राचीन तानाशाहियों को जिस तत्त्व ने सर्वसत्तावादी नहीं बनने दिया, वह था उनके समय में जन-संस्कृति, जन-समाज और जन-युग का अभाव। तानाशाह में, जो शक्ति की चाह होती है, उसे शक्ति की भूख में बदलने का अवसर जन-संस्कृति, जन-समाज और जन-युग प्रदान करते हैं। हन्ना आरेंट लिखती हैं कि पश्चिम के प्रबुद्ध विचारकों ने जन-समाज के खतरे को 19वीं शताब्दी के प्रारम्भ में ही भाँप लिया था और उसके प्रति सतत रूप से अपने लेखन के माध्यम से आगाह भी कर रहे थे। परन्तु, तब वैज्ञानिक एवं तकनीकी प्रगति की चकाचौंध और विवेक की आड़ में उन्हें अनसुना कर दिया गया। पहले 'बैलेंस ऑफ़ पावर' की ओट में महाविनाशक युद्ध की सम्भावनाओं को नकारा गया और जब यह ओट ढह गया, तब आज महाविनाशक युद्ध की सम्भावनाओं को 'बैलेंस ऑफ़ टेरर' और 'एज ऑफ़ ओवर किल' की सैद्धान्तिकी में छुपाया जा रहा है।

द्रष्टव्य है कि छुपाने के इस खेल में ज्ञान की विशेषता का दावा करने वाले लोग ही होते हैं, जिनके दावे की कलई कम-से-कम दो बार महायुद्धों में तो खुल ही चुकी है। अभी 2003 में ही अर्थशास्त्रीय ज्ञान के विशेषज्ञ और नोबेल पुरस्कार विजेता दावा कर रहे थे कि अब अर्थशास्त्रियों को मंदी की समस्याओं पर विमर्श करने का उपक्रम छोड़ देना चाहिए। परन्तु, ठीक उसके चार साल बाद ही

---

65. पॉल क्रुगमैन (2009), *महामंदी की वापसी,* (अनु. अरविन्द मोहन), वाणी प्रकाशन, नयी दिल्ली : 13-14.

दुनिया को वैश्विक मंदी का मुँह देखना पड़ा। कोविड-19 ने तो हाल में ही ऐसी स्थिति उत्पन्न कर दी है कि अब अर्थशास्त्रियों को मंदी पर ही विमर्श का उपक्रम चलाना होगा। ठीक ऐसे ही, जब दो परमाणु आयुध-सम्पन्न राष्ट्र एक-दूसरे को सैन्य कार्रवाई की धमकी देते हैं और यहाँ तक कहते हैं कि हमने परमाणु बम दिखाने के लिए नहीं बनाये हैं, तब क्या हमें महा-विनाशक युद्ध की सम्भावनाओं के प्रति आँख मूँदे रहना चाहिए। यदि नहीं, तब महासंहार के बीज को बोने वाली सर्वाधिकारवादी प्रवृत्तियों की सतत मीमांसा करते हुए उन प्रवृत्तियों को निर्मूल करने का बौद्धिक उपक्रम अवश्य चाहिए। सर्वाधिकारवाद में जिस हिंसा की अभिव्यक्ति होती है, वह एक ऐसी हिंसा है, जिसमें शासक और शासित दोनों हिंसा का समर्थन करते हैं। अतः, जनसमूह यदि हिंसा का समर्थन न करे तो सर्वाधिकारवाद के पनपने की सम्भावना अत्यन्त क्षीण हो जाती है। इसके लिए जनसमूह को आत्मचेतन रूप से तैयार करना ही बुद्धिजीवियों का युगधर्म होता होता है। 'राजनीति' को उसके अध:पतन से इसी युगधर्म का निर्वाह कर बचाया जा सकता है।

द्वितीय महायुद्ध के बाद, और ख़ासकर शीतयुद्ध के अवसान के बाद, सर्वाधिकारवाद की हिंसात्मक मनोवृत्ति के समर्थन में इतिहास को एक उपकरण की तरह प्रयोग में लाने की सम्भावना कम हुई है। परन्तु, यह कमी जितनी स्टालिनवादी सर्वाधिकारवाद के सन्दर्भ में रही, उतनी हिटलरवादी सर्वाधिकारवाद के सन्दर्भ में नहीं रही है। इसका तात्पर्य है कि जातीय गौरव, अतीत का स्वर्णयुग, मसीही राज्य, दारुल इस्लाम, मिडिल किंगडम, अखण्ड आर्यावर्त्त अभी भी इतिहास को हिंसा के उपकरण के रूप में प्रयुक्त करने के सन्दर्भ बन सकते हैं। सर्वाधिकारवाद का अब, जो प्रतिरूप प्रकट हो रहा है, उसका मुख्य तर्क इतिहास का नहीं, बल्कि, विज्ञान और आधुनिकता का है। इसने आज के सर्वाधिकारवाद के चरित्र को पहले की तुलना में पूरी तरह से बदल दिया है। विज्ञान और आधुनिकता का सहारा लेने वाला सर्वाधिकारवाद अप्रत्यक्ष हिंसा का सहारा लेता है। इसमें व्यक्तियों के मध्य सामाजिक अवकाश को मृतप्राय: अवस्था तक पहुँचा दिया जाता है और राज्यों के द्वारा सतत निगरानी-क्षमता को असीमित रूप से विस्तृत कर लिया जाता है। यह विशेष परिस्थितियों में व्यक्ति की स्वतन्त्रता और समूह की स्वतन्त्रता को बाधित तो करता ही है, परन्तु, इसका अधिकांश ज़ोर स्वतन्त्रता के विमर्श को ही बदल देने में लगा हुआ होता है। पहले के सर्वाधिकारवाद से यह समकालीन सर्वाधिकारवाद इस अर्थ में भी भिन्न है कि पहले के सर्वाधिकारवाद की क्षेत्रीय सीमा राष्ट्र थी, परन्तु,

समकालीन सर्वाधिकारवाद की कोई क्षेत्रीय सीमा नहीं रह गयी है।

आज का सर्वाधिकारवाद वैश्विक (ग्लोबल) सर्वाधिकारवाद है। यह मनुष्य के हिंसक शासन से आगे बढ़ा हुआ मशीनीकरण के व्यवहार सौकर्यवादी तर्क और यान्त्रिक विवेक की उपज है। अतः, आज के सर्वाधिकारवाद के विरुद्ध संघर्ष पहले की अपेक्षा अधिक कठिन है। इसमें शासक वर्ग की अपेक्षा अपने ही विरुद्ध संघर्ष की आवश्यकता सबसे अधिक है। पहले के सर्वाधिकारवाद में शासक और जन-उद्वेग कदाचित् किसी समय हिंसा से अवकाश ले भी सकते थे, परन्तु, समकालीन सर्वाधिकारवाद में शासक एवं जनसमूह शान्तिपूर्वक हिंसा में अनवरत संलग्न रहते हैं। प्रथमदृष्ट्या यह विचार कुछ अटपटा-सा लगता है और ऐसा लगना उसी सर्वाधिकारवाद की हिंसा को प्रकट करता है, जहाँ सत्य ही भ्रांत दिखने लगता है। अन्यथा, श्वास लेने योग्य वायु का ह्रास, पीने योग्य पानी का ह्रास, दुनिया के एक प्रतिशत लोगों के हाथों में दुनिया की निन्यानबे प्रतिशत सम्पत्ति का संचय, बढ़ता हुआ तापमान, जैव विविधता का सिकुड़ता हुआ संसार, अश्लीलता का बढ़ता हुआ व्यापार और चेहरा देखकर संवाद की भाषा में बदलाव इत्यादि हिंसा नहीं तो और क्या है? परन्तु, विडम्बना यह कि हम इन सब में अनवरत साझेदारी कर रहे हैं और हिंसा के गौरव गान में शामिल रहते हुए भी उससे अनजान बने हुए हैं।

5

तमसो मा ज्योतिर्गमय

क्रान्ति का इतिहास-दर्शन

सामान्यतः, युद्ध और क्रान्ति दोनों में हिंसा की अभिव्यक्ति होती है। परन्तु, रक्तहीन क्रान्ति तो सम्भव है, लेकिन, रक्तहीन युद्ध की कल्पना नहीं की जा सकती। यदि हम युद्ध के सन्दर्भ में मार्क्स और माओ के विचारों के साथ क्रान्ति को समझने का प्रयास करें तो क्रान्ति एक सतत प्रक्रिया बन जाती है। माओ जब कहते हैं कि राजनीति रक्तरहित युद्ध है और युद्ध रक्तयुक्त राजनीति है,[1] तब क्रान्ति, युद्ध और राजनीति का अर्थ वही नहीं रह जाता, जिसे हम सामान्य समझ के तहत स्वीकार करते हैं। ऐसा उस समय भी होता है, जब हम मार्क्स के इस कथन पर विचार करते हैं कि आज तक के अस्तित्ववान समाज का इतिहास वर्ग-संघर्षों का इतिहास है।[2] यह भी कि युद्ध और क्रान्ति दोनों ही इतिहास की गति को प्रभावित करते हैं। दोनों की इतिहास की गति को तीव्र या अवरुद्ध करने में अहम भूमिका होती है। मानव-जाति के इतिहास में युद्ध के औचित्य पर बहुत पहले से ही विचार आरम्भ हो गया था।[3] ग्रीक परम्परा में प्लेटो से पूर्व और ब्राह्मिक परम्परा

---

1. माओ त्से तुंगो (1965), *सेलेक्टेड वर्क्स*, भाग-1, फॉरेन लेंग्वेजेज़ प्रेस, पेकिंग : 105-106.

2. कार्ल मार्क्स एवं फ्रेडरिक एंगेल्स (2013), *कम्युनिस्ट पार्टी का घोषणापत्र*, नयी दिल्ली, पीपुल्स पब्लिशिंग हाउस : 30.

3. हन्ना आरेंट (1990), *ऑन रिवोल्यूशन*, पेंगुइन बुक्स, न्यूयार्क : 12.

में *मनुस्मृति* से भी पहले युद्ध मीमांसा से जुड़े हुए अनेक सन्दर्भ मिलते हैं। परन्तु, जिस तरह से प्राचीन ग्रन्थों में युद्ध को समझने के लिए सिद्धान्तों को विकसित किया गया, ठीक उसी तरह से क्रान्ति को समझने के सिद्धान्त विकसित नहीं हुए। इस दृष्टि से अरस्तू की रचना *पॉलिटिक्स* एक अपवाद अवश्य है।

अरस्तू ने क्रान्ति शब्द का प्रयोग बहुत ढीले-ढाले अर्थों में किया था। आज भी हम उन्हीं अर्थों में क्रान्ति शब्द का इस्तेमाल करते हैं।[4] यद्यपि, क्रान्ति और युद्ध दोनों में हिंसा के लिए गुंजाइश होती ही है, परन्तु, दुनिया में कुछ गिनी-चुनी ऐसी भी क्रान्तियाँ हुई हैं, जिनमें हिंसा नहीं हुई या बहुत कम हुई है। ऐसी रक्तहीन क्रान्तियों में 'ग्लोरियस रिवोल्यूशन' का नाम सर्वविदित है। इसके बावजूद अभी भी रक्तहीन क्रान्ति और अहिंसक क्रान्ति के मध्य भेद करते हुए इतिहास के पन्नों में बहुत कुछ खंगालना शेष रह गया है। इस सन्दर्भ में दुनिया की सबसे पहली अहिंसक क्रान्ति के रूप में बौद्ध आन्दोलन एवं बौद्धमत की स्थापना का उल्लेख करना समीचीन है। वस्तुतः, युद्ध भी राजनीति का अन्त है और क्रान्ति भी राजनीति का अन्त है। परन्तु, समस्या यह है कि दोनों ही सामूहिक घटनाएँ हैं और दोनों ही सामूहिक विवेक का तर्क अपने पक्ष में उपस्थापित करती हैं। इस कारण क्रान्ति और युद्ध की मीमांसा निरपेक्ष भाव से कर पाना कठिन होता है। इस कठिनाई को हम सामान्य जनता के इस मनोविज्ञान से भी समझ सकते हैं कि क्रान्तिकारियों की प्रशंसा प्रायः सब करते हैं, पर, शायद ही कोई यह चाहता है कि उसके घर में क्रान्तिकारी पैदा हो।

5.1 धार्मिक परम्पराएँ और क्रान्ति की सम्भावना

क्रान्ति को समझने का एक अब्राहमिक सन्दर्भ है और दूसरा सन्दर्भ ब्राह्मिक परम्परा से प्रकट होता है। विज्ञानवादी पर्यवेक्षणीय ज्ञान-परम्परा को एक तीसरा सन्दर्भ भी बनाया जा सकता है। अब्राहमिक परम्परा के अनुसार पृथ्वी पर मनुष्य की दशा मूल पाप से बाधित है। इसी कारण वह धरती पर क्लेश, हिंसा और भय के बीच जीने के लिए अभिशप्त है। इस आस्था पर परम्परा में उद्धार की कामना और राज्य की जनता के बीच विरोध-सम्बन्ध बन जाता है। यह विरोध क्रान्ति की ओर जाने वाले सभी मार्गों को बन्द कर देता है। इस पृष्ठभूमि से राजनीति-दर्शन

---

4. अरस्तू ने सम्पूर्ण परिवर्तन, आंशिक परिवर्तन, आकस्मिक परिवर्तन और क्रमिक परिवर्तन सभी को क्रान्ति कहा है। देखें, अरस्तू (1992), *द पॉलिटिक्स,* (अनु. एवं सं. टी.ए. सिंगलायर), पेंगुइन क्लासिक्स, न्यूयार्क : 295-356.

की जिस सैद्धान्तिकी का निर्माण होता है, वह बताती है कि क्रान्ति की नैसर्गिक अभीप्सा के बजाय हिंसा को सह लेने की प्रवृत्ति जन-समूह में अधिक होती है। इस सिद्धान्त की व्यावहारिकता समझने के लिए पूरी दुनिया के विफल विद्रोहों की पुनर्मीमांसा की जा सकती है। परन्तु, यहाँ फ्रांसीसी विचारक रूसो के जीवन की एक घटना का उल्लेख वस्तुस्थिति को सबसे अधिक स्पष्ट रूप से प्रस्तुत कर सकता है। रूसो की चर्चा यहाँ इसलिए भी प्रासंगिक है कि इस घटना से राज्य की उत्पत्ति के सामाजिक संविदा सिद्धान्त पर भी प्रकाश डाला जा सकता है। इसकी चर्चा इसलिए भी ज़रूरी है कि संविदा सिद्धान्त मूल पाप के बन्धन से मनुष्य को बाहर निकालने का उपक्रम भी है। इसी उपक्रम के कारण रूसो के ग्रन्थ *एमिली* के प्रकाशन के बाद 9 जून, 1762 में फ्रांस के हाई कोर्ट ने इस ग्रन्थ को सार्वजनिक रूप से जला डालने के निर्देश दिये और 8 अगस्त, 1762 को लेखक को गिरफ़्तार कर लेने की आज्ञा जारी की गयी।[5] रूसो पर यह अभियोग था कि वे ईसाई धर्म के 'मूल पाप' की अवधारणा को नकारने के दोषी हैं। इस विवरण से स्पष्ट है कि 'मूल पाप' की अब्राहमिक अवधारणा राज्य के विरुद्ध क्रान्ति को एक नैसर्गिक जन-अभीप्सा बनने के मार्ग में बाधक है। साथ ही यह राज्य-प्रायोजित हिंसा को मौन स्वीकृति प्रदान करती है।[6]

सामाजिक संविदा और मूल पाप की एक दूसरी व्याख्या जॉन रॉल्स और सोरेन कीर्केगार्द के सम्मिलित अध्ययन से प्रकट होती है। यह सहमति से हिंसा और क्रान्ति की समस्याओं के समाधान की ओर आगे बढ़ने वाली व्याख्या है। इसकी मूल मान्यता यह है कि 'एडम' का मूल पाप एक्सीडेंटल (आकस्मिक) था। इसी कारण मानवीय विवेक से धरती पर पाप के विस्तार और दण्ड की कठोरता को सीमित किया जा सकता है।[7] इस तर्क का विस्तार यदि हॉब्स, रूसो और पूरे संविदावादी उपक्रम तक किया जाये तो यह भी क्रान्ति की नैसर्गिक अभीप्सा को मान्यता नहीं देता है। यह राज्य की हिंसा को सहमति से कम करने का सुझाव

---

5. जेरेमिह एल. अलबर्ग (2001), 'रूसो ऐण्ड द ओरिजिनल सिन', *रेविस्टा पूर्त्योगीत डी फ़िलॉसोफ़िया,* अक्टूबर-दिसम्बर : 57.

6. पूर्वोक्त : 58.

7. जियोफ्री रेस (2006), 'ओरिजिनल सिन इन द ओरिजिनल पोज़ीशन : अ किर्केगार्डियन रीडिंग ऑफ़ जॉन रॉल्स राइटिंग्ज़ ऑन जस्टिस', *जर्नल ऑफ़ द सोसायटी ऑफ़ क्रिश्चियन एथिक्स,* खण्ड-28, अंक-2 : 61-91.

रखता है। इस दृष्टि से रॉल्स की राज्य के सन्दर्भ में 'ओरिजिनल पोजीशन' की सैद्धान्तिकी मूल पाप को भूल कर धरती पर न्याय के राज को स्थापित करने का एक प्रयास बन जाती है।

अब यहाँ ब्राह्मिक परम्परा में क्रान्ति के सन्दर्भ को समझ लेना आवश्यक है। ब्राह्मिक परम्परा में मूल पाप जैसी कोई अवधारणा नहीं है। परन्तु, यहाँ भी राज्य-प्रायोजित हिंसा की अनेक धाराएँ देखी जा सकती हैं। इस परम्परा में भी क्रान्ति से सम्बन्धित कोई ठोस विमर्श दिखायी नहीं पड़ता। *महाभारत* के शान्ति पर्व में और *मनुस्मृति* के सातवें अध्याय में राजा वेन की राज्य-प्रायोजित हत्या के विरुद्ध जन-विद्रोह की घटना का उल्लेख अवश्य मिलता है।[8] परन्तु, यह सामान्य नियम न होकर अपवाद ही है। इसी तरह शुक्रनीतिसार में राज्याभिषिक्त राजा के साथ-साथ अनाभिषिक्त राजा का भी उल्लेख मिलता है।[9] इससे भी क्रान्ति की सम्भावना का संकेत मिलता है। कृष्ण द्वारा कंस का विध्वंस और इसमें कृष्ण को मिलने वाला जन समर्थन एक तरह से कृष्ण को क्रान्ति का नायक बनाता है। जनसमूह एकत्रित करके आततायी रावण का वध भी राम को क्रान्ति का एक जननायक बनाता है। परन्तु, पौराणिक ग्रन्थों में इन घटनाओं का उल्लेख धर्मयुद्ध की तरह हुआ है, न कि क्रान्ति के रूप में। ऐसा क्यों हुआ? इसका उत्तर ब्राह्मिक परम्परा में राज्य की उत्पत्ति के दैवी सिद्धान्त और सामाजिक सिद्धान्त के एकीकरण में उपलब्ध है। यह एकीकरण *मनुस्मृति, अर्थशास्त्र, शुक्रनीतिसार, कामंदक नीतिसार* और *महाभारत* के शान्तिपर्व में एक मान्य सिद्धान्त के रूप में व्यक्त हुआ है। इसी के चलते अब्राहमिक परम्परा में राज्य की उत्पत्ति के दैवी सिद्धान्त से सामाजिक संविदा सिद्धान्त की ओर संक्रमण जहाँ सेकुलराइज़ेशन की अभिव्यक्ति है, वहीं ब्राह्मिक परम्परा में ऐसा नहीं है। यद्यपि, ब्राह्मिक परम्परा में भी मनुष्य के निष्पाप अवस्था से पतन के बहुतेरे आख्यान मिलते हैं, तथापि, मनुष्य की इस भ्रष्टता के लिए दण्ड के बजाय इतिकर्तव्यता रूप धर्म को ही प्रमुखता दी गयी है। पुनः ब्राह्मिक परम्परा में मनुष्य का धरती पर आगमन किसी मूल पाप का परिणाम नहीं, बल्कि, ईश्वरेच्छा है। ऐसा होने से ही राजा जन-सहमति पूर्वक ईश्वर से सत्ता का

8. विश्वनाथ मिश्र (2007), 'राजविद्या एवं राजनीतिशास्त्र', विश्वविद्यालय प्रकाशन, सागर : 173.

9. विश्वनाथ मिश्र (2007), पूर्वोक्त : 212.

प्राधिकार प्राप्त करता है। अब यदि राजा ही आततायी हो जाये तो उसे अवश्य हटाया जाना चाहिए। परन्तु, इसके लिए धर्म के मूर्तिमान नेतृत्व का आह्वान ब्राह्मिक परम्परा में अवतारों के रूप में बार-बार किया गया है। यह बात अलग है कि अधर्म का नाश और धर्म की संस्थापना के लिए ईश्वर अपनी इच्छा से अवतार ग्रहण करता है। मनुष्य केवल इसकी कामना और प्रतीक्षा ही कर सकता है। अतः, उपर्युक्त विवेचन के आधार पर यह कहना उचित प्रतीत होता है कि धार्मिक परम्पराओं में क्रान्ति की मानवीय पहल की अनुशंसा के बजाय उसे रोकने के संदेश अधिक प्राप्त होते हैं। अब्राहमिक एवं ब्राहिमक परम्परा के अतिरिक्त अन्य धार्मिक परम्पराओं में भी क्रान्ति की सम्भावना पर विचार इस दृष्टि से किया जा सकता है।

5.2 सभ्यता की वैज्ञानिक दृष्टि और क्रान्ति

अब्राहमिक एवं ब्राह्मिक परम्परा में क्रान्ति की सम्भावना तलाशने के बाद अब इस प्रश्न पर विज्ञानवादी साभ्यतिक ज्ञानमीमांसा की दृष्टि से विचार कर लेना उचित होगा। यद्यपि, यह मत भी अपने मूल अब्राहमिक चरित्र से पूरी तरह से मुक्त नहीं है। इसमें भी क्रान्ति को पीछे धकेलने की हर कोशिश हुई है। फिर भी, यह विचार इस लिहाज से अब्राहमिक परम्परा से अलग है कि पृथ्वी मनुष्य के लिए जेल है और राज्य जेल का अधीक्षक है। जिस तरह जेल के अधीक्षक पर हमला क़ानून का उल्लंघन है और इससे दण्ड में वृद्धि ही होती है, उसी प्रकार राज्य का विरोध भी दण्डकारी है। जेल अधीक्षक जिस तरह दण्ड देकर अपराध के प्रतिशोधन का अवसर देता है, उसी प्रकार राज्य हिंसा द्वारा व्यक्ति को निष्पाप बनाता है; क्योंकि, राज्य ने यह अधिकार चर्च से प्राप्त किया है। किन्तु, इसके विपरीत, विज्ञानवादी साभ्यतिक ज्ञानमीमांसा का विश्वास है कि राज्य अपना प्राधिकार जनता से प्राप्त करता है। इसी कारण वह अनुलंघनीय हो सकता है। अनुलंघन के इस जन-प्राधिकार पर किसी युक्तियुक्त सीमा का आरोपण भी आवश्यक है। यदि ऐसा न हो तो स्वतन्त्रता की चाह, सुरक्षा के बदलाव की चाहना 'स्थायित्व' को इस कदर दबोच लेगी कि मानव जीवन ही खतरे में पड़ जायेगा। परन्तु, आधुनिक राजनीति-दर्शन में हॉब्स ने क्रान्ति के प्राधिकार से जनता को ठीक उसी तरह से वंचित कर दिया, जिस तरह से राजा के दैवी अधिकारों का समर्थन करते हुए जनता को क्रान्ति से दूर रखा जा सकता था। बेन्थम ने क्रान्ति पर उपयोगितावादी दृष्टि से विचार करते हुए राज्य का विरोध करने का एक उपयोगितावादी रास्ता अवश्य खोज निकाला। इसके

लिए बेन्थम का सुझाव यह है कि यदि राज्य के विरोध से होने वाले लाभ की मात्रा राज्य का समर्थन करने से होने वाले नुकसान की अपेक्षा अधिक हो तो सामूहिक रूप से अन्तिम विकल्प के रूप में राज्य के विरोध का मार्ग अपनाया जा सकता है।[10] वस्तुतः, बेन्थम प्राकृतिक अधिकारों की अवधारणा पर जन्मी फ्रांसिसी क्रान्ति के समर्थक नहीं हैं। परन्तु, फ्रांस की क्रान्ति में बहुसंख्यक जनता की भागीदारी देखते हुए 'अधिकतम व्यक्तियों के अधिकतम सुख' का तर्क-वाक्य बेन्थम को एक बीच का रास्ता चुनने हेतु बाध्य करता है। फलतः, बेन्थम प्राकृतिक अधिकारों की अवधारणा का विरोध करने पर भी अधिकतम व्यक्तियों के अधिकतम सुख के गणित का सहारा लेते हुए समूह को नफ़ा-नुकसान के आधार पर राज्य के विरोध का अधिकार दे देते हैं।[11]

हॉब्स ने विज्ञानवादी साभ्यतिक ज्ञानमीमांसा के तर्क से जहाँ क्रान्ति के अधिकार से जनता को दूर रखा, वहीं कार्ल मार्क्स ने इसी ज्ञानमीमांसा के तर्क से क्रान्ति को ही मनुष्य की मुक्ति का अन्तिम हथियार बना दिया। मार्क्स की चिन्तनधारा की मान्यता है कि दास-युग से लेकर पूँजीवाद तक शासन में जन-सहभागिता नहीं रही है। जन आकांक्षाओं के अनुरूप शासन संचालित करने हेतु संविधानवाद का विचार भी, वस्तुतः, वर्गीय हितों के संरक्षण का माध्यम रहा है। इस कारण जन-क्रान्ति के औचित्य को लेकर विमर्श की सम्भावना हर युग में रही है। परन्तु, उन विमर्शों को सत्ता-समीकरण के कारण कभी वैधता प्राप्त नहीं हुई। पूँजीवादी युग में आकर जब उत्पादन-व्यवस्था और उत्पादन-सम्बन्ध के सारे अन्तर्विरोध सबसे अधिक मुखर रूप से सामने आ जायेंगे, तब क्रान्ति के द्वारा ही मनुष्य अपनी मुक्ति का भाग्य लिखेगा। इसी युग में मजदूर अपनी वर्ग चेतना को पहचान पायेंगे और यह चेतना समाज में क्रान्तिकारी बदलाव को जन्म देगी।

इस तरह देखा जाये तो क्रान्ति के लिए सामूहिक चेतना की आवश्यकता की बात कर मार्क्स अपने ही द्वारा खारिज किये गये हिगेल को फिर से स्वीकार कर लेते हैं। ऐसा इसलिए कि अब उत्पादन की भौतिक दशाओं की तरह ही चेतना के

---

10. ब्रजकिशोर झा (2004), *प्रमुख राजनीतिक चिन्तक*, भाग 2, बिहार हिन्दी ग्रन्थ अकादमी, पटना : 293.

11. जे.एच. बर्न्स (1966), 'बेंथम ऐंड फ्रेंच रिवोल्यूशन', *ट्रांज़ेक्शन्स ऑफ़ द रॉयल हिस्टोरिकल सोसायटी*, खण्ड-16 : 95-114.

अन्तर्विरोधों को समझने की ज़रूरत को कम-से-कम वैज्ञानिक पद्धति के तक़ाज़े के कारण नकारा नहीं जा सकता है। हालाँकि, स्वयं मार्क्स इस तक़ाज़े से मुँह मोड़े रहे और ऐसा ही लेनिन और माओ आदि ने भी किया। यहाँ यह सवाल किया जा सकता है कि चेतना के अन्तर्विरोधों को समझने का तात्पर्य क्या है। इसका एक तात्पर्य यह है कि क्रान्ति के उद्देश्य से विभिन्न समूह भीड़ की मनोदशा में जुड़े हैं, या चेतन रूप से जुड़े हैं– इसका पता लगाना। इसका दूसरा तात्पर्य यह कि क्रान्ति के नायक स्वयं अपनी चेतना का लोकहित के लिए कितना परिष्कार कर पाये हैं– इसका पता लगाना। इसका एक तीसरा तात्पर्य भी है और वह यह कि क्रान्ति जिस हिंसा के विरोध में घटित होने वाली है, वह सफल होकर भविष्य में पूर्व क्रान्ति की अपेक्षा कितनी और किस प्रकार की हिंसा को जन्म देगी।

सामान्यत:, जिस तरह चुनावों के समय लहर में बह कर मतदान करने का एक रुझान पाया जाता है, उसी तरह क्रान्तियों में भी सहभागिता होती है। इसका परिणाम यह होता है कि न तो चुनाव परिणामों के बाद लोगों के जीवन में अपेक्षित बदलाव आते हैं, न ही क्रान्तियों के बाद क्रान्ति की अपेक्षाएँ पूरी हो पाती हैं। कभी-कभी विचारकों के वैचारिक आग्रह भी क्रान्तियों के प्रति सही निर्णय लेने से रोकते हैं। मार्क्स की ही तरह हिगेल के सन्दर्भ में भी यह बात लागू होती है। हिगेल स्वतन्त्रता की चेतना के प्रति आग्रही विचारक हैं। स्वतन्त्रता की जन चेतना का उभार वे फ्रांसिसी क्रान्ति में देखते भी हैं। परन्तु, अपनी जर्मनी के लिए वे वैसी ही स्वतन्त्रता के जन-उभार से उत्पन्न होने वाली स्थितियों में जर्मनी का कल्याण नहीं देखते। हिगेल को रोव्सपियरे का यह विचार बहुत आकर्षित करता है कि हथियारों की ताक़त के बजाय हमारे सिद्धान्त हमारी महान क्रान्ति का प्रचार करेंगे। क्रान्ति के सिद्धान्तों के आलोक में हम विभिन्न अविवेकपूर्ण सामाजिक स्थितियों को मानव-जाति की प्रगति द्वारा दूर कर सकेंगे।[12] परन्तु, हिगेल सचेत रूप से कहते हैं कि विवेक तब तक यथार्थ को अधिशासित नहीं कर सकता है, जब तक यथार्थ स्वयं भी विवेकपूर्ण न हो जाये। यह विवेकपूर्णता तभी प्रकट होती है, जब विषय (व्यक्ति, समाज आदि) इसके लिए इतिहास से होकर गुज़रता है। हिगेल जब पूर्ण विवेक की प्राप्ति के लिए इतिहास से होकर गुज़रने की बात करते हैं, तब इसका एक विशेष अर्थ-सन्दर्भ होता है। इस सन्दर्भ को समझने के लिए यह जानना आवश्यक है कि

---

12. हरबर्ट मारक्यूज़ (1941), *रीज़न ऐंड रिवोल्यूशन,* रूटलेज़ ऐंड किगन पॉल लिमिटेड, लन्दन : 7.

हिगेल ने एक ओर यह माना है कि विवेक की अभिव्यक्ति ही स्वतन्त्रता है और दूसरी ओर, यह भी कहा है कि स्वतन्त्रता ही विषय का वास्तविक अस्तित्व है। विवेक, जो एक वस्तुनिष्ठ शक्ति है, वह अपने प्रकटीकरण (रियलाइज़ेशन) के माध्यम से अस्तित्व में आता है। इस तरह हर विषय की विवेकपूर्ण अभिव्यक्ति पूर्ण स्वतन्त्रता में होती है। प्रकृति और इतिहास भी उसी विवेकपूर्ण स्वतन्त्रता की अभिव्यक्ति के माध्यम भर हैं। हर्बर्ट मारक्यूज़ इस सम्बन्ध में हिगेल की व्याख्या करते हुए लिखते हैं कि मनुष्य के जीवन में विवेक का प्रवेश उसके सतत संघर्ष में उसे सत्य के अनुरूप परिमार्जित करने में होता है।

मारक्यूज़ ने एक विशेष तथ्य की ओर भी हमारा ध्यान आकर्षित किया है। वे लिखते हैं कि हिगेल के चिन्तन में इतिहास की दुनिया में संघर्षों की कोई शृंखला नहीं, बल्कि, मानवता का सतत परिष्कार है।[13] परन्तु, वही मारक्यूज़ हिगेल के दर्शन को नकारात्मक दर्शन भी कहते हैं।[14] इसका कारण यह है कि हिगेल अपने तर्क की वस्तुनिष्ठता को गतिमान सामाजिक स्थितियों से मुक्त नहीं रख सके। यद्यपि, हिगेल की प्रारम्भिक रचनाओं में यह दोष नहीं है। इस तथ्य का उल्लेख करने के लिए मारक्यूज़ ने शेलिंग को 1793 में लिखे गये एक पत्र का उल्लेख किया है और यह बताया है कि हिगेल के चिन्तन में विवेक और स्वतन्त्रता के दार्शनिक और सामाजिक अर्थ एक ही हैं। परन्तु, हिगेल की रचनाओं में फ्रांसिसी क्रान्ति के प्रति निराशा के, जो भाव उत्पन्न हुए, उनमें जर्मनी की उस स्थिति का भी बड़ा योगदान था कि जर्मनी में फ्रांस की तरह सामंतवाद से डट कर मुकाबला करने वाला कोई शक्तिशाली शिक्षित मध्य वर्ग नहीं था।[15] यह एक ऐसी बाध्यता थी, जिसने हिगेल को व्यक्ति की स्वतन्त्रता की सुरक्षा के लिए राज्य की ओर अग्रसर कर दिया और, अन्ततः, उसमें स्वतन्त्रता कहीं गुम हो गयी। इसके बावजूद, स्वयं हिगेल के चिन्तन में स्वतन्त्रता की मूल चेतना की चिनगारी बची रही, क्योंकि, हिगेल के लिए राज्य को भी पूर्ण विवेक का मूर्तिमान रूप ही होना था। परन्तु, मूर्तिमान विवेक के रूप में हिगेल ने राज्य को, जो शक्ति और गरिमा प्रदान की थी, बाद के समय में नाज़ीवादियों और फ़ासीवादियों ने, उसे अपने राज्य समाजवाद के

---

13. पूर्वोक्त : 10.

14. पूर्वोक्त : vii.

15. पूर्वोक्त : 13.

लिए अपनाने का प्रयास किया। नाज़ीवादियों और फ़ासीवादियों ने राज्य समाजवाद के लिए एक ओर हिगेल के राज्य की सर्वसत्तावादी अवधारणा को अपनाया और दूसरी ओर हिगेल ने व्यक्ति के लिए जिस स्वतन्त्रता की आधारशिला रखी थी, उसकी पूरी तरह से अवहेलना की।[16]

5.3 क्रान्ति की चेतना और चेतना की क्रान्ति

अब यहाँ हिगेल के चिन्तन में, जो जातीय या राष्ट्रीय तकाजे के कारण अन्तर्विरोध उत्पन्न हुए हैं, उससे इतर उनके चिन्तन पर विचार करते हुए चेतना के जागरण के अर्थ को समझ लेना आवश्यक है। ऐसा प्रतीत होता है कि उन के चिन्तन में मानवीय चेतना की जागृति वैश्विक चेतना के रूप में स्व-चेतना के विस्तार से ही होनी है। संघर्षों के माध्यम से इस प्रक्रिया की अभिव्यक्ति का तात्पर्य स्व-चेतना (व्यक्तिगत चेतना) की संकुचितता का वैश्विक चेतना के आघात द्वारा टूटन है। इससे स्व-चेतना को वैश्विक चेतना से दूर रखने वाले बाधक तत्त्व टूटते हैं और वैश्विक चेतना स्व-चेतना में प्रतिष्ठित होती है। हिगेल अपने द्वंद्ववाद के तहत प्लेटो की तरह ही संवाद से सत्य को जानने की प्रक्रिया के द्वारा भी उक्त सत्य को स्थापित कर सकते थे और इसके लिए विश्व-इतिहास की द्वंद्ववादी व्याख्या करने की कोई ज़रूरत नहीं थी। परन्तु, इस सैद्धान्तिकी से जर्मनी के राष्ट्र-राज्य के उत्कर्ष के रूप में सत्य का संधान करना सम्भव नहीं था। वस्तुत:, स्वचेतना का वैश्विक चेतना के साथ समायोजन ही सबसे बड़ी क्रान्ति है। ब्राह्मिक परम्परा की भाषा में कहें तो आत्म-परिष्कार के लिए अहं का विसर्जन ही सबसे बड़ी क्रान्ति है। अहं के विसर्जन के बिना कोई क्रान्ति सम्भव नहीं है। क्रान्ति, जो हिंसा और अन्याय के विरुद्ध शंखनाद है, यह स्वयं भी किसी अहं के विरुद्ध प्रतिक्रिया ही है। परन्तु, दुनिया की अधिकांश क्रान्तियों में एक सामूहिक अहं के विरुद्ध दूसरे सामूहिक अहं की अभिव्यक्ति हुई है। हिगेल के चिन्तन में भी जर्मनी के राष्ट्र-राज्य के उत्कर्ष के रूप में क्रान्ति की चेतना का यही हश्र हुआ।

दुनिया की अधिकांश आधुनिक क्रान्तियों का विस्फोट आधुनिकता के आगमन के बाद और आधुनिकता द्वारा उत्पन्न की गयी त्रासदियों के विरुद्ध हुआ है। परन्तु, सभी आधुनिक क्रान्तियों में आधुनिकता से उत्पन्न समस्याओं का आधुनिकता

16. पूर्वोक्त : 389-390.

के द्वारा ही हल किये जाने की कोशिश भी हुई है। इन सभी क्रान्तियों का उद्देश्य आधुनिकता के दोषों को दूर करना ही रहा है। वस्तुतः, सभी आधुनिक क्रान्तियों में किसी-न-किसी तरह की विचारधारा का प्रयोग जिन बहुत से उद्देश्यों को लेकर किया जाता है, उनमें विचारधारा का एक उद्देश्य आधुनिकता को क्रान्तिधर्मियों के मनोनुकूल बनाकर प्रस्तुत करना भी होता है। हन्ना आरेंट कहती हैं कि आधुनिक सेकुलर युग में विचारधाराओं के बारे में यह माना जाता है कि (चाहे वे राजनीतिक हों, मनोवैज्ञानिक हों या सामाजिक) वे सभी किसी भी ज्ञात परम्परागत धर्म या मज़हब की अपेक्षा चोट पहुँचाने वाली होते हुए यथार्थ के प्रभाव के विरुद्ध मनुष्य की आत्मा को अधिक अच्छी तरह से प्रशिक्षित करती हैं।[17] परन्तु, यह मान्यता ईश्वरीय विवेक के प्रति आणविक हथियारों के युग में मनुष्य को वैसे ही छोड़ देती है, जैसे किसी बच्चे को चाकू के सहारे आणविक हथियारों से लड़ना हो।[18] विश्वास का यह अन्त हमारे वर्तमान समय और अतीत के बीच एक प्रमुख अन्तर पैदा करता है। इस अन्तर ने सार्वजनिक जीवन में भविष्य के प्रति मनुष्य को आशारहित कर दिया है।[19] हन्ना आरेंट कहती हैं कि आधुनिकता के इस प्रारूप को मैकियावेली ने राजनीति और शासन के मूलभूत सूत्र के रूप में स्थापित करने की पहल की और आगे चल कर यूरोप के राजनीतिक चिन्तन का यह एक प्रमुख तत्त्व बन गया। मैकियावेली ने राजनीति से कर्म *(एक्शन)* को विलुप्त कर दिया और इसका परिणाम यह हुआ कि लोगों के जीवन में शक्ति संचय की प्रेरणा प्रभावी तो हुई, परन्तु, सम्मान अर्जित करने की प्रेरणा धराशायी हो गयी।[20]

मैकियावेली ने समुचितता (फ़िटनेस) के अर्थ वाली ग्रीक शुभ की अवधारणा और ईसाइयत वाली निरपेक्ष शुभ की अवधारणा, दोनों को सार्वजनिक जीवन से अर्थात् राजनीतिक जीवन से बहिष्कृत कर दिया और उनकी उपादेयता को मात्र व्यक्तिगत एवं पारिवारिक जीवन तक सीमित कर दिया।[21] यह एक ऐसा उलटफेर था, जिसमें सार्वजनिक जीवन का सद्गुण पारिवारिक जीवन का विषय बन गया

---

17. हन्ना आरेंट (1961), *बिटवीन पास्ट ऐंड फ़्यूचर*, द वाइकिंग प्रेस, न्यूयार्क : 135.

18. पूर्वोक्त : 135.

19. पूर्वोक्त : 135.

20. पूर्वोक्त : 137.

21. पूर्वोक्त : 137.

और पारिवारिक जीवन-संभरण के विषय सार्वजनिक जीवन में अन्तर्वलित हो गये। इसका परिणाम यह हुआ कि सार्वजनिक जीवन और राजनीति, जो पहले परमार्थ साधन के विषय थे, अब पारिवारिक स्वार्थ की साधना में सिमट कर रह गये। परम्परा की व्याख्या में आधुनिकता द्वारा उत्पन्न की गयी यह एक ऐसी टूटन या 'मॉडर्न ब्रेक इन ट्रेडिशन'[22] था, जिसने नैतिकता की अवधारणा को ही बीच से दो भागों में बाँट दिया। अब सार्वजनिक जीवन में नैतिकता का अर्थ सफलता और व्यक्तिगत जीवन में नैतिकता का अर्थ सदाशयता बन गया। परन्तु, दूसरी ओर जिस तरह से सार्वजनिक जीवन निजी जीवन को आच्छादित करता जा रहा था (आज तो बहुत हद तक कर भी चुका है) उसमें व्यक्तिगत जीवन की सदाशयता को सार्वजनिक जीवन की सफलता से पराभूत हो ही जाना था। आज दुनिया के सभी समाजों की यही स्थिति है, जिसमें लोग सार्वजनिक जीवन में भागीदारी पारिवारिक हितों की पूर्ति के लिए या आजीविका चलाने के लिए करते हैं। यह 'मॉडर्न ब्रेक इन ट्रेडिशन' जहाँ हमें अतीत की धरोहर से रिक्त कर देता है वहीं आधुनिकता की विचारधारा कोई ऐसा विश्वास का धरोहर उपलब्ध करने में अब तक भी सफल नहीं हुई है, जिससे भूख (पारिवारिक जीवन) और सम्मान (सार्वजनिक जीवन) को एक ही विषय माना जाये। वस्तुतः, सम्मान चेतना का जीवन है और भूख भौतिक शरीर की देह-वासना का जीवन है। आधुनिकता ने भूख की तृप्ति द्वारा सम्मान अर्जित करने का मार्ग अपनाया है। परन्तु, सम्मान के मापदण्ड अभी भी पूरी तरह से बदल नहीं पाये हैं। अतः, जैसे-जैसे भूख की तृप्ति का मार्ग प्रशस्त होता जाता है, वैसे-वैसे भूख और भी बढ़ती जाती है। इस अन्तर्विरोध के कारण दुनिया में क्रान्ति की सम्भावना बढ़ती ही जा रही है। फलतः, क्रान्ति को रोकने के प्रयास भी अधिक दृढ़ता से सक्रिय होते जा रहे हैं।

क्रान्ति के लिए लोगों के पास सामाजिक अवकाश का होना आवश्यक है। जैसे-जैसे सामाजिक अवकाश को आभासी अवकाश सीमित करता जायेगा, वैसे-वैसे क्रान्ति की सम्भावना कम होती जायेगी। परन्तु, मनुष्य को एक आत्मचेतन प्राणी होने के अधिकार से बहुत दिनों तक वंचित नहीं रखा जा सकता है। यह भी कहना समुचित नहीं है कि मानव-जाति के इतिहास और विकास का अन्तिम अध्याय लिखा जा चुका है। सम्भव है, दुनिया की सबसे महान क्रान्ति का जन्म

---

22. पूर्वोक्त : 15.

होना अभी बाकी है। वह क्रान्ति भविष्य में यदि धरती पर ही हुई तो वह आधुनिकता के विरोध में ही होगी। यदि वह आधुनिकता को और आगे ले जाने के समर्थन में हुई तो दूसरे ग्रहों पर मानव की बस्तियों को बसाने के रूप में होगी। परन्तु, वह युद्ध होगा या क्रान्ति, अभी कुछ नहीं कहा जा सकता।

द *प्रिंस* में नैतिकता के सन्दर्भ में मैकियावेली की अनुशंसाओं की ज्ञानमीमांसा 'प्रोटेस्टेंट इथिक्स' से निकली है। यह महज़ एक संयोग नहीं है कि मैक्स वेबर ने प्रोटेस्टेंट नैतिकता को पूँजीवाद के जन्म का एक प्रमुख कारण बताया है। वस्तुतः, परम्परा के सहजीवन एवं समन्वित मूल्य-दृष्टि को तोड़े बिना औद्योगिक सभ्यता का विकास सम्भव नहीं था। आज भी अप्रत्यक्ष रूप से यह देखा जा सकता है कि परम्परा के पुनरुत्थान की राजनीति करने वाले व्यक्तिगत जीवन में भले ही कोई मूल्यवान आस्था रखते हों, परन्तु, सार्वजनिक और राजनीतिक जीवन में उनके लिए 'सफलता ही सबसे बड़ा सद्गुण' होता है। इस नीति को परम्परा के प्रति मैकियावेलियन अभिगम कहते हैं और इसमें परम्परा के प्रति आस्था का प्रदर्शन वास्तविक नहीं, बल्कि, दिखावा होता है। अरस्तू से लेकर माओ तक जिन सन्दर्भों में क्रान्ति को देखा गया था, उसके साथ एक मूल्यबोध जुड़ा हुआ था। जीवन को देखने-समझने की एक विश्व-दृष्टि जुड़ी हुई थी। दुनिया की तमाम क्रान्तियों की अलग-अलग, जो जन्मस्थलियाँ रही हैं, वहाँ जीवन में जिस तरह के बदलाव आये हैं, वे उसी तरह की क्रान्ति की दूसरी लहर से पूरी तरह से मुक्त नहीं हुई हैं। परन्तु, इस बीच जीवन को देखने-समझने की एक विश्व-दृष्टि बदल चुकी है। ऐसे में प्रश्न उठता है कि आज क्रान्तियों की ज्ञानमीमांसा के सूत्र कहाँ से प्राप्त किये जा सकते हैं।

क्रान्तियों की ज्ञानमीमांसा को समझने के लिए अरस्तू से बेहतर कोई प्रस्थान-बिन्दु नहीं है। क्रान्ति का, जो प्रचलित अर्थ है, उसमें क्रान्ति सामूहिक प्रयत्नों से राजनीतिक व्यवस्था में आमूलचूल परिवर्तन लाने से सम्बन्धित है। इस अर्थ में क्रान्ति स्थापित राजनीतिक व्यवस्था और शासन के प्रति अविश्वास की अभिव्यक्ति है। इस अविश्वास का सम्बन्ध इस प्रश्न से है कि राज्य में सत्ता प्राप्त करने के वैधानिक दावे क्या हैं? यदि ऐसे दावे एक से अधिक हैं, तब उन में सामंजस्य कैसे स्थापित किया जाये? वस्तुतः, अरस्तू ने राज्यों का, जो औपचारिक वर्गीकरण प्रस्तुत किया है, उसका सम्बन्ध इन्हीं से है।[23] यह प्रश्न प्लेटो के समक्ष भी उपस्थित हुआ था। किन्तु, प्लेटो ने यह मान लिया कि सत्ता प्राप्त करने के लिए विवेक और सद्गुण के

---

23. जार्ज एच. सेबाइन (1987), *राजनीति-दर्शन का इतिहास,* (अनु. विश्वप्रकाश), एस. चंद ऐंड कंपनी, नयी दिल्ली : 94.

निरपेक्ष दावे होते हैं।[24] अरस्तू का विचार है कि यह प्रश्न सामान्य नैतिक नियमों के सिद्धान्त का नहीं है, बल्कि, सिद्धान्त को व्यावहारिक रूप देने का है। वस्तुतः, सापेक्ष प्रश्नों के लिए सापेक्ष उत्तर ही व्यावहारिक होते हैं।[25] इस व्यवहार को खोजने के लिए अरस्तू राज्य की प्रकृति के बजाय राज्य के औचित्य को ध्यान में रखने का सुझाव देते हैं। इसके पीछे का तर्क यह है कि राज्य की प्रकृति के आधार पर सत्ता-प्राप्ति के विरोधी दावेदारों की समीक्षा करने पर विरोधी दावों के साथ न्याय नहीं किया जा सकता है। परन्तु, यदि राज्य के औचित्य के आधार पर विरोधी दावों की मीमांसा की जाये तो किसी को इस तथ्य से असहमति नहीं होगी कि राज्य जीवन की रक्षा के लिए आया है और सद्गुणी-जीवन की प्राप्ति के लिए बना हुआ है। इस तर्क को स्वीकार कर लेने पर सभी दावेदार यह भी मानेंगे कि राज्य को अधिकतम मात्रा में न्याय प्राप्त करने का प्रयास करना चाहिए और यह समानता के लक्ष्य को स्वीकार किये बिना सम्भव नहीं है। यदि राज्य की प्रकृति के बजाय राज्य के औचित्य के आधार पर सत्ता-प्राप्ति के विरोधी दावों की मीमांसा की जाये तो लोकतन्त्रवादी के लिए समानता का अलग अर्थ निकालना और धनिकतन्त्रवादी के द्वारा समानता का अलग अर्थ निकालना सम्भव नहीं होगा।[26] क्योंकि, राज्य के औचित्य के आधार पर सत्ता-प्राप्ति के विरोधी दावों की निरपेक्षता वैध साबित नहीं होती, मसलन, धनिकतन्त्रवादी की सत्ता-प्राप्ति के निरपेक्ष दावे इस आधार पर खारिज हो जाते हैं कि राज्य कोई वाणिज्यिक 'संस्था' नहीं है।[27] इसी तरह लोकतन्त्रवादी की सत्ता-प्राप्ति का निरपेक्ष दावा भी इस आधार पर खारिज हो जाता है कि राज्य कोई निरपेक्ष रूप से सामान्य व्यक्तियों की संस्था नहीं है।[28]

जब राज्य के औचित्य के आधार पर सत्ता-प्राप्ति के विरोधी दावों की मीमांसा की जाती है तब भी राजनीति और राज्य-व्यवस्था एवं शासन के प्रति अविश्वास को दूर करने का सूत्र नहीं मिलता है। इसका तात्पर्य यह हुआ कि मानव-दशाओं (लेबर, *वर्क* एवं *एक्शन*) का सन्तुलन बिगड़ गया है। इसका यह भी अर्थ निकलता है कि राजनीति ने अब स्थायित्व एवं परिवर्तन के मध्य सन्तुलन बनाये रखने की शक्ति

---

24. पूर्वोक्त : 94.

25. पूर्वोक्त : 95.

26. पूर्वोक्त : 95.

27. पूर्वोक्त : 95.

28. अरस्तू ने राज्य को असमान व्यक्तियों का एक ऐसा संगठन कहा है, जो अपनी अलग-अलग आवश्यकताओं की पूर्ति के लिए परस्पर सहयोग की आकांक्षा से एकजुट होते हैं।

को खो दिया है। इससे यह भी सिद्ध होता है कि सिद्धान्त व्यवहार को समझने में और व्यवहार मूल्यों को आत्मसात् करने में विफल रहा है। इसी तरह जब राज्य की प्रकृति के आधार पर उपजे अविश्वास से क्रान्ति का संगठन किया जाता है, तब एक त्रुटि के निवारण के लिए दूसरी त्रुटि का संधान ही परिलक्षित होता है।

परन्तु, सत्ता-प्राप्ति के परस्पर विरोधी दावों (क्रान्ति भी दावा है) के निवारण के लिए राज्य के औचित्य के आधार पर दावों की समीक्षा करने का भले ही अरस्तू ने एक आधारभूत सिद्धान्त दिया हो, किन्तु,-आज उस सिद्धान्त को अप्रासंगिक कर दिया गया है। इस अप्रासंगिकता का कारण अरस्तू के चिन्तन की त्रुटि नहीं, बल्कि, वैज्ञानिक ज्ञान और आधुनिकता है, जिन्होंने राजनीति को कार्य *(वर्क)* के धरातल पर कैद कर लिया है। इस धरातल पर राज्य का औचित्य सद्गुण में साझेदारी से सिद्ध नहीं होता, बल्कि, भौतिक एवं ऐन्द्रिक सुख प्राप्ति के अवसर को सर्वसुलभ कराने की क्षमता से होता है। अतः, आधुनिक दुनिया में, जो हताशा और संत्रास है, उसकी व्याख्या करने में परम्परागत सिद्धान्त सफल नहीं हैं, यह कहना बहुत तार्किक नहीं है। इसकी जगह यह कहना अधिक उपयुक्त है कि आधुनिक सिद्धान्त, जो विचारधाराओं की आड़ में बने हैं, वे अपने समय की विसंगतियों की व्याख्या नहीं कर पा रहे हैं।

5.4 क्रान्तियों की अन्तर्यात्रा

क्रान्ति के सन्दर्भ में उपर्युक्त पृष्ठभूमि के बाद अब दुनिया की कुछ महत्त्वपूर्ण क्रान्तियों की चर्चा की जा सकती है। हन्ना आरेंट ने अमेरिकी क्रान्ति को दुनिया की सबसे सफल क्रान्तियों में से एक बताया है।[29] इसकी शुरुआत एक युद्ध से होती है और समापन क्रान्ति में होता है।[30] यद्यपि, यह कोई सर्वथा नवीन घटना नहीं थी। प्राचीन काल से ही युद्ध और क्रान्ति के बीच गहरा रिश्ता रहा है। युद्धों ने क्रान्तियों को एवं क्रान्ति ने युद्धों को जन्म दिया है। यह भी कहा सकता है कि क्रान्तियाँ युद्ध में और युद्ध क्रान्ति में तब्दील हो गये हैं। अमेरिकी क्रान्ति और फ्रांसीसी क्रान्ति के मध्य अन्तर स्पष्ट करते हुए हन्ना आरेंट लिखती हैं कि अमेरिका में स्वतन्त्रता का युद्ध मुक्ति की क्रान्ति में बदल गया और फ्रांस में स्वतन्त्रता की क्रान्ति प्रतिरक्षा और आक्रमण के युद्ध में तब्दील हुई। क्रान्तियों को यदि क्रान्तियों की घटनाओं की

29. हन्ना आरेंट (1991), *ऑन रिवोल्यूशन,* पेंगुइन बुक्स, न्यूयार्क : 24.

30. पूर्वोक्त : 17.

प्रकृति के आधार पर देखें तो ब्रिटेन की डीगर्ट क्रान्ति भी प्रतिरक्षा और आक्रमण के युद्ध में बदली और ऐसा ही बोल्शेविक क्रान्ति के साथ भी हुआ। परन्तु, ब्रिटेन के 'ग्लोरियस रिवोल्यूशन' ने प्रतिरक्षा और आक्रमण के युद्ध का रास्ता नहीं अपनाया, बल्कि, शासन एवं राजनीति के प्राचीन विवेक की पुनः स्थापना की। हन्ना आरेंट कहती हैं कि क्रान्ति का एक अर्थ पुनर्स्थापना (रेस्टोरेशन) भी होता है।[31] यदि क्रॉमवेल की डीगर्ट क्रान्ति के द्वारा स्थापित क्रान्ति को क्रान्तिकारी तानाशाही के सन्दर्भ में देखा जाये तो उदारतावादी लोगों की 'ग्लोरियस रिवोल्यूशन' को संवैधानिक राजतन्त्र की पुनर्स्थापना और शासन एवं राजनीति के प्राचीन विवेक की पुनर्स्थापना के रूप में देखा जाना चाहिए। इस दृष्टि से मार्क्सवादी क्रान्ति की योजना में वर्ग-विहीन एवं राज्य-विहीन समाज की स्थापना का लक्ष्य (साम्यवाद) आदिम साम्यवाद के वर्ग एवं राज्य-विहीन समाज की पुनः प्रतिष्ठा (उत्पादन की शक्तियों का पूर्ण विकास करने के बाद) को प्रतिध्वनित करता है।

हन्ना आरेंट पुनर्स्थापन या पुनर्वापसी (रेस्टोरेशन) के अर्थ में क्रान्ति को समझने का प्रयास करते हुए 'रिवोल्यूशन' शब्द की व्याख्या करते हुए कहती हैं कि मूल रूप से यह खगोल विज्ञान का शब्द है।[32] कॉपरनिकस के अध्ययनों में यह शब्द नक्षत्रों की गति और घूर्णन के सन्दर्भ में प्रयुक्त हुआ है, जिसकी प्रवृत्ति चक्रीय है।[33] ग्रीक चिन्तन में शासन व्यवस्थाओं के परिवर्तन की चक्रीय अवधारणा का स्वरूप भी नक्षत्रों के घूर्णन की चक्रीय प्रवृत्ति से समानता रखता है। ग्रह-नक्षत्रों के घूर्णन की गति के अर्थ में क्रान्ति शब्द का प्रयोग करने पर मानव समाज में क्रान्ति के सूत्रधार पूर्व-नियत नियति में मात्र एजेंट भर सिद्ध होते हैं।[34] इसलिए, मानव समाज की क्रान्ति और खगोलीय क्रान्ति में फ़र्क़ करना अनिवार्य है।

इस फ़र्क़ का कारण, जैसा कि हन्ना आरेंट कहती हैं, खगोलीय क्रान्ति के सहभागी तत्त्वों का गति के एक नियत नियम से बँधे होना है। परन्तु, ठीक उसी प्रकार का कोई बंधन मनुष्य पर नहीं होता है। फिर भी, प्लेटो से लेकर पोलीबियस तक शासन के परिवर्तनों तथा इतिहास के उत्थान एवं पतन की, जो व्याख्या है, वह

---

31. पूर्वोक्त : 48.

32. पूर्वोक्त : 42.

33. पूर्वोक्त : 42.

34. पूर्वोक्त : 42.

खगोलीय और सोशल क्रान्ति को काफी हद तक एक जैसा मान लेती है। आधुनिक काल में आकर खगोलीय क्रान्ति और सोशल क्रान्ति के बीच की समीपता को औचित्यपूर्ण दूरी तक ले जाया गया, लेकिन, मूल की पुनर्स्थापना के अर्थ में क्रान्ति का स्वरूप नहीं बदला। हन्ना आरेंट लिखती हैं कि अमेरिकी एवं फ्रांसीसी क्रान्ति के नायकों का भी आरम्भिक विचार यही था कि उन्हें शासन के उस पुराने स्वरूप की स्थापना करनी है, जो अपने उपनिवेशवाद (अमेरिकी क्रान्ति के सन्दर्भ में) और निरंकुश राजतन्त्र (फ्रांसीसी क्रान्ति के सन्दर्भ में) के द्वारा विकृत होने से पूर्व था।[35] परन्तु, अमेरिका एवं फ्रांस में एक बार क्रान्ति आरम्भ होने के बाद क्रान्ति के नायकों को यह अनुमान हो गया कि सामाजिक दशाओं में, जो बदलाव हो चुके हैं, उनके कारण उन्हें प्राचीन राजनीतिक दशाओं की पुनर्स्थापना से आगे जाना होगा।[36] अमेरिकी क्रान्ति इस मामले में सफल रही कि उसने स्वतन्त्रता की प्राप्ति के लिए ब्रिटिश संविधान के आदर्श से शुरू करके स्वाधीनता के लक्ष्य को गणतन्त्रवाद के रूप में प्राप्त करके अपने लक्ष्य को प्राप्त किया।[37] इस कार्य-योजना में स्वतन्त्रता के रास्ते पर चलने से आगे जिस बिखराव की सम्भावना थी और जिसे ब्रिटिश संविधान के लक्ष्य को सामने रखकर पूरा नहीं किया जा सकता था, उसे गणतन्त्रवाद के द्वारा सम्मान सहित प्राप्त किया गया। इसका परिणाम यह हुआ कि अमेरिकी क्रान्ति बिखराव के भँवर में फँसने से बच गयी। इसके विपरीत फ्रांसीसी क्रान्ति में सामंतवाद के विरोध के बाद निरंकुश राजतन्त्र के स्थान पर शासन एवं राजनीति के किस प्रतिमान को स्थापित करना है, जो स्वतन्त्रता, समानता एवं न्याय के लक्ष्य को प्राप्त करने में सहायक हो, वह अन्त तक सुनिश्चित नहीं हो सका।

वस्तुतः, दुनिया की किसी भी बड़ी क्रान्ति में न तो क्रान्ति की और न ही प्रतिक्रान्ति की एक ही धारा रही है। मुख्य क्रान्ति के साथ-साथ क्रान्ति की अन्य धाराएँ भी चल रही होती हैं और ठीक उसी तरह मुख्य क्रान्ति के विरुद्ध प्रतिक्रान्ति की मुख्यधारा के साथ उसकी उप-धाराएँ भी चल रही होती हैं। मुख्य क्रान्ति अपनी सफलता के लिए क्रान्ति की उप-धाराओं की सफलता से जीवनी शक्ति प्राप्त करती है। अमेरिकी क्रान्ति में क्रान्ति की मुख्यधारा के विरुद्ध और उप-धाराओं के विरुद्ध

---

35. पूर्वोक्त : 44.

36. पूर्वोक्त : 45.

37. पूर्वोक्त : 56.

आन्तरिक प्रतिक्रान्ति की धाराएँ बहुत कम थीं। इस क्रान्ति के विरुद्ध औपनिवेशिक शक्ति ब्रिटेन का संघर्ष भी क्रान्ति की मुख्य धारा से ही था। इसका परिणाम यह हुआ कि अमेरिकी क्रान्ति की धाराएँ विस्तृत हुईं और उसकी जड़ें गहरी होती चली गयीं। इसके विपरीत, फ्रांसीसी क्रान्ति में क्रान्ति की मुख्यधारा और इसकी उप-धाराओं के विरुद्ध शुरू से ही आन्तरिक प्रतिक्रिया बहुत तीव्र थी और यह प्रतिक्रिया बोस्तील के पतन के बाद कम तो नहीं हुई, उल्टे बाद में प्रतिरोध भी बहुत बढ़ गया। अमेरिकी क्रान्ति समृद्धि के संरक्षण के लिए संघ-एकजुटता की क्रान्ति है और फ्रांसीसी क्रान्ति समृद्धि के बँटवारे के प्रश्न और उसके प्रारूप को लेकर राजनीतिक कार्य-योजना की अस्पष्टता से ग्रस्त है। ऐसा लगता है कि जैसे फ्रांस की क्रान्ति में अनेक ब्रिटिश क्रॉमवेल आ धमके हों। फ्रांसीसी क्रान्ति के ऐसे ही अनेक विरोधी तत्त्वों को उजागर करने के क्रम में हन्ना आरेंट मार्क्स के एक कथन को उद्धृत करती हैं कि फ्रांसीसी क्रान्ति रोमन वस्त्रों में लड़ी गयी क्रान्ति थी।[38]

फ्रांसीसी क्रान्ति का सन्दर्भ और आदर्श रोमन गणतन्त्र था। जहाँ एक ओर रोबेस्पियर से लेकर नेपोलियन तक के आदर्शों में बोर्ज़्वा संस्कृति की झलक थी, वहीं दूसरी ओर, जो दबी-कुचली हुई जनता थी, उनका आदर्श भूख से मुक्ति था। इस लिहाज से फ्रांसीसी क्रान्ति में उसके नायकों की स्वतन्त्रता का आदर्श राजनीतिक स्वतन्त्रता (स्वाधीनता नहीं) और जनता का आदर्श आर्थिक आज़ादी थी। परन्तु, विडम्बना ही कहिये कि दोनों कभी समुचित रूप से समायोजन के मुकाम तक नहीं पहुँच पाये। इसका परिणाम यह हुआ कि फ्रांसीसी क्रान्ति अपने को नागरिक अनुबन्ध में नहीं बदल पाई और बिखर गयी। बिखराव के इस काल में रोबेस्पियर की हत्या हुई और नेपोलियन को क्रान्ति की रक्षा के नाम पर क्रान्ति को मौत के घाट उतार देने का मौक़ा मिल गया। हन्ना आरेंट की शब्दावली में कहें तो फ्रांस की क्रान्ति की पृष्ठभूमि कार्य पर आधारित है। दूसरी ओर, अमेरिकी क्रान्ति अपने को नागरिक अनुबन्ध में परिवर्तित करने में सफल रही।[39] इसने स्वतन्त्रता, समानता और स्वाधीनता की उपधाराओं को बिखरने नहीं दिया। पुनः, हन्ना आरेंट की शब्दावली का प्रयोग करते हुए कहा जाये तो अमेरिकी क्रान्ति में जनता ने राजनीति और शासन में कर्म की पुनर्प्रतिष्ठा की।

---

38. पूर्वोक्त : 50.

39. पूर्वोक्त : 194.

ऐसा भी नहीं कि हन्ना आरेंट ने अमेरिकी क्रान्ति की कमियों और फ्रांसीसी क्रान्ति की उपलब्धियों की चर्चा नहीं की है। परन्तु, उनके लेखन में अमेरिकी क्रान्ति की प्रशंसा और फ्रांसीसी क्रान्ति के प्रति अवहेलना के भाव ही अधिक व्यक्त हुए हैं। जेम्स विल्सन को उद्धृत करते हुए हन्ना आरेंट अमेरिकी क्रान्ति में ग्रीक गौरव की पुनः अभिव्यक्ति देखती हैं।[40] इसके विपरीत, फ्रांसीसी क्रान्ति के बारे में वे कहती हैं कि इसने मानव-जाति को आग के हवाले कर दिया।[41] यदि फ्रांसीसी क्रान्ति से रोमन गणतन्त्रवाद की प्रवृत्ति को निकाल दिया जाये तो बोल्शेविक क्रान्ति में भी फ्रांसीसी क्रान्ति की झलक दिखने लगेगी।

हन्ना आरेंट ने बोल्शेविक क्रान्ति का अध्ययन करते हुए यह निष्कर्ष निकाला है कि लेनिन ने पार्टी को पहले सोवियत संगठनों के अग्रगामी दस्ते के रूप में इस्तेमाल किया। किन्तु, क्रान्तिकाल में ही लेनिन यह भी समझने लगे थे कि पार्टी को विशेष रूप से शक्तिशाली बनाने का प्रयास आवश्यक है, क्योंकि, रूस जैसे पिछड़े हुए क्षेत्र में आर्थिक विकास के लक्ष्य को अपरिपक्व लोगों के हाथों में नहीं छोड़ा जा सकता है। इस नाते लेनिन ने सोवियत संगठनों के ऊपर जिन नये संस्थानों को वरीयता देना आरम्भ किया, वह लेनिन के पहले की सोच के विपरीत था। हन्ना आरेंट लिखती हैं कि यह रूस में क्रान्ति की विफलता की शुरुआत थी और यहीं से बोल्शेविक क्रान्ति ने फ्रांसीसी क्रान्ति की ओर जाने वाले रास्ते पर चलना शुरू कर दिया था।[42] फिर भी, लेनिन के समय में हिंसा और विचारधारा का एकीकरण न हो, इसके लिए पार्टी सुधारों पर भी ध्यान दिया गया। यह एक ऐसा पक्ष था, जो क्रान्तिधर्मियों को अपने भीतर झाँकने का आह्वान करता है। संयोग से फ्रांसीसी क्रान्ति में इस पक्ष पर कम ही ध्यान दिया गया था।[43] परन्तु, सोवियत संघ में भी जैसे-जैसे आर्थिक और तकनीकी विकास के लिए विशेषज्ञ संस्थाओं का निर्माण होता गया, वैसे-वैसे पार्टी और सोवियत परिषदों के बीच दूरी बढ़ती चली गयी। नयी जन्म लेने वाली संस्थाओं और उनके साथ पार्टी के गठजोड़ ने सोवियत संघ में मुक्ति की क्रान्ति को धीरे-धीरे अपनी गिरफ़्त में ले लिया। फ्रांस में क्रान्ति के बाद आतंक के राज्य की स्थापना हुई और बोल्शेविक क्रान्ति भी हिंसा के राज्य और

---

40. पूर्वोक्त : 196.

41. पूर्वोक्त : 46.

42. पूर्वोक्त : 67.

43. पूर्वोक्त : 100.

अधिनायकवाद में बदल गयी। फ्रांस की क्रान्ति के विरुद्ध जिस तरह यूरोप ने हिंसक एकजुटता दिखायी थी, उसी तरह यूरोप में बोल्शेविक क्रान्ति के बाद भी हिंसक एकजुटता का प्रदर्शन किया गया। परन्तु, इसका तात्पर्य यह नहीं है कि अमेरिकी क्रान्ति ने दुनिया को हिंसा से मुक्त करने का प्रयास किया। इस दृष्टि से क्रान्ति की मीमांसा करने के लिए यह आवश्यक है कि क्रान्ति को उन संरचनाओं के आधार पर भी समझा जाये, जिनकी स्थापना क्रान्ति के द्वारा हुई। साथ ही, इस क्रम में यह भी याद रखा जाये कि 'राज्य क्या है' और इसका 'औचित्य' क्या है।

राज्य कोई सैनिक संगठन नहीं है, क्योंकि, इसके नागरिक सिर्फ़ सैनिक नहीं होते हैं और न ही राज्य का औचित्य मात्र प्रतिरक्षा करने में है। राज्य कोई व्यापारिक संगठन भी नहीं है, क्योंकि, इसके नागरिक सिर्फ़ व्यापारी नहीं होते हैं और न ही राज्य का औचित्य मात्र आर्थिक समृद्धि है। राज्य कोई जातीय संगठन भी नहीं है, क्योंकि, इसके नागरिक किसी एक ही जाति के नहीं होते हैं और न ही राज्य का औचित्य मात्र जाति विशेष का उत्थान करना है। इसी तरह राज्य कोई धार्मिक संगठन भी नहीं है, क्योंकि, इसके नागरिक एक ही धर्म के नहीं होते हैं और न ही राज्य का औचित्य सिर्फ़ आध्यात्मिक उन्नति है। वास्तव में, राज्य पूर्णता की प्राप्ति में संलग्न अपूर्ण व्यक्तियों का संगठन है, जो पूर्णता की प्राप्ति में अधिक सक्षम व्यक्तियों के अनुभवों एवं उपलब्धियों का ऐसा समायोजन करता है, जिससे कम सक्षम व्यक्तियों को पूर्णता प्राप्त करने में सुगमता होती है और कम सक्षम व्यक्तियों के अनुभवों एवं उपलब्धियों से सक्षम व्यक्तियों को समाज के लिए पूर्णता-प्राप्ति की निरन्तरता को गतिमान रखने में मदद मिलती है।

निश्चित ही राज्य के इस औचित्य से न तो अमेरिकी क्रान्ति के सूत्रधार और न ही 'ग्लोरियस रिवोल्यूशन' के नायक ही असहमत थे। फ्रांसीसी और बोल्शेविक क्रान्ति के प्रणेता भी इससे असहमत नहीं थे। परन्तु, जब इस औचित्य को प्राप्त करने के लिए संस्था-निर्माण की बात आई तब 'ग्लोरियस रिवोल्यूशन' से लेकर बोल्शेविक क्रान्ति तक एक ही प्रकार की संस्था बनायी गयी। वह संस्था थी– केन्द्रीकृत औद्योगिक उत्पादन-प्रणाली की रक्षा करने वाली संस्था। इस संस्था ने राज्य की प्रकृति और औचित्य के प्रश्न को ही मूल स्थान से भटका दिया और आज सब-के-सब उस भटके हुए राज्य और उसकी राजनीति को वास्तविक मानकर उसी को सिद्ध करने में लगे हुए हैं।

केन्द्रीकृत औद्योगिक उत्पादन प्रणाली की प्रतिरक्षा में लगी हुई राजनीतिक संस्थाएँ, चाहे उनका स्वरूप संसदात्मक राजतन्त्र (ब्रिटेन) हो, अध्यक्षात्मक गणतन्त्र (अमेरिका) हो या जनवादी लोकतन्त्र (सोवियत संघ एवं चीन) हो, सभी राज्य को धनतन्त्र एवं सैनिक तन्त्र का मिश्रित स्वरूप प्रदान कर देते हैं। ऐसा राज्य पद-सोपानीय शृंखला का निर्माण करता है और समाज को पहले से अधिक विभाजित कर देता है। ऐसे राज्य और राजनीति से न तो ग्रीक गौरव को हासिल किया जा सकता है और न ही मनुष्य की बेगानगी दूर की जा सकती है। ऐसा इसलिए कि केन्द्रीकृत औद्योगिक उत्पादन-प्रणाली की प्रतिरक्षा में लगा राज्य मानवीय पूर्णता का अर्थ आर्थिक समृद्धि की प्राप्ति में खोजता है। अतः, यदि अमेरिकी क्रान्ति को दुनिया की सबसे सफल क्रान्ति माना जाय तो इसने मानव-जाति को एक अन्तहीन लिप्सा में ढकेल दिया है।

इस अन्तहीन लिप्सा की प्राप्ति के लिए दुनिया के हर कोने में न्यूयार्क, पेरिस और लंदन तथा मास्को और बीजिंग का उगना अनिवार्य है। परन्तु, तीन सौ साल के बाद भी यह न तो सम्भव हुआ है और न ही तीन हजार साल बाद ही यह सम्भव होगा। परन्तु, इस भ्रम को यथार्थ बनाने के लिए मानव-जाति सतत हिंसा में संलग्न अवश्य है। वस्तुतः, हन्ना आरेंट को क्रान्तियों की मीमांसा के लिए 'सूत्रात्मक तर्क- वाक्य'[44] और स्वयंसिद्ध तर्क-वाक्य[45] की यथार्थ दूरी और भेद को बनाये रखना चाहिए था। सुकरात का यह तर्क-वाक्य कि 'अपने को जानो' एक सूत्रात्मक तर्क-वाक्य है। इसमें पीढ़ियों के अनुभव, परम्परा और स्व-बोध तीनों का सन्तुलन है। अतः, सुकरात जब सूत्रात्मक 'तर्क-वाक्य' के माध्यम से यह कहते हैं कि 'अपने को जानो' तब इसका अर्थ होता है, अपनी कमियों को जानो। इसके विपरीत, स्वयंसिद्ध तर्क-वाक्य में स्वानुभूति की प्रधानता होती है और जिसे सही सिद्ध करने के लिए परम्परा के तर्क का सहारा चयनात्मक तरीक़े से लिया जाता है या स्वयंसिद्ध मान लिया जाता है। आज के समय में विचारधारा स्वयंसिद्ध तर्क-

---

44. सामान्य सत्य को अभिव्यक्त करने वाले तर्क-वाक्य को अफ़ोरिक (सूत्रात्मक) तर्क-वाक्य कहते हैं। इस तर्क-वाक्य के साथ हिप्पोक्रेट्स का नाम जुड़ा हुआ है। यद्यपि, ऐसे तर्क-वाक्यों का प्रयोग दुनिया की हर सभ्यता में होता है। यह परम्परा-सिद्ध होते हैं और इनमें युगों-युगों का अनुभव निहित होता है। उदाहरण के लिए 'अति सर्वत्र वर्जयेत्' एक ऐसा ही अफोरिक तर्क-वाक्य है।

45. एग्ज़ियोमेटिक (स्वयंसिद्ध) तर्क-वाक्य स्वयंसिद्ध मान्यताओं पर आधारित तर्क-वाक्य होते हैं। ये गणितीय नियमों की तरह होते हैं।

वाक्य की तरह प्रयोग में लायी जाती है। इस अर्थ में 'अपना विस्तार करो' एक स्वयंसिद्ध तर्क-वाक्य है।

आज के सन्दर्भ में इस तथ्य को एक उदाहरण से और अधिक स्पष्ट किया जा सकता है। सुकरात ने एक और तर्क-वाक्य का इस्तेमाल करते हुए जब कहा कि मैं दुनिया का सबसे बुद्धिमान प्राणी हूँ, तब इसका अर्थ यह हुआ कि मैं अपनी सीमाओं को जानता हूँ। इसी तरह जब अगस्त काम्ते ने स्वयंसिद्ध तर्क-वाक्य का प्रयोग करते हुए उसी वाक्य को दोहराया कि मैं दुनिया का सबसे बुद्धिमान प्राणी हूँ, तब इसका अर्थ यह हुआ कि मैं वैज्ञानिक पद्धति का जानकार होने के कारण बुद्धिमान हूँ। हिन्दू पुनरुत्थानवाद, मुस्लिम पुनरुत्थानवाद, यहूदी पुनरुत्थानवाद या ईसाई पुनरुत्थानवाद के नाम पर आज जहाँ कहीं भी राजनीतिक पहल हो रही है, उसमें स्वयंसिद्ध तर्क-वाक्य का ही प्रयोग हो रहा है, क्योंकि, ये सभी केन्द्रीकृत औद्योगिक उत्पादन-प्रणाली के माध्यम से अपने पुनरुत्थानवाद के लक्ष्य को प्राप्त करना चाहते हैं और ऐसा करते हुए वे वास्तव में परम्परा से हाथ धोने की अवस्था में ही पहुँच जाने वाले हैं। यह एक प्रकार की आत्मघाती हिंसा नहीं तो और क्या है?

हन्ना आरेंट ने भी अमेरिकी क्रान्ति को स्वयंसिद्ध तर्क-वाक्यों के द्वारा ही समझने का प्रयास किया और एक प्रकार की हिंसा के प्रतिरोध के द्वारा दूसरे प्रकार की हिंसा की स्थापना के उपक्रम को पकड़ने से चूक गईं। उस चूक को हाल के वर्षों में माइकल सैंडल ने एक भिन्न परिप्रेक्ष्य में सामने लाने का प्रयास किया है। सैंडल ने सामुदायिक मूल्यों के क्षरण को रेखांकित करने के क्रम में अमेरिकी गणतन्त्रवाद द्वारा केन्द्रीकृत अर्थव्यवस्था के माध्यम से राष्ट्रीय चेतना के निर्माण के प्रयासों के अन्तर्विरोधों को उजागर किया है।[46] माइकल सैंडल का अभिमत है कि केन्द्रीकृत अर्थव्यवस्था के द्वारा राष्ट्रीय सर्वानुमति के लक्ष्य को प्राप्त करने के प्रयास में अमेरिकी गणतन्त्रवाद का पतन हुआ है। वस्तुतः, जिस तरह खगोलीय पिंडों के घूर्णन की गति में चक्रीय परिवर्तन (क्रान्ति) एक सतत प्रक्रिया है, उसी तरह सामाजिक क्रान्ति भी एक सतत प्रक्रिया है।

---

[46] माइकल जे. सैंडल (1984), 'द प्रोसीजरल रिपब्लिक ऐंड द अनइनकम्बर्ड सेल्फ़', *पॉलिटिकल थियरी*, खण्ड-12, अंक-93.

5.5 क्रान्ति : तमसो मा ज्योतिर्गमय

दुनिया की प्रत्येक क्रान्ति चाहे वह सफल हुई हो या असफल, उसकी प्रासंगिकता आज भी पूरी तरह से समाप्त नहीं हुई है, क्योंकि, प्रत्येक क्रान्ति की अनेकानेक ऐसी माँगें हैं, जो अभी पूरी नहीं हुई हैं या जितना पूरी होनी चाहिए थी उतना नहीं हुई है। क्रान्ति जब एक सतत प्रकिया है, तब क्रान्ति को समाप्त होने वाली प्रक्रिया मान लेना भी शब्दार्थ की दृष्टि से तर्कविरुद्ध है और वास्तविकता की दृष्टि से भी। समय की परिधि और क्रान्ति की परिधि एक ही है। प्रत्येक खगोलीय पिंड के चक्रीय परिवर्तन का एक वर्ष पूरा होने पर ब्रह्मांड वही नहीं रह जाता है, बल्कि, पहले से बड़ा हो जाता है। उसी प्रकार प्रत्येक क्रान्ति समाज को पहले से अधिक व्यापक कर देती है। परन्तु, देखा यह भी जा सकता है कि क्रान्तियों के बाद व्यवस्था का आकार तो बढ़ा है, परन्तु, उसमें व्यक्ति की हैसियत कम हो गयी है।

यहाँ आकर पुनः वही प्रश्न सामने आ जाता है कि राज्य पर प्राधिकार के औचित्यपूर्ण दावे क्या हैं और शासन का औचित्यपूर्ण प्राधिकार क्या है? इन दोनों प्रश्नों का सम्बन्ध मात्र क्रान्ति से नहीं है, बल्कि, राज्य और व्यक्ति के मध्य सम्बन्ध से भी है। आज राज्य और व्यक्ति के मध्य सम्बन्ध पिरामिड और उसकी आधारशिला जैसा हो गया है। व्यक्ति पिरामिड की आधारशिला बनकर राज्य के बोझ तले दबता जा रहा है, जबकि, इसी तरह के बोझ से मुक्ति के दावे के साथ दुनिया की क्रान्तियाँ अस्तित्व में आयी थीं। इस दृष्टि से देखने पर दुनिया की क्रान्तियों की पुनर्मीमांसा आवश्यक हो जाती है। क्रान्ति चेतना की एक अवस्था की माँग करती है और हिगेल तथा मार्क्स दोनों ही इससे सहमत हैं। ऐसे में इस पर भी अवश्य विचार होना चाहिए कि क्रान्ति के किस नायक में चेतना के उस संसार का जागरण हुआ था, जिसने स्व की चेतना का ऐसा विस्तार कर लिया था, जो वैश्विक चेतना के सर्वथा अनुकूल हो।

इस दृष्टि से महात्मा बुद्ध और महात्मा गांधी का उल्लेख सबसे ऊपर हो सकता है। आधुनिक समय में राजनीतिक क्षेत्र में क्रान्ति का, जो मार्ग महात्मा गांधी ने दिखाया, वह अद्वितीय है। वह अद्वितीय मात्र इसलिए नहीं है कि उसमें अहिंसा का समावेश था, बल्कि, इसलिए भी है कि इस क्रान्ति में न तो द्रोह का भाव था और न ही यह किसी एक जाति के कल्याण तक सीमित था। दक्षिण अफ्रीका से लेकर भारत तक गांधी पूरी मानव-जाति के लिए आधुनिकता के संत्रासों के विरुद्ध

लड़ रहे होते हैं और उनकी यह लड़ाई आज भी चल रही है। गांधी एक ऐसी क्रान्ति के संवाहक थे, जिसका ज्वार आज भी हर एक व्यक्ति के हृदय में है और, जो हर दिन हमें प्रेरित करता है। आत्मा की आवाज़ की तरह, जिसे अक्सर हम सुनते नहीं, लेकिन, वह हम सब में होती अवश्य है। यदि ऐसी क्रान्ति भविष्य में सफल होती है, तब हर जन्म लेने वाले शिशु को जन्म से ही क़र्ज़ के जाल में जन्म नहीं लेना पड़ेगा और न ही हमें श्वास लेने योग्य वायु और पीने योग्य पानी के लिए मोहताज होना पड़ेगा। हन्ना आरेंट ने *ऑन रिवोल्यूशन* की अन्तिम पंक्तियों में समाहार करते हुए लिखा है कि पोलिस के गौरव को प्राप्त करने के लिए मनुष्य में दीप्ति को जगाना होगा और इसके लिए आत्म-चिन्तनशीलता की ज़रूरत है।[47] क्या आधुनिकता और केन्द्रीकृत औद्योगिक उत्पादन-प्रणाली को प्रश्रय देने वाली क्रान्तियों ने और उनके परिणामों ने आत्म-चिन्तन के लिए मनुष्य के पास का अवकाश रहने दिया है? इस प्रश्न का सकारात्मक उत्तर सम्भव नहीं है। गांधी नजरिये से देखें तो आत्म-चिन्तन के लिए मनुष्य को सात पापों से मुक्त रहने की ज़रूरत है। गांधी ने सिद्धान्त के बिना राजनीति, कर्म के बिना धन, आत्मा के बिना सुख, चरित्र के बिना धन, नैतिकता के बिना व्यापार, मानवता के बिना विज्ञान और त्याग के बिना पूजा को पाप कहा है।[48] इन पापों के साथ जीते हुए न तो दुनिया में वास्तविक क्रान्ति सम्भव है और न ही इन पापों के साथ जीते हुए हर मनुष्य सृष्टि में एक नयी शुरुआत ही हो सकता। इसके लिए मानव-जाति को सम्मिलित रूप से 'तमसो मा ज्योतिर्गमय' की क्रांति-चेतना का सहारा लेना होगा।

---

47. हन्ना आरेंट (1990), *ऑन रिवोल्यूशन*, पेंगुइन बुक्स, न्यूयार्क : 280-281.

48. एम.के. गांधी, *यंग इण्डिया*, अक्टूबर 22, 1925.

6

हन्ना आरेंट और महात्मा गांधी

प्रतिश्रुति के क्षेत्र

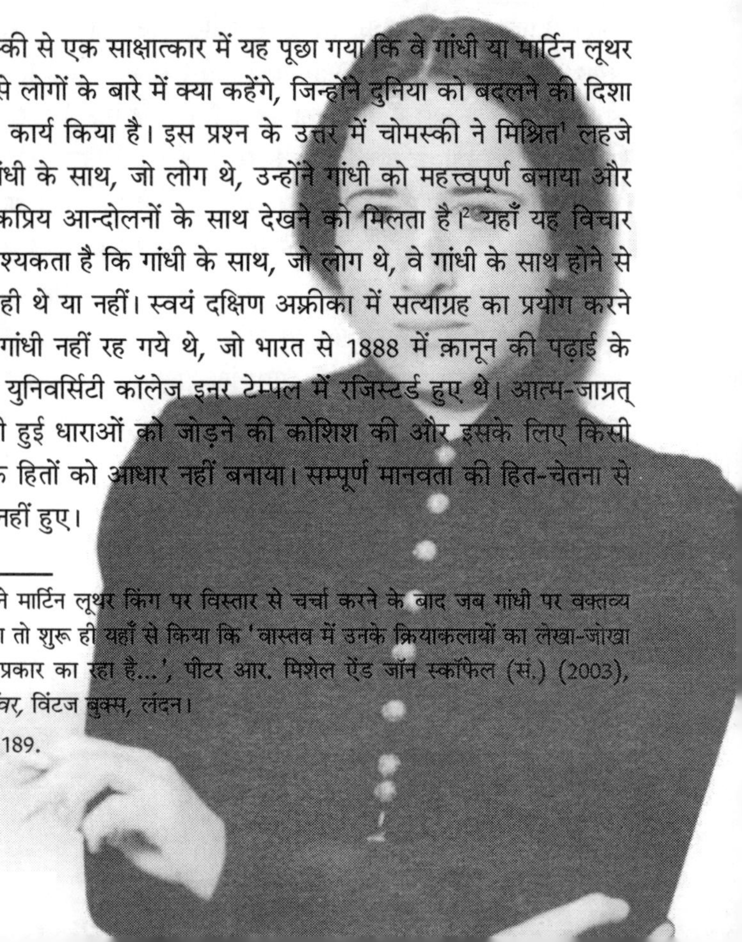

नोम चोमस्की से एक साक्षात्कार में यह पूछा गया कि वे गांधी या मार्टिन लूथर किंग जैसे लोगों के बारे में क्या कहेंगे, जिन्होंने दुनिया को बदलने की दिशा में उल्लेखनीय कार्य किया है। इस प्रश्न के उत्तर में चोमस्की ने मिश्रित[1] लहजे में कहा कि गांधी के साथ, जो लोग थे, उन्होंने गांधी को महत्त्वपूर्ण बनाया और ऐसा सभी लोकप्रिय आन्दोलनों के साथ देखने को मिलता है।[2] यहाँ यह विचार करने की आवश्यकता है कि गांधी के साथ, जो लोग थे, वे गांधी के साथ होने से पहले भी वैसे ही थे या नहीं। स्वयं दक्षिण अफ्रीका में सत्याग्रह का प्रयोग करने वाले गांधी वे गांधी नहीं रह गये थे, जो भारत से 1888 में क़ानून की पढ़ाई के लिए लंदन के युनिवर्सिटी कॉलेज इनर टेम्पल में रजिस्टर्ड हुए थे। आत्म-जाग्रत् गांधी ने बिखरी हुई धाराओं को जोड़ने की कोशिश की और इसके लिए किसी जाति-विशेष के हितों को आधार नहीं बनाया। सम्पूर्ण मानवता की हित-चेतना से वे कभी च्युत नहीं हुए।

---

1. नोम चोम्स्की ने मार्टिन लूथर किंग पर विस्तार से चर्चा करने के बाद जब गांधी पर वक्तव्य देना आरम्भ किया तो शुरू ही यहाँ से किया कि 'वास्तव में उनके क्रियाकलायों का लेखा-जोखा बहुत ही मिश्रित प्रकार का रहा है...', पीटर आर. मिशेल ऐंड जॉन स्कॉफेल (सं.) (2003), *अण्डरस्टेंडिंग पॉवर,* विंटज बुक्स, लंदन।

2. पूर्वोक्त : 188-189.

स्वयं गांधी के लिए आत्म-जागृति एक परवर्ती घटना है। इस जागरण से उन्होंने आधुनिक सभ्यता की हिंसा को बहुत ही मूलगामी तरीक़े से समझा। यही वह समझ थी, जिसने उन्हें विधि के क्षेत्र से राजनीति के क्षेत्र में प्रतिष्ठित कर दिया। गांधी के इस रूपान्तरण ने उन्हें दुनिया की सबसे हिंसक ताकत के विरुद्ध दुनिया की सबसे बड़ी राजनीतिक शक्ति का संधारक बना दिया। उनकी चेतना में राजनीति अपने मौलिक अर्थ 'जोड़ने की कला' के रूप में फिर से जीवित हो उठी और इसी कला से वे दुनिया की सबसे बड़ी सत्याग्रही क्रान्ति को जन्म दे सके। हन्ना आरेंट जिसे राजनीति, वीटा एक्टिवा या कर्म कहती हैं, वह भी जोड़ने की कला के बिना सम्भव नहीं है। परन्तु, जोड़ने की इस कला में शक्ति का समावेश होना चाहिए, न कि हिंसा का।

आधुनिक समय की राजनीति ने अपने अर्थ से स्वतन्त्रता को बहिष्कृत कर दिया है[3]– ऐसा कहते हुए हन्ना आरेंट उस दिशा में जाते हुए दिखती हैं, जहाँ गांधी पहले ही पहुँच चुके थे। हन्ना आरेंट 'काउंसिल स्टेट' की एक ऐसी अवधारणा का प्रयोग करती हैं, जो सामूहिक सहयोग के ज़रिये आज के सम्प्रभुता-आधारित राज्यों से भिन्न है। इसके बारे में आरेंट का कहना है कि यह एक ऐसा राज्य होगा, जिसमें शक्ति की संरचना उर्ध्वाधर (वर्टिकल) न होकर क्षैतिज (होरिजोंटल) होगी।[4] गांधी ने भी अपने ग्राम-स्वराज्य का ख़ाका खींचते हुए कहा था कि जीवन का रूप पिरामिड की तरह नहीं होगा, जिसमें शीर्षस्थ खण्ड का बोझ निम्नस्थ खण्ड उठाता है। इसमें बाहरी परिधि में, जो सत्ता निहित होगी, वह आन्तरिक वृत्त को कुचलने के लिए नहीं होगी और वह बाह्य परिधि स्वयं आन्तरिक वृत्तों से शक्ति प्राप्त करेगी।[5] हन्ना आरेंट ने जब सम्प्रभुता-आधारित राज्य को खतरे के रूप में देखा तो उसके लगभग चालीस साल पहले ही गांधी इस विषय पर अत्यन्त गम्भीर टिप्पणी कर चुके थे।

1935 में *मार्डन रिव्यू* में गांधी ने लिखा कि राज्य केन्द्रित और संगठित रूप में हिंसा का प्रतीक है। व्यक्ति की आत्मा होती है, परन्तु, राज्य एक आत्मारहित

---

3. हन्ना आरेंट (1961), *बिटवीन पास्ट ऐंड फ़्यूचर,* द वाइकिंग प्रेस, न्यूयार्क : 230-233.

4. हन्ना आरेंट (1972), *क्रायसिस ऑफ़ द रिपब्लिक,* हरकोर्ट ब्रेस ऐंड कम्पनी, न्यूयार्क : 230-233.

5. एम.के. गांधी (1946), *हरिजन,* 28 जुलाई.

जड़ मशीन है; इसलिए, उससे हिंसा कभी छुड़ाई नहीं जा सकती है। उसका अस्तित्व ही हिंसा पर निर्भर है।[6] इसी तरह हन्ना आरेंट विगत शताब्दी के छठे एवं सातवें दशक में अमेरिका एवं दुनिया के अन्य देशों में उभर रहे छात्रों के सविनय अवज्ञा आन्दोलनों को देखते हुए उसे एक बहुत ही सकारात्मक पहल कहती हैं। इन छात्र आन्दोलनों में हन्ना आरेंट को सार्वजनिक जीवन में भाग लेने के आनन्द का पुनरुत्थान दिखायी दिया और उन्होंने अनुमान लगाया कि यह प्रवृत्ति बीसवीं शताब्दी की राजनीति की धारा को सकारात्मक रूप से बदल देगी।[7] यद्यपि, हन्ना आरेंट उन छात्र आन्दोलनों की सकारात्मकता को लेकर पूरी तरह से आश्वस्त भी नहीं हैं, फिर भी वे आन्दोलन कर रहे छात्रों द्वारा गांधी के सत्याग्रह-मार्ग का अनुसरण करने के लिए सत्याग्रही जीवन अपनाने के विकल्पों पर भी विचार नहीं करती हैं। यही बात नोम चोमस्की के साथ भी लागू होती है। वे भी आधुनिकता, साम्राज्यवाद, हिंसा और शस्त्रीकरण का विरोध करते हैं, परन्तु, उन्हें गांधी के विकल्प ग्राम-स्वराज्य में यकीन नहीं है। ऐसे अनेक विचारक और कार्यकर्ता हैं, जो गांधी की भाषा बोलते हैं, परन्तु, गांधी के रास्ते पर चलने से परहेज़ करते हैं या उसे व्यावहारिक नहीं मानते। यह एक ऐसे चयन का प्रश्न है, जिसमें सिर्फ़ विकल्प का ही चयन नहीं करना है, बल्कि, इस चयन का प्रश्न भविष्य के चयन के बाद वर्तमान को उस भविष्य के लिए तैयार करने का भी है। इसके लिए ज्ञान और कर्म के एकीकरण की ज़रूरत होती है, जो कर्मयोगी व्यक्तित्व के बिना सम्भव नहीं। वस्तुतः, 'मैन ऑफ़ थॉट' और 'मैन ऑफ़ एक्शन' की एकता का आत्मचेतन रूप ही कर्मयोगी होता है।

6.1 आधुनिकता और हिंसा की ज्ञानमीमांसा

दुर्योधन ने जब महाभारत युद्ध में 'अशस्त्रं शस्त्र पाणयः' कृष्ण को छोड़ कर कृष्ण की नारायणी सेना का चयन किया, तब उसने एक चयन ही नहीं किया, बल्कि, इस चयन के पीछे, जो ज्ञानमीमांसा कार्य कर रही थी, उसका भी वरण किया है। वह कृष्ण को अव्यावहारिक, निरर्थक एवं अप्रासंगिक सिद्ध करने वाली ज्ञानमीमांसा का वरण है। अन्ततः, दुर्योधन के इस चुनाव ने कौरव-वंश का समूल नाश कर दिया। कौरव बहुसंख्यक थे और कृष्ण को नकार रहे थे। ठीक उसी तरह, आज

---

6. एम.के. गांधी (2005), *मेरे सपनों का भारत*, नवजीवन प्रकाशन मन्दिर, अहमदाबाद : 85.

7. हन्ना आरेंट (1972), वही : 202-204.

गांधी को नकारा जाता है। पांडव पाँच गाँव लेकर एक नयी शुरुआत कर सकते थे। परन्तु, शहरी केन्द्र के नायक दुर्योधन ने पांडवों के इस प्रस्ताव को, जो ग्रामीण नायक कृष्ण की कार्य-योजना के साथ प्रस्तुत हुआ था; फलीभूत नहीं होने दिया। पाँच गाँव के प्रस्ताव को विशाल नगरों के अस्तित्व के लिए दुर्योधन ने खतरा माना और, अन्ततः, हस्तिनापुर की शहरी सभ्यता ने ग्रामीण सभ्यता के प्रस्ताव का गला घोंट दिया। ठीक इसी तरह, आधुनिकता की ज्ञानमीमांसा महात्मा गांधी के आत्मपूरित ग्राम-स्वराज्य के प्रस्ताव का गला घोंटकर अट्टहास करती है।

संयुक्त राष्ट्र संघ की रपट के अनुसार 2007 में पहली बार दुनिया की शहरी आबादी ग्रामीण आबादी से अधिक हुई है। वर्तमान समय में दुनिया की पचपन प्रतिशत आबादी शहरों में रहती है, जो दुनिया की दो-तिहाई ऊर्जा का उपयोग करती है और सत्तर प्रतिशत ग्रीन हाउस गैसों का उत्सर्जन करती है।[8] परन्तु, बर्टन उड सम्मेलन के बाद से आज तक निरन्तर शहरी आबादी और शहरीकरण को बढ़ाने के प्रयास और इस प्रयास को उचित सिद्ध करने की ज्ञानमीमांसा की रचना ने उन परिस्थितियों को ही बदल दिया है, जिसमें मनुष्य अपने भविष्य का स्वतन्त्रतापूर्वक चयन कर सकता था। एक रपट में विश्व बैंक के हवाले से कहा गया है कि दुनिया के सकल घरेलू उत्पाद में शहरों का योगदान अस्सी प्रतिशत है।[9] ऑटोमोबाइल्स, जहाजरानी, सीमेंट, इस्पात, विद्युत् अभियान्त्रिकी इत्यादि पूँजीगत उत्पाद शहरी केन्द्रों पर ही बनते हैं। उर्वरक तथा रसायन के उद्योग, रेल कारखाने, और आयुध फैक्ट्री भी शहरी केन्द्रों पर ही हैं। समस्त उद्योगों को चलाने वाले ज्ञान-निर्माण के संस्थान भी शहरी केन्द्रों में ही अवस्थित हैं। ऐसे में दुनिया के सकल घरेलू उत्पाद में शहरों के अस्सी प्रतिशत योगदान को देखकर ऐसा लगता है कि शहरों के बिना मानव अस्तित्व की कल्पना करना असम्भव है। 2050 तक विश्व की कुल आबादी का 68 प्रतिशत शहरी आबादी में तब्दील होने के अनुमान हैं।[10] इसको ध्यान में रखते हुए विश्व बैंक ने शहरीकरण की विस्तृत कार्य-योजना को भी प्रस्तुत किया

---

8. https://www.worldbank.org/en/results/2013/04/14/urban-development-results-profile, 25 मई 2020 को देखा गया।

9. https://www.worldbank.org/en/results/2013/04/14/urban-development-results-profile, 25 मई 2020 को देखा गया।

10. https://www.worldbank.org/en/results/2013/04/14/urban-development-results-profile, 25 मई 2020 को देखा गया।

है। इस लक्ष्य को प्राप्त करने के लिए दुनिया का हर राष्ट्र शहरी क्षेत्रों के विस्तार एवं शहरी सुविधाओं को बढ़ाने में संलग्न है।

1946 में जब दुनिया की 68 प्रतिशत से अधिक आबादी ग्रामीण आबादी थी, तब महात्मा गांधी ने युद्धों को जन्म देने के लिए शहरी केन्द्रों को उत्तरदायी बताया था। महात्मा गांधी लिखते हैं कि आज मुट्ठी भर शहर भारत के अनावश्यक अंग हैं और केवल देहातों के जीवन का रक्त चूसने के हेतु हैं। अपने उद्दण्डतापूर्ण अन्यायों और अत्याचारों के चलते गाँवों के जीवन और स्वतन्त्रता के लिए हमेशा खतरा बने रहते हैं।[11] सारी दुनिया में युद्ध के लिए शहरी लोग ही जिम्मेदार हैं, देहाती हरगिज नहीं।[12] क्या जब शहरी आबादी 68 प्रतिशत से अधिक हो जायेगी, तब हम युद्ध की विभीषिका से मुक्ति की ओर बढ़ रहे होंगे? आज उत्तर कोविड-काल में भी जिस तरह राष्ट्रों की सीमाओं पर युद्ध के बादल मंडरा रहे हैं, यह दिवास्वप्न ही लगता है। परन्तु, इस संकट के समय में भी मानव-जाति का आधुनिकता से मोह भंग नहीं हुआ है। वास्तविकता, जबकि, यह है कि कोविड-19 महानगरों से फैली महामारी थी और आधुनिक जीवन-शैली के सघन भौतिक सम्पर्क सूत्रों पर सवार होकर पूरी दुनिया को अपनी चपेट में ले लिया था।

आधुनिकता का अप्रतिहत विस्तार और युद्ध-मुक्त दुनिया का दिवास्वप्न जिस ज्ञानमीमांसा से निर्मित हुआ है, वह भ्रम को ज्ञान के रूप में प्रस्तुत करता है। इस ज्ञान से ग्रसित मानव-जाति अर्जुन की तरह विषाद से ग्रस्त होकर तब तक भ्रम की रक्षा के लिए ही तर्क प्रस्तुत करती है, जब तक उसे ज्ञान के शक्तिरूपी सत्य का साक्षात्कार नहीं हो जाता है। दुनिया के हर कोने से शहरी सभ्यता को जन्म देने वाली आधुनिकता, उद्योगीकरण, स्मार्ट शहरीकरण एवं उपभोक्तावाद के पार्श्व प्रभावों से पीड़ित मनुष्य इन सब के विरुद्ध खड़ा तो होना चाहता है, परन्तु, जब चित्त से ही इन सब को त्याग देने की बात आती है, तब अर्जुन की तरह ही वह विषाद से ग्रस्त भी हो जाता है। *श्रीमद्भगवद्गीता* की अनेक टीकाएँ हुई हैं। अभी भी इसके अनेक भाष्य होने शेष हैं। इस दृष्टि से *श्रीमद्भगवद्गीता* के वाचन का एक प्रस्ताव यह बनता है कि किस तरह वह नगरी-सभ्यता के विरूद्ध ग्रामीण-सभ्यता की ज्ञानमीमांसा प्रस्तुत करती है।

---

11. एम.के. गांधी (2015), *ग्राम स्वराज्य*, नवजीवन प्रकाशन मन्दिर, अहमदाबाद : 25-26.

12. पूर्वोक्त : 25-26.

कुरुक्षेत्र में अवस्थित कौरव सेना शहरी तथा आधुनिक हिंस्र सभ्यता की प्रतीक है। इसके प्रतिकार में आत्म-पूरित ग्रामीण-सभ्यता की स्थापना के लिए उद्यत अर्जुन अपना प्रथम पग आगे बढ़ाने के पूर्व ही, आधुनिक सभ्यता के लाभों को देख कर उसके दोषों के प्रति आँख बन्द करने के लिए तैयार हो जाता है। वह तो कृष्ण हैं, जो आधुनिकता के विरुद्ध मन में प्रज्वलित हुई क्रान्ति की चिनगारी को बुझने से रोक लेते हैं और शहरी आसुरी-सभ्यता के विरुद्ध ग्रामीण-सभ्यता की विजय का मार्ग प्रशस्त करते हैं। आज के अर्जुन का भी यही तर्क होता है कि शहरी मानव-सभ्यता का मानव के जीडीपी में अस्सी प्रतिशत का योगदान है– शहर ही भीष्म, द्रोण, स्वजन और बंधु-बांधव हैं। परन्तु, कृष्ण जब भीष्म, द्रोण, स्वजन और बंधु-बांधव को परत-दर-परत अनावृत करते हैं, तब वे समस्त सम्बन्ध शरीर-केन्द्रित एवं कालिक सिद्ध होते हैं। इसी तरह दुनिया की जीडीपी में अस्सी प्रतिशत शहरों के योगदान की, जो हामी भरी जाती है, उसमें शहरों के अंशदान को परत-दर-परत अनावृत किया जाय तो हम पायेंगे कि उसमें अधिकांश योगदान गाँवों का ही है।

जीवन के लिए अन्न, वनस्पतियाँ और पशुधन का निर्माण शहरी उद्योगों से सम्भव नहीं है। शहरों के अभाव में गाँवों का अस्तित्व आज भी सम्भव है, परन्तु, गाँवों के अभाव में शहरों का जीवन सम्भव नहीं है। परन्तु, आधुनिकता में आकण्ठ डूबा हुआ मन सकल जीडीपी में शहरों के अस्सी प्रतिशत योगदान को देख कर ही सन्तुष्ट हो जाता है और वह ऐसे आँकड़ों के निर्माण की ज्ञानमीमांसा की तह में नहीं जाना चाहता। जिस तरह कृष्ण महाभारतकालीन आधुनिकता के विरुद्ध ग्रामीण-सभ्यता की क्रान्ति के नायक हैं, उसी प्रकार यूरोपीय आधुनिकता के विरुद्ध गांधी आधुनिक दुनिया में कृष्ण की भूमिका में हैं। गांधी के आन्दोलन, चाहे वे दक्षिण अफ्रीका के हों या भारत के, सब-के-सब आधुनिकता के विरुद्ध सम्पूर्ण क्रान्ति के अलग-अलग पहलू हैं। असहयोग और सविनय अवज्ञा आन्दोलन को तात्कालिक कारणों के आधार पर देखने से उनका सम्पूर्ण कलेवर हमारे सामने प्रकट नहीं होता है। यह सब आधुनिकता के विरुद्ध सत्याग्रह के प्रशिक्षण की कार्यशालाएँ भी रही हैं। इन्हें स्वतन्त्रता के बाद समुचित जमीन नहीं मिल पायी। यह एक जाति या राष्ट्र का दूसरी जाति या राष्ट्र के प्रति किया गया प्रतिरोध भी नहीं था। वास्तव में यह सम्पूर्ण मानव-जाति को आधुनिक सभ्यता के गलत मार्ग और गलत नीति के प्रति सचेत करने का मानवीय प्रयास था। इस सत्य का उद्घाटन गांधी के उस लिखित जवाब से भी होता है, जो उन्होंने असहयोग आन्दोलन के बाद अपने

ऊपर लगाये गये आरोपों के जवाब में कोर्ट के समक्ष प्रस्तुत किया था। उस जवाब में गांधी ने कहा था कि जिस तरह शुभ के साथ सहयोग करना सभी का कर्तव्य है, उसी तरह, बुराई से असहयोग करना भी सभी का कर्तव्य है। इसी नाते यदि आपको (जज) लगता है कि आप एक ग़लत क़ानून के आधार पर न्याय करने जा रहे हैं, तब उसका साथ देने के बजाय आपको इस्तीफ़ा दे देना चाहिए। यदि आपको लगता है कि आप एक सही क़ानून और व्यवस्था का साथ दे रहे हैं, तब आपके क़ानून में मेरी सविनय अवज्ञा के लिए, जो भी सर्वोच्च दण्ड हो, वह आप मुझे दे सकते हैं।[13]

गांधी ऐसी क्रान्ति के नायक हैं, जो मानवता की रक्षा के लिए लड़ी जा रही थी। इस लड़ाई में वे उसे भी सहभागी होने का आह्वान करते हैं, जिसके विरुद्ध यह लड़ी जा रही थी। इस तथ्य को समझने के लिए द्वितीय गोलमेज सम्मेलन में उनके द्वारा दिए गये भाषण का संज्ञान अवश्य लिया जाना चाहिए। इस सम्मेलन में गांधी ने कहा कि 'हम यदि स्वतन्त्रता की माँग करते हैं तो इसलिए करते हैं कि हम ब्रिटिश चरित्र की महानता के क्षरण को रोकना चाहते हैं। हम स्वतन्त्रता की माँग इसलिए करते हैं कि हम आपके साथ मिल कर शोषण और अन्याय के खिलाफ लड़ना चाहते हैं।[14] इन सन्दर्भों को ध्यान में रखते हुए गांधी को ऐसी क्रान्तियों का जनक माना जा सकता है, जो हिंसा के बदले शक्ति की स्थापना और राजनीति को हिंसा से मुक्त करने की क्रान्ति है।[15] जबकि, अमेरिकी क्रान्ति से लेकर बोल्शेविक क्रान्ति तक सभी क्रान्तियाँ आधुनिक हिंसक सभ्यता की विस्तारक मात्र रही हैं।

मार्क्स ने क्रान्ति के लिए सामूहिक चेतना का अवलंब लिया है। हिगेल के चिन्तन में भी इतिहास संघर्षों की कोई शृंखला नहीं है, बल्कि, यह मानवता का सतत परिष्कार है।[16] परन्तु, इन दोनों ने ही चेतना के विकास में हिंसा को उससे अलगाए नहीं रखा है। चेतना का विकास यदि हिंसा सन्नद्ध ही होना है, तब चेतना

---

13. रूद्राङ्शु मुखर्जी (2011), *द ग्रेट स्पीचेज़ ऑफ़ मॉडर्न इण्डिया*, पेंगुइन रैंडम हाउस, नयी दिल्ली : 84.

14. पूर्वोक्त : 114-115.

15. हन्ना आरेंट राजनीति का आधार शक्ति को मानती हैं और हिंसा को सर्वाधिकारवाद का मूल तत्त्व बताती हैं। देखें, हन्ना आरेंट (1973), *द ओरिजिन्स ऑफ़ टोटलिटेरियनिज़म*, हरकोर्ट ब्रेश जोवानोविच पब्लिशर्स, न्यूयार्क : 107, 254, 306.

16. हरबर्ट मार्क्यूज (1941), *रीज़न ऐंड रिवोल्यूशन*, रूट्लेज ऐंड किगन पॉल लिमिटेड, लन्दन : 10.

के विकास का औचित्य ही सिद्ध नहीं होता। उद्योगवाद के अन्याय के प्रतिकार के लिए उद्योगवाद की ही स्थापना की ज्ञानमीमांसा भी उसी तर्क का सहारा लेती है, जिसमें चेतना के विकास में हिंसा आवश्यक रूप से जुड़ जाती है। इसके विपरीत, महाभारत युद्ध की समाप्ति के पश्चात् तकनीकी रूप से उन्नत आयुधों के विलुप्त हो जाने की गाथा से चेतना के विकास से हिंसा का अलगाव ही सिद्ध होता है। इस कथा से यह भी सिद्ध होता है कि महाविनाशक हथियारों का समापन आवश्यक है। ऐसे हथियारों पर मनुष्य द्वारा नियन्त्रण सम्भव नहीं है, अपितु, हथियार ही मनुष्य पर आधिपत्य स्थापित कर लेते हैं। दुर्योधन और उसकी कौरवी सेना ऐसी ही मनोवृत्ति के परिचायक हैं, जिनका हथियारों के द्वारा अधिग्रहण किया जा चुका था। आज के समय में जब हम समूह-विनाशक (मास डिस्ट्रक्शन) हथियारों के युग और अतिमारकता के युग (एज ऑफ़ ओवरकिल) में जी रहे हैं, तब भी युद्धों की बात करना इस तथ्य का परिचायक है कि हथियारों और मशीन ने मनुष्य के दिमाग पर क़ब्ज़ा जमा लिया है।

दुनिया की प्रायः सभी सभ्यताओं के इतिहास में रूपकों एवं मिथकीय आख्यानों के माध्यम से उपर्युक्त सत्य को रेखांकित किया गया है। ग्रीक सभ्यता का फ्रैंकेंस्टाइन तथा यूरोप के हिटलर एवं मुसोलिनी और ब्राह्मिक परम्परा में मधु-कैटभ से लेकर रावण-कुंभकर्ण तक बार-बार हथियारों के द्वारा मानव-मस्तिष्क को कुंठित होते हुए दिखाया गया है। हथियार जिस तरह मनुष्य के मस्तिष्क पर आधिपत्य स्थापित कर लेते हैं, वैसे ही मशीनें भी मनुष्य के शरीर और दिमाग पर क़ब्ज़ा कर लेती हैं।[17] हथियार मनुष्य के शरीर को मारते हैं, परन्तु, मशीन मनुष्य की आत्मा को मार देती है। यहाँ कहा जा सकता है कि आत्मा तो अविनाशी है, उसकी मृत्यु कैसे हो सकती है? वस्तुतः, यह भ्राँति रूपक के रूप में कहे गये शब्द को भावार्थ के बजाय शब्दार्थ से पकड़ने पर उत्पन्न होती है। यह प्रवृत्ति भी यन्त्र-बुद्धि का चमत्कार है, जो आत्मा को मार देने का मतलब हत्या ही समझती है, विस्मरण नहीं। इस विस्मरण को जन्म देने में और प्रभावी बनाने में विशेषज्ञों की महत्त्वपूर्ण भूमिका होती है।[18] विशेषज्ञों की यह सेना निरन्तर इस उपक्रम में लगी रहती है कि अर्जुन की मुलाकात कभी कृष्ण से न हो पाये, ताकि आत्म-विस्मृति की युग-निद्रा

---

17. एम.के. गांधी (2004), *हिन्द स्वराज,* नवजीवन प्रकाशन मन्दिर, अहमदाबाद : 76.

18. *हिन्द स्वराज* में गांधी ने इस सन्दर्भ को डाक्टरों एवं वकीलों की कार्य पद्धति की समीक्षा करते हुए स्पष्ट किया है कि वे कैसे मनुष्य को आधुनिकता के जाल में फँसा लेते हैं। देखें, पूर्वोक्त : 36-41.

भंग न हो। विशेषज्ञ इस कार्य को तीन स्तरों पर अंजाम देते हैं। प्रथम, लोगों की उन भावनाओं का अध्ययन, जिनका सहारा लेकर आधुनिकता को बढ़ावा दिया जा सकता है। द्वितीय, आधुनिकता को बढ़ावा देने वाली मनोवृत्ति का निर्माण करना। तृतीय, आधुनिकता के विरुद्ध यदि कोई प्रवृत्ति सक्रिय है तो उसका पता लगाकर उसे अव्यावहारिक एवं अतार्किक सिद्ध करना।

उल्लेखनीय है कि यहाँ विशेषज्ञों के जिन कार्यों का उल्लेख किया है, उसका सम्बन्ध *हिन्द स्वराज* में पहले प्रश्न के उत्तर में गांधी के जवाबों को दृष्टान्त बनाकर प्रस्तुत किया गया है, जहाँ गांधी अखबार के तीन दायित्वों का उल्लेख करते हैं। *हिन्द स्वराज* में गांधी के पहले सम्बोधन और *श्रीमद्भगवद्गीता* में भगवान श्रीकृष्ण के पहले सम्बोधन में अद्भुत समानता है। दोनों ही पहले प्रश्न की ज्ञानमीमांसा को खोलने की पहल करते हैं। दोनों ही प्रश्नकर्ता को यह समझाते हैं कि प्रश्न की तात्कालिकता से प्रश्न के औचित्य का सम्बन्ध ठीक नहीं है। इसीलिए प्रश्न का विस्तार करना आवश्यक है, ताकि समस्या का समुचित निदान प्रस्तुत किया जा सके। गांधी से *हिन्द स्वराज* में पाठक ने प्रश्न पूछा था कि हिन्दुस्तान में स्वराज्य की, जो हवा चल रही है, उसके बारे में आपका क्या ख्याल है। इस प्रश्न के उत्तर में गांधी (सम्पादक) ने कहा था कि आपने सवाल तो ठीक पूछा है, लेकिन इसका जवाब देना आसान नहीं है। अख़बार (ज्ञान उत्पादन के संस्थान) के तीन काम होते हैं। प्रथम, लोगों की भावनाओं को जानना और उसे प्रकट करना। द्वितीय, लोगों में ज़रूरी भावनाएँ उत्पन्न करना। तृतीय, लोगों के विचारों में, जो दोष हैं, उन्हें बेधड़क सामने लाना।[19] इस पृष्ठभूमि से आरम्भ करके महात्मा गांधी ने पाठक (मानव-जाति) को यह समझाया कि वास्तव में स्वराज सत्ता के बदलाव या राजनीतिक स्वतन्त्रता में नहीं है, बल्कि, यह स्वावलम्बन, अद्रोह और सदाचरण में है। *श्रीमद्भगवद्गीता* में भगवान श्रीकृष्ण का, जो पहला सम्बोधन है, वह भी ऐसा ही है, जहाँ कृष्ण अर्जुन को यह समझाते हैं कि वास्तविक युद्ध वह युद्ध है, जो चित्त के भीतर चल रहा है। यदि इस युद्ध को जीता नहीं गया तो बाहरी युद्ध का पुनरावर्तन होता ही रहेगा। इसके विपरीत, आज के विशेषज्ञ ऐसा न करके सभी तरह से आधुनिकता और उद्योगवाद को बढ़ावा देने और विरोधी विचारों को अव्यावहारिक साबित करने का यत्न करते हैं। वे अपने प्रयत्न में इस कदर सफल

19. पूर्वोक्त : 1.

हैं कि आज आधुनिकता तथा उद्योगवाद की बुराइयों को समझने वाले लोग भी आधुनिकता तथा उद्योगवाद में ही मानव-जाति का कल्याण देखते हैं। यह दोष कार्ल मार्क्स में भी था, हन्ना आरेंट भी इससे उबर नहीं पायीं और नोम चोमस्की भी इसके शिकार हैं।

6.2 श्रम और कार्य को कर्ममय बनाने की साभ्यतिक चुनौती

वस्तुतः, प्रोटेस्टेंट इथिक्स से शुरू होकर द्वितीय महायुद्ध तक आधुनिक दुनिया में अन्दर-ही-अन्दर, जो हिंसा शैवाल की तरह फैली है, उसे किस कोण से देखना समाधान की दृष्टि से ज़रूरी है, यह समझना भी आवश्यक है। हन्ना आरेंट ने आधुनिक दुनिया की हिंसा को समझने के लिए सामीवाद-विरोध और संवृत्तिशास्त्र के ढाँचे का सहारा लिया है। कार्ल मार्क्स ने अस्तित्ववाद और योग्यतम की उत्तरजीविता के ढाँचे का सहारा लिया है और गांधी ने सत्य एवं अहिंसा के ढाँचे से आधुनिक हिंसा को समझने का प्रयास किया है। किसी भी समाज-व्यवस्था लिए स्थायित्व एवं परिवर्तन में समायोजन आवश्यक है। हन्ना आरेंट सामीवाद-विरोध को तोड़ कर सामीवाद की मूल परम्परा (यहूदी) से स्थायित्व एवं संवृत्तिशास्त्र से परिवर्तन के लक्ष्य को प्राप्त कर सकती थीं। परन्तु, हन्ना आरेंट ने इस ओर ध्यान नहीं दिया; क्योंकि, सामीवाद की प्राचीन परम्परा भी उद्योगवाद के समर्थन की ओर नहीं जाती है और न ही हन्ना आरेंट गांधी की तरह आधुनिकता के विरोध के लिए इतने दूर तक जाना चाहती हैं। मार्क्स के ढाँचे में मनुष्य के मूल अस्तित्व एवं योग्यतम की उत्तरजीविता का मूल संघर्ष कभी न समाप्त होने वाला संघर्ष है। मूल अस्तित्व की प्राप्ति स्थायित्व के लिए आधार तो बन सकती है, परन्तु, योग्यतम की उत्तरजीविता का तर्क स्थायित्व को अपनी गति में बहा ले जाने की प्रबल शक्ति भी रखता है। इनमें गांधी का ही ढाँचा ऐसा है, जो आधुनिकता को तोड़कर अहिंसा से स्थायित्व एवं सत्य से ही गति प्राप्त कर सकता है।

वस्तुतः, सत्य और अहिंसा को ढाँचा बनाने पर आधुनिकता तथा उसकी हिंसा को लेकर मार्क्स एवं हन्ना आरेंट की चिन्ताओं का भी समाहार हो जाता है– यहाँ तक कि हन्ना आरेंट और मार्क्स की दृष्टि की सीमाओं के कारण छूट गयी हिंसा के पक्षों का भी समावेश गांधी कर लेते हैं। हन्ना आरेंट की यह चिन्ता जायज और मौलिक है कि वर्तमान सभ्यता श्रम और कार्य के आयामों में कैद होकर रह गयी है और कर्म का क्षेत्र विलुप्त होता जा रहा है। गांधी समझते हैं कि श्रम

(मेटाबोलिस्टिक आवश्यकताओं की पूर्ति के लिए व्यक्ति का एकाकी प्रयत्न) तथा कार्य (भौतिक आवश्यकताओं की पूर्ति के एकाकी एवं सीमित सहयोग आधारित प्रयत्न) एवं कर्म (पूर्णता-प्राप्ति में व्यापक सामूहिक सहभागिता) के मध्य किसी भी प्रकार की विभाजक रेखा को खींचना वर्ग-विभाजन और वर्ग-विशेषाधिकारों के सृजन का मार्ग भी प्रशस्त करता है। वर्ग-विभाजन और विशेष अधिकारों का संरक्षण सदैव हिंसा को ही बढ़ावा देते हैं। हन्ना आरेंट ने श्रम, कार्य और कर्म का, जो वर्गीकरण किया है, वह अरस्तू के द्वारा राज्य के विकास क्रम में परिवार, ग्राम और नगर-राज्य के स्तर का क्रमिक रूप से गुणात्मक और परिणामी कार्य-वर्गीकरण है। परिवार के स्तर पर जैविक प्रकृति के कार्यों का सम्पादन होता है– यह श्रम है। ग्राम के स्तर पर भौतिक प्रकृति के सहयोगी कार्यों का निष्पादन होता है– यह कार्य है। नगर राज्य के स्तर पर नैतिक एवं सांस्कृतिक कार्यों का सम्पादन होता है– यह वीटा एक्टिवा या राजनीति अथवा कर्म है।

हन्ना आरेंट अरस्तू की तरह राजनीतिक सहभागिता से किसी को वंचित नहीं करती हैं। परन्तु, यह भी सत्य है कि जन-पुंज समाजों में सभी को राजनीति में सक्रिय सहभागिता का अवसर नहीं मिलता है और न ही सब में ऐसी अर्हता होती है– यहाँ तक कि राजनीतिक संस्थाओं में सहभागिता करने वाले सभी लोग नैतिक एवं सांस्कृतिक समझ भी नहीं रखते हैं। हन्ना आरेंट के क्रमिक रूप से गुणात्मक एवं परिणामी कार्य-विभाजन के सिद्धान्त को ग्राम-स्वराज की गांधीवादी अवधारणा के माध्यम से ही प्राप्त किया जा सकता है। एक बाधा फिर भी शेष रह जाती है। यदि राजनीति भी किसी के लिए आजीविका-प्राप्ति का साधन बन जाये तो यह कार्य होगा अथवा उसे कर्म ही कहा जायेगा?

इस प्रश्न को यदि हन्ना आरेंट के सैद्धान्तिक समीकरण से बाहर लाकर ग्रीक चिन्तन, भारतीय चिन्तन एवं आधुनिक *समाजहितोपजिवी* संगठनों के सन्दर्भ में देखें तो हिंसा के एक और स्वरूप का उद्घाटन होता है। प्लेटो की योजना में अभिभावक वर्ग शासक एवं सैनिक वर्ग के दायित्व से मुक्त है। उन्हें अपनी आजीविका के लिए भौतिक संसाधनों को जुटाने हेतु कार्य नहीं करना है। उनके आजीविका संचालन की जिम्मेदारी समाज पर है। अरस्तू की योजना में भी नागरिकों (राजनीतिक दायित्व का निर्वहन करने वाले) की भौतिक आवश्यकताओं की पूर्ति दासों के कार्य से होती है। ब्राह्मिक परम्परा में भी राजा की आजीविका का आधार जनता का दिया हुआ कर है। आज के राजनेताओं

का वैभवपूर्ण जीवन भी जनता से वसूले गये कर पर ही खड़ा होता है। उपर्युक्त सभी उदाहरणों में राजनीति आजीविका का माध्यम भी है। कोई भी कर्म यदि आजीविका का माध्यम हो तब वह व्यवसाय बन जाता है। व्यवसाय के रूप में राजनीति का प्रचलन व्यक्तिगत और सार्वजनिक के भेद को समाप्त कर देता है। व्यवसाय से मनुष्य व्यक्तिगत एवं पारिवारिक जीवन के श्रम और कार्य के धरातल की आवश्यकताओं की पूर्ति करता है। जब राजनीति भी व्यवसाय बन जाती है, तब उसमें व्यक्तिगत एवं पारिवारिक हित सम्मिलित हो जाते हैं। इससे सार्वजनिक हितों के संधान की सामूहिक क्रिया 'कर्म' को प्रभावित होने से नहीं बचाया जा सकता है। मानव-संस्कृति एवं सभ्यता में व्यक्तिगत एवं सार्वजनिक के इस घालमेल से विकार उत्पन्न होने लगते हैं। इस विकार को समझने एवं दूर करने के लिए दुनिया की सभी सभ्यताओं में चिन्तन हुए हैं। प्लेटो का सुझाव यह है कि राजनीति में भाग लेने वालों को पारिवारिक जीवन में शामिल होने का अधिकार नहीं दिया जाना चाहिए। उन्हें व्यक्तिगत परिवार बसाने की छूट न हो या वे राज्य के सभी नागरिकों को ही अपना परिवार मान लें। प्लेटो का यह सुझाव अरस्तू को दो कारणों से मान्य नहीं है।

अरस्तू का पहला तर्क यह है कि परिवार नागरिक गुणों की प्रथम पाठशाला है। इसी पाठशाला में मनुष्य सहयोग, उत्तरदायित्व, प्रेम और धैर्य तथा सहनशीलता का प्रथम पाठ पढ़ता है। अतः, परिवार का उन्मूलन, अन्ततः, मनुष्य से मानवीय और सामाजिक गुणों के उन्मूलन का परिणाम ही उत्पन्न करेगा। अरस्तू का दूसरा तर्क यह है कि सम्पत्ति परिवार का ही अंग है और सम्पत्ति से ही व्यक्ति अपनी दयालुता, स्नेह एवं परोपकार जैसे मूल्यों को समय विशेष में क्रियान्वित कर सकता है। अतः, अरस्तू का सुझाव यह है कि सम्पत्ति के अधिकार का उन्मूलन भी उचित नहीं है। परन्तु, राजनीति में भाग लेने वालों को भौतिक आवश्यकताओं की पूर्ति की चिन्ता से मुक्त रखने का प्रयास अरस्तू को भी उचित लगता है। इसके लिए वे राजनेताओं के जीवन-संभरण के संसाधनों को उपलब्ध कराने का दायित्व दासों को सौंपते हैं। अरस्तू की यह अनुशंसा आज के लोकतान्त्रिक एवं समानता के मूल्यों के विपरीत है, फिर भी, सारी आधुनिक दुनिया में सबसे अधिक इसी को व्यवहार में लाया जाता है। फ़र्क़ मात्र यह है कि अब दास नामकरण बदल गया है और राजनेताओं की सेवा में लगे लोगों को भी कभी-कभार राजनीति कहे जाने वाले कार्यों में सक्रिय भागीदारी का अवसर मिल जाते हैं। ब्राह्मिक परम्परा में भी राजनीति में

भाग लेने वाले राजा एवं मन्त्रियों के वेतनभोगी होने का उल्लेख अनेक स्थानों पर मिलता है। कुछ ही उदाहरण ऐसे मिलते हैं, जहाँ मन्त्री एवं राजाओं ने व्यक्तिगत कार्यों हेतु राज्य के संसाधनों का उपयोग न करने का संकल्प लिया हो।

महात्मा गांधी ने इस समस्या के समाधान के लिए लियो टॉलस्टॉय एवं जॉन रस्किन के 'ब्रेड लेबर' तथा *श्रीमद्भगवद्गीता* के निष्काम कर्मयोग के संयोजन से एक समाधान प्रस्तुत किया है। इस विकल्प को उन्होंने कायिक श्रम का नाम दिया है। गांधी लिखते हैं कि मनुष्य की प्राकृतिक बनावट ही ऐसी है कि वह अपने कायिक श्रम से अपनी आजीविका का उपार्जन करे। उसे अपनी बुद्धि का प्रयोग अपनी आवश्यकताओं को बढ़ाने और ऐसे भौतिक संसाधनों को एकत्र करने के लिए ईश्वर ने बनाया ही नहीं है, जो उसकी आत्मा का हनन करे।[20] गांधी ने कायिक श्रम की आवश्यकता को रेखांकित करते हुए कहा है कि यदि बारिश के लिए वृक्ष आवश्यक है तो वृक्षारोपण भी शारीरिक श्रम के बिना सम्भव नहीं है और बारिश के बिना अन्न-उत्पादन भी सम्भव नहीं है।

मानसिक श्रम को शारीरिक श्रम से श्रेष्ठ नहीं समझा जाना चाहिए, क्योंकि, मानसिक विकास के लिए भी शारीरिक श्रम से उपजाया गया अन्न अपेक्षित है।[21] गांधी का यह कथन *श्रीमद्भगवद्गीता* का स्मरण दिलाता है, जहाँ कहा गया है कि प्राणी अन्न से उत्पन्न होते हैं, अन्न की उत्पत्ति वृष्टि से होती है, वृष्टि यज्ञ से होती है और यज्ञ का समुद्भव विहित कर्म से होता है।[22] टॉलस्टॉय की यह उक्ति है कि शारीरिक श्रम किये बिना भोजन करना चोरी है, *श्रीमद्भगवद्गीता* के इस श्लोक की ही पुनरुक्ति है– *यज्ञः क्षपित कल्मषः*। इसीलिए, गांधी सार्वजनिक जीवन जीने वालों के लिए भी शारीरिक श्रम की अनिवार्यता का प्रतिपादन करते हैं। उन्होंने स्वयं अपने जीवन में फ़िनिक्स, साबरमती एवं सेवाग्राम में इस आदर्श को प्रयोग में लाकर भी दिखाया। वे स्वयं प्रतिदिन चरखा, खेती, बागवानी, स्वच्छता हेतु आठ घंटे शारीरिक श्रम भी करते थे। अपने इस अनुभव के आधार पर गांधी लिखते हैं कि बिना शारीरिक श्रम के मानसिक प्रयत्न व्यर्थ होते हैं। उन्होंने बुद्धिपूर्वक किये

20. एम.के. गांधी (1910), *इण्डियन ओपिनियन,* 15 जनवरी.

21. एम.के. गांधी (1925), *यंग इण्डिया,* 15 जनवरी.

22. अन्नाद्भवन्ति भूतानि पर्जन्यादन्नसम्भवः।
यज्ञाद्भवतिपर्जन्यो यज्ञः कर्मसमुद्भवः ॥ *श्रीमद्भगवद्गीता,* 3 / 14.

हुए शारीरिक श्रम को समाजसेवा का सर्वोत्कृष्ट रूप माना है। इस वाक्य को स्पष्ट करते हुए जून 1935 के 'हरिजन' में गांधी ने लिखा है कि यहाँ शरीर-श्रम के साथ बुद्धिपूर्वक किया हुआ विशेषण यह दिखाने के लिए जोड़ा गया है कि किये हुए शरीर-श्रम के पीछे समाज सेवा का निश्चित उद्देश्य हो। ऐसा न हो तब तो कहा जायेगा कि हर एक मजदूर समाज-सेवा करता ही है। वैसे एक अर्थ में यह कथन सही भी है, लेकिन, यहाँ उससे कुछ अधिक अभीष्ट है। जो आदमी सब लोगों के सामान्य कल्याण के लिए परिश्रम करता है, वह ज़रूर समाज की सेवा करता है। परन्तु, शरीर की आवश्यकताएँ शरीर द्वारा ही पूरी होनी चाहिए।[23] जब हम भारत को कर्मभूमि मानते हैं, भोगभूमि नहीं, तब इस वाक्य का लक्ष्य शरीर श्रम के आदर्श के बिना प्राप्त नहीं किया जा सकता है। स्वयं कृष्ण का गोपाल होना और बलराम का हलधर होना भी इसी तत्त्वार्थ को अभिव्यक्त करता है।

हन्ना आरेंट ने कर्म के साथ कार्य के समायोजन के बजाय उसके दो फाड़ कर दिये और मार्क्स को जहाँ (साम्यवाद) इस प्रश्न के समाधान पर विचार करना था, वहाँ उसे वे पूरा नहीं कर पाये। गांधी ने सार्वजनिक जीवन के सद्गुण (हन्ना आरेंट जिसे एक्टिवा कहती हैं) के साथ शारीरिक श्रम की अनिवार्यता को जोड़कर एक ऐसा प्रतिमान प्रस्तुत किया, जिसमें श्रम के आधार पर बनने वाले वर्ग-विभाजन को अहिंसक तरीक़े से निर्मूल किया जा सकता है। गांधी का यह सुझाव एक ऐसा मार्ग है, जिसमें परसेवोपजीवी वर्ग का निर्माण नहीं होता। यह मार्ग मानसिक श्रम एवं शारीरिक श्रम के आधार पर सैकड़ों वर्ग-विभाजन को जन्म देने वाली पूँजीवादी केन्द्रीकृत औद्योगिक अर्थव्यवस्था के विरुद्ध एक वैकल्पिक आत्मपूरित ग्रामीण-सभ्यता में ही सम्भव है।

ऐसा नहीं है कि आधुनिक सभ्यता के ध्वजावाहक निजी एवं सार्वजनिक के घालमेल से उत्पन्न होने वाली समस्याओं से परिचित नहीं हैं। परन्तु, सबसे पहले उन्होंने नौकरशाही और राष्ट्रवाद के संयोजन से इस समस्या का हल निकालने का प्रयास किया और अब सिविल सोसायटी तथा निजीकरण के बढ़ते हुए समीकरण से इस समस्या का समाधान करना चाहते हैं। यद्यपि, नौकरशाही की भूमिका भी कम नहीं हुई है, बल्कि, राज्य और प्रशासन की बढ़ती हुई तकनीकी जटिलताओं के कारण उसकी भूमिका में इज़ाफ़ा ही हुआ है। ऐसे ये सभी समीकरण, अन्ततः,

---

23. एम.के. गांधी (1929), *यंग इण्डिया*, 2 दिसम्बर.

इस धरती को भोगभूमि बनाने की ओर ही आगे बढ़ते हैं। आश्चर्य है कि पूरी दुनिया की तो छोड़ दीजिए, भारत में ही, जो लोग भारत को भोगभूमि बनाने के लिए आधुनिकता के मोहपाश से भारत को जकड़ देना चाहते हैं, वे भी अपने को कर्मयोगी के रूप में प्रस्तुत करते हैं। इस प्रवृत्ति की ज्ञानमीमांसा का आधार-वाक्य यह है कि आज के समस्त तकनीकी एवं वैज्ञानिक विकास के लक्ष्य को अतीत में प्राप्त कर लिया गया था और आज हम पुनः अतीत के गौरव को प्राप्त करने का यत्न कर रहे हैं। कल्पना करें कि यदि ऐसा प्रमाणित हो भी जाता है तो क्या उसी से यह भी सिद्ध नहीं होगा कि तकनीकी विकास की आसुरी प्रवृत्तियों ने भारत-भूमि का ऐसा सर्वनाश किया कि उसे एक लम्बी ग़ुलामी और जातीय विद्वेष के अंधकार युग से गुज़रना पड़ा।

श्रम, कार्य और कर्म निश्चय ही मानव-अस्तित्व से जुड़ी हुई क्रियाएँ हैं। कर्म के लिए भी श्रम और कार्य की ज़रूरत होती है। जिस शरीर से श्रम और कार्य का सम्पादन होता है उसी से कर्म का भी निष्पादन होता है। गांधी कर्म को श्रम और कार्य से आच्छादित नहीं करना चाहते हैं। वह श्रम और कार्य को भी कर्म जैसा श्रेष्ठ बनाना चाहते हैं। यह तब तक सम्भव नहीं है, जब तक मानव-जीवन को मात्र श्रम और कार्य के लिए ही जीने की विश्व-दृष्टि को तिलांजलि न दे दी जाय। हन्ना आरेंट एवं मार्क्स दोनों ही श्रम और कार्य की दुनिया की त्रासदी को समझते हैं। दोनों ही इसके लिए आधुनिकता को दोषी ठहराते हैं और दोनों की ही मुख्य चिन्ता औद्योगिक विकास की हिंसा से है। परन्तु, गांधी औद्योगिक विकास को विनाश कहने से परहेज नहीं करते, जबकि, हन्ना आरेंट और मार्क्स यह मानते हैं कि औद्योगिक विकास में सुधार (हन्ना आरेंट) और बदलाव (मार्क्स) द्वारा इसके सुफल को प्राप्त किया जा सकता है।

औद्योगिक विकास और आधुनिकता दोनों एक ही सिक्के के दो पहलू हैं। महात्मा गांधी इस तथ्य को भली भाँति समझते हैं और लालच को आधुनिकता तथा उद्योगवाद के मूल में रखते हैं। उनका यह स्पष्ट मानना है कि यह पृथ्वी समस्त मानव-जाति की आवश्यकताओं को पूरा कर सकती है, परन्तु, किसी एक भी व्यक्ति के लालच को पूरा करने में यह सक्षम नहीं है। धरती के समस्त मनुष्य ही यदि लालच को ही जीवन-दृष्टि बना लें तो फिर शोषण और हिंसा से मुक्ति की कामना व्यर्थ है। तब तो सभी को मत्स्य न्याय या हॉब्स द्वारा चित्रित प्राकृतिक अवस्था को स्वीकार कर लेना चाहिए। *श्रीमद्भगवद्गीता* में यह प्रश्न अर्जुन ने भी

कृष्ण के समक्ष प्रस्तुत करते हुए पूछा है कि पाप क्या है और मनुष्य उसमें बलात् नियोजित कैसे हो जाता है।[24] अर्जुन के इस प्रश्न का उत्तर देते हुए कृष्ण ने उन्हीं तत्त्वों को रेखांकित किया है, जिनकी गांधी आधुनिकता की प्रेरक शक्ति के रूप में पहचान करते हैं।[25] काम को आधुनिक सभ्यता के मूल लक्षण के रूप में देखना, प्रथमदृष्ट्या, अजीब-सा लगता है। परन्तु, इसे यदि विषयोन्मुखता के सन्दर्भ में देखा जाये तो समस्या का समाधान हो जाता है। वस्तुतः, विषयों का स्तवन ही काम है।[26] उद्योगवाद, आधुनिकता और पूँजीवाद की रीढ़ भी विषयोन्मुखता रूपी काम ही है। इसी से माँग और माँग की पूर्ति के लिए उद्योग का तर्क आरम्भ होता है। इस तर्क को आगे बढ़ाने और समर्थन देने के लिए लोगों की क्रय-शक्ति में विस्तार एक स्वाभाविक तक़ाज़ा है। सच पूछिए तो आज की स्वतन्त्रता एवं समानता का सार भी यही है कि सभी लोग अपनी क्रय-शक्ति बढ़ाने में स्वतन्त्र और उपभोग करने में समान हैं। परन्तु, जब धरती पर इतने संसाधन ही उपलब्ध नहीं हैं कि वह किसी एक आदमी के लालच को पूरा कर सके, तब वह समस्त मानव-जाति के लालच को एक साथ कैसे पूरा कर सकती है? इसे दूसरे तरीक़े से कहें तो दुनिया के हर कोने में न्यूयार्क और पेरिस खड़ा करने हेतु हमारे पास संसाधन नहीं हैं। अतः, माँग और पूर्ति के नियम का टूटना और माँग रूपी काम का पूरा न हो पाना स्वाभाविक है। इसी से क्रोध की उत्पत्ति होती है और यह नाश का कारण है।[27] आधुनिक समय में, जो भी आन्दोलन होते हैं, या हिंसा होती है, उनमें कोई-न-कोई माँग अवश्य शामिल रहती है। ऐसे में बहुसंख्यक समुदाय के क्रोध से अभिजन-समूह की रक्षा कैसे की जाये? यह एक चुनौती है। इसका सामना करने के लिए अनेक विकल्पों का प्रयोग राज्य करते हैं। इनमें एक विकल्प राष्ट्रवाद का भी है। राष्ट्रवाद एक दुधारी तलवार की तरह पूरे यूरोप में उपयोग में लाया गया है। ग़ैर-यूरोपीय राष्ट्रों में भी उसे ही दोहराने के प्रयत्न हुए हैं।

---

[24] अथ केन प्रयुक्तोऽयं पापं चरति पूरुषः।
अनिच्छन्नपि वार्ष्णेय बलादिव नियोजितः ॥ *श्रीमद्भगवद्गीता*, 3/36.

[25] काम एष क्रोध एष रजोगुणसमुद्भवः।
महाशनो महापाप्मा विद्ध्येनमिह वैरिणम् ॥ *श्रीमद्भगवद्गीता*, 3 / 37.

[26] ध्यायतो विषयान्पुंसः सङ्गस्तेषूपजायते।
सङ्गात्सञ्जायते कामः कामात्क्रोधोऽभिजायते ॥ *श्रीमद्भगवद्गीता*, 2/62.

[27] क्रोधाद्भवति सम्मोहः सम्मोहात्स्मृतिविभ्रमः।
स्मृतिभ्रंशाद् बुद्धिनाशो बुद्धिनाशात्प्रणश्यति ॥ *श्रीमद्भगवद्गीता*, 2/63.

दुधारी तलवार के रूप में राष्ट्रवाद की एक धार अधिक संसाधनों को एकत्र करने के लिए उपनिवेशवाद के रास्ते से आगे बढ़ती है। इस तलवार की दूसरी धार नस्लीय राष्ट्रवाद के रूप में अपने समाज के विजातीय तत्त्वों का समूल नाश करती है। हन्ना आरेंट आधुनिकता को स्मृति-ह्रास के रूप में तो पहचान लेती हैं। वे इसे बुद्धि-नाश के रूप में भी देखती हैं। उन्होंने जर्मनी के विनाश के रूप में प्रणश्यति का तो साक्षात् अवलोकन ही किया था। परन्तु, वे *श्रीमद्भगवद्गीता* के इस प्रसंग से वाक़िफ़ नहीं थीं। गांधी तो *श्रीमद्भगवद्गीता* को गीतामाता कहते थे और उसे अपने जीवन में निरन्तर उतार भी रहे थे। गांधी की आत्मकथा *हिन्द स्वराज* और *श्रीमद्भगवद्गीता* के तुलनात्मक अध्ययन से यह स्पष्ट हो जाता है। गांधी भारतीय राष्ट्रीय आन्दोलन में और अपने जीवन में निष्काम कर्मयोग के प्रयोक्ता रहे। इसी कारण गांधी पूरी पृथ्वी को उद्योगवाद के द्वारा भोगभूमि बनाये जाने के संत्रास को देख सकने में सक्षम थे। उन्होंने दृढ़तापूर्वक कहा भी है कि मेरा स्पष्ट मानना है और मैं उसे साफ़-साफ़ कहता हूँ कि इतने बड़े पैमाने पर होने वाला सामूहिक उत्पादन ही दुनिया की मौजूदा संकटमय स्थिति के लिए ज़िम्मेदार है।[28]

गांधी की स्वदेशी की अवधारणा श्रम और कार्य को कर्ममय बनाने का एक विकल्प प्रस्तुत करती है। सामान्यत:, स्वदेशी का अर्थ आजकल अपने देश में बनी हुई वस्तुओं के उपयोग से सम्बन्धित हो गया है। गांधी इस अवधारण का प्रयोग एक-दूसरे से परस्पर संबद्ध तीन अलग-अलग अर्थों में करते हैं। स्वदेशी के इन तीन अर्थों को स्पष्ट करते हुए स्वयं गांधी ने लिखा है कि स्वदेशी की भावना का अर्थ है हमारी वह भावना, जो हमें दूर को छोड़ कर अपने समीपवर्ती प्रदेश का ही उपयोग और सेवा करना सिखाती है। इस परिभाषा के अनुसार धर्म के सम्बन्ध में यह कहा जायेगा कि मुझे अपने पूर्वजों से प्राप्त धर्म का ही पालन करना चाहिए और यदि उसमें कुछ विकार आ गये हैं तो उन्हें दूर करना चाहिए। इसी तरह राजनीतिक क्षेत्र में मुझे स्थानीय संस्थाओं का उपयोग करना चाहिए और उनके दोषों को दूर कर उनकी सेवा करनी चाहिए। अर्थ के क्षेत्र में मुझे अपने पड़ोसियों द्वारा बनायी गयी वस्तुओं का ही उपयोग करना चाहिए और उन्हें अधिक सक्षम बनाना चाहिए।[29] गांधी की स्वदेशी की अवधारणा एक त्रिभुज की तरह है, जिसके तीनों कोण बराबर

---

28. एम.के. गांधी (2005), वही : 33.

29. पूर्वोक्त : 128.

हैं। स्वदेशी के पालन के लिए स्थानीय निकायों के सशक्तीकरण की आवश्यकता होती है और जब स्थानीय निकाय आत्मनिर्भर इकाई हों तो खेतों में कार्य के साथ स्थानीय निकायों में कर्म भी सम्भव है। इनमें से किसी भी एक तत्त्व की उपेक्षा स्वदेशी की अवधारणा को ही निर्मूल नहीं करती, बल्कि, एक मनुष्य की दूसरे मनुष्य पर ऐसी निर्भरता को भी बढ़ावा देती है, जिससे वर्ग-सम्बन्ध उत्पन्न होते हैं।

6.3 आधुनिकता की दुनिया में कर्म *(एक्शन)*

हिटलर एवं स्टालिन दोनों ही सामूहिक उत्पादन के समर्थक हैं। इसी तथ्य को व्यापक सन्दर्भ में देखें तो पूँजीवाद एवं साम्यवाद दोनों ही औद्योगिक और केन्द्रीकृत उत्पादन-प्रणाली को स्वीकार करते हैं। यह प्रणाली स्वाभाविक रूप से बुद्धिजीवी वर्ग, प्रबन्धक वर्ग एवं श्रमिक वर्ग की शृंखला का निर्माण करती है। इस शृंखला के कारण समाज में वर्गीय हित पनपने लगते हैं, जो वास्तव में भौतिक हित ही होते हैं। ऐसे समाज में राजनीति का स्वरूप सामूहिक हितों का सामूहिक प्रयत्नों द्वारा संवर्द्धन का अर्थ रखता भी हो, तो वह मात्र भौतिक कल्याण का कार्य ही सम्पन्न कर सकता है। *श्रीमद्भगवद्गीता* में जिसे निष्काम कर्मयोग कहा गया है या जिसे हन्ना आरेंट वीटा एक्टिवा कहती हैं वह 'सः' पदवाची व्यक्ति का कर्म नहीं, अपितु 'भवन्तः' पदवाची व्यक्ति का कर्म है। वे कहती हैं कि अब्राहमिक परम्परा में ईश्वर ने मनुष्य को 'ही' नहीं, बल्कि, 'दे' बनाया है, क्योंकि, स्त्री और पुरुष पृथ्वी पर एक साथ आये हैं। हन्ना आरेंट इस प्रसंग का सम्पूर्ण मानव समाज पर प्रयोग करने के लिए 'संवाद' की अवधारणा का सहारा लेती हैं। इसे ऐसे भी समझा जा सकता है कि एडम एवं ईव की संततियों में भी 'मैन' होने के बजाय 'मेन' की भावना का विस्तार होना है। 'मेन' होना पारस्परिकता है और यही मनुष्य का स्वाभाविक सह-अस्तित्व भी है। इस सह-अस्तित्व की अभिव्यक्ति के लिए भाषा आवश्यक है। भाषा अपने-आप में एक अन्तर-वैयक्तिक क्रिया है। यदि मनुष्यों में अन्तर-वैयक्तिकता न हो तो उनके बीच संवाद या स्पीच सम्भव नहीं है। हन्ना आरेंट के अनुसार मनुष्यों के बीच परस्पर भावयन्तः का निर्माण कर्म और संवाद से होता है। इसी के माध्यम से हर पीढ़ी अपने पूर्व की पीढ़ियों के कार्यों एवं योजनाओं से परिचित होती है।[30]

एक औद्योगिक एवं आधुनिक समाज में, जो उत्पादन-प्रणाली के आधार पर वर्ग-शृंखला को एवं वर्ग-हित को जन्म देता है, सभी के हित भौतिक हित होते

30. हन्ना आरेंट (1998), द *हयूमन कंडीशन,* द युनिवर्सिटी ऑफ़ शिकागो, प्रेस, शिकागो : 175.

हैं। इन भौतिक हितों के संधान के लिए सर्व भूत हिते रताः या कर्म के लक्ष्य को प्राप्त करने के लिए मनुष्य के जागरण का कोई ऐसा मार्ग उपलब्ध नहीं है, जो भौतिकतावादी जीवन-दृष्टि के विरुद्ध जाता हो। इस जीवन-दृष्टि का सबसे बड़ा संरक्षक राज्य है। अतः, विधिक दायित्वों का पालन करते हुए मनुष्य के सामूहिक जागरण का प्रयत्न भी कर्म में नहीं पहुँच सकता है। इसके लिए सिर्फ़ सोचा जा सकता है या संवैधानिक दायरे में बोला जा सकता है। यही काम दुनिया भर में लाखों साधु-संत, मौलवी, पादरी और ग्रन्थी इत्यादि कर रहे हैं। परन्तु, आधुनिक सभ्यता की गति और भी तीव्र होती जा रही है। इसकी वजह यह है कि इन सुधारक स्वरों को भी भौतिकता के राज्य-प्रायोजित अनुरक्षण का उल्लंघन नहीं करना है। अपितु, उसकी सीमा के भीतर ही रहना है। इसका परिणाम यह होता है कि अभक्ष्य खाद्य पदार्थों के दुर्गुणों का प्रवचन सुनते हुए हम अभक्ष्य खाद्य पदार्थों के प्रायोजकों का विज्ञापन देखते हैं। ब्याजख़ोरी के विरुद्ध नैतिक शिक्षा के प्रायोजक बैंक होते हैं। योग-साधना एवं आत्म-सौंदर्य की शिक्षा के प्रायोजक प्रसाधन पदार्थों की निर्माता कंपनियाँ होती हैं। परन्तु, इन्हीं मानवीय दशाओं को आज व्यवहार-सौकर्य के नाम पर महिमामण्डन किया जाता है। दुनिया में इससे बड़ी तानाशाही और हिंसा क्या हो सकती है कि वह जो, वस्तुतः, नितांत प्रेयस् है, उसे श्रेयस्कर सिद्ध कर दिया जाये– केवल सिद्ध ही न कर दिया जाये, बल्कि, उसे सामूहिक रूप से वाँछित एवं वरेण्य मान लेने की स्वाभाविक निष्ठा को जन्म दे दिया जाये। दुनिया की किसी भी क्रान्ति में इस प्रेयस्-निष्ठा को चुनौती नहीं दी गयी है। परन्तु, गांधी ने जिन आन्दोलनों का नेतृत्व किया वे जन-आन्दोलन तो थे, लेकिन, जन-समाज में नहीं चलाये गये, बल्कि, जन-समाज के दोषों के विरुद्ध खड़े किये गये थे। इसलिए, उन्हें आधुनिकता की ज्ञानमीमांसा और प्रेयस्-निष्ठा वाली उसकी साभ्यतिक संरचना को रूपान्तरित करने का अहिंसक प्रयास कहा जाना सर्वथा उचित होगा।

हन्ना आरेंट जिसे संवाद कहती हैं, उसे यदि उसी समाज के परिवर्त्य से निष्पादित किया जाये, जिसमें बदलाव लाना है, तब यह बदलाव असम्भव है। इसके लिए उन्हें भाषा के नये परिवर्त्य पर भी विचार करना चाहिए था, जो संवाद और कर्म को यूरोकेन्द्रीयता से मुक्त कर सके। यह कार्य गांधी पहले ही अहिंसक सभ्यता का प्रस्ताव लाकर *हिन्द स्वराज* में पूरी कार्य-योजना के साथ 1909 में ही तैयार कर चुके थे। गांधी इस पूरे विमर्श को बदलने के लिए भाषा, अवधारणा और परिवर्त्य सबको एक साथ बदलने की मुहिम की आवश्यकता समझते थे। इसके

लिए वे संवाद की निरन्तर शृंखला में आजीवन संलग्न रहे। यदि गांधी के आन्दोलनों को 'हिन्द स्वराज' की कार्य-योजना के साथ जोड़कर देखा जाये तो दुनिया की किसी भी क्रान्ति में इतने बड़े आमूलचूल परिवर्तन की कार्य-योजना शामिल नहीं थी। इसीलिए, गांधी की अहिंसक क्रान्ति दुनिया की सबसे महत्त्वपूर्ण क्रान्ति मानी जा सकती है। इस क्रान्ति में शामिल लोगों को युद्ध के मैदान में जाने पर ही क्रान्ति नहीं करनी थी, बल्कि, उनके मन, वचन एवं कर्म में यह प्रतिपल संचालित होने वाली क्रान्ति थी। प्रत्येक क्रान्ति में क्रान्ति के सिपाही कुछ निश्चित लोगों के खिलाफ हिंसा की कार्रवाई करते हैं। परन्तु, दुनिया में पहली बार गांधी के आन्दोलन का हर क्रान्तिकारी पूरी आधुनिकता से लड़ रहा था, जिसमें ब्रिटेन एक निमित्त मात्र था। गांधी की अहिंसक क्रान्ति दुनिया की सबसे महानतम क्रान्तियों में इसलिए भी शुमार की जा सकती है कि इसने सत्याग्रह का एक ऐसा मार्ग दुनिया को दिखाया, जिसका प्रयोग आज भी दुनिया के हर कोने में हो रहा है।

वस्तुतः, जब-जब आधुनिकता और उद्योगवाद की हिंसा का कहर मानव-जाति पर टूट पड़ता है, तब-तब सत्याग्रह आन्दोलन एवं सत्याग्रही ढाल बनकर मानव-जाति की रक्षा में सामने आते हैं। हन्ना आरेंट लिखती हैं कि महात्मा गांधी को अपने अहिंसक सत्याग्रह में अभूतपूर्व सफलता इसलिए मिली कि वे एक ऐसी शक्ति से संघर्ष कर रहे थे, जिसकी शक्ति क्षीण नहीं हुई थी।[31] इस कथन का तात्पर्य यह है कि ब्रिटेन की शक्ति क्षीण नहीं हुई थी और इस कारण ब्रिटेन ने अपनी राजनीति को हिंसा के आवरण में नहीं छुपाया था। परन्तु, जिन शक्तियों की राजनीतिक शक्ति चुक रही थी और वे हिंसा से अपनी राजनीति को छुपा रहे थे (जर्मनी, इटली, जापान आदि), उनके विरुद्ध गांधी के अहिंसक सत्याग्रह की सफलता संदिग्ध ही मानी जा सकती है। अहिंसक सत्याग्रह के विचार में विश्वास रखते हुए भी हन्ना आरेंट की यह टिप्पणी उनकी निराशा को ही व्यक्त करती है। यही निराशा अलग-अलग कारणों से मानव-जाति को आज हताश कर रही है। इसके विपरीत मार्टिन लूथर किंग जूनियर ने गांधी के अहिंसक सत्याग्रह को मानव-जाति के लिए आशा एवं प्रेम की अभिव्यक्ति बताया है।[32] हन्ना आरेंट जिसे राजनीतिक शक्ति का क्षीण होना कहती हैं, वह वास्तव में 'लॉस ऑफ़ होप' ही

---

31. पूर्वोक्त : 53.

32. मार्टिन लूथर किंग जूनियर (2010), *व्हेयर ड् वी गो प्रॉम हियर*, बीकन प्रेस, बोस्टन : 45.

है। हम अपने सामान्य जीवन में भी इस तथ्य का अनुभव कर सकते हैं कि जब हमारा धैर्य और आशा चुक जाती है, हम किसी-न-किसी प्रकार की हिंसा का सहारा लेते हैं– चाहे वह मानसिक हिंसा हो, भाषायी हिंसा हो या कायिक हिंसा। एक सच्चा सत्याग्रही इन तीनों हिंसाओं पर पहले विजय प्राप्त करता है और तभी वह सत्याग्रह रूपी अस्त्र के प्रयोग की अर्हता प्राप्त करता है। इसके लिए गांधी ने चित्त-शुद्धि, आहार-शुद्धि और शरीर-शुद्धि के नियम भी बताए हैं। हन्ना आरेंट जिसे कर्म कहती हैं और ब्राह्मिक परम्परा में जिसे निष्काम कर्मयोग कहा गया है, उसकी पात्रता सत्याग्रही के अतिरिक्त किसी अन्य में सम्भव नहीं है। यद्यपि, कर्म की पात्रता अर्जित करने की किसी कार्य-योजना का उल्लेख हन्ना आरेंट ने नहीं किया है, लेकिन *श्रीमद्‌भगवद्‌गीता* में निष्काम कर्मयोग की अर्हता प्राप्त करने की सुव्यवस्थित कार्ययोजना प्रस्तुत की गयी है। गांधी इसी कार्ययोजना को सत्याग्रही व्यक्ति और सत्याग्रही समाज के निर्माण के लिए स्वीकार करते हैं।

6.4 आधुनिकता, राष्ट्रवाद और हिंसा

हन्ना आरेंट ने राष्ट्रवाद के भीतर चार तरह के खतरों को देखा था। पहले खतरे की पहचान वह सामीवाद-विरोध और राष्ट्रवाद के गठजोड़ रूप में करती हैं। यह यूरोप में परम्परागत राष्ट्रवाद के पतन के गर्भ से जन्म लेने वाले उस समीकरण का परिणाम था, जिसमें राष्ट्र-राज्य-व्यवस्था (सिस्टम ऑफ़ नेशन-स्टेट) का शक्ति-सन्तुलन भंग हो गया था।[33] आज भी जब राष्ट्रवाद को दूसरी जाति या संस्कृति अथवा राष्ट्र की प्रतिक्रिया में विकसित करने या उभारने का प्रयास किया जाता है, तब सामीवाद-विरोध और राष्ट्रवाद का एक रूपान्तरित समीकरण ही हमारे सामने प्रकट होता है। राष्ट्रवाद के दूसरे खतरे की हन्ना आरेंट ने सामीवाद-विरोध और अधिराष्ट्रवाद के गठजोड़ के रूप में पहचान की हैं। यह अन्तरराष्ट्रीय राजनीति का वह समीकरण है, जो दुनिया की देशज संस्थाओं को यूरोप के हित-संवर्धन के अनुकूल ढालने के प्रयास में लगा है।[34] विश्व व्यापार संगठन, अन्तरराष्ट्रीय मुद्राकोष, विश्व बैंक आदि में यूरोपीय राष्ट्रों के प्रभाव से बनने वाली नीतियों का अर्थ-सन्दर्भ इसी से प्रकट होता है। राष्ट्रवाद के तीसरे खतरे को उन्होंने उस

---

33. हन्ना आरेंट (1973), वही : 11-12.

34. पूर्वोक्त : 41-42.

समीकरण में देखा है, जो भीड़ द्वारा वीर-पूजा (हीरो वर्शिप) के रूप में प्रकट होती है।[35] हिटलर, मुसोलिनी और स्टालिन इसके पुराने उदाहरण हैं, परन्तु, आज भी दुनिया के अनेक नेता अपने लिए यह गौरव की बात समझते हैं कि उनके प्रति जनता का भाव वही हो, जो भीड़ का वीर के प्रति होता है। राष्ट्रवाद के चौथे खतरे को हन्ना आरेंट ने साम्राज्यवाद के रूप में देखा है।[36] इसके साथ, उन्होंने यह भी देखा है कि यहूदियों का गृह-राज्य न होने के कारण उनके राष्ट्रवाद और उनके राष्ट्रीय चरित्र को लेकर एक लंबे समय तक उपेक्षा का भाव रहा है। कुल मिलाकर, हन्ना आरेंट यह नहीं मानती हैं कि राष्ट्रवाद का, जो आधुनिक स्वरूप है, वह इस दुनिया को अधिक बेहतर बना सकता है।

हन्ना आरेंट के चिन्तन का मुख्य आधार सामूहिकता है, जो कर्म और संवाद के ताने-बाने में प्रकट होता है। राष्ट्रवाद का आधार भी सामूहिकता है। परन्तु, जिस सामूहिकता की बात हन्ना आरेंट करती हैं, आज का राष्ट्रवाद उस सामूहिकता से दूर हट गया है। आज वह पूँजीवाद की क्रिया-प्रतिक्रिया का राष्ट्रवाद है। इसमें जीवन की एकरूपता के कारण कर्म और संवाद की परिधि सिकुड़कर छोटी हो गयी है। इस सिकुड़न का कारण पूँजीवाद के द्वारा श्रम और कार्य की सभ्यता का निर्माण किया जाना है, जिसमें कर्म विलुप्त हो गया है। गांधी भी पश्चिम के राष्ट्रवाद को सन्देह की नजर से देखते हैं और भारत के ज़रिये दुनिया को राष्ट्रवाद का वह सूत्र प्रदान करना चाहते हैं, जिससे राष्ट्रवाद और अन्तरराष्ट्रवाद एक-दूसरे के पूरक बन सकें।

गांधी के राष्ट्रवाद को समझने के लिए सात बातों पर विचार करना आवश्यक है। प्रथम, हिन्दू धर्म दुनिया का सबसे प्राचीन मिशनरी धर्म है और इसकी मिशनरी दृष्टि अन्य मिशनरी दृष्टियों से इस अर्थ में भिन्न है कि इसने कभी किसी जाति को मज़हब पूजा-आस्था-पद्धति में परिवर्तन (प्रोसिलिटाइज़ेशन) द्वारा अपने मत को मानने के लिए विवश नहीं किया।[37] इस स्थिति में भारतीय सभ्यता और हिन्दू इतिहास के आधुनिक युग में जब एक सभ्यता को भौतिक-राजनीतिक दासता से मुक्ति का संग्राम संचालित करने की आवश्यकता थी, तब वह अपनी आत्मा को खोये बिना कैसे अपने मत को धर्मांतरण के तरीक़े से थोप सकता था? द्वितीय,

---

35. पूर्वोक्त : 112-113.

36. पूर्वोक्त : 150-154.

37. एस. राधाकृष्णन (2018), *हिन्दू व्यू ऑफ़ लाइफ़*, हार्पर ऐंड कॉलिन्स पब्लिशन, नयी दिल्ली : 22.

जब 'वंदेमातरम्' के रचयिता, प्रचंड राष्ट्रवादी, बंकिमचंद्र चटर्जी *आनन्दमठ* में यह स्वीकार कर लेते हैं कि अंग्रेज़ों से अभी हमें बहुत कुछ सीखना है और उनसे संघर्ष करके विजय प्राप्त करने की शक्ति अभी हिन्दू जाति में नहीं आयी है,[38] तब भारतीय राष्ट्रीय आन्दोलन का ऐसा संगठन और संचालन किस तरीक़े से सम्भव था, जिसमें हमारा राष्ट्रीय आन्दोलन दो जातियों के अहंकार का टकराव न बने? तृतीय, उस देश में राष्ट्रीय आन्दोलन का संचालन कैसे किया जा सकता था, जिसमें एक बड़ा समुदाय *मनुस्मृति* को आक्रोशवश सार्वजनिक रूप से जलाता हो, और दूसरा वर्ग उसे आस्था का प्रतीक मानता हो? चतुर्थ, जिस देश में विदेशी दासता से मुक्ति के लिए पहले अपने ही सगे भाइयों पर प्रहार करने की स्थिति आ जाती हो, उस देश में सब-के-सब में स्वतन्त्रता की अलख कैसे जगायी जा सकती थी? पञ्चम, जिस देश का एक बड़ा समुदाय यह कहता हो कि उन्हें हिन्दुओं से और मुसलमानों से कोई लेना-देना नहीं है, क्योंकि, एक उन्हें गोमांस के कारण और दूसरा सूअर के गोश्त के कारण अलग-थलग किये हुए है,[39] उस देश में राष्ट्रवाद को एक सर्वसमावेशी ध्वज के नीचे कैसे लाया जा सकता था? षष्ठ, जब आधुनिकता की चपेट में आकर सभ्यताएँ कराह रही हों और हिंसा की ज्वाला से मानवता संतप्त हो रही हो, तब अपने राष्ट्रीय आन्दोलन से अपने सभ्यता-बोध के द्वारा भारत दुनिया को क्या संदेश दे सकता था? सप्तम, एक अद्वैतवादी सनातनी हिन्दू का राष्ट्रवाद कैसा हो सकता है? इतिहास की तथ्यात्मकता में लिपटे इन प्रश्नों और ऐसे ही दर्जनों प्रश्नों का एक ही उत्तर है– महात्मा गांधी।

गांधी के लिए भारत में राष्ट्रवाद प्राक्-ब्रिटिश परिघटना है। वह मानते हैं कि अंग्रेज़ों की रेल ने भारत को राष्ट्र नहीं बनाया है। उनका स्पष्ट मत है कि यह अंग्रेज़ों का सिखाया हुआ ज्ञान है कि भारत एक राष्ट्र नहीं है और भारत को एक राष्ट्र बनने में सैकड़ों वर्ष लगेंगे।[40] परन्तु, ऐंडरसन की 'इमेजिंड कम्युनिटीज़' के लिखे जाने के चौहतर वर्ष पूर्व ही गांधी ने भारत की तीर्थ-यात्राओं की योजना में राष्ट्रवाद

---

38. बंकिमचंद्र चट्टोपाध्याय (2010), *आनन्दमठ*, अनु.-अरविंद घोष, अशीर प्रकाशन, नयी दिल्ली : 160-161.

39. 'द नार्थ ईस्ट-कवर स्टोरी', *इंडिया टुडे*, दिसंबर 21, 2015, उक्त उद्धरण उस ज्ञापन का अंश है, जिसे नगा समुदाय ने जनवरी, 1929 में साइमन कमीशन को दिया था।

40. एम.के. गांधी (2004), वही : 27-28.

खोज निकाला था। पैदल या बैलगाड़ी पर होने वाली ये यात्राएँ भारतीयों में एकता विकसित करने में अंग्रेज़ों की रेलगाड़ी से अधिक सहायक थीं। पैदल और बैलगाड़ी पर होने वाली तीर्थ-यात्राओं में लोग एक-दूसरे की भाषा सीखते थे।[41] इससे लोगों में सघन एकता आती थी और तब लोगों के मध्य प्रत्यक्ष संवाद के अवसर से आने वाली एकता अधिक दृढ़ हुआ करती थी। राष्ट्रवाद के उद्‌भव के सन्दर्भ में गांधी का यह विचार हन्ना आरेंट के 'स्पीच' और हैबरमास के 'डिस्कोर्स इथिक्स' के साथ रखकर समझे जाने पर इसका महत्त्व और भी बढ़ जाता है। हन्ना आरेंट कहती हैं कि संवाद अपनी विशिष्टता को प्रकट करने का माध्यम है और हैबरमास कहते हैं कि *डिस्कोर्स इथिक्स* के ज़रिये जन-समूह आरोपित विमर्श की नैतिकता के बजाय सहमति से नैतिकता के सूत्रों को गढ़ते हैं। परन्तु, गांधी ने जिस तरह से तीर्थ-यात्राओं की योजना में प्रत्यक्ष संवाद से राष्ट्रवाद के उद्‌भव को दिखाया है, वह स्पीच और डिस्कोर्स इथिक्स का एकीकरण कर देता है। अंग्रेज़ों की रेलों ने और आज के तीव्रगामी परिवहन माध्यमों ने महीनों और वर्षों में पूरी होने वाली तीर्थ-यात्राओं की अवधि को कुछ घण्टों और दिनों तक सीमित कर दिया है। ऐसे में तीर्थ-यात्राएँ बढ़ी हैं। पर्यटन उद्योग भी बढ़े हैं। परन्तु, इससे भारत की एकता और राष्ट्रवादी मनोवृत्ति घनीभूत नहीं हुई है।

आज की यात्राओं में लोक-समुदाय से यात्री का प्रायः सम्बन्ध ही नहीं होता है। यदि होता भी है तो उसमें ग्राहक और विक्रेता के सम्बन्ध अधिक होते हैं। यह थोड़ी कटु टिप्पणी हो सकती है, परन्तु, अधिकांशतः, आज या तो उपभोक्ताओं की तीर्थयात्रा होती है या आस्था की यात्रा को उपभोक्तावाद का बाज़ार बहुत हद तक प्रभावित करता है। प्राचीन समय की तीर्थ-यात्राओं और आज की तीव्रगामी साधनों के सहारे होने वाली तीर्थ-यात्राओं में जिस तरह का बदलाव आया है, वैसा ही बदलाव इन यात्राओं के परिणामस्वरूप उत्पन्न होने वाली राष्ट्रीय एकता में भी देखा जा सकता है। पहले आस्था और समुदाय साथ चलते थे। इस प्रक्रिया में विभिन्न आस्थाओं और समुदायों का एक-दूसरे से प्रत्यक्ष संवाद हो पाता था। अब की तीर्थ-यात्राओं में, अधिकाशंतः, व्यक्ति और परिवार साथ चलते हैं और अपने से ही संवाद कर रहे होते हैं। भारत में अब भी सामूहिक तीर्थ-यात्राएँ होती हैं, परन्तु, तीर्थ-यात्री स्थानीय समूहों से कम ही रूबरू हो पाते हैं। आज तीर्थ-यात्राओं का

---

41. पूर्वोक्त : 29.

प्रबन्धन इतना अधिक 'थर्ड पार्टी' और 'वर्चुअल स्पेस' पर निर्भर होता जा रहा है कि हम बेगाने होकर तीर्थ-यात्राओं पर जाते हैं और उसी बेगानेपन में तीर्थ-यात्रा से लौट आते हैं।

जन-पुंज समाजों (मास सोसाइटी) में तीर्थ-यात्राओं से सबसे अधिक लाभ बाज़ार को होता है।[42] रेलों ने (बृहद् सन्दर्भ में संचार माध्यमों ने), जैसा कि गांधी मानते हैं, भारत को एक राष्ट्र नहीं बनाया, बल्कि, अलग-अलग राष्ट्र होने का बोध कराया। यह बोध रेलों ने उस सभ्यता का भारतीयों में बीज बोकर किया, जिसके वे स्वयं उत्पाद थे। यह दुराव और विभेद वाली आधुनिक सभ्यता थी। वैसे लोग, जो आधुनिक सभ्यता में पहले रँगे और स्वयं को सभ्य मानने लगे, उन्हें भारत में अलग-अलग राष्ट्र दिखायी पड़ने लगे और फिर उन्हीं लोगों ने कहना शुरू किया कि रेलों ने भारत को एक राष्ट्र बना दिया है।[43]

राष्ट्र को परिभाषित करते हुए गांधी एक महत्त्वपूर्ण तथ्य की ओर हमारा ध्यान आकृष्ट करते हैं। वे कहते हैं कि किसी मुल्क में, जो दूसरे लोग दाख़िल होते हैं, वे उसकी प्रजा को तोड़ न सकें, अपितु उन्हीं में घुल-मिल जायें, तब कोई मुल्क राष्ट्र बनता है।[44] वे यह भी कहते हैं कि एक राष्ट्र होकर रहने वाले लोग एक-दूसरे के धर्म में दखल नहीं देते हैं। अगर वे ऐसा करते हैं, तो वे एक राष्ट्र होने लायक नहीं हैं। भारत के सन्दर्भ में गांधी कहते हैं कि बाहर से आने वाले लोग हिन्दुस्तान की प्रजा को तोड़ नहीं पाये, बल्कि, उन्हीं में घुल-मिल गये। इस कारण हिन्दुस्तान एक राष्ट्र था, आज भी है और आगे भी रहेगा। यह देश उन सभी लोगों का है, जो यहाँ इसे अपना वतन मान कर बस गये हैं और 'एक-दूसरे के स्वार्थ' के लिए भी एक होकर रहते हैं।[45] एक-दूसरे के स्वार्थ के लिए भी एक होकर रहना– यह राष्ट्र के सन्दर्भ में गांधी की ऐसी अभिव्यक्ति है, जो सभी प्रकार के राष्ट्र और राष्ट्रवाद में पायी जाती है।

गांधी जिस राष्ट्रवाद की परिकल्पना करते हैं, उसका आधार पूँजीवाद और जन-पुंज समाज नहीं है। अतः, इस राष्ट्रवाद को न तो दुनिया भर में बाज़ार की

---

42. इयान रीडर (2014), *पिलग्रिमेज इन मार्केट प्लेस*, राउटलेज, न्यूयार्क.

43. एम.के. गांधी (2004), वही : 29.

44. पूर्वोक्त : 31.

45. पूर्वोक्त : 31.

तलाश है और न ही यह राष्ट्रवाद भारत को बाज़ार बनाने के पक्ष में है। आज के समय के सभी राष्ट्रवादियों को एक बार विचार करने की ज़रूरत है कि वे पूँजीवाद, उपभोक्तावाद, उद्योगवाद और आधुनिकता को बढ़ावा देकर अपने देश को भोगभूमि बना रहे हैं या उसे योगभूमि बना रहे हैं। कोई भी राष्ट्रवाद यदि अपनी भूमि को विकास के नाम पर भोगभूमि बनाता है तो वह धरती के प्रति उपयोगितावादी दृष्टिकोण है। आज की परिस्थितियों में राष्ट्रवाद का उपयोगितावादी मूल्य ही सम्भवतः अधिक महत्त्वपूर्ण होता जा रहा है। राष्ट्रवाद का उपयोगितावादी मूल्य के रूप में प्रयोग, वास्तव में, हिंसा को छुपाने का ही एक माध्यम होता है। गांधी और हन्ना आरेंट दोनों इस तरह के राष्ट्रवाद का समर्थन नहीं करते हैं।

6.5 राजनीति में शक्ति की पुनर्प्रतिष्ठा

यम-नियमों के अभ्यास से मनुष्य निष्काम कर्मयोगी हो सकता है। उन्हीं यम-नियमों के पालन से व्यक्ति सत्याग्रही भी बन सकता है। गांधी कहते हैं कि अपार धीरज, दृढ़ता, एकाग्र निष्ठा और पूर्णशान्ति तो उपवास (सत्याग्रह) करने वाले में होने ही चाहिए।[46] ये सब गुण किसी व्यक्ति में यकायक नहीं आ सकते हैं। इसीलिए, जिसने यम-नियम आदि का पालन करके अपना जीवन सुधार न लिया हो, उसे सत्याग्रह के हेतु से किया जाने वाला उपवास नहीं करना चाहिए। ठीक यही बात गीता में कृष्ण निष्काम कर्मयोग की साधना के लिए आवश्यक बताते हैं। जिस तरह निष्काम कर्मयोगी द्रोह-बुद्धि पर विजय प्राप्त कर लेता है, उसी प्रकार सत्याग्रही के लिए भी निर्वैर होना आवश्यक है। हन्ना आरेंट जिसे राजनीति कहती हैं, वह द्रोह-बुद्धि से ग्रस्त लोगों की क्रिया नहीं है। ग्रीक परम्परा और ब्राह्मिक परम्परा में भी राजनीति को ऐसा ही उदात्त अर्थ प्रदान किया गया है। इन दोनों परम्पराओं में राजनीति का अर्थ सभ्यता के निर्माण एवं उन्नयन की कला से है। आधुनिक दुनिया में सभी राजनीतिक व्यवस्थाएँ, चाहे उनका स्वरूप कुछ भी हो, द्रोह-बुद्धि रखने वालों की गिरफ़्त में आ गयी हैं। इस द्रोह-बुद्धि का प्रदर्शन पहले नेतागण छुपे रूप से करते थे, परन्तु, अब चुनावी जनसभाओं में अभद्रता के हद तक इसका प्रदर्शन आम बात हो गयी है। विधि-निर्माण की प्रक्रिया में संसदीय बहस के समय भी अब द्रोह-बुद्धि से ग्रसित भाषण हर दिन सुने जा सकते हैं। द्रोह-बुद्धि से ग्रसित राजनीति वास्तव में राजनीति

[46]. एम.के. गांधी (1940), हरिजन, 13 अक्टूबर.

की आत्महत्या है। राजनीति के इस स्वरूप में उसके जन्म काल से ही शक्ति का लोप हो जाता है और हिंसा प्रतिष्ठित हो जाती है। दुनिया भर में आज राजनीतिक दलों द्वारा आक्रामक रणनीतिक चुनाव प्रचार की बात की जाती है। यह आक्रमक रणनीति आखिर है किसके विरुद्ध? क्या राजनीति का तात्पर्य शान्तिकाल में घरेलू शीत युद्ध है? परन्तु, ये सब आज दुनिया भर की राजनीति में लोकप्रियता प्राप्त कर चुकें हैं। यह आम जनता को प्रीतिकर लग रहा है और इन कर्मों को दक्षतापूर्वक करने वालों को ही कर्मयोगी तक कहा जा रहा है। निश्चय ही यह सब मानव-जाति को हिंसा के दलदल में धकेलने वाले उपक्रम हैं। हन्ना आरेंट एवं गांधी ने जिस तरह हिंसा-दर्शन, हिंसक-सभ्यता और हिंसा के द्वारा शक्ति के विस्थापन को समझा है, वह मानव-जाति के इतिहास में अद्वितीय स्थान रखता है। जब हिंसा के द्वारा शक्ति को विस्थापित कर दिया जाता है, तब एक हिंसा का समाधान दूसरी हिंसा में देखना मानो साभ्यतिक प्रक्रिया बन जाती है। इस दृष्टि से आधुनिक सभ्यता की अन्तर्यात्रा एक हिंसा के बदले दूसरी हिंसा की कहानी है।

आज प्रत्यक्षवाद, अनुभववाद, व्यवहारवाद पर आधारित ज्ञानमीमांसा में हिंसा के निवारण के लिए हिंसा के अतिरिक्त कोई अन्य विकल्प नहीं है। नारीवाद भी चूँकि स्त्रियों का अनुभववाद[47] है और मार्क्सवाद वंचित समूहों का अनुभववाद है, अतः, उसके पास भी हिंसा के विकल्प की कोई सार्थक ज्ञानमीमांसा नहीं है। इसी तरह उत्तर-आधुनिकतावाद अपने अनुभववाद में स्थायित्व को न्यूनतम और परिवर्तन को ज़रूरत से अधिक महत्त्व देता है। अतः, वह भी सार्थक विकल्प नहीं दे पाता है। यदि सभ्यता, संस्कृति एवं मानवता के लिए स्थायित्व एवं परिवर्तन में निरन्तरता आवश्यक है, तब हमें एक ऐसी ज्ञानमीमांसा एवं पद्धतिशास्त्र की आवश्यकता है, जो यह बता सके कि स्थायित्व का आधार क्या हो और परिवर्तन का आधार क्या हो और इन दोनों का किस तरह समायोजन हो। इस आवश्यकता की पूर्ति अद्वैत दर्शन एवं अद्वैत पद्धतिशास्त्र[48] में समुचित रूप से सम्भव है। इस पद्धतिशास्त्र के अनुसार आत्म-तत्त्व स्थायित्व का आधार है, जिसका सम्बन्ध

47. विश्वनाथ मिश्र (2019), *पश्चिमी ज्ञानोदय के वैचारिक संकट*, ऑक्सफ़र्ड युनिवर्सिटी प्रेस, नयी दिल्ली : 30-73.

48. अम्बिका दत्त शर्मा एवं विश्वनाथ मिश्र, 'मनावतावादी ज्ञान-विनिर्माण का पद्धतिमूलक विमर्श', *उन्मीलन*, वर्ष 32, अंक-1 : 5-48.

मनुष्य की प्रत्यङ्मुखी चेतना से है। इसी तरह शरीर भौतिक परिवर्तन का आधार है, जिसका सम्बन्ध मनुष्य की पराङ्मुखी चेतना से है। प्रत्यङ्मुखी चेतना का मानव हर मानव में मानवता है, जो एक व्यक्ति में भी है और पूरी मानव-जाति में भी है। एक व्यक्ति में होने पर वह अणु है और वही समस्त मानव-जाति में होने पर महान है। इसी अर्थ में 'अणोरणियान महतो महीयान' कहा जाता है। प्रत्यङ्मुखी चेतना में मनुष्य लिंग, जाति, भाषा, क्षेत्र या सम्प्रदाय नहीं है। हन्ना आरेंट जब मनुष्य को 'ही' के बजाय 'दे' के रूप में देखती हैं, तब वह भी यही कहना चाहती हैं। जॉन रॉल्स भी जब न्याय के सूत्रों को खोजने के क्रम में अज्ञान के परदे के पीछे पृष्ठभूमिरहित, विवेकशील वार्ताकारों की संकल्पना करते हैं, तब उनका लक्ष्य भी यही मानवता है। परन्तु, हन्ना आरेंट और जॉन रॉल्स आचार्य शंकर की तरह निर्भ्रांत नहीं हैं। आचार्य शंकर इस तथ्य से भलीभाँति परिचित हैं कि मनुष्य का एक भौतिक अस्तित्व भी है और जीवन के अधिकांश व्यवहार, जिनका सम्बन्ध शरीर संरक्षण एवं पालन से है, भौतिक अस्तित्व के जगत् में ही संचालित होते हैं। प्रत्यङ्मुखी चेतना का मानस यदि मानवता, अद्वैत एवं स्थायित्व का जगत् है, तब यह दूसरा, जो पराङ्मुखी चेतना में प्रस्तुत होने वाला जगत् है, वह द्वैत एवं परिवर्तन का संसार है। इस जगत् में मनुष्य जाति, लिंग, भाषा, क्षेत्र, सम्प्रदाय इत्यादि में बँटा हुआ है। अद्वैत का मानस, जहाँ अहिंसा का मानस है, वहीं द्वैत का मानस हिंसा का मानस है। अर्थव्यवस्था, विज्ञान एवं तकनीक इसी द्वैत बोध वाले जगत् के जीवन की सहायता करने वाले साधन हैं। परन्तु, इन साधनों पर आधुनिक औद्योगिक केन्द्रीकृत विकास की ज्ञानमीमांसा ने इस कदर जकड़ बना ली है कि वह अणु को ही व्यापक समझने लगा है। यह साधन से शासित होने की ज्ञानमीमांसा का दुष्परिणाम है। यह प्रत्यङ्मुखी चेतना में प्रकट होने वाले अपने स्वरूप और मानवता के आदर्श को भूलकर पराङ्मुखी चेतना के द्वैत में मानवता की नियति को तलाशने का साभ्यतिक भ्रम है। मनुष्य को साध्य से ही शासित होना चाहिए, यह मानवता का तकाजा है। इसके लिए राजनीति को अर्थव्यवस्था, तकनीक एवं विज्ञान वाले भौतिक अस्तित्व की पराङ्मुखी चेतना से ऊपर उठाने की ज़रूरत है। पराङ्मुखी चेतना से प्रेरित राजनीति में हिंसा होती है, शक्ति नहीं। राजनीति में शक्ति का संचार प्रत्यङ्मुखी चेतना के धरातल पर ही होता है और वास्तव में यही राजनीति का वास्तविक क्षेत्र भी है। राजनीति जब प्रत्यङ्मुखी चेतना से प्रेरणा ग्रहण करती है, तब उसे अपने को छिपाने की ज़रूरत नहीं होती है।

आज की दुनिया को बदलने की नहीं, तो भी, सुधारने की आवश्यकता अवश्य है। यह किसी एक राष्ट्र या जाति के लिए ही आवश्यक नहीं, बल्कि, पूरी मानवता के लिए अपरिहार्य है। इस बदलाव के दो चरण हैं। प्रथम, यह कि प्रत्येक मनुष्य को अपनी जैविक आवश्यकताओं (हन्ना आरेंट जिसे श्रम कहती हैं) और पारिवारिक आवश्यकताओं (हन्ना आरेंट के शब्दों में जिसे कार्य कहा जा सकता है) को पूरा करने में ही अपना अस्तित्व न गँवाना पड़े। द्वितीय, यह कि प्रत्येक मनुष्य की, जो विशिष्टता है, वह फलीभूत हो सके। सामान्य तौर पर, प्रत्येक व्यवस्था इन्हीं दोनों को अपना उद्देश्य भी मानती है। परन्तु, जीवन की तीव्र गति और श्रम तथा कार्य के द्वारा पूरी होने वाली ज़रूरतों के विस्तार और स्थायित्व की चिन्ता में मनुष्य के अधिकतर प्रयत्न श्रम और कार्य में ही बीत जाते हैं। इसका परिणाम यह है कि मनुष्य मानवता के साथ जन्म लेता है और मानवता को नष्ट करते हुए मर जाता है।

मानव-सभ्यता प्रत्यङ्मुख चेतना से विमुख होती जा रही है। पराङ्मुखी चेतना से निर्देशित सभ्यता का विस्तार श्रम और कार्य की दुनिया में रूपान्तरित हो गया है। यह एक ऐसी दुनिया है, जिसमें मनुष्य अपने को 'मैन' के रूप में पहचानता है और 'मेन' होने का बोध विस्मृतियों के गर्त में चला गया है। इस कारण इस दुनिया से कर्म का लोप हो गया है और मानवता की दीप्ति लुप्त हो गयी है। इस दीप्ति की पुनर्स्थापना के तत्त्व सभ्यता और संस्कृतियों के इतिहास में बिखरे पड़े हैं। हन्ना आरेंट और गांधी का चिन्तन उन्हीं को फिर से जोड़ने का उपक्रम है। इस उपक्रम में दोनों के चिन्तन के परस्पर विरोधी स्वर भी सुने जा सकते हैं।

परन्तु, इस विरोध को अद्वैत पद्धतिशास्त्र के माध्यम से पाटा जा सकता है और मानवता के उज्ज्वल भविष्य के लिए सूत्र निकाले जा सकते हैं। इस सूत्र का प्रथम सोपान 'मैं कौन हूँ और शक्ति क्या है' को समझने से आरम्भ होता है। इसका द्वितीय सोपान 'मैं कौन हूँ और शक्ति क्या है' के उत्तर को किस तरह आधुनिकता ने अपने मूल से भटका दिया है, उसे समझने से सम्बन्धित है। इन दोनों प्रश्नों के उत्तर हन्ना आरेंट और महात्मा गांधी अपनी-अपनी तरह से देते हैं। यह दोनों की प्रतिश्रुति के क्षेत्र का अन्तर है। हन्ना आरेंट आधुनिक सभ्यता में शैवाल की तरह व्याप्त हिंसा को पुंखानुपुंख समझती हैं और महात्मा गांधी उसके समूल-उच्छेद के लिए अपेक्षित सक्रियता के अद्वितीय प्रतिमान हैं।

ग्रन्थमाला

अलस्डेयर मैकिंटायर (1984), *आफ़्टर वर्च्यू,* युनिवर्सिटी ऑफ़ नोत्रेदम प्रेस, इण्डियाना.

अरस्तू (1992), द *पॉलिटिक्स,* अनुवाद एवं सम्पादन, टी.ए. सिंग्लायर, पेंगुइन क्लासिक्स, न्यूयार्क.

बेनेडिक्ट एंडरसन (2015), *इमेजिन्ड कम्युनिटीज,* रावत पब्लिकेशन्स, नयी दिल्ली.

भीखू पारेख (1982), *कंटेम्परारी पॉलिटिकल थिंकर्स,* मार्टिन रॉबर्टसन, ऑक्सफ़र्ड.

सी.बी. मैक्फ़र्सन (1962), द *पॉलिटिकल थियरी ऑफ़ पजेसिव इण्डिविजुअलिज़्म : हॉब्स टू लॉक,* ऑक्सफ़र्ड युनिवर्सिटी प्रेस, लन्दन.

सी.एल. वेपर (1969), *पॉलिटिकल थॉट,* टीच योरसेल्फ़ बुक्स, लन्दन.

डेविड एल. मार्शल (2020), 'द ओरिजिन ऐंड कैरेक्टर ऑफ़ हन्ना आरेंट्स थियरी ऑफ़ जजमेंट', *पॉलिटिकल थियरी,* भाग-38, अंक-3.

डी. एंटरवेज़ (2019), *मौरिज़ियो पासेरिन,* हन्ना आरेंट, द *स्टैनफ़र्ड इनसाइक्लोपीडिया, ऑफ़ फ़िलॉसफ़ी.*

ई.जे. हॉब्सबॉम (1994), द *एज ऑफ़ एक्सट्रीम्स,* विन्टेज बुक्स, लन्दन.

जियोफ़्री रेस (2006), 'ओरिजिनल सिन इन द ओरिजिनल पोजिशन : अ किर्केगार्डियन रीडिंग ऑफ़ जॉन रॉल्स राइटिंज़ ऑन जस्टिस', *जर्नल ऑफ़ द सोसायटी ऑफ़ क्रिश्चियन एथिक्स,* भाग-28, अंक-2.

हन्ना आरेंट (1990), *ऑन रिवोल्यूशन,* पेंगुइन बुक्स, न्यूयार्क.

हन्ना आरेंट (1953), 'अण्डरस्टैंडिंग ऐंड पॉलिटिक्स', *पार्टीज़न रिव्यू,* भाग-20, अंक-4.

हन्ना आरेंट (1998), द *ह्यूमन कंडीशन,* द युनिवर्सिटी ऑफ़ शिकागो प्रेस, शिकागो.

हन्ना आरेंट (1969), *क्रायसिस ऑफ़ रिपब्लिक,* हरकोर्ट ब्रेश ऐंड कम्पनी, न्यूयार्क.

हन्ना आरेंट (1961), *बिटवीन पास्ट ऐंड फ़्यूचर,* द वाइकिंग प्रेस, न्यूयार्क.

हन्ना आरेंट (1970), *ऑन वायलेन्स,* हरकोर्ट ब्रेश जोवानोविच पब्लिकेशन्स, न्यूयार्क.

हन्ना आरेंट (1971), 'थिंकिंग ऐंड मॉरल कन्सीडरेशन्स : अ लेक्चर', *सोशल रिसर्च,* भाग-38, अंक-3.

हन्ना आरेंट (1973), द *ओरिजिन्स ऑफ़ टोटेलिटेरियनिज़म,* हरकोर्ट ब्रेश जोवानोविच पब्लिशर्स, न्यूयार्क.

हन्ना आरेंट (1968), *मेन इन डार्क टाइम्स,* हारवेस्ट बुक्स, न्यायर्क.

हन्ना आरेंट (1964), *आइखमैन इन जेरूसलम,* द वाइकिंग प्रेस न्यूयार्क.

हन्ना आरेंट (1978), द *लाइफ़ ऑफ़ द माइण्ड,* हरकोर्ट इनकारपोरेशन, न्यूयार्क.

हरर्बट मारक्यूज़ (1964), *वन डायमेन्शनल मैन,* बीकन प्रेस, न्यूयार्क.

जेरेमिह एल. अलबर्ग (2001), 'रूसो ऐंड ओरिजिनल सिन', *रेविस्टा पूर्त्योगीज डी फिलॉसोफिया,* अक्टूबर-दिसम्बर.

हरबर्ट मारक्यूज़ (1941), *रीज़न ऐंड रिवोल्यूशन,* रूटलेज ऐंड कीगन पॉल लिमिटेड, लन्दन.

हंस बर्टेंस और जोसेफ नटोली (सं.) (2002), *पोस्टमॉडर्निज़म : द की फ़िगर्स,* ब्लैकवेल पब्लिशर्स, ऑक्सफ़र्ड.

इयान रीडर (2014), *पिलग्रिमेज इन द मार्केटप्लेस,* रूटलेज, न्यूयार्क.

युरगन हैबरमास और थॉमस मैक्कार्थी (1977), *हन्ना आरेंट्स कम्यूनिकेशन्स कॉन्सेप्ट ऑफ़ पॉवर, सोशल रिसर्च.*

जे.एच. बर्न्स (1966), 'बेंथम ऐंड द फ्रेंच रिवोल्यूशन', *ट्रांज़ेक्शन्स ऑफ़ द रॉयल हिस्टोरिकल सोसायटी,* भाग-16.

कार्ल मार्क्स (1987), *कैपिटल,* भाग-1, प्रोग्रेस पब्लिशर्स, मास्को.

कार्ल मार्क्स (2010), द *पॉवर्टी ऑफ़ फ़िलॉसफ़ी,* पीपुल्स पब्लिशिंग हाउस प्राइवेट लिमिटेड, नयी दिल्ली.

कार्ल मार्क्स (1963), *ऑन द ज्युइश क्वेश्च इन द अर्ली रायटिंग्ज़,* सम्पादक, टी.बी. बॉटमोर, सी.ए. वाट्स, लन्दन.

कार्ल पॉपर (2005), *ओपेन सोसायटी ऐंड इट्स एनिमीज़,* भाग-1, रूटलेज ऐंड कीगन पॉल लिमिटेड, न्यूयार्क.

लियो स्ट्रॉस ऐंड जोसेफ क्रॉपेसी (1987), *हिस्ट्री ऑफ़ पॉलिटिकल फ़िलॉसफ़ी,* द

युनिवर्सिटी ऑफ़ शिकागो प्रेस, लन्दन.

लेरॉय ए. कूपर (1976), 'हन्ना आरेंट्स पॉलिटिकल फ़िलॉसफ़ी : एन इण्टरप्रिटेशन', *द रेव्यू ऑफ़ पॉलिटिक्स*, भाग-38, अंक-2.

माओ त्से तुंग (1965), *सेलेक्टेड वर्क्स*, भाग-1, पेकिंग, फॉरेन लेंग्वेजेज प्रेस.

मार्टिन लूथर किंग जूनियर (2010), *व्हेयर डू वी गो फ्रॉम हियर*, बीकन प्रेस, बोस्टन.

माइकल आकशॉट (1946), *इन्ट्रोडक्शन*, अन्तर्गत, थॉमस हॉब्स, *लेवियाथन*, बेसिल ब्लैकवेल, ऑक्सफ़र्ड.

माइकल आकशॉट (1962), *रैशनलिज्म इन पॉलिटिक्स ऐंड अदर एसेज़*, मेथुएन पब्लिशिंग लिमिटेडद्ध लन्दन.

माइकल आकशॉट (1973), *एक्सपेरियेन्स ऐंड इट्स मोड*, कैम्ब्रिज युनिवर्सिटी प्रेस, कैम्ब्रिज.

माइकल जे. सैंडल (1984), 'द प्रोसीजरल रिपब्लिक ऐंड द अनइनकम्बर्ड सेल्फ़', *पॉलिटिकल थियरी*, भाग-12, अंक-1.

माइकल एच. लेसनॉफ (1999), *पॉलिटिकल फिलॉसफ़ीज ऑफ़ ट्वेंटिएथ सेंचुरी*, ब्लैकवेल पब्लिशर्स, मेसाचुसेट्स.

माइकल वाल्ज़र (1990), 'द कम्युनिटेरियन क्रिटीक ऑफ़ लिबरलिज़म', *पॉलिटिकल थियरी*, भाग-18, अंक-1.

प्लेटो (1991), *द रिपब्लिक*, अनु., एलन लूम, बेसिक बुक्स, लन्दन.

पीटर बेहर और गॉर्डन सी. वेल्स (2012), 'डिबेटिंग टोटेलिटेरियनिज़म : एन एक्सचेंज ऑफ़ लेटर्स बिटवीन हन्ना आरेंट ऐंड एरिक वोगेलिन', *हिस्ट्री ऐंड थियरी*, भाग-51, अंक-3.

पेट्रिक एफ मैकिनले (1997), 'यूनिवर्सल प्रिंसिपल्स ऐंड पर्टिकुलर आइडेंटिटी', *द रिव्यू ऑफ़ पॉलिटिक्स*, भाग-59, अंक-4.

पीटर जे. स्टीनबर्गर (1990), 'हन्ना आरेंट ऑन जजमेन्ट', *अमेरिकन जर्नल ऑफ़ पॉलिटिकल साइन्स*, भाग-34, अंक-3.

पीटर आर. मिशेल और जॉन स्कॉफ़ेल (सं.) (2003), *अण्डरस्टैंडिंग पॉवर*, विन्टेज बुक्स, लन्दन.

स्टीवेन पिंकर (2011), *द बेटर एंगल्स ऑफ़ आवर नेचर : व्हाइ वायलेन्स हेज डिक्लाइन्ड*, न्यूयार्क.

रॉबर्ट्स डी. डेविड (2006), *द टोटेलिटेरियन एक्सपेरिमेन्ट इन ट्वेंटिएथ सेन्चुरी यूरोप :*

अण्डटरस्टैंडिंग द पॉवर्टी ऑफ़ ग्रेट पॉलिटिक्स, टेलर ऐंड फ्रांसिस, लन्दन.

रूद्राङ्शु मुखर्जी (2011), द *ग्रेट स्पीचेज़ ऑफ़ मॉडर्न इण्डिया*, पेंगुइन रैंडम हाउस, नई दिल्ली.

एस. राधाकृष्णन (2018), *हिन्दू व्यू ऑफ़ लाइफ़*, हार्पर ऐंड कालिन्स पब्लिशर्स, नयी दिल्ली.

थॉमस पेरी थॉर्नटन (2006), 'टेरर एज़ अ वेपन ऑफ़ पॉलिटिकल एजिटेशन', *डेविड सी रैपोपोर्ट* (सं.), *टेररिज़म : क्रिटिकल कॉन्सेप्ट इन पॉलिटिकल साइन्स*, न्यूयार्क : 3.

ई.एफ. शूमाकर (2011), *स्मॉल इज ब्यूटिफुल*, विंटेज बुक्स, लन्दन.

डब्ल्यू ए. सुचटिंग (1962), 'मार्क्स ऐंड हन्ना आरेंट्स : द ह्यूमन कंडीशन', *एथिक्स*, भाग-73, अंक-1.

युवाल नोआ हरारी (2019), *21 लेसन्स फॉर द ट्वेंटी फर्स्ट सेन्चुरी*, विंटेज, लन्दन.

अम्बिका दत्त शर्मा (2015), *भारतीयता के समसामयिक अर्थ-सन्दर्भ*, भारतीय ज्ञानपीठ, नयी दिल्ली.

अम्बिका दत्त शर्मा (2020), *दार्शनिक समीक्षा का सत्याग्रह*, भारतीय दार्शनिक अनुसंधान परिषद्, नयी दिल्ली.

अम्बिका दत्त शर्मा एवं विश्वनाथ मिश्र (2018), 'मानवतावादी ज्ञान-विनिर्माण का पद्धतिमूलक विमर्श', *उन्मीलन*, वर्ष-32, अंक-1.

अम्बिका दत्त शर्मा एवं विश्वनाथ मिश्र (2017), 'मिथकीय आख्यान और इतिहास बोध', *प्रतिमान समय समाज संस्कृति*, वर्ष-5, अंक-10.

एम.के. गांधी (2005), *मेरे सपनों का भारत*, नवजीवन प्रकाशन मन्दिर, अहमदाबाद.

एम.के. गांधी (2015), *ग्राम-स्वराज्य*, नवजीवन प्रकाशन मन्दिर, अहमदाबाद.

एम.के. गांधी (2004), द *स्वराज*, नवजीवन प्रकाशन मन्दिर, अहमदाबाद.

कार्ल मार्क्स एवं फ्रेडरिक एंगेल्स (2013), *कम्युनिस्ट पार्टी का घोषणापत्र*, पीपुल्स पब्लिशिंग हाउस, नयी दिल्ली.

बंकिमचन्द्र चट्टोपाध्याय (2010), *आनन्दमठ*, अनु. अरविंद घोष, अशीर प्रकाशन, नयी दिल्ली.

ब्रजकिशोर झा (2004), *प्रमुख राजनीतिक चिन्तक*, भाग 2, बिहार हिन्दी ग्रन्थ अकादमी, पटना.

युवाल नोआ हरारी (2018), *सेपियन्स : मानव-जाति का संक्षिप्त इतिहास*, (अनु. मदन

सोनी), मंजुल पब्लिशिंग हाउस, भोपाल.

विश्वनाथ मिश्र (2019), *पश्चिमी ज्ञानोदय के वैचारिक संकट,* ऑक्सफ़र्ड युनिवर्सिटी प्रेस, नयी दिल्ली.

वाचस्पति ग़ैरोला (सं.) (2000), *कौटिलीय अर्थशास्त्रम्,* चौखंभा विद्याभवन, वाराणसी.

विश्वनाथ मिश्र (2007), *राजविद्या एवं राजनीतिशास्त्र,* विश्वविद्यालय प्रकाशन, सागर.

हरगोविन्द शास्त्री (2018), *मनुस्मृति* (कुल्लूकभट्ट प्रणीत मन्वर्थमुक्तावली), चौखंभा संस्कृत भवन, वाराणसी.

अनुक्रमणिका

अ

अ स्पिरिचुअल ऑपरेशन ऑन द नेटिव माइंड, xiii
अ थियरी ऑफ़ जस्टिस, 38
अंग्रेजी वर्चस्व के सांस्कृतिक पहलुओं पर अनुसंधान, xviii
अंग्रेज़ों की रेलगाड़ी, 150
अंतर्राष्ट्रीय मुद्रा कोष, 147
अखण्ड आर्यावर्त, 101
अखिल अमेरिकावाद, 93
अखिल इस्लामवाद, 92
अखिल एकतावाद का हिंसक रूप, 92
अखिल एकतावादी आन्दोलन, 92
अग्रगामी दस्ते, 120
अणुवादी व्यक्ति, 96
अणुवादी समाज, 96
अति-भौतिकवाद, 42
अतिमारकता के युग का आगमन, 3
अतीत के गौरव और भविष्य की आर्थिक समृद्धि का तर्क, 90
अद्वैत पद्धतिशास्त्र, 153, 155
अद्वैत सभ्यता का वेदांती वृक्ष, xxvi
अधर्म का नाश, 107
अधिनस्थता की वांछनीयता, xvi
अधिराष्ट्रवाद, 147
अधीनस्थ वांछनीयता, xi
अधीनस्थों के सांस्कृतिक और साभ्यतिक प्रारब्ध, xvi
अनवरत हिंसा, xxxii
अनश्वर विचार, 41
अनागत गांधी : बापू से वैश्विक संवाद, xxiii
अनाभिषिक्त राजा, 106
अनुबन्ध के तत्त्वों का तकनीकी प्रयोग, 61
अनुभवों के सातत्य में देखना, 60
अन्तरवैयक्तिक क्रिया, 144
अन्याय का प्रतिकार, 49
अपनी हिंसा के पक्ष में राम को खड़ा करना, 52
अपने को जानो, 122
अपने ही विरुद्ध संघर्ष की आवश्यकता, 102
अपने ही हांथों अपना उपनिवेशन, xii
अपवंचन को जन्म देने वाली व्यवस्था, xxxi
अपवित्र साधनों से प्राप्त सफलता, 52
अप्रत्यक्ष ईसाईकरण, xx
अप्रत्यक्ष हिंसा का सहारा, 101
अभक्ष्य खाद्य पदार्थों के प्रायोजक, 145
अभिगामिक गुण, 14
अभिजनवादी शासन के ख़िलाफ़, 97
अभिनवगुप्त, xxi
अभिलेखागारों के विस्तृत व टिकाऊ नेटवर्क, xi

अभिव्यक्ति, 4
अमरकोश, 51,56
अमरत्व की मानवीय अभीप्सा, xxxiv
अमेरकी क्रांति, 116,118,119
अमेरिकी गणतन्त्रवाद, 123
अब्राहमी परम्परा, 4,21,26
अब्राहमी सम्प्रदायों के राजनीतिकरण एवं सैन्यीकरण, 84
अम्बिका दत्त शर्मा, xviii, xxiii
अराजकता और हिंसा को विकल्प के रूप में देखना, 34
अराजकतावाद, 71
अर्जुन, 52, 55, 141
अर्थक्रियावाद और मिथकों का प्रचार, 80
अलगाववादी सामूहिकता के भीतर हिंसा, 17
अवध किशोर सरन, xviii
अवधारणा बनाने वाला, 5, 6, 18, 23
अशस्त्रं शस्त्र पाणयः, 129
अशोक वाजपेयी xviii
असहमति के अधिकारिक मॉडल, xiv
असहयोग आन्दोलन, 132
अस्तित्ववाद, 46, 47, 136
अस्तित्वात्मक पीड़ा, 1, 48
अस्तित्वात्मक समस्याओं के लिए अनुभवमूलक समाधान, 78
अहंवादी दर्शन, 39
अहंवादी मनुष्य की अवधारणा, 6
अहम् ब्रह्मास्मि, 30
अहिंसक सत्याग्रह, 16
अहिंसक सत्याग्रह की सफलता, 146
अहिंसक सभ्यता का प्रस्ताव, 145
अहिंसा-धर्म और शीलगुण का विस्तार, 88

आ

आंतरिक वृत्त, 128
आई को वी होना, 4
आईखमैन डायलेमा, 8
आक्रामक रणनीतिक चुनाव प्रचार, 153
आचार्य राधावल्लभ त्रिपाठी, xxi
आचार्य शंकर, 58
आज के हमारे समाज का अन्तर्विरोध, 24
आजादी के पश्चिमी संस्करण, xvii
आतंक के राज्य की स्थापना, 121
आत्म परिष्कार के लिए अहं का विसर्जन 111
आत्मचेतन चेतना का धरातल, xxxiv
आत्मचेतन चेतना का सामूहिक जगत, 28
आत्मचेतन चेतना की जागृति, xxxiii
आत्मचेतन पहल, xxxv
आत्मचेतन प्राणी, 31
आत्मचेतन मनुष्य, xxxii,4
आत्मचेतन मनुष्य की रचनात्मकता, 33
आत्मचेतन सामूहिकता, 6
आत्मचेतनता और उसकी भाषायी
आत्मचेतना, xxxiv
आत्मचेतना और सामूहिकता, 5
आत्मचेतना में प्रकट सामूहिकता, 6
आत्म-पूरित ग्रामीण सभ्यता, 132
आत्मप्रेम एवं सहयोग, 33
आत्मवतसर्वभूतेषु, 51,94
आत्मविनाशकता के तीन प्रारूप, 33
आत्मसंपन्न गुण, 14
आत्मा की आवाज़ 125
आत्मारहित जड़मशीन, 128
आदर्श राज्य का पतन, 89
आदि शंकर, xxi
आधार और अधिरचना, 42
आधुनिक जन-समाज, 12
आधुनिक तानाशाहों की विशिष्ट प्रवृत्ति, 87
आधुनिक दुनिया का आर्थिक तर्कशास्त्र, 63
आधुनिक दुनिया की आत्मविनाशकता, 37
आधुनिक दुनिया के ज्ञान का निर्माण, 33
आधुनिक दुनिया में कृष्ण की भूमिका, 132

आधुनिक सभ्यता, 12, 33
आधुनिक सभ्यता की अंतर्यात्रा, 153
आधुनिक सभ्यता की गांधी कृत आलोचना, 15
आधुनिक सभ्यता में अंतर्व्याप्त हिंसा, 15
आधुनिकता, 27
आधुनिकता और पूँजीवाद की रीढ़, 142
आधुनिकता के विरुद्ध सत्याग्रह के प्रशिक्षण की कार्यशालाएँ, 132
आधुनिकता द्वारा उत्पन्न की गई त्रासदियों के विरुद्ध, 111
आनन्द कुमार स्वामी, xxi,xxiii
आनन्दमठ, 148
आनन्दवर्धन, xxi
आन्तरिक शाश्वत गति का सिद्धान्त, 63
आपद्धर्म को शाश्वतधर्म के रूप में प्रस्तुत करना, 53
आपसी दायित्व, 13,14
आभासी अवकाश, 113
आमार सोनार बांग्ला, 92
आय अर्जित करने की काल्पनिक स्वतंत्रता, xxxi
आयुर्वेद, 56
आयुर्वेद की दृष्टि में समत्व, 56
आर.के. मिश्र, xviii
आरम्भिक पूँजीवाद, 37
आर्थिक असमानता, 46
आर्थिक पुनर्विन्यास, 37
आर्थिक मनुष्य की रचनाधर्मिता, 24
आर्थिक विकास की प्रोत्साहक, 58
आर्थिक सम्बन्ध की अपेक्षा प्राथमिक सम्बन्ध, 29
आर्थिक सामूहिकता के बोझ, 30
आवश्यकताओं के अनुसार संसाधनों का वितरण, 47
आवश्यकताओं से मुक्ति, 23
आशिस नंदी, xii, xiv, xvii, xxvi
आसुरी प्रवृत्तियों के विरुद्ध दैवी प्रवृत्तियों का संघर्ष, 33
आसुरी सभ्यता, 33, 132
आस्ट्रेलोपेथिकस, xxxii
आस्था और समुदाय, 150
एंग्लिसाइज़ेशन ऑफ़ द ईस्ट, xxi

इ

इतिहास का उपकरण की तरह प्रयोग, 94
इतिहास का विनाश, 47
इतिहास की असंगत व्याख्या, 70
इतिहास की आर्थिक व्याख्या, 42
इतिहास की आर्थिक व्याख्या में इतिहास की गति, 23, 35
इतिहास की डार्विनवादी व्याख्या, xxxiii
इतिहास की पहली घटना 54
इतिहास के अन्त से सवतंत्रता का आरम्भ, 62
इतिहास के महिमामंडन के भीतर से उपजने वाली हिंसा, 58
इतिहास के विनाश की स्वतंत्रता, 48
इतिहास द्वारा सत्य को अन्यथा करना, 76
इतिहास के पुनर्लेखन की प्रवृत्ति, 98
इतिहासपरतावाद, 47
इतिहास-पुनर्लेखन 57
इन डार्क टाइम्स, 99
इनड्योरेन्स इन टाइम, 83
इन्द्रियानुभुति, 40
इमिडियेट टाइम फ्रेमवर्क, 52
इमेजिंड कम्युनिटीज़ 149
इस्लाम की परम्परा, 26, 55

ई

ईश्वर की भौतिक सत्यापनीयता के तर्क, 57
ईश्वर की मृत्यु का युग, xx

ईश्वर की शास्ता वाली अवधारणा, 65
ईश्वर को जातीयता और क्षेत्रीयता में बाँधना, 57
ईश्वर को प्रच्छन्न कर देने वाला युग, xx
ईश्वरीय विवेक, 112
ईसाइयत वाली निरपेक्ष शुभ की अवधारणा, 11
ईसाई परम्परा, 55
ईसाई मत का सेकुलरस्वरूप, 63
ईसाई युगान्त-विज्ञान, 63

उ

उच्च चेतना की प्राप्ति की अन्तर्यात्रा की योजना, 21
उच्च शक्तियों की गति में वांछनीय हस्तक्षेप, 80
उच्चारण एवं भाषायी संवाद, 27
उत्तर कोविड काल, 131
उत्तर-औपविवेशिकता, xiv
उत्तरदायित्व का अन्त, 47
उत्पादक शक्तियों का राजनीति में प्रवेश, 89
उत्साह गुण, 14
उदारतावाद, 43
उदारतावादी-पूँजीवादी व्यवस्था, 8
उद्योग की गति, 23
उन्मीलन, xviii
उन्मोचन ग्रंथमाला, xi,xix
उपकरण बनाने वाला, 5, 6, 18
उपनिवेशक और उपनिवेशित के बीच पनपी साझा संस्कृति, xii
उपनिवेशन की शुरुआत, xv
उपनिवेशवाद, 88
उपनिवेशवाद का अलौकिक साम्राज्य, xix
उपनिवेशवाद की प्रतिस्पर्धा, 90
उपनिवेशवाद की भाषाई विचारधारा, xix, xx
उपनिवेशवाद के ज्ञानात्मकआत्याचार, xxii
उपनिवेशवाद के लौकिक साम्राज्य के पराभव, xx
उपनिवेशवाद विरोधी, xiv
उपनिवेशित बुद्धिजीवी, xiv
उपभोक्ताओं की तीर्थयात्रा, 150
उपभोक्तावाद के पार्श्वप्रभाव, 131
उपभोग करने की काल्पनिक स्वतंत्रता, xxxi
उपयोगितावाद, 39
उपयोगितावादी दृष्टिकोण, 152

ऋ

ऋषित्व की प्रतिष्ठा, 95

ए

एंगेल्स, 48, 58
एंटोक्रेटिक, xix
एकपूज्यवाद और बहुपूज्यवाद का द्विविभाजन, vxi
एकभाषिता, xxi
एकायामी मनुष्य, 24
एक्शन (कर्म), 9
एक्शन, xxiv
एक्शन में सहभागी, 24
एग्रीकोला, xv
एज ऑफ़ ओवर किल, 100, 134
एडम का मूल पाप, 105
एण्डरसन, xxxiii
एप से होमोसेपियंस तक की विकासयात्रा, xxx
एपिक्यूरिक (सुखवादी) दर्शन, 39
एप्लाइड सिविलाइज़ेशन, xxv
एमिली, 105
एरिक वोगलिन, 75, 76
एस.एन. बाल गंगाधर, xii, xiv

ऐ

ऐतरेय महीदास, xxi

ओ

ऑकशॉट, 43, 60, 61, 70
ऑगस्तीन के इंजीली, xvi
ऑन वायलेंस 49
ओरिजिनल पोज़ीशन, 105

औ

औचित्यपूर्ण दूरी, 118
औद्योगिक उत्पादन-प्रणाली, 35
औपनिवेशिक चेतना, xii, xvii
औपनिवेशिक दासता को जन्म देने वाली व्यवस्था, xxxi
औपनिषदिक विमर्श में निहित एकपूज्यवाद, xiii
औपविवेशिक चेतना, xiv

क

कंज़्यूम करने की क्षमता, xxxiii
कंटीन्यूटी ऑफ़ चेंज फ़ॉर चेंज, 63
कमांड के पालन की अधीनता, 66
कर्ता का मॉडल, 16
कर्ता के जजमेंट में द्रष्टा के जजमेंट को अंतर्भूत करना, 16
कर्ता तथा ज्ञाता की एकता, 70
कर्म करने की क्षमता, 55
कर्म का क्षेत्र, 31
कर्म की स्वतंत्रता, 20
कर्म के रूप में राजनीति की उपेक्षा, 85
कर्म को कार्य की परिधि में देखने के दोष से ग्रसित, 52
कर्म को सीमित कर देना, 11
कर्मयोगी, 152
कर्मवाद में विश्वास, 82
कल्पित मुद्रा, xxxi
कल्पित मुद्रा के प्रबन्धन, xxx
कविराज का विमर्श, xvii
कस्मैदेवायहविषाविधेम, 4
काउंसिल स्टेट, 128
कामंदकनीतिसार, 106
कायिक हिंसा, 56
कार्टेज़ियन चेतना, 39
कार्य का वृत्त, 59
कार्य की स्वतंत्रता, 20
कार्लपॉपर 22, 45, 46
कार्ल मार्क्स, 5, 22
काल्पनिक अवधारणाओं की दुनिया, xxxi
काल्पनिक मुद्रा, xxxiii
कुन्तक, xxi
कुमारस्वामी फाउंडेशन, xviii
कुरुक्षेत्र का भौतिक युद्ध, 25
कृष्ण, 52, 55, 141
केन्द्रित एवं संगठित रूप में हिंसा, 128
केन्द्रीकृत अर्थव्यवस्था, 93
केन्द्रीकृत उत्पादन प्रणाली, 144
केन्द्रीकृत औद्योगिक प्रणाली की प्रतिरक्षा, 120, 122
कॉपरनिकस, 117
कॉमन सेंस का प्रयोग, 15
कोलोनियल कांशसनेस, xiv
कोविड-19 131
कौटिल्य, xxi
कौटिल्य जैसे व्यवहारवादी, 14
कौरवी सभ्यता, 33
क्रांतिकारी हिंसक आन्दोलन, 49
क्रान्ति का नायक, 106
क्रान्ति की विफलता की शुरुआत, 120
क्रान्ति को समझने का सन्दर्भ, 104
क्रान्ति शब्द का प्रयोग, 104
क्रान्तियों की ज्ञानमीमांसा, 114

क्रान्तियों की पुनार्मीमांसा, 124
क्रॉमवेल की डीगर्ट क्रान्ति, 117
क्रॉमवेल के शासन से उपजी अराजकता, 72
क्रुसेड, 81,83

ख

खगोलीय क्रान्ति, 117
खुला अनुबन्ध, 61

ग

गणेश देउस्कर स्मृति व्याख्यान, xvii
गर्वोन्मत्त महत्त्वाकांक्षाओं की पूर्ति, 90
गलत को सह लेना, 16
गांधी का ज्ञानमीमांसीय और तत्त्वमीमांसीय भाष्य, xxiv
गांधी को मार डालने वाली सोच, 17
गायत्री चक्रवर्ती स्पिवाक, xvi
गावों के अभाव में शहरों का जीवन, 132
गिलगमेश परियोजना, xxxiii
गुड इज़ प्रायर टू राइट, 38
ग़ैर- युरोकेन्द्रित दृष्टि, xvii
गोपीनाथ कविराज, xxi
ग्राम-स्वराज्य, 129
ग्रामीण नायक, 130
ग्रामीण सभ्यता की क्रान्ति के नायक, 132
ग्रामीण सभ्यता की विजय, 132
ग्राम्शी, 42
ग्रीक दास प्रथा, 10
ग्रीक परम्परा, 14
ग्रीक परम्परा, 53
ग्रीक या ब्राह्मिक परम्परा की राजनिति, 32
ग्रीक राजनीति का अवमूल्यन, 12
ग्रीककालीन राजनीति, 79
ग्रीको-रोमन संस्कृति, xv
ग्लोरियस रिवोल्यूशन 104, 117

घ

घरेलू उत्पाद में शहरों का योगदान, 130
घातक चरित्र, xxxiii

च

चयापचयी प्रणाली, 74
चार्ल्स ट्रेवेलियन, xv
चित्त की अविकार्यता, 56
चुकाने का दायित्व, 7
चूज़ेन मेन ऑफ़ चूज़ेन रेस, 87
चेतन मानवीय सामूहिकता, 23
चेतना की पुनर्वापसी, 6
चेतना की स्वतंत्रता 20
चेतना के अन्तर्विरोधों को समझना 109
चैतसिक और नैतिक अवधारणा 7

ज

जजमेंट, 1, 15
जजमेंट की वैधता, 16
जजमेंट के लिए दो मॉडल 16
जन-समाज, 13, 73, 100
जन-उद्वेलन, 100
जन-क्रान्ति के औचित्य, 108
जनता के नाम पर भीड़ का समर्थन प्राप्त करना, 87
जन-पुंज समाज, 2, 151
जनवादी चीन, 17
जन-विद्रोह, 106
जन-संस्कृति, 100
जनसमूह में सत्ता की भूख, 95
जर्मनी की हार, 86
जाति के श्रम एवं कार्य की जकड़न, 22
जाति-जनजाति सातत्य, 83
जाति-संस्थाओं की भूमिका, 97

जातीय गौरव, 101
जातीयता, 55
जिगरी दुश्मन, xviii
जीव के लिए प्रकृति-जगत, 27
जीवन के निजी क्षेत्र पर सार्वजनिक क्षेत्र का आधिपत्य, 36
जीवन में संतोष का ह्रास, 3
जूलियस सीज़र, xv
जेम्स विल्सन, 65
जैव-अभियांत्रिकी, xxxiii
जैविक एवं भौतिक तृष्णा से रहित क्षेत्र, 25
जैविक सीमाओं के अतिक्रमण का गुण-धर्म, 18
जॉन रस्किन, 139
जॉन रॉल्स, 37, 38, 105
जॉन लॉक, 27
जॉर्ज सोरेल, 64, 80

ट

टेसिटस, xv
ट्रेडिशन का मॉडर्नाइज़ेशन, xv

ड

डार्विन, 37
डार्विनवाद, xxx, xxxi
डार्विनवाद की कठोर जकड़न, xxxii
डार्विनवाद के तर्क, xxxiii
डिस्कोर्स इथिक्स, 150
डीकू, 83
डीगर्ट, 72
डीगर्ट क्रान्ति, 73

त

तकनीकी संवाद का बढ़ता हुआ दायरा, 1
तकनीक की सम्प्रभुता, 60
तकनीक से घिरा हुआ मनुष्य, 7
तकनीकी क्षमताओं से अभिभूत मन, xxxiii
तकनीकी मस्तिष्क से संचालित, 60
तकनीकी युग की मूल्यविहीनता, 31
तकनीकी विकास की आसुरी प्रवृत्ति, 141
तत्त्व सिंधु, xix
तमसोमाज्योतिर्गमय, 125
तानाशाहों के व्यवहारों का अध्ययन, 98
तीर्थ-यात्राओं की योजना में राष्ट्रवाद, 149
तृष्णारहित विवेक, 25
त्रिआयामी वर्गीकरण, 8

थ

थिंकिंग, 1
थिंकिंग और विलिंग का हिस्सा, 15
थियोक्रेटिक, xix, xx
थ्रेसीमेकस, 76

द

द ओरिजिन्स ऑफ़ टोटेलिटेरियनिज़म, 75, 94
द प्रिंस, 114
द लाइफ़ ऑफ़ द माइंड, 16, 70
द विक्ट्री ऑफ़ ऐनिमल लेबर, 38
द ह्यूमन कंडीशन, 29, 30
दक्षिणपंथी इतिहास की व्याख्या 63
दण्ड और धर्म के संयोग का समीकरण, 67
दयाकृष्ण, xviii
दर्शनशास्त्र द्वारा सत्य को विद्रूप करना, 76
दार्शनिक संरचना, 40
दुनिया की सकल हिंसा, 18
दुनिया की सबसे महत्त्वपूर्ण क्रान्ति, 146
देशज अनुभव, xiv
देशज विमर्श, vxi
देशिक अभिलेख अनुसंधान केन्द्र, xix

द्रष्टा का मॉडल, 16
द्रष्टा के जजमेंट में कर्ता के जजमेंट को अंतर्भूत करना, 16
द्रोहबुद्धि, 152
द्विज एकता, 92

ध

धनतंत्र और जनतंत्र के संयोग, 89
धरती पर हिंसा और अन्याय के प्रश्न, 37
धर्म की रक्षा के नाम पर राजनीति के धर्म की रक्षा, 84
धर्म की संस्थापना, 107
धर्म के नाम पर आतंक और सामूहिक नरसंहार, 82
धर्मक्षेत्र का मानसिक युद्ध, 25
धर्मयुद्ध, 82, 106
धर्म-सापेक्ष राष्ट्र, 81
धर्मांतरण, 82
धीरुभाई शेठ, xix

न

नंदकिशोर आचार्य, xviii
नक्सली आन्दोलन, 82, 83
नगर राज्यों के पराभव, 10
नया खतरा, 1
नयी हिंसा का उदय, 48
नव-बौद्ध आन्दोलन, 82
नवीन परिच्छेद, xxxii
नव्य- परिच्छेद, xxxiii
नश्वर प्रकृति, 41
नश्वरता, 40, 41
नागरिक गुणों की प्रथम पाठशाला, 138
नाज़ीवाद, 90
नारीवाद के आन्दोलन, 20
निजी और सार्वजनिक का भेद, 69
नियंडरथल, xxxii
नियंत्रण के पुराने रूप की जगह नए रूप की स्थापना, xx
निरन्तरता के माध्यम से स्वतंत्रता, 18
निरीश्वरवादी, 22
निर्वैयक्तिक, 67
निर्वैयक्तिक नौकरशाही का निर्णय, 68
निश्चित प्रकार की हिंसा का विरोध, 20
निष्काम कर्मयोग, 139, 147
निष्क्रिय प्रतिरोध, 16
निहित हिंसा, 94
नूतनता के लिए स्वतंत्रता, 19
नेपोलियन, 119
नैतिक समस्याओं का समाधान, 7
नैतिकता के नियमों और विचार के ढाँचे को बदल देना, 52
नैतिक-सामाजिक संरचना, 40
नैसर्गिक अधिकार से वंचित, 44
नैसर्गिक जन-अभीप्सा, 105
नॉनएकैडेमिक इतिहास लेखन, xvii
नॉलेज जीनोसाइड, xiii
नोयोरसेल्फ, 4
नोमचोमस्की, 127, 136
नौकर को दी जाने वाली तालीम, xiii
नौकरशाही की भूमिका, 140
नौकरशाही शासन, 68, 70
नौकरशाही सम्बन्ध, 67
न्याय की स्थापना, 49
न्यूरो-नैनो तकनीक, xxxiii

प

पड़ोसियों द्वारा बनायीं गयी वस्तु, 143
पण्डित देवेन्द्र नाथ ठाकुर, xiii
पण्डित सुन्दर लाल, xvii
पण्डितराज जगन्नाथ, xxi

पतंजलि योगसूत्र, 56
परमाणु बम, 101
परमार्थ के विषय, 11
परसेवोपजीवी वर्ग, 140
परांङ्मुखी चेतना, 154, 155
परिवर्तन की चक्रीय अवधारणा, 117
पर्यावरण-विनाश का आधारभूत प्रस्थान-बिंदु, 63
पर्यावरण संकट की कीमत पर, 62
पशु की चेतना, 5
पशुवत श्रम करने के लिए अभिशप्त, 15
पश्चिमी सामाजिक सिद्धान्त, xvi
पाणिनि, xxi
पाणिनि व्याकरण, 50, 55
पारिवारिक जीवन का विषय, 11
पारिवारिक स्वार्थ की साधना, 11
पार्टी और सोवियत परिषदों के बीच दूरी, 120
पाश्चात्य ज्ञानोदय, 5
पास्कल, 62
पीटरमारित्जबर्ग, xxxv
पूँजीवाद की अनुगामी, 89
पूँजीवाद की क्रिया–प्रतिक्रिया का राष्ट्रवाद, 148
पूँजीवाद से अनुकूलन, xxxi
पूँजी-संचयन और विस्तार, 91
पूर्वजों से प्राप्त धर्म, 143
पृथ्वी पर मनुष्य का अस्तित्व, xxxiv, 26
पृष्ठभूमि के प्रभाव से उत्पन्न माँग, 38
पेट भरे हुए पशु के सामान जुगाली करना, 24
पेराक्लीज़ के समतावादी का समतावादी न्याय-सिद्धान्त, 46
पॉल क्रुगमैन, 100
पॉलितिकान जून, 15, 27
पोलिबियस, 118
पोस्टकोलोनियलिटी, xii, xviii
प्रकृति और शरीर का मूल नियम, 56
प्रकृति की गति का प्रभाव, 72
प्रकृति को पराभूत कर देने की कोशिश, 18
प्रगति एवं इतिहास के मध्य अतार्किक गठजोड़, 61
प्रगति और इतिहास की गलत व्याख्या, 61
प्रगति की व्याख्या, 62
प्रगति के महिमामंडन के भीतर से उपजने वाली हिंसा, 58
प्रचार का अंकगणित, 93
प्रजारंजक, 66
प्रजा-वत्सल, 66
प्रज्ञा गुण, 14
प्रतिक्रान्ति, 118
प्रतिमान समय समाज और संस्कृति, xix
प्रतिवर्ती समझ, xxxv
प्रत्यङ्मुखी चेतना, 153, 155
प्रत्यक्ष–अप्रत्यक्ष हिंसा में वृद्धि, 3
प्रत्यक्ष का अप्रत्याक्षीकरण, xix
प्रत्यक्ष संवाद, 150
प्रथम परमाणु विस्फोट, 32
प्राक-ब्रिटिश परिघटना, 149
प्राकृतिक अवस्था, 74
प्राकृतिक प्रवरण, xxx
प्राचीन इतिहास के गौरव के नाम पर, 13
प्राचीन एवं आधुनिक सोफ़िस्ट, 76
प्राचीनकाल की श्रेष्ठ लेकिन वर्तमान की पतित सभ्यता, xv
प्राच्यविद, 83
प्राच्यविद्या और विउपनिवेशीकरण, xxi
प्राथमिक सामाजिक वस्तु, 38
प्रैक्सिस की अवधारणा, 14
प्रोटेस्टेंट नैतिकता, 114
प्रोटेस्टेंट सुधार, xx
प्रोसिलाइटिज़ेशन, xix, 148
प्लेटो, 45

फ

फ़ासीवाद, 90
फ़िनिक्स, 139
फ़ॉन्टेल, 62
फ़ोरकास्टिंग तकनीक द्वारा भविष्यवाणी, 7
फ्रांज़ फ़ानो, 48
फ्रांसिसी क्रान्ति, 108, 109, 116, 119
फ्रांसिसी क्रान्ति के प्रति निराशा के भाव, 110
फ्रेडस एवं थिटीटस, 76
फ्रोनेमा, xxiii

ब

बंकिमचन्द्र चटर्जी, 148
बन्द अनुबन्ध, 13, 61
बन्द दायित्व, 14
बर्टनउड सम्मलेन, 130
बर्तेंद द जुवेनल, 64
बलराम शुक्ल xxii, xxiii
बहिष्करण और चुनाव, 96
बहु-एकभाषिता, xxi
बहुपूज्यवाद की जगह एकपूज्यवाद की स्थापना का आग्रह, xii
बाज़ार पर निर्भर, 10
बालगंगाधर, xvii
बालि, 52
बुद्ध और गांधी की प्रवृत्ति, xxxiii
बुराई से असहयोग, 133
बोर्ज़्वा संस्कृति, 58
बेंजामिन डिजराइली, 86
बेंजामिन फ्रैंकलिन, 18
बेन्थम, 2, 39, 108
बेन्थमवादी नज़रिये की अभिव्यक्ति, 3
बैलेंस ऑफ़ टेरर, 100
बैलेंस ऑफ़ पावर, 100
बोल्शेविक आन्दोलन, 95
बोल्शेविक क्रान्ति, 120
बोल्शेविक सेल, 96
ब्रह्मवैवर्त पुराण, 56
ब्राह्मिक परम्परा, 4, 14, 21, 24, 26, 51
ब्राह्मिक परम्परा, xxxv
ब्राह्मिक परम्परा के निकट आने का प्रयास, 59
ब्राह्मिक परम्परा में इतिहास-लेखन, 57
ब्राह्मिक परम्परा में शक्ति और सामूहिकता, 53
ब्राह्मिक परम्परा में हिंसा के विमर्श, 56
बृजेंद्र पाण्डेय, xviii
ब्रेख़्त, 99
ब्रेड लेबर, 139

भ

भगवान सिंह, xvii
भरत, xxi
भर्तृहरि xxi, xxiii
भविष्य का चुनाव, xxxiii
भविष्य का स्वतन्त्रतापूर्वक चयन, 130
भारत एवं पाकिस्तान के मध्य विवाद, 86
भारत की पण्डित परम्परा, xxi
भारत की सारस्वत साधना, xxi
भारत में अंग्रेजी राज, xvii
भारत में इतिहास लेखन, 95
भारतीय ज्ञान-परम्परा : सातत्य और संवर्धन, xxii
भारतीय परम्परा में कला और काव्य की सर्जना प्रक्रिया, xxi
भारतीय भाषा कार्यक्रम, xix
भारतीय भाषा विश्लेषण, xxiii
भारतीय मुसलमान एवं पाकिस्तानी हिन्दू, 86
भाषा के कारण संगठित हो पाने की क्षमता, 18
भाषाओं का योजनापूर्वक लातिनीकरण, xxi
भाषाओं का संहार, xxi
भाषायी कर्म, 27
भाषायी हिंसा, 56

भीड़ की मनोदशा, 109
भीड़ की हिंसा का मनोविज्ञान, 90
भीड़ की हिंसा का सहारा, 90
भुवनेश चन्द्र मिश्र, xviii
भोगभूमि, 152
भौतिक आवश्यकताओं की पूर्ति की लिप्सा, 8
भौतिक दशाओं पर नियंत्रण की क्षमता, 37
भौतिक प्रत्याशाओं की सीमा का अतिक्रमण, 31
भौतिक सत्यापन की मुहिम, 57
भौतिकता में रचनात्मकता को प्रोत्साहन, 33
भौतिकवादी, 26
भ्रम की रक्षा में संलग्न, 34
भ्रम को विश्वास में बदलने का एक उपक्रम, xxxi

म

मज़हब के नाम पर राजनीतिकरण एवं सैन्यीकरण, 85
मत्स्य न्याय, 141
मध्ययुगीन रूढ़ियों का सेकुलर संस्करण, 80
मनुष्य और मशीन के बीच का फ़र्क, 7
मनुष्य की चेतना, 5
मनुष्य की मूल दशा, 6
मनुष्य की विशिष्टता, 4
मनुष्य की शोषणात्मक क्षमता, 38
मनुष्य की समानता की परिचायक, 28
मनुष्य की सामाजिकता एवं पशु की सामाजिकता में भेद, 27
मनुष्य की स्वतंत्रता का नाश, 7
मनुष्य की स्वायत्तता, 1
मनुष्य के प्रामाणिक अस्तित्व, 1
मनुष्य के भीतर की पशुता, xxxiii
मनुष्य के मस्तिष्क पर आधिपत्य, 134
मनुष्य को केन्द्रविहीन कर देने वाला विज्ञान, 63
मनुष्य को पशु उद्भव के धरातल पर देखना, xxxii
मनुष्य को मनुष्य उद्भव के धरातल पर देखना, xxxii
मनुष्य में पशुता का पटाक्षेप, xxxii
मनुष्य में शक्ति की शाश्वत इच्छा, 72
मनुष्य होने के अपने स्वत्व, 16
मनुष्यों का मानकीकरण, 35
मनुस्मृति, 104, 106
मराठी मानुष, 92
मशीनीकरण, 5
मशीनों पर अपनी निर्भरता, 7
महर्षि अरविन्द, xiii
महर्षि दयानन्द, xiii
महात्मा गांधी, 14, 124, 149
महात्मा बुद्ध, 124
महान क्रिया, 12
महाभारत, 56
महाभारत का द्रोणपर्व, xxvi
महाभारतकालीन आधुनिकता, 132
महिषासुर विमर्श, 82, 85
माइकल वाल्ज़र, 2
माइकल सैंडल, 123
माओ, 13
मानव का व्यामोह, 35
मानव जीवन की बहुलता, 9
मानव धर्म, 53
मानव परिस्थितियों के सियाह पक्ष, xxix
मानव होने का गौरव, 44
मानव-जाति की अन्तिम आशा, xxxiii
मानवजाति के लिए नकारात्मक बदलाव, 59
मानवता का सतत परिष्कार, 133
मानव-प्रवृत्ति और संस्कृति में स्थायित्व का नियम, 43
मानवीय एकता की जड़त्ववादी अभिव्यक्ति, 55
मानवीय क्रियाओं में लोभ को बढ़ावा, 41

मानस की शल्यक्रिया, xiii
मानसिक श्रम, 139
मानसिक हिंसा, 56
मानसिक हिंसा से ग्रस्त, 67
माया के जगत का निर्माण, 33
मार्क्स, xxxii, 2, 8
मार्क्स का अन्तर्विरोध, 24
मार्क्स का मोह, 35
मार्क्सवाद, 43
मार्क्सवादी इतिहास की व्याख्या, 63
मार्क्सवादी इतिहास लेखन, 57
मार्क्सवादी क्रान्ति, 117
मास-सोसाइटी, 19, 96
मिडिल किंगडम, 101
मिथकीय आभा, xx
मिथकीय इतिहास का भौतिक सत्यापन, 57
मिथ्या हेतुवादी, 77
मुकुंद लाठ, xviii
मुक्ति की क्रान्ति, 117
मुक्तिकम्यता को परिपूर्ण करने वाली अवस्था, xxxiv
मुसोलिनी की इटली, 17
मुस्लिम पुनरुत्थानवाद, 123
मुस्लिम षड्यंत्र की कहानी, 86
मूल अवस्था, 38
मूल पाप के बन्धन से मनुष्य को बाहर निकालना, 105
मूल स्वाभाव, 33
मृत्यु के लिए सहभागिता, 87
मृत्यु के वरण की इच्छा, xxxiv
मृत्यु पर विजय, xxxiii
मेन के लिए मेन का लोक-जगत, 27
मेसेसिनिक होप, 85
मैकिन्टायर, 3
मैकियावेलियन अभिगम, 114
मैकियावेली, 5, 11, 112 , 114
मैक्फ़र्सन, 71
मैक्स वेबर, xx, 12, 64, 67, 71, 114
मैत्री सम्बन्धों वाले खुले अनुबन्ध, 43
मैनऑफ़थाट का मैन इन एक्शन में बदलना, 41
मैनहटन प्रोजेक्ट, xxxiii
मॉडर्न ब्रेक इन ट्रेडिशन, 11, 113
मॉडर्न रिव्यू, 128
मॉडर्न वर्ल्ड और मॉडर्न एज, 31
मॉब लिंचिंग, 82
मोड, 60
मोड ऑफ़ प्रोडक्शन, 35
मोड से अधिशासित होना, 60
मोनोलिंगुअलिज़्म, xx
मोन्तेस्क्यू, 79
मौलिक हिंसा, 19

य

यम नियम, 56
यम नियमों के अभ्यास, 152
यश की कामना, 41
यशदेव शल्य, xviii
यहूदी पुनरुत्थानवाद, 123
यहूदी विरोधवाद, 87
यहूदी षड्यंत्र की कहानी, 86
यहूदी सेकुलरिज़्म एवं ईसाई सेकुलरिज़्म के मध्य अंतर 81, 85
यान्त्रिक विवेक की उपज, 102
यीशु मसीह, 17
युद्ध और राजनीति की एकता, 13
युद्ध की विभीषिका से मुक्ति, 131
युद्ध के अन्त से राज्य एवं हिंसा का अन्त, 64
युद्ध-मीमांसा पर केन्द्रित रचनाएँ, 50
युद्ध-मुक्त दुनिया का दिवास्वपन, 131
युद्धकाल में प्रयुक्त होने वाले विज्ञान, 32
युरोकेन्द्रीयता पर आधारित औपनिवेशिक राज्य xii

युरोकेन्द्रीयता से अछूता, xxiv
युवाल नोआ हरारी, xxix
यूरोअमेरिकी क्रिश्चियनिटी, xix
यूरोप की अनुकृति, xii
यूरोपीय पुनर्जागरण और प्रबोधन द्वारा संसाधित, xvi
यूरोपीय साम्राज्यवाद का ज्ञानात्मक दुश्चक्र, xvi
यूरोपीय साम्राज्यिकता, xiv
योग की दृष्टि में यम, 56
योगभूमि, 152
योग-साधना, 145
योग्यतम की उत्तरजीविता, xxx, 37, 136

र

रक्तयुक्त राजनीति, 13, 75, 103
रक्तरहित युद्ध, 13, 75, 103
रचनात्मकता को एकरूपता में खोजना, 33
रजा फाउंडेशन, xviii
रणजीत गुहा, xiii, xiv, xvii
राइट इज़ प्रायर टू गुड, 38
राक्षसों की कहानी, xxxiii
राजधर्म, 83
राजनीति की परिभाषा में एक बुनियादी संशोधन, xxiv
राजनीति की हिंसा आधारित संकल्पना, 13
राजनीति के समन्वित मूल्यों की उपेक्षा, 90
राजनीति के स्वरुप में गिरावट, 61
राजनीति को शक्ति से जोड़ने और हिंसा-मुक्त करने की मौलिक कोशिश, 49
राजनीति को हिंसा से मुक्त करने की क्रान्ति, 133
राजनीति में शक्ति का आधान, 67
राजनीति से हिंसा से दूर करना, 45
राजनीति, धर्म, विज्ञान एवं तकनीक का अप्राकृतिक घालमेल, 63
राजनीतिक अनुबन्ध, 13
राजनीतिक असमानता, 46
राजनीतिक दायित्व, 14
राजनीतिक पुनर्विन्यास , 37
राजनीतिक प्रक्रिया, 14
राजनीतिक भागीदारी, xxxiv
राजनीतिक शक्ति की प्रतिष्ठा, 45
राजनीतिक हिंसा को राजनीतिक शक्ति का रूप देने का प्रयास, 45
राजा की आजीविका का आधार, 137
राज्य और व्यक्ति के मध्य सम्बन्ध, 124
राज्य का औचित्य, 121
राज्य की उत्पत्ति का दैवी सिद्धान्त, 106
राज्य की संक्रान्तिक सीमा का विस्तार, 88
राज्य के औचित्य का आधार, 116
राज्य का गणतांत्रिक चरित्र, 32
राज्य के वर्गहित के अनुसार ढाल देना, 47
राज्य के विनाश का एक कारण, 66
राज्य पर प्राधिकार के औचित्यपूर्ण दावे, 124
राज्य प्रायोजित अनुरक्षण, 145
राज्य प्रायोजित हिंसा, 85
राज्य- प्रायोजित हिंसा को मौन स्वीकृति, 105
राज्य समाजवाद, 110
राज्याभिषिक्त राजा, 106
राज्यों का औपचारिक वर्गीकरण, 114
राम, 52, 57
राममोहन राय, xiii
रामवतार शर्मा, xxi
रामविलास शर्मा, xvii
राष्ट्रवाद, 143
राष्ट्रवाद के नाम पर, 13
राष्ट्रीय सर्वानुमति, 93
रिपब्लिक, 54
रीफ्लैक्टिव अंडरस्टैंडिंग, 43
रूसो, 33
रेवाप्रसाद द्विवेदी, xxi

रैशनलिटी, xvi
रोज़ा लक्ज़ेम्बर्ग, 17
रोबेस्पियरे, 109, 119
रोमन पेगनिज़म, xvi
रोमनीकरण, xv
रोमनों की अधीनस्थता, xiv

ल

लातिनी भाषा, xv
लार्ड हेवर्ट, 67
लियो टॉलस्टॉय, 138
लेखन और वाचिकता का सम्बन्ध, xxiii
लेनिन, 48
लेबर (श्रम), 8
लेबर, xxiv, 15
लेबरिंग बॉडी, 10
लेवायथन, 100
लॉक, 74
लॉस ऑफ़ होप, xxxv, 146
लोकक्षेत्र का भाषायी जगत, 28
लोकतन्त्र के भीतर से तानाशाही का उदय, 87
लोकतान्त्रिक एवं मानवीय समानता, 89
लोक-विमर्श का विषय, 44
लोकसंग्रह की दृष्टि से किये गये कर्म, 25
लोक-समुदाय, 150

व

वंचित समूह, xxxi
वंचित समूहों का अनुभववाद, 153
वर्क (कार्य), 9
वर्क, xxiv
वर्क की श्रेणी में आने वाले कार्य, 31
वर्किंग हैंड, 10
वर्ग एवं राज्य-विहीन समाज, 117
वर्ग-आरोपित बाधा, 23
वर्ग-विभाजित समाज, 35
वर्ग-विरोध की समस्या, 37
वर्ग-विहीन समाज की स्थापना, 62
वर्ग-संघर्ष आधारित तर्क, 95
वर्ग-सत्य, 43
वर्गीय हितों के संरक्षण का माध्यम, 108
वस्तुनिष्ठ शक्ति, 110
वस्तु-व्यवस्थाएँ हमें बदल देती हैं, 6
वाक्यपदीयम्, xxii
वागीश शुक्ल, xii
वात्स्यायन, xxi, xxv
वामन, xxi
वामपंथियों और बाह्यआक्रान्ताओं से अधिक घातक, 52
वासिलिस लैम्ब्रोपोलस, xx
विकट हिंसा, 59
विकासशील समाज अध्ययनपीठ, xix
विचार निर्माण की प्रक्रिया, 74
विचारधारा, 61
विचारधारा की सहायता 91
विचारधारा के नाम पर, 13
विजेता को विजित पर अपनी भाषा थोपने का अधिकार, xx
विजेताओं के लिए श्रद्धांजलि, xiv
विज्ञान एवं तकनीकी द्वारा प्रदत्त विनाशक शक्ति, 32
विज्ञान और तकनीक, 27
विज्ञान की तकनीकी अभिव्यक्ति, xxx
विज्ञानवादी साभ्यातिक मीमांसा, 107, 108
विधि एवं आज्ञापालन के मध्य सम्बन्ध, 66
विधिक अनुबन्ध, 13, 43
विफल विद्रोहों की पुनर्मीमांसा, 105
विमर्शी मान्यता, xi
विल और जजमेंट में एकरूपता, 16
विलिंग, 1
विलोपन और समायोजन, 74
विवेक की स्वतंत्रता, 20

विवेकपूर्ण स्वतंत्रता की अभिव्यक्ति, 110
विवेकशील वार्ताकार, 38
विवेकसम्मत उत्पादन-प्रणाली, 35
विशिष्ट पशु का मनुष्य हो जाना, xxxii
विश्व –इतिहास, xxxii
विश्व बैंक, 147
विश्व व्यापार संगठन, 147
विश्वनाथ मिश्र, xviii, xxii
वीटाएक्टिवा, 9, 10, 12, 14, 25
वेदान्त की दृष्टि, 33
वैध हिंसा, 12, 64
वैर का पूर्ण त्याग, 56
वैश्विक सर्वाधिकारवाद, 102
वैश्वीकरण, 39
वैष्णव आधारभूमि, xxvi
व्यक्ति की आत्मा पर शासन, 93
व्यक्ति की गति का प्रभाव, 72
व्यक्ति के अहं की रक्षा, 2
व्यक्तिगत एवं सार्वजनिक के विभेद का विलोपन, 69
व्यक्तिगत जीवन की सदाशयता, 11
व्यक्तिगत जीवन में नैतिकता का अर्थ, 11
व्यक्तिवादी चेतना, 71

श

शक्ति, 10
शक्ति और स्वतंत्रता के बीच साम्यता, 14
शक्ति और हिंसा का विपरीतार्थक बोध का कम हो जाना, 45
शक्ति और हिंसा का समुचित विभाजन, 50
शक्ति और हिंसा की हमारी समझ, 49
शक्ति और हिंसा के उलझाव, 12, 64
शक्ति और हिंसा के बीच की दूरी, 59
शक्ति की तकनीकी अभिव्यक्ति, 6, 59
शक्ति की नैतिकता, xxx
शक्ति की भूख, 99
शक्ति की सामूहिक अभिव्यक्ति, 51
शक्ति के तकनीकी प्रयोग का परिणाम, 59
शक्ति के द्वारा हिंसा का नियंत्रित करना, 69
शक्ति के लिए सामूहिक दावे, 49
शक्ति के स्थान पर हिंसा का महिमामंडन, 57
शक्ति में वृद्धि का तकाज़ा, 97
शक्ति-आधारित मूल्यवत्ता की पुनः प्रतिष्ठा, 13
शक्तिमेवजयते, 94
शक्तिशाली का हित, 54
शत्रु पर विजय प्राप्त करने वाली कला, 43
शब्दों एवं अवधारणाओं के अर्थ में बदलाव, 32
शरीर और मन की शुद्धि, 56
शरीर को ही आत्मा समझना, 34
शरीर क्रिया और चित्त वृत्ति, 59
शरीरधर्मी मनुष्य की पहचान, 33
शहरीकरण की विस्तृत कार्ययोजना, 130
शहरों के आभाव में गावों का अस्तित्व, 132
शान्ति पर्व, 106
शान्तिपूर्वक हिंसा में अनवरत संलग्न, 102
शारीरिक श्रम, 139
शाश्वत धर्म, 53
शाश्वत वापसी, 59
शासन एवं राजनीति के प्राचीन विवेक की स्थापना, 117
शासन में हिंसा का प्रयोग, 87
शीतयुद्ध, 48
शुक्रनीतिसार, 106
शुमाकर, 7
श्रम और कार्य केन्द्रित सभ्यता, 79
श्रम का सैद्धांतिक महिमामंडन, 8
श्रम के बाजारीकरण का पड़ाव, 11
श्रम के महिमामंडन की शुरुआत, 11
श्रम तथा कार्य को ही कर्म मान लेना, 11
श्रम समाज, 8
श्रम से बेगाना, 97

श्रम से मुक्ति के प्रयास, 23
श्रमजीवी मनुष्य, xxxiv
श्रमिक वृत्ति के आधार पर क्रांति, 49
श्रमिकों की सामाजिक एवं बौद्धिक आवश्यकताएँ, 24
श्रीमद्भगवतगीता, 25, 26, 33, 99, 139

ष

षड्विकार के बन्धन से मुक्त, 53

स

संगठित हिंसा का पर्याय, 64
संरचनागत मान्यता, xi
संरचनात्मक हिंसा, 93
संवाद और कर्म, 10, 15
संवाद और कर्म से अपने अपने को अभिव्यक्त करने वाला प्राणी, 29
संवाद की निरन्तर श्रृंखला, 146
संविधानवाद का विचार, 108
संसाधनों पर समान स्वामित्व, 47
संस्कृति का औपनिवेशिक सिद्धान्त, xviii
सडन डेथ ऑफ़ संस्कृत नॉलेज, xiii
सतत उपनिवेशन, xi
सतत निगरानी क्षमता, 101
सतत प्रक्रिया, 124
सतत भय और युद्ध, 74
सतत हिंसा, 122
सतत हिंसा का काल, 49
सत्यमेवजयते, 94
सत्याग्रह-मार्ग का अनुसरण, 129
सत्याग्रही, 152
सत्याग्रही का कर्म, 14
सत्याग्रही क्रान्ति, 127
सद्गुण, 45, 88
सद्गुणों की परम्परा, 3
सबसे सफल क्रान्ति, 116
सबाल्टर्न इतिहास लेखन, xii
सभी का एक के विरुद्ध होना, 67
सभी का सभी के विरुद्ध संघर्ष, 2
सभी मूल्यों को पण्य वस्तु के रूप में देखने की प्रवृत्ति, 39
सभ्यता की आत्मा को अक्षुण्ण रखना, 15
सभ्यता निर्माण की कला, xxv
सभ्यतिक श्रेष्ठता की दावेदारी, xiv
समकालीन इतिहास पुनर्लेखन, 57
समझौताविहीन आलोचना का परिप्रेक्ष्य, xxiv
समय की परिधि और क्रान्ति की परिधि, 124
समय की परिधि में सहनशीलता, 41
समाज का मानसिक विन्यास, 32
समाज की पूर्ववर्तिता, 38
समाज के पुनर्विन्यास की चिन्ता, 4
समाज से कटा हुआ जड़विहीन प्राणी, 12
समाजहितोपजीवी, 137
समुचितता, 11
समुदाय से कटा हुआ मनुष्य, 2
समुराई ऐंड सेल्फ़कालोनाज़ेशन ऑफ़ जापान, xii
समूह की सम्पदा, 12
समूह के हित के लिए समूह के साथ शुभ कार्य करने की मानवीय स्वाभाविकता, 10
समूह विनाशक, 134
सम्पर्क का दायरा, 1
सम्पर्कों से जुड़ाव, 1
सम्प्रभुता–आधारित राष्ट्र-राज्य, 65
सम्प्रभुता की अवधारणा से अनजान, 65
सम्राट अशोक, 88
सरना और ब्राह्मिक का मनोवांक्षित विभाजन, 84
सरना और ब्राह्मिक की दूरी, 84
सरना धर्म 83,

सरना समर्थकों का वांछित साथ 84,
सर्वसत्तावादी, 100
सर्वसमावेशी ध्वज, 149
सर्वहारा क्रांति, 6
सर्वाधिकारवाद, 13, 45, 71, 99
सर्वाधिकारवाद के पनपने की सम्भावना, 101
सर्वाधिकारवाद के बीज, 13
सर्वाधिकारवादी आन्दोलन, 95
सर्वाधिकारवादी राज्य व्यवस्था, 49
सर्वाधिकारवादी शासन, 75
सर्वे धर्मा: राजधर्मेप्रविष्टा:, xxv, 14
सर्वोत्तम सद्गुण, xxv
सविनय अवज्ञा आन्दोलन, 129, 132
सहजीवन एवं समन्वित मूल्य दृष्टि, 114
सहमति से कर्म करना, 55
सहयोगात्मक क्षमता, 38
सही करने की क्षमता, 12
सांख्यिकीय संभावनाओं से अलग, 19
सांस्कृतिक यूरोपीयकरण, xx
साइंटिफिक रिवोल्यूशन, 31
साझी सम्पत्ति, 62
सार्त्र, 48
साधन द्वारा शासित होना, 6
साधन से शासित होना 43
साधन-साध्य का विवेक, 52
साधनों पर उपाश्रित, 61
सापेक्ष प्रश्नों के सापेक्ष उत्तर, 115
साबरमती, 139
सामजिक अवकाश, 113
सामाजिक जीवन से बहिष्कृत, 8
सामाजिक डार्विनवाद, xxx
सामाजिक संरचना के दोष, 98
सामाजिक संस्थाओं का राजनीतिकरण, 100
सामी परम्परा, 66
सामी विरोध, 80, 136
सामी विरोध का परिणाम, 88
सामीवाद-प्रतिरोध, 76
सामूहिक अस्तित्व, xxxiv
सामूहिक अस्तित्व की अनिवार्य दशाएँ, 27
सामूहिक अस्तित्व की सामूहिक अभिव्यक्ति, 28
सामूहिक अस्तित्व को उद्घाटित करना, 26
सामूहिक चेतना का अवलंब, 133
सामूहिक चेतना की आवश्यकता, 108
सामूहिक जागरण का प्रयत्न, 145
सामूहिक रूप से लोकसंग्रह, 25
सामूहिक लक्ष्यों के लिए कार्य करने का क्षेत्र, 61
सामूहिक विनाश के लिए भौतिक साधनों का इस्तेमाल, 32
सामूहिक सहभागिता, 10
सामूहिक साहचर्य की उदात्त भावना से संस्कारित, 14
सामूहिक साहचर्य से प्राप्त यश, xxxiv
सामूहिक स्रोत से सामूहिक कल्याण का परिणाम उत्पन्न करने का सामर्थ्य, 51
सामूहिक स्वतंत्रता का लोप, 99
सामूहिकता का अस्तित्व, 26
सामूहिकता की चेतना, xxxiv
साम्प्रदायिकता, 55
साम्यवाद, 140
साम्यवादी अवस्था, 23
साम्यवादी सोवियत संघ, 17
साम्राज्यवाद, 88
साम्राज्यवाद की आर्थिक विचारधारा, 88
सार को अस्तित्व का पूर्ववर्ती बना देना, 47
सार्वजनिक क्षेत्र को भौतिक आवश्यकताओं के निजी क्षेत्र से परिभाषित करना, 36
सार्वजनिक जीवन का सद्गुण, 11
सार्वजनिक जीवन में नैतिकता का अर्थ, 11
सार्वजानिक जीवन का सद्गुण, 112
सार्वजानिक जीवन में भाग लेने का आनन्द, 129

सार्वभौम अंधविश्वास, 62
सार्वभौम अलगाववादी, 17
सार्वभौम अहंवाद, 37, 38
सार्वभौमिक हिंसा, 58
साहचर्यात्मक रचनात्मकता 36
सियासत करने वाले समूह, 90
सिराज़ुद्दौला, xiv
सिविलाइज़ेशन, xv
सी. राइट मिल्स, 12, 64
सीक्रेट एजेंट ऑफ़ नॉलेज, xvi
सुकरात, 17, 123
सुकरात को विषपान का दण्ड, 54
सुख और दुख मापक गणित, 39
सुखवादी दर्शन, 39
सुदीप्त कविराज, xii
सेकुलरवाद, xvi
सेकुलराइज़ेशन, 5
सेकुलराइज़ेशन की अभिव्यक्ति, 106
सेपियंस : ए ब्रीफ़ हिस्ट्री ऑफ़ ह्यूमनकाइंड xxix
सेल्फ़ इंटरेस्ट, 2
सेवाग्राम, 139
सैयद हैदर रज़ा, xviii
सोद्देश्यवाद, 78
सोफ़िस्ट दर्शन की आधुनिक अभिव्यक्ति, 75
सोफ़िस्ट परम्परा, 37, 54
सोलास्क्रिप्तुरा, xxiii
सोशल सर्जरी, xiii
सोसाइटी इज प्रायर टू सेल्फ़, 38
स्टालिन, 96
स्टालिनवाद, 43
स्टालिनवादी, सर्वाधिकारवाद, 101
स्टीवेन पिंकर, 89
स्ट्रामैन फैलेसी लॉजिक, 50, 57
स्थानीय संस्थाओं का उपयोग, 143
स्थायित्व एवं परिवर्तन के मध्य सन्तुलन, 116
स्थायित्व का गुण, 53
स्थायित्व की अवधारणा से घिरे समाज, 19
स्थायित्व की कामना, 41
स्थायित्व की चाह एवं नूतनता का आनन्द, 18
स्थायित्व के माध्यम से सुरक्षा, 18
स्थायित्व के लिए सुरक्षा, 19
स्व-उपनिवेशन, xvi, xii, xiii, xiv
स्व-उपनिवेशीकरण, xiv
स्वकेन्द्रित चेतना, 39
स्वघोषित राष्ट्रधर्म का मूढ़ता पूर्वक पालन, 52
स्वचेतना का वैश्विक चेतना के साथ समायोजन, 111
स्वतंत्र नैतिक चेतना के कर्तव्य-बोध, 79
स्वतंत्रता की जन-चेतना, 109
स्वतंत्रता विषय का वास्तविक अस्तित्व, 109
स्वतन्त्रता की क्रांति, 117
स्वदेशी की अवधारणा, 143
स्वयंकेन्द्रित मनुष्य, 2
स्वयंसिद्ध तर्क वाकया, 122, 123
स्वराज्य, 14
स्वामी विवेकनन्द, xiii

ह

हथियार की तरह विचारधारा का प्रयोग, 91
हन्नाआरेंट : हिंसा का स्थापत्य, xxiv
हन्ना आरेंट, xxxiv, 4, 8, 12, 19, 140
हमारी आन्तरिक शक्ति, 14
हरिजन, 140
हिंदुत्व की विचारधारा, 83
हिंसा और विचारधारा का एकीकरण, 120
हिंसा का जीवन दर्शन, 17
हिंसा का राज्य, 121
हिंसा का वातावरण, xxix
हिंसा का व्यापार, 93
हिंसा का समर्थन, xxxi
हिंसा की अपरिमित शक्ति, 32

हिंसा की एक अभिनव अभिव्यक्ति, 12
हिंसा की नैतिकता, xxx
हिंसा की वंशावली, 56
हिंसा की वृत्ति के लिए अवकाश, xxxii
हिंसा की समस्या का अन्त, 48
हिंसा के बदले शक्ति की स्थापना, 133
हिंसा के लिए तर्क जुटाना, 48
हिंसा के समर्थन की अभियांत्रिकी, 18
हिंसा के साथ हिंसा के समझौते, 20
हिंसा दर्शन के आधार पर इतिहास की व्याख्या, 85
हिंसा पर आधारित एकता, 55
हिंसा पर प्रविष्टि, 55
हिंसा शब्द की व्युत्पत्ति, 55
हिंसा समर्थकों की आत्मघाती भीड़, 53
हिंसाकाल से अधिक हिंसक, 34
हिंसात्मक दक्षता, xxxii
हिंसा-मीमांसा पर केन्द्रित रचनाएँ, 50
हिंसारहित राजनीति, 65
हिंसोपासक राजनीति, 13
हिंस्त्र गुणसूत्रों की मीमांसा, 15
हिगेल, xxxii, 48, 66
हिटलर, 86, 96
हिटलर का जर्मनी, 17
हिटलरवादी सर्वाधिकारवाद, 101
हिन्द स्वराज, 135, 145
हिन्दू जाति का राजनीतीकरण एवं सैन्यीकरण, 84
हिन्दू पद पादशाही, 83
हिन्दू पुनरुत्थानवाद, 123
हिरोशीयोशियोका, xii
ही नहीं, बल्कि, दे, 4
हैंस ब्लूमेनबर्ग, xx
हैबरमास, 13
हॉब्स, 2, 66, 100
होमोसेपियंस, xxix, xxxii

ज्ञ

ज्ञान और कर्म में एकीकरण, 129
ज्ञानात्मक पक्षपात, xiii
ज्ञानात्मक विछिन्नता, xiii
ज्ञानोत्पादन के विउपनिवेशीकरण, xxi